国家社会科学基金
NSSFC
The National Social Science Fund of China

博士论文
出版项目

先秦两汉儒家气性论研究

从孔子到王充

A Study of Confucian Theory of Human Nature Containing
Qi in the Pre-Qin and Han Dynasties
From Confucius to Wang Chong

任鹏程　著

中国社会科学出版社

图书在版编目（CIP）数据

先秦两汉儒家气性论研究：从孔子到王充／任鹏程著 . —北京：中国社会
科学出版社，2023.4
ISBN 978 - 7 - 5227 - 1784 - 5

Ⅰ.①先…　Ⅱ.①任…　Ⅲ.①儒家—哲学思想—研究—中国—先秦时代
②儒家—哲学思想—研究—中国—汉代　Ⅳ.①B222.05

中国国家版本馆 CIP 数据核字（2023）第 067123 号

出 版 人　赵剑英
责任编辑　郝玉明
责任校对　谢　静
责任印制　王　超

出　　　版　中国社会科学出版社
社　　　址　北京鼓楼西大街甲 158 号
邮　　　编　100720
网　　　址　http://www.csspw.cn
发 行 部　010 - 84083685
门 市 部　010 - 84029450
经　　　销　新华书店及其他书店

印　　　刷　北京君升印刷有限公司
装　　　订　廊坊市广阳区广增装订厂
版　　　次　2023 年 4 月第 1 版
印　　　次　2023 年 4 月第 1 次印刷

开　　　本　710×1000　1/16
印　　　张　31.5
字　　　数　439 千字
定　　　价　169.00 元

出 版 说 明

　　为进一步加大对哲学社会科学领域青年人才扶持力度，促进优秀青年学者更快更好成长，国家社科基金 2019 年起设立博士论文出版项目，重点资助学术基础扎实、具有创新意识和发展潜力的青年学者。每年评选一次。2021 年经组织申报、专家评审、社会公示，评选出第三批博士论文项目。按照"统一标识、统一封面、统一版式、统一标准"的总体要求，现予出版，以飨读者。

全国哲学社会科学工作办公室

2022 年

谈谈中国传统哲学研究的专业性
——兼序任鹏程博士书稿

　　近几十年以来，在中国经济社会蓬勃发展、政治开明及文化自信等时代背景下，人们不仅改变了对中国传统文化的态度和认识，而且越来越倚重传统文化在国家治理过程中的作用，认为传统思想必将大有可为。在这股强劲春风的鼓舞与感召下，中国传统哲学研究再次迎来了春天，学习、研究中国传统哲学的人越来越多。更让人高兴的是，不少过去研究西学的学者，也从原来的柏拉图、亚里士多德、康德等所著作的西学经典领域转向中国哲学研究。假如我们将传统的中国哲学研究比作京剧演唱、西学研究比作歌剧演唱的话，那么这些以往习唱歌剧的名家与高手也从歌剧院来到了京剧舞台，纷纷登台亮相，吹拉弹唱，无比热闹。他们的加入不仅带来了许多崭新的方法、丰富了我们的研究手段，而且扩充了研究队伍、壮大了中国哲学研究的实力，共同撑起了中国传统哲学研究的"大集"。那么，这些加入或转型过来的研究者能够成为中国京剧舞台的正角吗？那些歌剧演唱家可以轻易地成为京剧大家吗？或者说，中国传统哲学研究是不是一门专业研究？没有受过专门训练的研究者能轻易转型为中国哲学研究者吗？在笔者看来，事实可能并不乐观。中国传统哲学研究也是有门槛的，且不止一道门槛，而是两道门槛。

　　中国传统哲学研究的第一道门槛是哲学门槛。中国哲学（史）学科是一门近代以来出现的专门学科。一些受到西学影响的学者，借助于西方哲学的观念与方法，对中国传统思想中的相应的观念与思想进行了专门处理，最终产生了中国哲学或中国哲学史。早期的胡适、冯友兰等在这方面作出了不朽的贡献。他们的一些体系、方法，甚至是观点等至今依然有参考价值。在这些早期学者的共同努力下，中国逐渐形成了中国哲学学科。中国哲学学科，毫无疑问，属于哲学的一个分支。对中国哲学史的研究也是一种哲学研究。哲学修养与水平便成为中国哲学史研究的基本修养与要求。这便是第一道门槛。哲学是一门特殊的学科：它是对认识的认识。"认识的认识"，前面的"认识"是名词，后面的认识是动词。与此同时，前面的名词认识又蕴含了后面的动词，从而形成辩证关系。这种辩证关系在西方哲学中便是存在。所谓存在，即西方语言中的系动词（to be）。古代汉语并没有这个词。有简单英语基础的人都知道，在日常英语使用中，"是"（to be）通常不会以自然语言的形式出现在日常语言中：它通常会依据上下文改变自己的形式，如 is，are，was，being 等形态。前者便是存在（being），后面的具体形态便是being（s）。按照海德格尔的分析，存在至少包含了四项内容：偶然的物体、必然的本质、如何存在和真实性。[①] 海德格尔将这四个维度的内容合起来形成了一个"存在者存在的内在的、多重结构"[②]。海德格尔说："对存在的本体的结构的披露便是存在论。由于在此可以发现形而上学的可能性的基础，即，作为基础的存在者的限度，它便被称作基础存在论。这个题目所蕴含的内涵便是人的有限性问题。正是这个问题对于理解本体的可能性目的至关重要。"[③] 存在论不仅关注传统的问题如本质（Was）与现象（Etwas）等，更关注现实存

[①] 参见 Martin Heidegger, *The Basic Problems of Phenomenology*, Translation, Introduction, and Lexicon by Albert Hofstadter, Bloomington：Indiana University Press，1982，pp. 204 – 205。

[②] Martin Heidegger, *The Basic Problems of Phenomenology*, Translation, Introduction, and Lexicon by Albert Hofstadter, Bloomington：Indiana University Press，1982，p. 205.

[③] Martin Heidegger, *Kant und das Problem der Metaphysik*, Vittorio Klostermann, Frankfurt am Main，1991，注引，p. 232.

在与事实存在之间的关系。具体关系表现为如何（Wie-sein），关系方式表现为真理（Wahr-sein），即，只有真实的关系才能揭示出现实存在与可能存在之间的意义关联。由此，对人的思考便由早期的"什么是人?"的问题转变为"人怎么样生存?"①，这便是哲学、形而上学的转向。哲学便是一种活动，是对"认识的认识"。关于这种认识的思考的理论便是现象学。总之，哲学不仅依据经验思维方式来处理自己的对象，而且有一些不同于经验思维的思维方式。因此，哲学是一种"和常识相违背或颠倒的看法"②。经验思维具有时间性，顺时间思考问题。与之相反，哲学思维便倒过来，从结果走向原因，从生存中呈现自己、从行为中揭开存在。总之，哲学思维是一种特殊的学问，不同于日常的经验。这也是我们许多非专业的人读不懂哲学著作的原因。哲学研究需要哲学训练与修养。这便是哲学门槛。中国哲学史的研究大约可以分为两段，即（尚未受到佛教哲学影响的）中国古典哲学阶段和（受到了佛教哲学影响的）宋明理学阶段。在中国古典哲学阶段，其思维方式偏重于经验的。哲学训练不多的人也可以理解其思想。到了宋明理学阶段，由于受到了佛教思辨哲学的影响，作为儒学新形态的理学转变为思辨的哲学。此时的著作，如果没有一定的哲学训练与修养，学者可能很难理解其思想。什么"雷起雷起处"③，"有心俱是实，无心俱是幻；无心俱是实，有心俱是幻"④ 等，要么是同语反复，要么像绕口令，甚是费解。理学研究必须建立在哲学修养基础之上。

---

① Martin Heidegger, *Logic as the Question Concerning the Essence of Language*, translated by Wanda Torres Gregory and Yvonne Unna, State University of New York Press, 2009, p. 31.

② Martin Heidegger, *The Basic Problems of Phenomenology*, Translation, Introduction, and Lexicon by Albert Hofstadter, Bloomington: Indian University Press, 1982, p. 14.

③ （宋）程颢、程颐:《二程集》，王孝鱼点校，中华书局 2004 年版，第 269—270 页。

④ （明）王阳明:《王阳明全集》，吴光、钱明、董平、姚延福编校，上海世纪出版股份有限公司、上海古籍出版社 2011 年版，第 141 页。

哲学修养，对于那些最近转型过来的西学研究者来说，大多不是问题。这些学者通常不仅接受了专门的训练，而且在哲学水平上造诣高深，传统中国哲学研究者常常少有人能够望其项背。因此，借助于他们的哲学修养，他们很容易在中国哲学研究中弄出一些动静、产生一定的影响。但是，这些动静与影响也只能是热闹的动静，未必符合真理而科学。因为中国传统哲学研究还有一道门槛需要被跨越。只有跨越这道门槛，我们才能说懂了中国传统思想。这道门槛便是中国古代语言以及语言中所包含的原始思维方式等。简单地说，我们今天所看到的字的意思未必是古代人所理解的意思，古人对事物的观念可能不同于现代人的观念。现代汉语与古代汉语、现代思维与古代思维还是存在着一定差别的。这便是那些转型学者所面临的挑战。他们或许懂得 Ereignis，但是他们可能未必注意到古代汉语与现代汉语的差异从而错解了古代汉字的意思。数年前，一次偶然的机会，我在线听到一位毕业于英国某大学、现为国内某知名大学教授讲《论语》的片段。大家知道，《论语》的第一句话是"子曰：'学而时习之，不亦说乎？有朋自远方来，不亦乐乎？人不知而不愠，不亦君子乎？'"（《论语·学而》）这位教授娓娓道曰：如果我们能够学习结束之后再进行复习，不是一件很开心的事情吗？大意如此。应该说这位学者对"学而时习之"的理解基本符合流行的常识或共识，似乎没有什么问题。其实不尽然。古代汉语的"学"的内涵与现代汉语的"学"的内涵有所不同。现代汉语的学可以解释为学习。古代汉语的"学"字并非如此。从"学"字的字形来看，其大意指小孩效仿大人的行为。因此，朱熹将其解读为"效"。学即效仿、模仿。学习与效仿之间还是有差别的。同样，"习"，那位学者解读为复习。"习"的本义指练习、训练。两者合起来，该句话的意思便是：我们不但要效仿别人，而且要付诸行动中。《论语》的第一句话便被那位洋博士带偏了。同样，《论语》还有一段经典陈述："学而不思则罔，思而不学则殆。"（《论语·为政》）这里的两个关键词是学和思。学和思，转换为现代汉语便是学习和思考。按照现代汉语的这种解读，这段话变得不可思议了：学习如何不思考？思考怎么会有危险？如果我们将学解读为效仿、思理解为行为，这句话的意思便顺了。

从中国历史来看，古人和现代人对于思维的理解有些不同。现代中国人接受了西方心灵哲学的影响，将思维活动精神化、纯粹化。中国古代人没有大脑概念，以为气质心脏不仅是生存之本，而且是思维之本，由心生情、生志、生意等。如果我们将意理解为意识活动，那么，这种意识活动不仅来源于心灵，而且伴随着气质，因为这种心灵其实是心脏，气质之物。由气质心脏所产生的活动必然伴随着气质。故，王阳明曰："身之主宰便是心。心之所发便是意，意之本体便是知，意之所在便是物。如意在于事亲，即事亲便是一物；意在于事君，即事君便是一物；意在于仁民爱物，即仁民爱物便是一物；意在于视听言动，即视听言动便是一物。所以某说无心外之理，无心外之物。"① 意之所在便是物。这个物并非如现代学者所臆想的那种 Erscheinung 或 Bewußtsein 等纯粹精神产物，而是生命体，通过仁气的贯通，人心中的气质可以直达万物之中，从而与万物合为一体。物是生物，具备生命力，区别于现代人的（器）物观。生命力的本质是气。这便是中国古代的生命哲学，即，古人将人的生死标准落实在气上，气在人生，气亡人死。"气"因此成为生死攸关的因素，并因此逐步进入了哲学家的视野。

人生而有性，同时有气。那么，二者是什么关系？这便是本书的作者任鹏程博士所关心的主要问题。鹏程博士，从硕士开始跟我读，到了博士阶段依然跟着我研究，对我的研究兴趣、研究方法以及主要观点等都十分熟悉。到了博士生开题时，鹏程同学直截了当地跟我说：准备研究性气的关系，即"以气释性"。这也是我一贯的观念，即，先秦时期的性不仅是天生之质，而且是气质之物，由气构成，如孟子的浩然之气便与善性相关联、荀子的逆气便与恶性相

---

① （明）王阳明：《王阳明全集》，吴光、钱明、董平、姚延福编校，第6—7页。

关。善性由善良的气质构成，恶性便有邪恶的气质合成。鹏程同学知晓我的主要观点，准备将其具体到先秦至两汉儒家学者的思想中。我自然同意他的选题和观点等。虽然在写作过程中，我们也经常交流，但是，从此之后，辛酸苦辣等皆由鹏程同学独自承担，包括每一个哲学家的研究框架、论证等，皆由其自己独立完成。其中有些章节，由于难度太大，事先我也有些担心，如《论语》部分的处理等。最后，在鹏程同学的不懈努力下，论文圆满地完成。该论文不仅获得 2020 年度山东大学优秀博士学位论文、2020 年度山东省优秀博士学位论文，而且入选 2021 年度国家社会科学基金后期资助暨优秀博士学位论文出版项目。借助国家社会科学基金的资助，任鹏程博士将其修改一番后予以出版。他打电话向我求序，我自然乐意应承了，并借此序言以示祝贺！

沈顺福

2022 年 7 月 18 日于济南

摘　　要

　　先秦两汉儒家论"性"时常涉及"气"，论"气"时也常谈及"性"，甚至性气不分，以为性中含气，性即气。究其根源，这与古代气化宇宙论有关。在先秦两汉儒家看来，天是万物之本。天含气并能以气生物。这就是说，气即生存的开端。而生存的本原，在儒家传统哲学中，又与性有关，甚至便是指性，此即"生之谓性"。因此可以说，性中含气。性即气。这种人性理论形态可称为"气性论"。本书着重阐发从先秦到两汉儒家气性论的不同内涵及其历史演变逻辑。

　　前言阐述选题的缘起、意义、文献综述、写作思路及方法、创新点及难点。

　　正文上篇阐述先秦儒家以气论性的历史演变逻辑及特点，探讨孔子、郭店儒简、孟子、荀子四者的气性论，涉及第一、二、三、四章。孔子是儒家气性论的开创者，"性与天道"的致思路线成为儒家气性论之根基。郭店儒简接续孔子之路并将性视为情气。但两者都认为，性是善恶未分的。从孟子开始，性有了质的属性，孟子将"性"看作善良之气（如"浩然之气"），善良之气是仁义之端，这便是性善论，即善气说。荀子将"性"视为不善之气，不善之气是致恶之端，这便是性恶论，即恶气说，同时两者开出"养气"和"治气"的工夫。正文中篇阐述秦汉之际儒家以气论性的历史演变逻辑及特点，探讨《易传》《礼记》的气性论，涉及第五、六章。较之先前儒者，《易传》《礼记》认为阴阳之气在人便是性，同时都持

"阳尊阴卑"的立场，开始以阴阳二气论性之善恶。正文下篇阐述两汉儒家以气论性的历史演变逻辑及特点，涉及第七、八、九、十、十一章。两汉儒家持"天生人性以气"的思维模式，或以气之阴阳论人之性情，或以气之厚薄多寡论性之善恶，实则是综合孟荀。可以说，性乃善气混恶气，是汉代儒家气性论的基本立场。另外还论述了魏晋宋明清儒家气性论的历史演变、特点及意义。

结语阐述先秦两汉儒家以气论性的总体路线及特点。首先，先秦两汉儒家气性论发展呈现出由一元到多元的趋势。这表现为：从开始将人性视为一个整体，并未对性之属性作出明确辨别。之后，将性一分为二，即善气说和恶气说。再后来认为，性是善气和恶气的混合体，即性善恶混论。其次，教化制度乃以人性论为基础。孟子强调顺由善气自然发展，即率性。善是率性的结果。这是荀子及其以后学者所不满意的。为此，以天人之学为视角，在"天生人性以气"的基础上，荀子及性善恶混说者论证了礼乐制度与自然之气的关系，并强调以气化感应为原理，扬善气抑恶气。附论探讨了先秦两汉儒家"性""气"两个范畴的特质及属性。

总之，性乃天的产物并含气。这是先秦两汉儒家论"性"之通义。

关键词：先秦两汉儒家；性含气；感应；养气；礼乐教化

Abstract

The Pre-Qin and Han Confucianism often refers to "Qi " when discussing "human nature" and often talks about "human nature" when discussing "Qi ", even thought that human nature is always inseparable from Qi and human nature containing Qi. Investigating its origin, this is related to the ancient gasification cosmology. In the view of Confucianism in the Pre-Qin and Han Dynasties, the heaven is the root of all things. The heaven containing Qi and can give birth to all things with Qi. That is to say, Qi is the beginning of existence. The origin of existence is related to human nature in traditional Confucian philosophy and even refers to human nature, which is "birth is called Human nature" . Therefore, it can be said that human nature containing Qi. Human nature is Qi. This form of human nature theory can be called "The theory of human nature containing Qi". This book focuses on expounding the different connotations and historical evolution logic of Confucian theory of human nature containing Qi from the Pre-Qin Dynasty to the Han Dynasties.

The preface mainly expounds the origin, significance, literature review, writing ideas and methods, innovations and difficulties of the topic.

The first part of the main text expounds the historical evolution logic and characteristics of Confucianism theory of human nature containing Qi in the Pre-Qin Dynasty, discussing the theory of human nature containing Qi in Confucius, Guodian Confucian bamboo slips, Mencius and Xunzi, which covers chapters I, II, III and IV. Confucius was the pioneer of Confucian theory of human nature containing Qi, his thinking route of thought of "human nature and the heaven" became the foundation of the theory of human nature containing Qi of Confucianism in later generations. Guodian Confucian bamboo slips continue the path of Confucius and regard human nature as mood. However, neither Confucius nor Guodian Confucian bamboo slips clearly distinguish the good from the evil of human nature. From Mencius, human nature began to have qualitative attributes, Mencius regards human nature as a kind of good Qi (similar to Noble Spirit), which is the beginning of benevolence and righteousness, this is the theory of good human nature. Xunzi regards human nature as bad Qi, which is the beginning of evil, this is the theory of evil human nature, at the same time, it has formed two kinds of traditional Confucian ways of nourishing Qi and governing Qi. The middle part of the main text expounds the historical evolution logic and characteristics of Confucianism's theory of human nature containing Qi in the period between Qin and Han, discussing the theory of human nature containing Qi in *Yi Zhuan* and *the Book of Rites*, which covers chapters V and VI. Compared with the previous Confucian scholars, *Yi Zhuan* and *the Book of Rites* think that the Qi of *yin yang* in people is human nature, at the same time, they all held the position of "*yang* is superior to *yin* is inferior" and began to use *yin* and *yang* to discuss the good and evil of human nature. The third part of the main text expounds the historical evolution logic and characteristics of the Confucianism human nature containing Qi in the Han Dynasties (Western Han Dynasty and Eastern Han Dynasty), which covers chapters VII, VIII, IX, X and XI. The Confucianism of the Han Dynasties held the thinking mode of "the heaven give birth to human nature with Qi", either using the Qi of *yin* and *yang* to discuss human nature, or using the thickness of Qi to discuss the good and evil of human nature, in fact, it is a synthesis

of Mencius and Xunzi. It can be said that good human nature mixed with e-
vil human nature is the basic stance of the Confucian theory of human na-
ture containing Qi in the Han Dynasties. In addition, it also discusses the
historical evolution, characteristics and significance of the Confucian theo-
ry of human nature containing Qi in Wei, Jin, Song, Ming and Qing Dy-
nasties.

The conclusion expounds the general line and characteristics of Confu-
cian theory of human naturecontaining Qi in the Pre-Qin and Han Dynas-
ties. First of all, the development of Confucian theory of human nature
containing Qi in the Pre-Qin and Han Dynasties showed a trend from one
element to pluralism. This is manifested in the fact that, from the begin-
ning, human nature is regarded as a whole, and the attributes of human
nature are not clearly identified. Afterwards, the human nature is divided
into two, namely the theory of good Qi and the theory of bad Qi. Later, it
is believed that human nature is a mixture of good Qi and evil Qi, that is,
the theory of mixed good and evil. Second, the indoctrination system is
based on the theory of human nature. Mencius emphasized the natural de-
velopment of good Qi, that is frankness. Good is the result of frank-
ness. Which is unsatisfactory to Xunzi and later scholars. For this reason,
from the perspective of the study of the heaven and man, on the basis of
"the heaven give birth to human nature with Qi", Xunzi and those who
holds the doctrine of human nature is a mixture of good and evil demonstra-
ted the relationship between ritual and music system and Qi, and empha-
sized the principle of mutual induction of Qi to raise the good Qi and sup-
press the bad Qi. The appendix part discusses the characteristics and at-
tributes of the two categories of "human nature" and "Qi" in the Pre-Qin
and Han Confucianism.

In short, human nature is a product of the heaven and containing
Qi. This is the general meaning of Confucianism theory of human nature in

the Pre-Qin and Han Dynasties.

Key words：Confucianism in the Pre-Qin and Han Dynasties；human nature containing Qi；induction；nourishing Qi；ritual and music indoctrination

目　　录

前　言 ……………………………………………………………（1）

　　第一节　问题的提出和选题的意义 ………………………（1）

　　第二节　研究综述及其评析 ………………………………（14）

　　第三节　研究思路与方法 …………………………………（50）

　　第四节　研究难点及创新之处 ……………………………（53）

上篇　先秦儒家的气性论思想

第一章　气性论的滥觞：孔子以气论性思想探源 ……………（59）

　　第一节　天人视角下的人性说 ……………………………（59）

　　第二节　气与善恶 …………………………………………（67）

　　第三节　孔子的教化学说 …………………………………（75）

　　第四节　本章小结 …………………………………………（80）

第二章　"喜怒哀悲之气，性也"：郭店儒简的

　　　　　气性论思想 ……………………………………（82）

　　第一节　"性自命出，命自天降" …………………………（82）

　　第二节　气与善恶 …………………………………………（87）

　　第三节　"化民气"：郭店儒简的教化学说 ………………（92）

　　第四节　本章小结 …………………………………………（97）

小议 孔孟之间儒家关于人性善恶问题的讨论……………（98）

第三章 "吾善养浩然之气"：孟子的善气说与性善论………（103）
　第一节 孟子之"性"的内涵………………………………（104）
　第二节 善气说与仁义之本………………………………（113）
　第三节 养气与率性………………………………………（132）
　第四节 本章小结…………………………………………（143）

第四章 "治气养心"：荀子的恶气说与性恶论………………（146）
　第一节 天人视角下的人性说……………………………（146）
　第二节 情欲与恶气………………………………………（152）
　第三节 治气与养心………………………………………（167）
　第四节 本章小结…………………………………………（177）

中篇　秦汉之际的儒家气性论思想

第五章 《易传》的气性论思想………………………………（183）
　第一节 天人视角下的人性说……………………………（184）
　第二节 阴阳之气与性之善恶……………………………（185）
　第三节 "神道设教"：《易传》的教化学说…………………（193）
　第四节 本章小结…………………………………………（200）

第六章 《礼记》的气性论思想………………………………（202）
　第一节 天人视角下的人性说……………………………（203）
　第二节 善恶之性与气……………………………………（206）
　第三节 《礼记》的教化学说………………………………（216）
　第四节 本章小结…………………………………………（223）

下篇　两汉儒家的气性论思想

第七章　"天两有阴阳之施，身亦两有贪仁之性"：
董仲舒的气性论思想 …………………………………（229）
　第一节　宇宙论视域下的人性说 …………………………（229）
　第二节　阴阳之气与贪仁之性 ……………………………（235）
　第三节　气感与教化 ………………………………………（250）
　第四节　本章小结 …………………………………………（256）

第八章　晦明之气与性善恶混：扬雄的气性论思想 …………（259）
　第一节　"一生一死，性命莹矣" …………………………（260）
　第二节　晦明之气与善恶之性 ……………………………（263）
　第三节　修性与学习 ………………………………………（272）
　第四节　本章小结 …………………………………………（280）

第九章　阴阳与五性六情：《白虎通义》的气性论思想 ……（282）
　第一节　宇宙论视域下的人性说 …………………………（283）
　第二节　阴阳之气与性情善恶 ……………………………（286）
　第三节　气性与治性 ………………………………………（297）
　第四节　本章小结 …………………………………………（305）

第十章　"用气为性，性成命定"：王充的气性论思想 ………（308）
　第一节　王充自然主义的天道观 …………………………（308）
　第二节　性命皆由气禀 ……………………………………（314）
　第三节　性命与骨相说 ……………………………………（326）
　第四节　评判诸子性说与性气混善恶 ……………………（333）
　第五节　气性与矫治 ………………………………………（348）
　第六节　本章小结 …………………………………………（355）

第十一章　魏晋宋明清儒家气性论的发展、特点及意义 ……（358）
　　第一节　魏晋儒家气性论发展史：秦汉儒家气性论的
　　　　　　顺承和转变 ……………………………………（358）
　　第二节　宋明清儒家气性论发展史：从本末论到本体论的
　　　　　　提升再到回归传统自然主义人性论 …………（367）
　　第三节　本章小结 ………………………………………（402）

结　语 ……………………………………………………（407）

附论　关于先秦两汉儒家"性"
"气"范畴含义的总结

附论一　论"性" ………………………………………（423）
　　第一节　"性"字的起源与字形 ………………………（423）
　　第二节　"性"范畴的特质及属性 ……………………（425）

附论二　论"气" ………………………………………（435）
　　第一节　"气"字的起源与字形 ………………………（435）
　　第二节　"气"范畴的特质及属性 ……………………（437）

参考文献 …………………………………………………（446）

索　引 ……………………………………………………（472）

后　记 ……………………………………………………（476）

Contents

Preface ·· (1)

    Section 1   The proposal of the question and the significance

                of the selected topic ···································· (1)

    Section 2   Review of study and its comments ··············· (14)

    Section 3   Study ideas and methods ···························· (50)

    Section 4   Study difficulties and innovations ·············· (53)

PART ONE   Theory of human nature containing Qi in the Pre-Qin Period

Chapter 1   The origin of the theory of human nature containing Qi: Confucius' exploration about human nature containing Qi ························· (59)

    Section 1   Human nature from the perspective of the

                heaven and man ·· (59)

    Section 2   Qi and good and evil ································· (67)

    Section 3   Confucius' theory of indoctrination ·············· (75)

    Section 4   Summary of this Chapter ·························· (80)

Chapter 2　"The spirit of joy, anger, sorrow and sadness are all human nature": The theory of human nature containing Qi in Guodian Confucian bamboo slips

……… (82)

Section 1　"human nature comes from life, life
comes from the heaven" ……………………… (82)

Section 2　Qi and good and evil ………………………… (87)

Section 3　"Converting people's Qi": The doctrine of
indoctrination in Guodian Confucian bamboo
slips ………………………………………………… (92)

Section 4　Summary of this Chapter ……………………… (97)

A brief discussion　Confucian discussions on the good and
evil of human nature between Confucius
and Mencius ………………………………… (98)

Chapter 3　"I am good at cultivating Noble Spirit": Mencius' good Qi and his theory of good human nature

………………………………… (103)

Section 1　Mencius' understanding of human nature ……… (104)

Section 2　Good Qi and Foundation of benevolence
and justice ………………………………………… (113)

Section 3　Cultivating Qi and the spontaneity of
human nature ………………………………………… (132)

Section 4　Summary of this Chapter ……………………… (143)

Chapter 4　"Governing Qi and nurturing heart": Xunzi' bad Qi and his theory of evil human nature

…… (146)

Section 1　Human nature from the perspective of the
heaven and man ………………………………… (146)

Section 2   Desires and evil Qi ·················· (152)

Section 3   Governing Qi and heart-nourishing ············· (167)

Section 4   Summary of this Chapter ···················· (177)

PART TWO   Theory of human nature containing
Qi in the Qin-Han transition period

Chapter 5   Theory of human nature containing Qi

in *Yi Zhuan* ··································· (183)

Section 1   Human nature from the perspective of the

heaven and man ························· (184)

Section 2   *Yin* and *yang* and the good and

evil in human nature ···················· (185)

Section 3   "Shinto in *Yi Zhuan*": Doctrine of indoctrination

in *Yi Zhuan* ··························· (193)

Section 4   Summary of this Chapter ·················· (200)

Chapter 6   Theory of human nature containing Qi

in *the Book of Rites* ······················ (202)

Section 1   Human nature from the perspective of the

heaven and man ·························· (203)

Section 2   Human nature of good and evil and Qi ··········· (206)

Section 3   The doctrine of indoctrination in *the*

Book of Rites ··························· (216)

Section 4   Summary of this Chapter ·················· (223)

PART THREE   Theory of human nature containing Qi during the West and East Han Dynasties

Chapter 7   "There are *yin* and *yang* in the heaven, greedy and benevolence in body": Dong Zhongshu's theory of human nature containing Qi ·········· (229)

Section 1   Human nature from the perspective of cosmology ················· (229)

Section 2   *Yin and yang*, and human nature of greed and benevolence ················· (235)

Section 3   Qi mutual induction and indoctrination ··········· (250)

Section 4   Summary of this Chapter ················· (256)

Chapter 8   Qi contains dull and bright and good human nature mixed with evil: Yang Xiong's theory of human nature containing Qi ················· (259)

Section 1   "Life and death, life is shining" ··············· (260)

Section 2   The dull Qi mixed with bright Qi and the good human nature mixed with evil human nature ················· (263)

Section 3   Governing human nature and learning ··········· (272)

Section 4   Summary of this Chapter ················· (280)

Chapter 9   *Yin-yang* and five kinds of nature and six emotions: The theory of human nature containing Qi in *White tiger tong yi* ·············· (282)

Section 1   Human nature from the perspective of the heaven and man ················· (283)

Section 2   The Qi of *yin* and *yang* and the good with

evil in human nature and emotions ················· (286)

Section 3   Human nature containing Qi and governing

nature ·· (297)

Section 4   Summary of this Chapter ··················· (305)

Chapter 10   "Using Qi as human nature and destiny is

predestined": Wang Chong's theory of human

nature containing Qi ·························· (308)

Section 1   Wang Chong's naturalistic view of the

heaven ·· (308)

Section 2   Human nature and life (fate) are decided

by Qi ·· (314)

Section 3   Human nature and life (fate) and the

anthroposophy ································· (326)

Section 4   Judging doctrine of various schools' thoughts of

human nature and human nature is a mixture of

good and evil ································· (333)

Section 5   Human nature containing Qi and governing

human nature ································· (348)

Section 6   Summary of this Chapter ··················· (355)

Chapter 11   The development, characteristics and significance

of Confucian theory of human nature containing

Qi in the Wei, Jin, Song, Ming and

Qing Dynasties ······························· (358)

Section 1   Development history of Confucian theory of human

nature containing Qi in the Wei and Jin Dynasties:

The succession and transformation of Confucian theory

of human nature containing Qi in the Pre-Qin and

Han Dynasties   ································· (358)

Section 2   Development history of Confucian theory of human nature
            containing Qi in the Song Ming and Qing Dynasties：
            from the fundamental theory to the improvement of
            ontology and return to the traditional naturalistic
            theory of human nature ················· （367）
Section 3   Summary of this Chapter ····················· （402）

Summary of this Study ····························· （407）

Appendix   Summary of categories about Confucian human nature and Qi in the Pre-Qin and Han Dynasties

Appendix 1   On Nature··························· （423）
Section 1   The origin and form of the character of
            Human nature ····················· （423）
Section 2   The characteristics and attributes of the category
            of Human nature ···················· （425）

Appendix 2   On Qi ····························· （435）
Section 1   The origin and form of the character of Qi ······ （435）
Section 2   The characteristics and attributes of the
            category of Qi ···················· （437）

References··································· （446）

Index ····································· （472）

Postscript ································· （476）

前　言

第一节　问题的提出和选题的意义

一　从程朱理学人性二元论谈起

人性论是儒家哲学的核心议题。关于儒家人性哲学的研究,有学者以为,宋明时期的理学人性论是儒家人性哲学的顶峰,他们在儒家伦理学史上具有不可超越的地位。[①] 而理学人性论的重要特色便是人性二元说,即将人性划分为体用两个层面来解读。[②] 那么,学界为何如此高度推崇宋明儒者的人性二元论? 我们以为,这有必要回顾一下理学人性二元论提出的历史背景。

于儒家而言,"仁"是核心概念。孔子为百世师,创立儒家学派。子曰:"仁者,人也。"(《礼记·中庸》)仁义之道乃为人之本。"仁"便是孔子哲学的第一要义。儒家以仁义之道进行自我标榜,凡是不符合仁义的举止或言行皆被视为"邪道"或"异端"。孔子曰:"道不同,不相为谋。"(《论语·卫灵公》)道即仁义之道,道不同

---

① 正如李申说,二程和朱熹结合"理"和"气"范畴讨论人性问题,这是"宋代以前的儒者所不曾达到的结论"。李申:《万法归宗:气范畴通论》,华艺出版社1993年版,第255页。

② 类似研究成果参见李晓春《性二元论的理论指导》,载《宋代人性二元论》,中国社会科学出版社2006年版,第10—26页;徐洪兴《儒学更新的必然性及其途径》,载《思想的转型——理学发生过程研究》,上海人民出版社2016年版,第25—65页。

即路各异。到了孟子那里，儒家仁义之道正面临着其他派学者的挑战，其中，较为典型的是杨墨之说。墨氏倡导兼相爱、交相利，反对等级人伦，而杨朱则主张为我，摈斥仁义，两者皆触及以人伦为内核的儒家敏感神经，难以维持社会的稳定有序等，是故，孟子驳斥说："（杨墨之道）是邪说诬民，充塞仁义也。"（《孟子·滕文公下》）受其影响，后世儒者都以维护和宣扬仁义之道为己任。

历经魏晋南北朝和隋唐之后的北宋年间，儒家又面临来自外部思潮的挑战。《二程集》载："今异教之害，道家之说则更没可辟，唯释氏之说衍蔓迷溺至深。"①"昨日之会，大率谈禅，使人情思不乐，归而怅恨者久之。此说天下已成风，其何能救！"② 道家、佛教学说在华夏广为流传，与儒家争抢学术地盘。对儒家来说，想要赢得发展的空间，就不得不对发展火热的佛家、道家思想作出回应和批判。或许道家思想根源于华夏本土，佛教学说属于外来之物，两者相比较而言，二程又对道家的态度有所保留，批判相对较少。《二程集》载："道家之说，其害终小。惟佛学，今则人人谈之，弥漫滔天，其害无涯。"③ 正是基于这种自身的民族情怀和同情，回应佛教学说的挑战成为北宋儒者所亟须解决的时代课题。

而佛教对儒家造成的最大冲击便是大张旗鼓谈论性命道德问题。《二程集》载："今日之风，便先言性命道德，先驱了知者，才愈高明，则陷溺愈深。……今日所患者，患在引取了中人以上者，其力有以自立，故不可回。"④ 这直接带来了较为严重的不良社会后果。其一，北宋时期的大量知识阶层被佛家思想笼络而去，儒家典籍的研习、思想文脉的传承和弘扬成了问题。《二程集》载："今之学释氏者，往往皆高明之人，所谓'知者过之'也。"⑤ 这也从侧面说明

---

① （宋）程颢、程颐：《二程集》，王孝鱼点校，中华书局2004年版，第38页。
② （宋）程颢、程颐：《二程集》，王孝鱼点校，第23页。
③ （宋）程颢、程颐：《二程集》，王孝鱼点校，第3页。
④ （宋）程颢、程颐：《二程集》，王孝鱼点校，第23—24页。
⑤ （宋）程颢、程颐：《二程集》，王孝鱼点校，第196页。

传统儒家学说缺乏较高的思辨性以及理论深度，难以满足宋代学者对知识的渴求，儒家理论自身存在某种不足。其二，释家鼓吹出家，号召人们皈依佛门，这就意味着杜绝生育和废弃人伦。《二程集》载："佛逃父出家，便绝人伦……释氏自己不为君臣父子夫妇之道，而谓他人不能如是，容人为之而己不为，别做一等人，若以此率人，是绝类也。"① 此则深深触动了儒家的生存命脉和灵魂根基。所以，佛家学说遭到北宋初年大批儒者的批判及关注。

传统儒家之道的理论根基受到了动摇，仁义纲常伦理文化疲敝，面临时代的挑战，北宋初期的儒者们便按捺不住，意识到十分有必要对佛家学说进行反击和回应，为社会伦理秩序的有效合理运转进行辩护，以此匡正伦理道德纲常的正当性和合法性。或者说，论证儒家伦理道德存在的合法性，为人伦、仁义、人性找寻深厚的哲学基础，这也就是宋明理学所要解决的历史问题。

程朱为解决这个问题便提出"理"的哲学范畴。而"理"，作为一个纯粹的、思辨性的哲学概念，在程朱那里，它至少有三点含义。第一，"理"是事物的所以然者，事事物物皆有其理。如，二程说："物物皆有理。如火之所以热，水之所以寒。"② 可见，"理"是万物存在的最终依据。第二，"理"作为物之所以然者，它与具体事物是不可分离的。二程说："事理一致，微显一源。"③ 换言之，理是"一种超越于经验事物的存在"④。第三，"理"是超越时间和空间的，并且它是没有形状的。二程说："这一个道理，不为尧存，不为桀亡。"⑤ "理无形也，故因象以明理。"⑥ "理"并不会因时间、

---

① （宋）程颢、程颐：《二程集》，王孝鱼点校，第149页。
② （宋）程颢、程颐：《二程集》，王孝鱼点校，第247页。
③ （宋）程颢、程颐：《二程集》，王孝鱼点校，第323页。
④ 沈顺福：《体用论与传统儒家形而上学》，《哲学研究》2016年第7期。
⑤ （宋）程颢、程颐：《二程集》，王孝鱼点校，第29页。
⑥ （宋）程颢、程颐：《二程集》，王孝鱼点校，第271页。

空间而有所损益和更改。其四，与"理"相比，"气"则具有物理属性。二程说："五行一气也，其本一物耳。"[1] 气是化生万物的材料。二程以为，"万物之始，皆气化"[2]，"生育万物者，乃天之气也"[3]。而就理和气的关系看，气和理是"假合而后成"[4]。也就是说，理与气是一种不离的关系。《朱子语类》载："天下未有无理之气，亦未有无气之理"[5]，"但有此气，则理便在其中"[6]。可见，理在气中、气中有理是朱子理气关系的基本观点。或者说，"理"是具备本体意味的哲学范畴。[7]

程朱将理气关系的讨论引入人性研究领域。首先，与佛教所不同的是，程朱以为，儒家之"理"是实的，而非佛教所言是空的，他们说："儒释言性异处，只是释言空，儒言实；释言无，儒言有。"[8] 充实儒家之"理"的内容便是仁义。"性中所有道理，只是

---

① （宋）程颢、程颐：《二程集》，王孝鱼点校，第 1270 页。
② （宋）程颢、程颐：《二程集》，王孝鱼点校，第 79 页。
③ （宋）程颢、程颐：《二程集》，王孝鱼点校，第 1226 页。
④ （宋）黎靖德编：《朱子语类》，王星贤点校，中华书局 1986 年版，第 2431 页。
⑤ （宋）黎靖德编：《朱子语类》，王星贤点校，第 2 页。
⑥ （宋）黎靖德编：《朱子语类》，王星贤点校，第 3 页。
⑦ "理"在《礼记》《韩非子》等古代典籍中已经出现。然而，将"理"视为事物之所以然者，并且在本体论意义上使用，这种做法却源于佛教，特别是华严之学。比如弟子问二程："某尝读华严经，第一真空绝相观，第二事理无碍观，第三事事无碍观，譬如镜灯之类，包含万象，无有穷尽。此理如何？"二程答曰："一言以蔽之，不过万理归于一理也。"（宋）程颢、程颐：《二程集》，王孝鱼点校，第 195 页。另外，弟子问："'至微者理也，至著者象也，体用一源，显微无间'，莫太泄露天机否？"伊川答曰："如此分明说破，犹自人不解悟。"（祁宽录云："伊川曰：'汝看得如此甚善。'"吕坚中录云："伊川曰：'亦不得已言之耳。'"）（宋）程颢、程颐：《二程集》，王孝鱼点校，第 430 页。两段资料启示我们，二程对"理"作本体意义的解读，这种思维或许源自华严之学。相关研究成果参见卢连章《二程理学与佛学思想》，《中州学刊》2004 年第 1 期；崔大华《论理学之消化佛学》，《中国文化研究》1997 年第 3 期；张晓剑《华严宗体用论及其对理学体用论的开启》，《学术月刊》2008 年第 10 期；郑万耕《程朱理学的体用一源说》，《孔子研究》2002 年第 4 期。
⑧ （宋）黎靖德编：《朱子语类》，王星贤点校，第 3015 页。

仁义礼智，便是实理。吾儒以性为实，释氏以性为空。"① 形而上之理在人便是仁义礼智。他们说："仁、义、礼、智、信五者，性也。仁者，全体；四者，四支。"② 朱子以为，仁义礼智便是性。其中，"仁"是五常中的主干，仁就是天理。"仁，理也。"③ 由此，二程将仁提升到了"理"的高度，或者说是，以本体论角度探讨人性，使得人性成为与"理"一样永恒和普遍的存在。

其次，就性与理气的关系来看，二程指出："性即理也，所谓理，性是也。天下之理，原其所自，未有不善。"④ 二程以为，天理是至善的。所以，天理之性自然就是善的，无论是圣人，还是常人，天理之性是皆同的。《二程集》载："性即是理，理则自尧、舜至于涂人，一也。"⑤ 又因为理和气是不分离的，所以，现实之中的性是气质与理两者结合而形成的。如，朱熹说："才说性，此'性'字是杂气质与本来性说，便已不是性。这'性'字却是本然性。才说气质底，便不是本然底也。"⑥ 这也就是说，气质之性中含有理。

最后，就气与性之善恶关系来看，二程以为，天理之性无不善，人之所以不善，是材质的缘故。比如他们说："性无不善，而有不善者才也。"⑦ 才就是构成事物的材料。"才犹言材料，曲可以为轮，直可以为梁栋。"⑧ 二程以为，材便是气。他们说："才出于气"⑨，"气清则才善，气浊则才恶"⑩。气质有清浊之异，才有善恶之分。或者

---

① （宋）黎靖德编：《朱子语类》，王星贤点校，第 64 页。
② （宋）程颢、程颐：《二程集》，王孝鱼点校，第 14 页。
③ （宋）程颢、程颐：《二程集》，王孝鱼点校，第 391 页。
④ （宋）程颢、程颐：《二程集》，王孝鱼点校，第 292 页。
⑤ （宋）程颢、程颐：《二程集》，王孝鱼点校，第 204 页。
⑥ （宋）黎靖德编：《朱子语类》，王星贤点校，第 2431 页。
⑦ （宋）程颢、程颐：《二程集》，王孝鱼点校，第 204 页。
⑧ （宋）程颢、程颐：《二程集》，王孝鱼点校，第 207 页。
⑨ （宋）程颢、程颐：《二程集》，王孝鱼点校，第 252 页。
⑩ （宋）程颢、程颐：《二程集》，王孝鱼点校，第 291—292 页。

说，气是构成人性的材质。如："（气）有清浊，故有智愚之等"①，"禀得至清之气生者为圣人，禀得至浊之气生者为愚人"②。在二程看来，积极之气是构成善性的材料，消极之气是构成不善的材料。或者说，气可以决定现实之中的人之善恶，善恶贤愚皆因气禀有异。这便是儒家人性论史上的气质之性说。

以程朱为代表的学者以理气关系讨论人性问题，他们将天理之性视为善的，而把恶的来源归结到气上，这较好地解决了儒家哲学史上关于人性善恶问题的争论。为此，"性即理"被朱熹称赞为"千万世说性之根基"③。而对天理之性和气质之性两者的关系，二程还指出："论性，不论气，不备；论气，不论性，不明。"④ 也就是说，气质之性含有天理之性，天理之性通过气质之性显现。或者说，天理和气质夹杂不离。显而易见，以理气关系讨论人性，这种思维模式是一种"本体论的路径"⑤，这种论性的思维模式极大地推动了儒家人性论的发展。

但是，这也隐藏着一个问题：理学人性二元论架构能否反映先秦两汉儒家人性说的真实面貌？换句话说，在理学人性二元论之前，儒家思想家是否按照"理"的视角考察人性问题？问题的答案恐怕是否定的。一个简单的证明便是：若是有，那么宋明儒者于儒家人性哲学的贡献何在？于儒家人性论的研究进展而言，宋明儒者的观点是一种新的理论诠释，正如诠释学家加达默尔（Ga-damer，H. G.）说："诠释学本来的任务或首要的任务就是理解本文。"⑥ 想要探寻人性论的真义，我们要回到原始材料之中，并且

---

① （宋）程颢、程颐：《二程集》，王孝鱼点校，第 1266 页。
② （宋）程颢、程颐：《二程集》，王孝鱼点校，第 291—292 页。
③ （宋）黎靖德编：《朱子语类》，王星贤点校，第 2360 页。
④ （宋）程颢、程颐：《二程集》，王孝鱼点校，第 81 页。
⑤ 宋志明：《论宋代理学二重人性论的演化》，《东岳论丛》2011 年第 1 期。
⑥ ［德］汉斯 – 格奥尔格·加达默尔：《真理与方法》，洪汉鼎译，上海译文出版社 1999 年版，第 500 页。

结合思想者本身所处的历史时代,去考察先贤学人的人性思想。或许,先秦两汉学人并非持有人性二元说,事实上,学术界早已经有很多学者意识到这点。正如方东美指出:"对于孔孟思想的研究……透过宋以后新儒家的眼光来看,难免这里面多多少少有一点出入。"①张立文说:"性之二分,乃是宋儒所为,先秦未见有此分法。"②林永胜说:"但在宋代以前,思想家是否真的会从'依照某理'这种角度来思考'性'的问题?若不会,则他们对'性'这个概念到底有何种理解?又是如何对'性'的问题进行思考的?事实上,在先秦两汉儒学、中世佛教、乃至宋明理学的讨论中,'性'都属于最核心的概念,但三者在使用性字时,其理解的意涵是否是一致的?答案应该是否定的。"③这些学者的表述虽然略有所不同,然而都共同揭示了一个道理:先秦两汉儒者不存在像宋儒那样,以体用二分的视角论性的路数。换言之,"体用论"思维或许并不是早期儒者相对成熟的讨论人性问题的模式,甚至还有学人以为,"体用论"思维模式直到宋明理学时期才开始正式大规模被引用到儒家哲学研究之中。比如张立文指出:"理"在早期儒家之中,它"不可能进入哲学思维的领域"④。由此可见,相较于宋明理学来说,先秦两汉儒学是略微缺乏思辨的、哲学式的思考。那么,先秦两汉儒家学人是从哪种视角来论性的?

二　"气性论"含义的界定

在审视理学人性二元论的同时,需要注意的是,宋儒以为,早期学人论性兼及"气",甚至是以气为性。《朱子语类》载:"人物

---

① 方东美:《方东美先生演讲集》,中华书局 2013 年版,第 100 页。

② 张立文主编,陆玉林著:《中国学术通史·先秦卷》,人民出版社 2004 年版,第 104 页。

③ 林永胜:《气质之性说的成立及其意义——以汉语思维的展开为线索》,《台大中文学报》2015 年第 48 期。

④ 张立文主编:《理》,中国人民大学出版社 1991 年版,第 23 页。

未生时，只可谓之理，说性未得……人生以后，此理已堕在形气之中，不全是性之本体矣……大抵人有此形气，则是此理始具于形气之中，而谓之性。才是说性，便已涉乎有生而兼乎气质，不得为性之本体也。"①"大抵诸儒说性，多说著气。"② 在朱熹看来，宋代以前的学者并非以理说性，而是以气说性。换言之，不以气质之性为性，这是宋儒的基本立场。然而，这从侧面来说也给我们的研究提供了一条新的思路。众所周知，"气"是中国思想史中具有特色的一个概念。特别是对先秦两汉的哲学家们来说，"气"更是自身哲学体系建构的核心范畴。徐复观甚至曾将两汉时期称为中国哲学史上的"唯气论"时代。③ 由此可见，"气"或许是研究先秦两汉儒家人性问题的一个切入点、着手处。而事实上，从儒学史的发展看，"气"已经成为先秦两汉儒者们研究人性问题的重要工具。

早在《左传》中便以为，人的情感源自气。"天有六气"，"六气曰阴、阳、风、雨、晦、明也"（《左传·昭公元年》）。又说："民有好恶喜怒哀乐，生于六气。"（《左传·昭公二十五年》）《左传》以为，六气能够生出人情。六气是天之气，人情由六气构成，也就是说，天、人是同气的，这便是天人同气说。这里的六气显然具有某种物理性，或者说是质料性的特点。《国语》指出："其血气不治，若禽兽焉。"（《国语·周语中》）《国语》以为，治理血气关系人禽之异。《论语》还提出"戒"的工夫治理血气（《论语·季氏》）。郭店儒简有言："喜怒哀悲之气，性也。"（《性自命出》）人性即某些气。孟子以为，性是某种正面的材质，需要涵养、扩充，为此，他曾提出养"浩然之气"（《孟子·公孙丑上》）。荀子以为，性是某种坏的材质，需要雕琢，所以他强调"治气"（《荀子·修身》）。《易传》建构了较为系统的阴阳宇宙论

---

① （宋）黎靖德编：《朱子语类》，王星贤点校，第2430页。
② （宋）黎靖德编：《朱子语类》，王星贤点校，第2427页。
③ 徐复观：《两汉思想史》（二），九州出版社2014年版，第374页。

体系并提出，性是阴阳之气交合的"成之者"（《易传·系辞》）。《礼记》以为，人是"五行之秀气"（《礼记·礼运》）。到了汉代，学者们更是普遍站在以气论性的立场上。前汉董仲舒以为，"阴阳之气，在上天，亦在人"（《春秋繁露·如天之为》）。人性是阴阳之气构成的材料。扬雄以晦明之气为性，提出人性"善恶混说"（《法言·修身》）。《白虎通义》提出"性者阳之施，情者阴之化也"（《情性》）的命题，而后汉王充更是将儒家气论推向了高潮，他提出："用气为性，性成命定"（《论衡·无形》）的命题，直接将"性"称为"气性"（《论衡·无形》）。可以看出，先秦两汉儒者普遍持有以气论性的立场。气是一种材料，它构成人性质料。或者说，性即材，它含有气。

　　然而，一个不容忽视的事实却是，两汉哲学以及包括先秦在内的"以气论性"的思维模式长期在学界没有得到较为公正的待遇。正如有学者指出："汉代思想多采取以气论性的思维模式，因此屡受后世的批评；无论是传统的宋明儒学，还是现代意义上的哲学研究，相关评价基本上是从心性论的立场展开的。"① 在与西方哲学进行交流之中，很多研究中国哲学的学者以为，真正意义上的哲学是某种思辨性的东西。理学所蕴藏的体用论思维才可以与西方哲学相媲美，这种想法在中国港台新儒家那里比较常见，他们不太欣赏早期哲学史上的气论哲学。因为汉代气化宇宙论思想相对缺乏思辨性的意义，甚至被劳思光看作"中国哲学之'衰乱期'""大混乱时代"。② 牟宗三以为，在中国哲学中存在着"顺气言性"和"逆气言性"两条路子，"顺气言性"为材质主义，"逆气言性"为"理想主义"，虽然"以气言性"有功于儒家人性论的发展，但"落在'自然之质'

---

　　① 任鹏：《中国美学通史（两汉卷）》，载叶朗主编，朱良志副主编《中国美学通史》，江苏人民出版社2014年版，第334—335页。

　　② 劳思光：《新编中国哲学史》（二），生活·读书·新知三联书店2005年版，第2—3页。

之气性上，皆无可尊也"①。我们以为，这种观点有待商讨，正如龚鹏程对此评论："认为前者才是正道，后者就是偏锋。这样的说法，岂不也是太偏宕了吗？"② 他接着指出，特别是对于中国文学史而言，"气"本身就是一个相当重要的范畴，而且许多文学家本身饱读儒家经书并且留下了大量作品。或者说，否定气论思想在儒家人性史上的地位，显然是一种不太合理的做法。事实上，如果从儒家人性哲学的发展历程看，在很大程度上，理学人性论正是承袭汉儒气化宇宙论思想演变而来的。徐复观指出："宋明理学也继承了汉儒所完成的阴阳五行的宇宙观、人生观；而对天人性命的追求，实亦顺承汉儒所追求的方向。"③ 由此可见，以气论性，或者说，"性中含气"的观点对于儒家人性论的发展有很大的价值和意义，然而它的研究却没有得到学术界相当的、应有的重视。

而"气"的研究，在中国哲学史上是和宇宙论分不开的。早在《国语》中，有学者就以为，地震是"阳伏而不能出，阴迫而不能烝"（《国语·周语上》）的结果。这表明：阴阳二气能够推动事物的变化。或者说，"气"在西周时期就含有用来解释万物变化发展的意味。荀子以为，"天地合而万物生，阴阳接而变化起"（《荀子·天论》）。天地间的万物皆由阴阳二气变化所导致。《易传》建构了一套以太极为起点的宇宙论模式，两仪、四象、八卦等皆出自太极（《系辞上》）。《礼记》以为，"阴阳和而万物得"（《礼记·郊特牲》）。到了汉代学者那里，气论与宇宙论的关系更加紧密，董仲舒、扬雄、《白虎通义》、王充等都建构起了比较完备的气化宇宙论体系。古人以为，气是万物的本原。万物皆由气构成，人是气的产物。虽然人与其他物种有所差异，然而从根本上来讲，万物却同源于气，万物因气而是一体的。气是构成万物的材质。或者说，"有一股叫做'气'的原始而又

---

① 牟宗三：《才性与玄理》，吉林出版集团 2010 年版，第 20 页。
② 龚鹏程：《汉代思潮》，商务印书馆 2008 年版，第 7 页。
③ 徐复观：《两汉思想史·自序》（二），第 1 页。

浑然为一的生命力满布在整个宇宙。'气'无时无刻不在运动中，而
当其分殊、个体化之后，世间万物遂得生成"①。万物因为气而关联
起来。这便是中国文化中的"关联思维性"的典型表现②，在这种
思维模式的主导下，中国古人将万物与人视为一个有生命的整体。
《周易·文言》曰："同声相应，同气相求。"王阳明还以此揭示了
中医药材治病的哲学基础，他说："五谷禽兽之类，皆可以养人；药
石之类，皆可以疗疾：只为同此一气，故能相通耳。"③ 在古人看
来，我们生活在一个气化的宇宙之中，气是万物生存的发端。因为
气的存在，宇宙万物之间都处在相互作用之中，或者说，气使得万
物成为一个有机的整体。与此同时，以气论为基础谈论宇宙生成论
的具体演变，这也就意味着，早期中国哲学"不可能是一种彻底地
形而上学"④。我们以为，这非但不是中国文明的劣势，而是中国文
明所具有的独到优势，这正是西方哲学难以相比的。⑤

　　事实上，从宇宙论来思考人性论，这种做法本身就具有很大的
学术价值，例如戴震说："古人言性惟本于天道如是。"⑥ 人性与天
自古就是两个难以割舍的议题。而天，是与宇宙论密切关联的范畴。
站在宇宙论视角下，人就是天的产物。而天以气化生万物，天人有

---

①　余英时：《论天人之际：中国古代思想起源试探》，台北：联经出版事业股份
有限公司 2014 年版，第 137 页。
②　汉学家葛瑞汉（Angus Charles Graham）在《论道者：中国古代哲学论辩》第
四章"关联思维与关联宇宙建构"提出用"关联思维"的范畴研究中国传统文化。参
见［英］葛瑞汉《论道者：中国古代哲学论辩》，张海晏译，中国社会科学出版社
2003 年版，第 356—373 页。
③　（明）王守仁撰：《阳明传习录》，杨国荣导读，上海古籍出版社 2000 年版，
第 279 页。
④　刘成纪：《形而下的不朽：汉代身体美学考论》，人民出版社 2007 年版，第
133 页。
⑤　李约瑟（Joseph Needham）将这种思想称为"有机宇宙的哲学"，并以为，相
较于西方思想来说，"中国是高深的"。［英］李约瑟：《中国科学技术史（第三卷数
学）》，翻译小组译，科学出版社 1978 年版，第 337 页脚注。
⑥　（清）戴震：《孟子字义疏证》，何文光整理，中华书局 1961 年版，第 21 页。

共同的本质，天人属于气。因此从本质上讲，天人之间是可以相通的，这便是"天人通气论"①。或者说，以气论性也是天人关系的一个具体表现。学术界许多学者已经意识到这点，张岱年说："宇宙根本，乃人伦道德之根源"，"宇宙论与人生论，实分而不分"。② 钱穆说："中国儒家之宇宙论，实建本于人生论。"③ 关于人性论和宇宙论之间的关系，王博说："（古代学人）探讨性的思路，是把性和气联系起来。众所周知，性和生原本是一个字，所以所谓性，其实就是生而具有的某些东西。但生的本质是什么？就古人的认识来说，仍然是要把'生'放在天地的框架中。"④ 从这些研究成果来看，儒家的宇宙观具有鲜明的伦理色彩，而将人性论放置于宇宙论视野之下，以天人同气立场审视儒家人性论，或许是研究先秦两汉儒家学派人性论的另一条路径。

总而言之，坚持"以气论性"的思维模式为主线，探索先秦两汉儒家学派人性论，这个任务颇具意义和挑战。但需要指出的是，"宋儒所谓的'气质之性'指的是'天命之性'落在形气之中，这种性虽然与'天命之性'有所区别，但从本质上讲它仍然是'天命之性'。早期儒家以为气即性，以气解释性，气中并没有一个天理的存在"⑤。换言之，先秦两汉儒者的人性论与气论之间存在密切关系，在多数场合下，哲学家们谈论人性时总是离不开气，或者谈论气时也多少涉及人之善恶，甚至以为，性中含气。人性与气纠缠在一起，难以相互割舍分离，我们将这种人性理论形态称为"气性论"。

---

① 唐君毅：《中国哲学与理想主义》，九州出版社 2016 年版，第 236 页。
② 张岱年：《中国哲学大纲》，商务印书馆 2015 年版，第 173 页。
③ 钱穆：《中国学术思想史论丛（二）》，生活·读书·新知三联书店 2009 年版，第 40 页。
④ 王博：《中国儒学史（先秦卷）》，载汤一介、李中华主编《中国儒学史》，北京大学出版社 2011 年版，第 176—177 页。
⑤ 陈战国：《先秦儒学史》，人民出版社 2012 年版，第 84 页。

三　本书研究的意义

在儒家哲学研究领域，先秦两汉是"中国哲学的黄金时代"①。或者说，"秦汉是中国学术的奠定期"②。西方汉学领域还形成了"早期中国"（Early China）这一专门的学术范畴。③ 我们以为，先秦两汉儒家哲学不但在学术研究上具有很大的价值，而且对于中华文明的形成和演进具有重要意义。后世很多思想及其言论都可以从这里找到源头和萌芽。至于人性论的研究，则是儒家哲学的基础性课题，比如理学人性论是汲取孟子、《易传》、《礼记》，甚至是汉代哲学气论的结果。因此，先秦两汉儒家人性论值得我们深入研究。

先秦两汉儒家哲学史上的文献比较繁多，本文难以一一涉及，为了印证我们的观点，在此，我们择取《论语》、郭店儒简、《孟子》、《荀子》、《易传》、《礼记》、《春秋繁露》、《太玄》、《法言》、《白虎通义》、《论衡》等相关文献，以为，这些文献在先秦两汉儒家哲学史上都比较具有代表性，通过对它们的阅读和分析，能够较为明晰地将先秦两汉儒家气性论的线索梳理出来，进而以气性论概括先秦两汉儒家人性论的演变历程。

研究的意义：从理论角度而言，以气论的视角审视早期儒家人性学说，而"气化论哲学——不管是讲阴阳还是讲元气——都不可能是一种彻底地形而上学"④。也就是说，在秦汉儒家那里，既然性与气纠缠在一起。那么，以此而言，秦汉儒家的人性便是一种经验的东西，或者说是，并不像理学人性二元论那样，以体用论视角讨

---

① 韦政通：《中国思想传统的创造转化》，云南人民出版社2002年版，第73页。
② 张立文主编，陆玉林著：《中国学术通史·先秦卷》，人民出版社2004年版，第8页。
③ 参见［日］谷中恒一《先秦秦汉思想史研究》，孙佩霞译，上海古籍出版社2015年版，第1页。
④ 刘成纪：《形而下的不朽：汉代身体美学考论》，第133页。

论人性问题，并且含有浓郁的抽象性、超越性的色彩。而通过"以气论性"（性中含气）的视角描述先秦两汉儒家人性论的历史演变逻辑，我们试图打破将先秦两汉儒家人性解读为一种理气关系的思辨性思考并提出："气性论"是先秦两汉儒家人性论的一种理论形态。

从现实角度看，至今在我们的生活中，"气"仍然是一个被高频率使用的词。通常来说，"气"本身兼具消极意义和积极意义两部分。比如，勇气、仁气、义气、和气、清气、秀气等，这类"气"常给人以正面形象。而有些词如，怒气、小气、悲气、浊气、怨气等，这类"气"常给人以负面形象。富有积极意味的气给人以力量，能够激发和鼓舞人。相反，消极色彩的气使人悲伤，甚至能影响人的身体健康。"气"有时还成了人性的代名词，比如我们说，某某人拥有一身浩然正气，某某人气质败坏。就儒学的本质来说，它是一门有关生活的学问，而引导人们生活的理论便是人性论。因此，研究气性论这一课题，对于涵养气质、培育道德、成就人性等或许具有启迪和指导意义。

总之，我们通过阅读先秦两汉儒家典籍，撰写《先秦两汉儒家气性论研究——从孔子到王充》，透过对人性议题的观察和思虑，暂时抛弃宋明以来，立足理气关系的视角思考人性的方法，希望能够推动先秦两汉儒家人性论研究的进展，为儒家人性论研究提供新的思考方向和讨论空间。换言之，以气论性不失为一种合理的，且有意义的，解读先秦两汉儒家人性论的操作方式。

第二节　研究综述及其评析

一　文献综述

（一）第一部分：就学界有关儒家人性论研究的状况看，资料多以专著形式出现，成果形式可分为人性论专著和哲学史专著两种，这是人性论研究总论。

1. 人性论专著。此类学术作品以人性论为研究主题，深入探讨了人性论发展的逻辑线索，较为典型的代表性著作有：徐复观的《中国人性论史（先秦篇）》（九州出版社 2014 年版），唐君毅的《中国哲学原论·原性篇》（中国社会科学出版社 2005 年版），姜国柱、朱葵菊的《中国历史上的人性论》（中国社会科学出版社 1989 年版），牟宗三的《才性与玄理》（吉林出版集团 2010 年版）、《圆善论》（吉林出版集团 2010 年版）、《心体与性体》（吉林出版集团 2013 年版），李沈阳的《汉代人性论史》（齐鲁书社 2010 年版），等等。此外，心、性、情、才是人性论中的重要范畴，亦有学者以心性、性情、情感等为线索考察了早期儒家人性论的演变历程，诸如，蒙培元的《中国心性论》（台北：台湾学生书局 1990 年版），欧阳祯人的《先秦儒家性情思想研究》（武汉大学出版社 2005 年版），郭振香的《先秦儒家情论研究》（安徽大学出版社 2011 年版），马育良的《中国性情论史》（人民出版社 2010 年版），黄意明的《道始于情：先秦儒家情感论》（上海交通大学出版社 2009 年版），等等。人性论是教化的理论起点，有学者把儒家人性论放在教育视角下，梳理先秦两汉人性论的演变过程，如，廖其发的《先秦两汉人性论与教育思想研究》（重庆出版社 1999 年版）。这些著作以宏观的叙述为基本特色，厘清论述主题的发展脉络，对本书有启发意义。

2. 哲学史专著。多数哲学史教材中都或多或少涉及先秦两汉儒家学者人性说的讨论，其中，较有代表性的著作如，谢无量的《中国哲学史校注》（华东师范大学出版社 2018 年版），胡适的《中国哲学史大纲》（商务印书馆 2011 年版），冯友兰的《中国哲学史》（重庆出版集团、重庆出版社 2009 年版），任继愈的《中国哲学史》（人民出版社 2010 年版），张岱年的《中国哲学大纲》（商务印书馆 2015 年版），冯达文、郭齐勇的《新编中国哲学史》（人民出版社 2004 年版），徐复观的《两汉思想史》（九州出版社 2014 年版），于首奎的《两汉哲学新探》（四川人民出版社 1988 年版），祝瑞开的《两汉思想史》（上海古籍出版社 1989 年版），金春峰的《汉代思想史》（中国社会科学出版社 2006 年版），陈战国的《先秦儒学史》（人民出版社 2012 年版），蔡仁厚的《孔孟荀哲学》（台北：台湾学生书局 1984 年版），渡边秀方的《中国哲学史概论》（刘侃元译，河南人民出版社 2016 年版），劳思光的《新编中国哲学史》（生活·读书·新知三联书店 2014 年版），罗光的《中国哲学思想史（先秦篇）》（台北：台湾学生书局 1996 年版）、《中国哲学思想史（两汉、南北朝篇）》（台北：台湾学生书局 1978 年版），等等。

（二）第二部分：就学界有关"气论"研究的状况看，较为典型地梳理了儒家气论思想的著作有，张立文主编的《气》（中国人民大学出版社 1990 年版），小野泽精一、福永光司、山井涌编的《气的思想——中国自然观与人的观念的发展》（李庆译，世纪出版集团、上海人民出版社 2014 年版），杨儒宾、祝平次的《儒学的气论与工夫论》（华东师范大学出版社 2008 年版），曾振宇的《中国气论哲学研究》（山东大学出版社 2001 年版），程宜山的《中国古代元气学说》（湖北人民出版社 1986 年版），李志林的《气论与传统思维方式》（学林出版社 1990 年版），李存山的《气论与仁学》（中州古籍出版社 2009 年版）、《中国气论探源与发微》（中国社会科学出版社 1990 年版），李申的《道与气的哲学：中国哲学的内容提纯和逻辑进程》（中华书局 2012 年版）、《万法归宗：气范畴通论》（华艺出版社 1993 年版），涂光社的《原创在气》（文化艺术出版社 2017 年版），等等。这些作品考察了气的缘起、演变及发展史，论述了中国古代气论的特点，涉及气与阴阳、五行、艺术、音乐、绘画、文学、性、仁义等范畴的关系，兼及诸子各派对气的看法，或从工夫论视角谈及养气办法，或从艺术学、美学视角讨论气与人的关系，甚至还讨论了气功与诸子气说的关联，等等，其中的论断和观点给人以深刻启发，在正文论述时再加以说明。

（三）第三部分：结合性、气两个范畴，阐述儒家以气论性的资料比较少见，而且研究成果多集中在汉代，对先秦、秦汉之际儒家以气论性的研究很少。

在著作中出现的代表性观点有，方立天在《中国古代哲学问题发展史》中指出："两汉时代人性论的重要特点是以气论性。"[①] 张立文在《中国哲学范畴发展史（人道篇）》中指出："秦汉时的性情论是把性情放在阴阳气化中来考察它的发生、根据和特征等，可谓阴阳气化型性情论。"[②] 李申在《道与气的哲学：中国哲学的内容提纯和逻辑进程》中以为，汉代儒家人性说是气禀人性论，并在《万法归宗：气范畴通论》中梳理了气质之性历史演变的逻辑线索。[③] 唐君毅在《中国古代哲学精神》中指出："（汉儒）在人性论方面则主要是调和孟荀。……以性本于阳，情本于阴，性善而情恶正与宇宙论上阳善而阴恶相应。"[④] 龚鹏程在《自然气感的世界》中指出："顺天地阴阳气化以言性，为两汉通义。"[⑤] 马育良在《中国性情论史》中指出："汉人性情论的主流趋势是，越来越直接地将宇宙阴阳论纳入人的生命之内以言情性，并主张性由阳生、情由阴生、性善而情恶。"[⑥] 任鹏在《中国美学通史（两汉卷）》中以为，"汉代思想多采取以气论性的思维模式"[⑦] 等。另外，有几部专著和学位论文以"身体"议题为切入点，系统讨论了早期儒家气、性、身、心、性及工夫等议题之间的关系，如，周与沉的《身体：思想与修行——以中国经典为中心的跨文化观照》（中国社会科学出版社

---

① 方立天：《中国古代哲学问题发展史》，中华书局 1990 年版，第 403 页。
② 张立文：《中国哲学范畴发展史（人道篇）》，中国人民大学出版社 1995 年版，第 521 页。
③ 参见李申《道与气的哲学：中国哲学的内容提纯和逻辑进程》，中华书局 2012 年版，第 99—102 页；李申《万法归宗：气范畴通论》，第 231—268 页。
④ 唐君毅：《中国古代哲学精神》，九州出版社 2016 年版，第 228—229 页。
⑤ 龚鹏程：《汉代思潮》，第 15 页。
⑥ 马育良：《中国性情论史》，人民出版社 2010 年版，第 163 页。
⑦ 任鹏：《中国美学通史（两汉卷）》，载叶朗主编，朱良志副主编《中国美学通史》，第 334—335 页。

2005 年版），杨儒宾的《儒家身体观》（台北："中央研究院"中国文哲研究所筹备处 1999 年版），刘成纪的《形而下的不朽：汉代身体美学考论》（人民出版社 2007 年版），周瑾的《多元文化视野中的身体》（博士学位论文，浙江大学，2003 年），等等。在这些作品中，学者们普遍以为，"以气论性"是中国古代人性论研究的一种理论模式，还兼及讨论了儒家与西方身体哲学的异同，指出了气与中国身体美学的独特关系。

在论文中出现的代表性观点有，石竣在《人性论研究》中提出："（汉代人性论）的特点是把'人性'当作一种'质料'，具体的东西，经验的对象。"① 王中江在《汉代"人性不平等论"的成立》（《孔子研究》2010 年第 3 期）中说："（汉代学者普遍）将人性论与阴阳之气和元气结合在一起……他们各自都设法从天那里寻找人性不平等论的根据。"② 土楷在《治气·养心·修德》（《哲学门》2015 年总第 32 辑）中以孔子、郭店儒简、孟子、荀子为例指出，在先秦儒学中，学者们普遍持有自然人性论，特点便是以气说性，同时探讨了先秦诸子养气和治气的工夫。沈顺福在《性即气：略论汉代儒家人性之内涵》[《中山大学学报》（社会科学版）2017 年第 1 期]中将汉代人性论统称为"性气论"。叶平在《禀气人性论的建立中儒道话语范式的演变》（《中州学刊》2015 年第 2 期）中将汉代人性论称为"禀气人性论"。曾昭旭在《中国思想中的人性论》中指出："汉代学者看人性，喜欢质实地落到气质上来看。"③ 黄金榔在《试论从两汉到魏晋时期人性论的发展》中说："两汉学者论人性多以因阴、阳说性情，综合儒家善恶说与道家动静说，使用方法不脱比附，天人相感，凑合而成。"④ 林永胜在《气质之性说的成立

① 石竣：《石竣文存》，华夏出版社 2006 年版，第 366 页。
② 王中江：《汉代"人性不平等论"的成立》，《孔子研究》2010 年第 3 期。
③ 黄俊杰主编：《中国人的理想国》，黄山书社 2012 年版，第 27 页。
④ 黄金榔：《试论从两汉到魏晋时期人性论的发展》，《嘉南学报》（人文类）2005 年总第 31 期。

及其意义——以汉语思维的展开为线索》中指出："（先秦两汉儒者讨论人性的）共通处在于，他们都是在'人之所受以生者'这样的思考方向下，检讨人之所以称得上是人，而人初生禀受的内容是气。"① 通过诸多文章可见，先秦两汉学者普遍存在以气论性的思维模式。或者说，气是性之材质。性中含气，似乎在先秦两汉哲学家那里已经达成了共识。

就单个历史人物以气论性的研究进展看，成果情况大概表现为十一个方面。

1. 孔子以气论性的研究进展

孔子站在以生论性的立场上，提出"性相近"并强调以治气（"戒"）实现"习相远"。关于孔子以气论性的研究，代表性成果有三个方面。

（1）论文类成果。如，赵法生的《孔子人性论的三个向度》（《哲学研究》2010 年第 8 期）以为，孔子是持有自然人性论者，而"自然主义人性论的内涵正是气，'以气论性'则是'以生论性'的哲学基础"。郭沂的《从"欲"到"德"——中国人性论的起源与早期发展》（《齐鲁学刊》2005 年第 2 期）以为，以气论性是前孔子时期便有的传统。陈坚在《〈论语〉中的"气"》（《孔子研究》1999 年第 1 期）中将《论语》中"气"分为辞气、气息、食气、血气四类，并分析了这四种气的特点及意义。张思齐在《孔子言"气"与古希腊思想的契合》[《烟台大学学报》（哲学社会科学版）2016 年第 1 期] 中以为，《论语》中孔子论"气"具有道德色彩，《礼记》中孔子论"气"具有道德色彩，并与"志"密切相关。李刚在《从孔子到孟子：儒家"气志论"思想传承新探》（《广西社会科学》2018 年第 6 期）中以为，在孔子那里，"气"已经具有心性论的意味，且与"仁"和"礼"等范畴有关，甚至是影响到郭店儒

① 林永胜：《气质之性说的成立及其意义——以汉语思维的展开为线索》，《台大中文学报》2015 年总第 48 期。

简"志气说"以及孟子"浩然之气""志气之辩"等议题的提出。

就孔子心性论研究来看，杨泽波在《孔子的心性学说结构》（《哲学研究》1992 年第 5 期）中将孔子的人性划分为欲性、仁性、智性三层来解读。杨少涵在《孔子哲学的义理架构》（《学术研究》2016 年第 2 期）、《论孔子的"心学"》（《江淮论坛》2010年第 4 期）中以为，孔子的心性学说由"心论"与"情论"两者构成，其中，"心"兼有良心与认知心两义，而"情"蕴藏道德与情感两义。良心具有天然的直觉功能，是成就道德的内在基础，而认知心则具备逻辑分析性，是学习接受外部伦理规范的依据。李勇强在《孔子人性论思想的新探讨》（《求索》2013 年第 1 期）中以为，孔子人性学说兼具"以生言性"与"以心言性"两层含义等。

关于孔子性之善恶关系的研究，有性善恶混、性善论、性恶论、中性论等多种说法。如，冯兵的《论孔子善恶混存的人性观》（《哲学研究》2008 年第 1 期），曹大中的《孔子性恶辨》（《湖南师范大学社会科学学报》1986 年第 6 期），游唤民的《论孔子的"性善论"及在其学说中的地位》（《湖南师范大学社会科学学报》2004 年第 3期）。王志强、王功龙在《孔子人性论新探》（《江西社会科学》2010 年第 3 期）中指出，孔子持有中性说。此外，陈思迪在《论孔子的"人性说"——兼评"孔子主张人性恶"说》[《郑州大学学报》（哲学社会科学版）1989 年第 3 期]中论述和点评了历史上有关对孔子人性说的各种解读观点。

（2）著作类成果。如，陈卫平、郁振华在《孔子与中国文化》（贵州人民出版社 2000 年版）中以为，孔子是中华文化主流思想的奠定者，从天人之辩、义利之辩、群己之辩、君子小人之辩等视角分析了孔子伦理学说的内容，并以为孔子开启了复性说和成性说两种论性思路。蒙培元的《蒙培元讲孔子》（北京大学出版社 2005 年版），讨论了孔子的仁的学说、礼的学说、天人学说、德治学说、文艺、教育思想等内容，并且以为，孔子之天是有生命的且不断创造生命，人便是从天道生生之中拥有了形体和德性。由天而生的德性即仁性，但是，仁性只是天然的质朴潜质，需要后天的学习才能完善，这便是孔子"性与天道"的核心要义。林存光、郭沂在《旷世大儒：孔子》（河北人民出版社 2000 年版）中分析了孔子的礼学、仁学以及易学思想，并以为孔子的人性说包括气质之性和义理之性两部分，义理之性指的是天给人的仁、礼、中庸等品德，气质之性指的是狂、愚、鲁、情欲等内容，义理之性是善的，而气质之性有善有恶，并且是可以改变的。显然这种论证思路是受到理学人性二元论的影响。例如，朱熹在《论语集注》中以为，孔子的人性是"兼气质而言"①。另外，韩星在《孔学述论》（陕西师范大学出版社 2008 年版）中论述了孔子思想中的天、命、性、道、仁、礼、中和、教学、祭祀等概念或范畴，并以为，孔子是谈论天道和性的，大小戴《礼记》中有关性与天道的论述能够反映孔子的天道观。

（3）中国港台地区的代表性成果。如，傅佩荣的《解析孔子的人性观点》（《哲学与文化》1992 年第 2 期）以为，孔子的"人"范畴由本我、性和血气三者构成，孔子之性指的是本我，本我表现为一种向善的力量，并且通过择善的实践而成人。朱心怡在《孔子"人道"思想的建立》（《汉学研究集刊》2007 年第 5 期）中以为，孔子论天是为了论人，人的德性源自天，预设了人性为善的可能，而修德是沟通天人的手段，具体方式便是学习。谢淑熙的《道贯古今：孔子礼乐观所蕴含之教育思想》（台北：秀威资讯科技股份有限公司 2005 年版），该书以孔子礼乐观为核心问题，系统讨论了礼乐产生的背景、内容、特色等，且认为礼蕴含仁道，乐蕴含中和，它们能够陶冶人的心性，提升人的道德。

2. 郭店儒简以气论性的研究进展

郭店儒简反映了孔孟之间这段时期儒学发展的样貌。《性自命

---

① 朱熹撰：《四书章句集注》，浙江古籍出版社 2012 年版，第 152 页。

出》提出"喜怒哀悲之气，性也"的命题，这表明儒简是以气论性者。代表性成果有四个方面。

（1）专著类成果。如，姜广辉主编的《中国哲学》（第20辑）（辽宁教育出版社1999年版），作为研究郭店儒简的专刊，该书收入了庞朴、李学勤、廖名春、姜广辉等权威学者的研究成果，不但讨论了儒简文本的作者和年代，内容构成，与子思、与孟子的学术传承关系，并且涉及心性、性情等有关议题。陈来的《竹帛〈五行〉与简帛研究》（生活·读书·新知三联书店2009年版）收录了作者有关《性自命出》的人性论、竹帛《五行》的作者与孟子的关系、马王堆帛书《易传》等话题的见解，陈先生以为，儒简是持有自然人性论者，是以气说性者，而不是以理说性，气内在于内是性，性表现于外便是情，发而中节便是道。李天虹的《郭店竹简〈性自命出〉研究》（湖北教育出版社2003年版）是研究《性自命出》篇章的首部专著，该书系统地讨论了《性自命出》中的"情"范畴、心性论、乐论及辨析了文本作者等问题，并将性视为与气有关的天生资质。丁四新的《郭店楚墓竹简思想研究》（东方出版社2000年版），该书论述了简帛《五行》经说、《性自命出》心性及作者、《语丛》四篇，比较了儒简中儒道两家的天道、人性及治道等问题。同时指出，儒简以情气为性，性中所含之气有仁气，亦有欲气，两者皆受制于心，心能够统率气，这种思维深刻影响了孟子的志气之辩。梁涛在《郭店儒简与思孟学派》（中国人民大学出版社2008年版）中以为，郭店儒简是思孟学派的作品，持有以生论性的立场，这种自然人性论是一种气性，性之气兼具善与不善的潜质，它们表现出来取决于外界的情势。

（2）论文类成果。很多学者已经意识到郭店儒简持有以气论性的观点。如，张茂泽以为，"（《性自命出》）的'性'论属于气性论"[①]。

---

① 张茂泽：《〈性自命出〉篇心性论大不同于〈中庸〉说》，《人文杂志》2000年第3期。

范赟以为，"（《性自命出》）将性得以显发的直接依据诉诸'气'"①。黄意明以为，郭店儒简的人性说是一种"情气人性说"②。蒙培元在《〈性自命出〉的思想特征及其与思孟学派的关系》（《甘肃社会科学》2008 年第 2 期）中以为，《性自命出》是一种气性说，并探讨了儒简中性、心、情等诸范畴之间的关系。郭齐勇在《郭店楚简〈性自命出〉的心术观》[《安徽大学学报》（哲学社会科学版）2000 年第 5 期] 和《郭店儒家简与孟子心性论》[《武汉大学学报》（人文科学版）1999 年第 5 期] 中指出，郭店儒简持有以气说性的思想，并且倡导以礼乐培育气质，而心是接受礼乐教化的关键。颜炳罡在《郭店楚简〈性自命出〉与荀子的情性哲学》（《中国哲学史》2009 年第 1 期）中以为，郭店儒简所持人性是气性，并强调对气性的治理，是荀子化性起伪学说的源头。这些成果表明：郭店儒简以为，性中含气。

（3）中国港台地区及海外研究成果。如，朱心怡的《天之道与人之道——郭店楚简儒道思想研究》（台北：文津出版社 2004 年版）认为，"天"是人性的根源，心能够主导性情，但心有弊端还需要习养，并讨论了《性自命出》的作者问题，兼及与道家竹简思想的比较。谢君直在《郭店楚简儒家哲学研究》（台北：万卷楼图书股份有限公司 2008 年版）、《郭店儒简〈性自命出〉的人道思想》（《东吴哲学学报》2012 年第 21 期）等作品中，揭示了儒简中的人道思想、性、心、情、气等范畴的关系，指出儒简持有即心言性的思路，并论及了它与荀子心术观之异同。日本学者池田知久在《池田知久简帛研究论集》（曹峰译，中华书局 2006 年版）中以为，《五行》经文、说文在郭店儒简时期就已经存在，只是没有同时出土而已，并且论及儒简中的心、身、气、性等诸议题，揭示出儒简以气论性

① 范赟：《〈性自命出〉的思想及其对先秦儒家心性学说的推进》，《社会科学论坛》2010 年第 17 期。
② 黄意明：《"情气为性"与"郭店儒家简"之情感论》，《中州学刊》2010 年第 1 期。

的思路。美国学者顾史考（Scott Cook）在《郭店楚简先秦儒书宏微观》（上海古籍出版社 2012 年版）中讨论了儒简中的人性、美学、道统、礼乐等问题，并以为儒简是以气说性，持有善恶未分之说。

（4）学位论文。如，李锐在《孔孟之间"性"论研究——以郭店、上博简为基础》（博士学位论文，清华大学，2005 年）中以为，郭店儒简是以气论性者，而气性与善恶无关，儒简并没有性善说。梁振杰在《走近原始儒家——战国楚简儒家思想研究》（博士学位论文，河南大学，2007 年）中以为，儒简是自然人性论持有者，即坚持以气论性，而气本身无善恶可言，并且他还论及气、天、性、心、情等范畴之间的关系，以及教化对于气性的意义。刘伟在《郭店儒简所见生死观研究》（博士学位论文，吉林大学，2011 年）中以为，人性源自现实的生命，而生命是天以气的形式赋予人的，这便是血气，而血气又是情气（性）的根源，并且作者还强调气性的可变和一致，兼及讨论了养生与血气、养心和养性的关系。

3. 孟子以气论性的研究进展

提及孟子，人们首先想到的是他的性善论，而关于性和气关系的探讨，朱熹曾说："孟子未尝说气质之性。"[①] 在朱熹看来，气性是孟子所没有的。长期以来学界深受朱熹思想的影响，学者多数以为，孟子并非以气论性者。与朱子相反的是，戴震却以为，朱熹的做法实则违背孟子本意，他批评朱熹是："遂于气禀之外增一理义之性。"[②] 换言之，理义之性是后人强加给孟子的，而非孟子本人的。按照戴震的意思，孟子是以气论性者。他说："孟子所谓性，所谓才，皆言乎气禀而已矣。"[③] 同时应该注意的是，《孟子》曾经提出气、平旦之气、夜气、浩然之气等多种气。特别是对于"浩然之气"的探讨，有些学者意识到了孟子以气论性的问题。代表性成果有两

[①]（宋）黎靖德编：《朱子语类》，王星贤点校，第 70 页。
[②]（清）戴震：《孟子字义疏证》，何文光整理，第 6 页。
[③]（清）戴震：《孟子字义疏证》，何文光整理，第 39 页。

个方面。

（1）成果就论文形式看，可分为五种

①研究"浩然之气"的代表作品。如，朱子以为，浩然之气与血气有关，他说："义理附于其中，则为浩然之气。若不由义而发，则只是血气。"① 可见，血气是充实人体的生理性材质，以道义养长血气，它便会转为浩然之气，否则它便只是血气。冯友兰在《孟子浩然之气章解》中以生生之意诠释气，以为浩然之气含有生意。② 李景林在《"浩然之气"的创生性与先天性——从冯友兰先生〈孟子浩然之气章解〉谈起》（《社会科学战线》2007 年第 5 期）中以为，"浩然之气"兼具本体义和创生义，它既是先天所本有，同时通过创生展现出来，这便是养气的工夫。梁涛在《"浩然之气"与"德气"——思孟一系之气论》（《中国哲学史》2008 年第 1 期）中结合马王堆《五行》篇"以气说德"的做法，认为浩然之气是一种德气。任鹏程、沈顺福在《浩然之气即性》（《东岳论丛》2017 年第 12 期）中以为，浩然之气是能致善的气，是仁义的本原，即性。梁宗华在《论孟子"浩然之气"与"大丈夫"人格养成》（《东岳论丛》2018 年第 4 期）中以为，孟子论气，与心、志、性等范畴相关，而气，兼具德性及神秘色彩。在心气关系上，孟子更强调心对气的主导，以浩然之气成就大丈夫的道德人格。

②研究孟子气论的代表作品。如，杨泽波在《孟子气论难点辨疑》（《中国哲学史》2001 年第 1 期）中辨析了孟子的气与不动心、养勇、言、志等问题。李会富在《生性、气性与情性——孟子性善论之论证前提分析》（《理论界》2017 年第 5 期）中以为，孟子性善说包含生性论、气性论和情性论三部分内容，并且性善与气、与情等范畴有关。李志勇在《孟子"气"字的研究》（《鹅湖月刊》1990 年总第 176 期）中，将孟子气论分为生理血气之气、人类根源之气、

---

① 　（宋）黎靖德编：《朱子语类》，王星贤点校，第 1244 页。
② 　参见冯友兰《中国哲学史》，重庆出版集团、重庆出版社 2009 年版，第 449 页。

浩然之气三类，并且论及了它们与人性的关系。陈明恩在《原始生命的理性化——试论孟子对于气的理解》（《鹅湖学志》1999 年总第23 期）中以为，孟子讨论气紧扣与心的关系，具有生理属性的气，经过心的宰制便转为德性之气，为此孟子建立了气—人性—宇宙的生命样态，从此儒家论气开始与心性有关。

③研究气与物质和精神关系问题的代表作品。如，曲广博在《孟子浩然之"气"辨》[《河北师范大学学报》（哲学社会科学版）1996 年第 4 期]中论证了孟子的气是物质性的。晁福林在《孟子"浩然之气"说探论》（《文史哲》2004 年第 2 期）中以为，浩然之气是一种精神状态。张奇伟在《孟子"浩然之气"辨正》（《中国哲学史》2001 年第 2 期）中以为，浩然之气是一种精神心志，而不具有神秘主义。金银润在《对孟子"浩然之气"的一种解读》（《船山学刊》2009 年第 2 期）中以为，学术史上关于"浩然之气"的解读有三种观点，或是物质的，或是精神的，或兼具物质和精神之义。另有学者以为，孟子气说思想汲取自道家，且养气说是古宗教中的练气之术，因与儒家整体思想不合，故没有融入儒家主流传统。比如李山、唐巧美的《"往圣"的一段"绝学"——论孟子"浩然之气"的宗教属性》（《中国文化研究》2009 年第 2 期）便持有这种观点。另外，还有学者立足理学、心学的视野挖掘孟子夜气说、浩然之气的含义，且以为气与本体之理有关。比如肖永明、王志华的《朱子对孟子"夜气"思想的阐发》[《北京大学学报》（哲学社会科学版）2018 年第 3 期]，许家星的《俯仰无愧怍——论朱子"浩然之气"章解的诠释意义》（《中国哲学史》2009 年第 4 期），简逸光的《王阳明"夜气"解》（《孔子研究》2016 年第 4 期），等等。这些成果透露出宋明儒者对孟子气论、性论、心论等有关思想的继承和创进，也说明，"气"本来就是孟子人性学说中的重要范畴。

④以"才"范畴为切入点，研究孟子性说的作品。如，李景林在《从论才三章看孟子的性善论》[《北京师范大学学报》（社会科学版）2008 年第 6 期]中以为，孟子的才即善性良心，它们是仁义

的本原，构成人性的内容。而以才论性正说明孟子是性本善论，而非性向善论。李世平在《心性之"才"的双重内涵与孟子性善》(《孔学堂》2017 年第 4 期）中以为，才在孟子那里，既是为善的能力，又是构成仁义礼智的材质。孟子以才的存在强调性本善论，以才的涵养强调性扩充论。陈徽在《"以才论性"与"因情定性"——孟子性善论之致思理路》[《安徽大学学报》(哲学社会科学版）2004 年第 6 期]中以为，孟子是以才论性者，才是构成人性的实情，而性恶是才遭到戕害的结果。

⑤研究气与性、心、工夫论等范畴之间关系的代表作品。如，彭国翔在《"尽心"与"养气"：孟子身心修炼的功夫论》(《学术月刊》2018 年第 4 期）中从工夫论的角度探讨孟子"心"和"气"范畴，以为养心和治气就是扩充本心和德气，而不是凭借外在制度约束自然性情，气能够贯通全身且表现出来，这种人格就是大丈夫。王正在《心、性、气、形：十字打开的孟子工夫论》(《中州学刊》2016 年第 6 期）中亦有类似观点。陆建华在《孟子之气论——兼及心、性、气三者的关系》(《中原文化研究》2015 年第 5 期）中以为，孟子将人视为由气所构成的，心是由气所构成的，心能够主宰气，而气与性是通过心而沟通的。彭战果在《孟子心气关系论》(《甘肃社会科学》2017 年第 2 期）中认为，孟子的心具有气的性质，它具有善良的特点，能够养育而逐渐扩充，同时心又是气的主宰者，即孟子重心轻气。傅永聚在《孟子"养气说"浅析》(《齐鲁学刊》1992 年第 2 期）中以为，孟子之气兼具物质和道德义，养气能够充实形体和成就道德，性善说和养气说具有相同内涵。乐爱国在《孟子论"气"与儒家养生学》[《锦州医学院学报》(社会科学版）2005 年第 1 期]中从中医养生学角度分析了孟子养气说，并且以为孟子浩然之气兼具物质和精神两义。刘子立在《孟子的观人术与气论》(《儒家典籍与思想研究》2011 年第 1 期）中以为，孟子气论思想源自黄老道家，并将气赋予道德义，气是充实人体的材料，且能够表现外化出来，因此根据气便可断定人之品德。

（2）论著类成果

杨泽波是孟子学的研究大家，他撰有《孟子性善论研究》（中国人民大学出版社 2010 年版）、《孟子评传》（南京大学出版社 2011 年版）、《孟子与中国文化》（上海人民出版社 2017 年版）等书和论文。杨教授阐明了孟子人性说的进路和原则，他提出"伦理心境"的概念解读孟子性善说，并以为心是本，气是末。心性养好了，气就会自然生长。同时他以为，孟子养气说很可能受到稷下学者的影响。与此类似，黄俊杰在《孟子》（生活·读书·新知三联书店 2013 年版）中以为，《管子》四篇对孟子心气说影响较大，但孟子强调心优先于气，以心主宰生理血气，他开创了将生理之气变为道德之气的先河，气外化于人的形体便是践形。白奚在《稷下学研究——中国古代的思想自由与百家争鸣》（生活·读书·新知三联书店 1998 年版）中以为，孟子的浩然之气、夜气、志气之辩、心气论等思想都吸收了《管子》的思想。蒙培元在《蒙培元讲孟子》（北京大学出版社 2006 年版）中讨论了孟子的天人学说、人性论及修养论。他特别指出，气在孟子那里与生命有关，它是构成人身体的材料，如果以道义养长体气，便能转变为浩然之气，而养长的方式便是顺从人的本心，任其自然生长，如此便能养成大丈夫道德人格。谭宇权在《孟子哲学新论》（台北：文津出版社 2011 年版）中探讨了孟子思想中的心、性、才、情、天人观、生命美学等议题，且论及孟子伦理观与西方伦理观的比较及意义。另外，在孟子思想概论方面有：徐洪兴的《〈孟子〉精读》（复旦大学出版社 2010 年版），杨国荣的《孟子的哲学思想》（华东师范大学出版社 2009 年版），刘鄂培的《孟子大传》（清华大学出版社 1998 年版），陈昇的《〈孟子〉讲义》（人民出版社 2012 年版），等等。这些作品讨论了孟子的心性论、天论、修身论、知识论、人格论、道德论及政治学等思想或议题，对于全面掌握和理解孟子思想较有意义。

4. 荀子以气论性的研究进展

较之先秦儒家其他学者，《荀子》中的《王制》《天论》等篇章多次出现气、阴阳等范畴，并且荀子还强调治气养心。事实上，将荀子视为以气论性者，这种观点由来已久。早在朱熹那里，他便已经从理学人性二元论的视角将荀子人性视为气。他说："荀扬韩诸人虽是论性，其实只说得气。"① 又言："有气便有形。"② 可见，性与气相关，兼具物质属性。检阅有关荀子研究的成果，学人或多或少都以为，荀子论性与气有关。代表性成果有四个方面。

（1）荀子气论是性论思想的逻辑起点。如，李存山在《中国气论探源与发微》（中国社会科学出版社 1990 年版）中专门论述了荀子性与气的关系。另有人以为，荀子是气本论者。气具有物质形态，它是构成万物的本原。对人来说，人的形体、精神等都是由气所构成的。所以对人性问题的考察要结合天论、气论学说。持此种观点的成果还有，李德永的《荀子》（上海人民出版社 1959 年版），夏甄陶的《论荀子的哲学思想》（上海人民出版社 1979 年版），等等。此外，惠吉星在《荀子与中国文化》（贵州人民出版社 1996 年版）中探究了荀子的天人关系论、性恶论、艺术教化论等，并以为宋明气质人性说是荀子性恶说的翻版。张丽珠在《戴震人性论与孟、荀之异同》（《国文学报》2010 年总第 47 期）中以为，荀子是儒家以气论性持论者。朱晓海在《荀学的一个侧面——"气"的初步摹写》中分析了荀子气论、人性论、天论等议题之间的关系。③ 这些成果表明：荀子论性与气有关。

另外，有学者以"身体"为切入点，分析了荀子哲学之中人性、血气、情欲及礼义等范畴之间的关系。比如，顾炯在《儒家视域中的修身之道》（博士学位论文，华东师范大学，2011 年）中以为，荀子论身体是在宇宙论视域下谈及的，它包括形躯、血气、心三层含义，且与气相关，气是构成万物及人的材料，它与性恶论、修养

① （宋）黎靖德编：《朱子语类》，王星贤点校，第 78 页。
② （宋）黎靖德编：《朱子语类》，王星贤点校，第 24 页。
③ 参见朱晓海《荀学的一个侧面——"气"的初步摹写》，载杨儒宾主编《中国古代思想中的气论及身体观》，台北：巨流图书公司 1993 年版，第 451—484 页。

论有关，即人天生有血气，血气能够引发情欲，导致性恶，而心是气和性的连接点，教化便能治理气质，改造人性生理之气，从而修身成圣。或者说，气是生理身体向礼义身体转换的关键。类似作品还有，伍振勋的《荀子的"身、礼一体"观——从"自然的身体"到"礼义的身体"》（《中国文哲研究集刊》2001 年第 19 期），许从圣的《治气·节欲·养情——荀子的"礼身"修养论重探》（《汉学研究》2018 年第 1 期），等等。

（2）海内外关于荀子评传和思想概论方面的典型作品。如，孔繁的《荀子评传》（南京大学出版社 1997 年版），郭志坤的《荀学论稿》（生活·读书·新知三联书店 1991 年版），马积高的《荀学源流》（上海古籍出版社 2000 年版），廖名春的《〈荀子〉新探》（中国人民大学出版社 2014 年版），林宏星的《合理性之寻求》（上海人民出版社 2017 年版），等等。总的来说，虽然这些专著的行文形式、结构或许略有不同，但讨论内容却很相近，几乎都涉及荀子思想的渊源、宇宙论、人性论、认识论、正名论、乐论、天人论、富国论、礼论、法论、气论，且以为人性论是天道学说的延伸，兼及荀子与孟子人性的比较，及荀子对后世儒家的影响等议题，都有很大的学术参考价值。中国港台地区牟宗三的《荀子大略》（吉林出版集团 2010 年版）一书影响力比较大，该书以为，"天生人成"是贯穿荀子思想的纲领，作者在书中讨论了荀子人性说与天的关系，并以为荀子以理智心而成就仁义道德。中国港台地区很多荀子研究成果都受此影响。如，韦政通的《荀子与古代哲学》（台北：台湾商务印书馆 1966 年版），翁惠美的《荀子论人研究》（台北：正中书局 1988 年版），龙宇纯的《荀子论集》（台北：台湾学生书局 1987 年版），等等。

（3）荀子人性说是与天道思想分不开的，有学者立足宇宙论的视角，以"天"为切入点，以为天是自然之天，构成它的内容是气，气有物质性，能够生出人和万物。性是天生的产物，因此与气相关。持有这种观点的作品如，赵法生的《荀子天论与先秦儒家天人观的转折》[《清华大学学报》（哲学社会科学版）2015 年第 2 期]，杜保瑞的《荀子的性论与天论》（《哲学与文化》2007 年第 10 期），童宏民、赵明媛的《荀子天论研究》（《勤益人文社会学刊》2010 年第 1 期），等等。此外，还有学者以为，荀子论气、论心、论人性的有些观点是汲取自道家的。如，孙以楷的《荀子与先秦道家》（《学术月刊》1996 年第 8 期），王邦雄的《由老庄道家析论荀子的思想性格》（《鹅湖学志》2001 年第 27 期），等等。

（4）从教化论或工夫论视角讨论荀子的美学、人性、礼论、乐论、气论等话题。如，陈迎年的《能定能应，夫是之谓成人——荀子的美学精神》（生活·读书·新知三联书店 2013 年版），该书以美学为视角，探究了荀子的认知论、情欲论、艺术论等，并提出以礼乐教化实现"美其身"的策略。邓小虎在《荀子的为己之学：从性恶到养心以诚》（北京大学出版社 2015 年版）中以为，人天生的自然情欲是荀子性恶的根源，他并不以性恶为人之本质，而强调心的认知功能，重点关注化性起伪，以礼义和诚实现养心，改造人性。王楷在《天然与修为——荀子道德哲学的精神》（北京大学出版社 2011 年版）中从道德教化的视角指出，荀子是自然人性论者，他的人性说呈现出以气说性的特色。气是人情欲存在的物质基础，也是性恶的根源。为此，荀子强调以乐教改造人性，通过"刺激—反应"的原理，激发人身上善的气质，避免邪恶之气接近人身，进而成就圣贤人格。

5. 《易传》以气论性的研究进展

《易传》《礼记》的写作年代及作者等问题，学术界目前尚有争论。我们认为，它们的成书在秦汉之际，或者说是西汉之前。

《易传·系辞传上》说："一阴一阳之谓道，继之者善也，成之者性也。"这句话简明扼要地指出：阴阳、道、善以及人性之间的关系。可见，《易传》讨论人性问题的同时，也牵扯到气（阴阳）。而"气"，在《易传》中具有物质属性。阴阳之气与人性密切关联，这也就是说，《易传》以为，人性具有材质性。这部分的研究代表性观点有六个方面。

（1）以阴阳交易论证《易传》持有性善说。有学者以为，阴阳之气的交易变化便是天道，人便是从天道交易获得本性的，故而人性是善的。持有此种观点的成果如，梁韦弦的《〈易传〉人性论探微》（《周易研究》2001 年第 1 期），余敦康的《易学今昔》（中华书局 2016 年版），徐复观的《中国人性论史（先秦篇）》（九州出版社 2014 年版）。另外，赵法生的《〈易传〉情论》[《杭州师范大学学报》（社会科学版）2017 年第 2 期] 以为，《易传》是重视"情"的，而"情"是与天道有关的，为此，他详细分析了《易传》中的"情"范畴及其意义。

（2）以阴阳交易论证《易传》持有善恶兼具说。这类观点的立场是，从宇宙生成论的视角论证《易传》中阴阳二气是人性的来源，并以为阴阳二气与善恶有关，所以《易传》所言人性是阴阳之气赋予的善恶潜质。持有类似观点的成果如，陈恩林的《论〈易传〉的人性善恶统一说》（《周易研究》2014 年第 5 期），戴琏璋的《易传之形成及其思想》（台北：文津出版社 1988 年版），刘耘华的《〈易传〉的意义生成研究》（《文贝：比较文学与比较文化》2016 年第 1期），任鹏程的《〈易传〉以气论性的人性论探析》（《周易研究》2018 年第 12 期），等等。

（3）以阴阳交易论证《易传》持善恶可变说。如，林忠军在《试论〈易传〉的人本管理思想》（《中州学刊》2007 年第 1 期）中以为，《易传》人性有善恶之分，并且可以转化和塑造。杨庆中在《周易经传研究》（商务印书馆 2005 年版）中以"天人关系"为视角，分析了《易传》中的天论、人论、天人关系议题，并且以为继承阴阳交感便是善，成就阴阳交感便是性。也就是说，他更加强调人性与生生的关系，并以生生的视角关注人性的可变性。

（4）将《易传》论性分为"本体"和"继善"两方面。如，刘玉建在《〈易传〉性命合一论："穷理尽性以至于命"》（《管子学刊》2011 年第 4 期）中以为，《易传》中人性有本体之善，以及现实中继善而成性两个方面。李佩桦、徐孙铭在《〈易传〉道德哲学新探》（《伦理学研究》2017 年第 5 期）中以为，《易传》是一种生命本体论，人在天道生生之中获得本性，而阴阳的生生之意就是人的德性。

（5）《易传》以阴阳论道德、论性情、论性命。持有这种观点的成果如，刘长林在《论〈易传〉之德》（《中国哲学史》1999 年第 1 期）中以为，《易传》的道德源自天道，天道生生不已成就人之德性。王博在《易传通论》（中国书店 2003 年版）中分析了《易传》中人道与天道的关系，并且以为"性总是与道，与阴阳的观念结合起来"①。但与道家的阴阳相比，《易传》阴阳之气又蕴藏仁义。刘大均、林忠军在《周易经传白话解》（上海古籍出版社 2006 年版）中认为，《易传》已经持有以阴阳论性情的立场。

（6）有学者以艺术和美学为视角，分析了《易传》中气、性以及美学之间的关系。如，刘纲纪的《〈周易〉美学》（武汉大学出版社 2006 年版）讨论了《周易》中有关"美"的概念，天地之美、阴阳之美、象数之美、对中国美学的影响等议题，并指出周易以乐教成就人格之美。张锡坤、姜勇、窦可阳的《周易经传美学通论》（生活·读书·新知三联书店 2011 年版）讨论了《周易》中的"含章"之美、生生之美、交感之美、言辞之美、阴阳气论之美等，并以为气的贯通能够实现天人沟通，成就天人合德。另有学者探讨了《周易》中的艺术之美与气论、与人性的关系。如，王明居的《易传美学刚柔阴阳论》（《文艺理论研究》1996 年第 2 期）。

6.《礼记》以气论性的研究进展

《礼记》提出："以阴阳为端，故情可睹也。"（《礼记·礼运》）人情与阴阳有关，另外，《礼记》还以气之阴阳探讨礼仪制度等，可以说是秦汉之际儒家气性论发展链条上的关键一环。代表性成果有三个方面。

_____

① 王博：《易传通论》，中国书店 2003 年版，第 176 页。

（1）专著类成果。龚建平在《意义的生成与实现——〈礼记〉哲学思想》（商务印书馆 2005 年版）中讨论了《礼记》的成书年代、天道观、宇宙观、人生哲学、政治哲学以及《乐记》中的礼乐关系议题。成守勇在《古典思想世界中的礼乐生活：以〈礼记〉为中心》（上海三联书店 2013 年版）中考察了"礼""乐"的本义，特色在于对古代礼乐生活的现象展开了论述，并且论及先秦诸子对礼乐生活的讨论。薛永武在《〈礼记·乐记〉研究》（光明日报出版社 2010 年版）中以《乐记》为研究文本，立足天人合一、心物同构、感物而动等视角，话题涉及气、性、心与乐之关系等议题，并以为《乐记》持有以气论性的立场。

（2）论文类成果。如，林合华在《〈礼记·乐记〉的人性论之再反思》（《船山学刊》2018 年第 1 期）中认为，由于学人对"性"的理解不同，《乐记》中的人性论可分为"性善论"和"性有善有恶论"两种，并且《乐记》持有以情气论性的立场，而"情气"，则具有生理特点。郭齐勇在《〈礼记〉哲学诠释的四个向度——以〈礼运〉〈王制〉为中心的讨论》［《复旦学报》（社会科学版）2016 年第 1 期］中以《礼运》《王制》篇章为基础，重点讨论了《礼记》中的宗教哲学、生态环保伦理、儒家政治社会哲学和道德哲学等内容，强调礼根源于天，是修身养性的工具。张茂泽在《〈礼记〉的儒教思想》［《广西大学学报》（哲学社会科学版）2017 年第 1 期］中论述了《礼记》中的教化思想及其意义，并以为礼是人沟通天地鬼神的手段，同时是人情感修养的工具。贺更粹在《和：〈礼记〉礼乐教化的旨归》［《西北师大学报》（社会科学版）2011 年第 4 期］中以为，"和"是《礼记》中礼乐教化的旨归。而"和"有身心之和、人和、太和等方面的含义。黄文彩的《〈礼记〉伦理美学思想研究》（博士学位论文，陕西师范大学，2015 年）从政治、社会、人生、文艺等视角分析了《礼记》的伦理美学思想，并强调礼乐是治理人情的手段，礼用来实现制度的有序，而乐则能够达成气之中和。

（3）中国港台地区的研究成果。如，赖昇宏的《〈礼记〉气论思想研究》（新北：花木兰文化出版社 2011 年版），该书分为上、下两册，上册论述了先秦气论思想的发展历程、《月令》的自然气化论、《乡饮酒义》的气化思想、《祭义》的气化鬼神观等内容，下册论述了《乐记》的礼乐气化论、《礼运》、《礼器》、《郊特牲》的气化论等内容，该书以为《礼记》中的礼乐问题与气化宇宙论视野密切相关，《礼记》提出了"以气说礼"的模式，即认为礼乐是源自天道气化的产物。此外，书中还论及了《礼记》"气化论礼"对人性论研究的意义，以及这种做法的历史影响。方俊吉的《礼记之天地鬼神观探究》（台北：文史哲出版社 1985 年版）探讨了《礼记》中的天地观、鬼神观等内容，并以为在《礼记》中，天地、鬼神皆礼乐之源、政教之本，而气是贯穿天地、鬼神的关键。林素英在《古代祭礼中之政教观：以〈礼记〉成书前为论》（台北：文津出版社有限公司 1997 年版）中重点强调了《礼记》中祭祀的政治、教化功能，并将祭祀放在天人视野中考察，结合古代气文化的传统，以为祭祀活动具有人文主义的价值，能够影响人的性情，促进家族发展、沟通天命和神道等。

7. 董仲舒以气论性的研究进展

董仲舒为西汉大儒，他通过建构天人哲学，阐发天人感应、天人相副的理论学说，以此论证人之性情源自天之阴阳。《春秋繁露·深察名号》说："天两有阴阳之施，身亦两有贪、仁之性。"董氏以阴阳二气论人之善恶，所以，他的人性说实则是以气禀论性。此部分典型的成果有四个方面。

（1）论文类成果。关于董仲舒人性论研究的论文很多，大体可以分为五类。

①董仲舒是以气论性者，学界已经有学者意识到这个问题。如，李申在《中国儒教史》中以为，董仲舒"从构成人体的质料来讨论人性"，他的人性论可以称为"禀气人性论"。[①] 商聚德以为，"天"

---

① 参见李申《中国儒教史》，江苏人民出版社 2018 年版，第 209—216 页。

是董仲舒人性的逻辑起点,"阴阳既是天的两种基本属性,又是决定人性的两种属性"①。余治平在《以阴阳释性情——董仲舒对儒学性情形而上学的独特建构》[《上海交通大学学报》(哲学社会科学版)2003 年第 4 期]中亦有类似观点,他还以为,董仲舒将阴阳范畴引入教化、政治、社会等各个方面,以天道的权威论证人道、治道的合理。类似的研究成果还有,曾振宇的《"阳气仁":董仲舒思想中的"善"与"仁"》(《衡水学院学报》2015 年第 6 期),刘国民的《董仲舒以阴阳之天道解释人道》[《西南民族大学学报》(人文社科版)2007 年第 6 期],等等。

②从美学的角度分析了董仲舒人性、宇宙论、气论等议题之间的关系。如,祁海文在《试论董仲舒的"礼乐教化"美育思想》(《人文杂志》2018 年第 11 期)中以为,阴阳性情说为礼乐教化奠定了理论基础,礼乐教化能够实现天地、政治、道德上的中和之美。另有学者结合董仲舒的天人感应说,从天道观与人性论相结合的视角论证了董仲舒的乐论美学思想,比如,蔡仲德的《董仲舒的音乐美学思想》(《中央音乐学院学报》1992 年第 3 期)。

③结合董仲舒阴阳性情说论证他的教化思想。如,任蜜林的《董仲舒王道视野下的人性善恶论》(《哲学动态》2016 年第 5 期),何善蒙的《情性与教化:以董仲舒为中心的考察》(《衡水学院学报》2017 年第 3 期),王心竹的《董仲舒王道论浅析》(《河南社会科学》2012 年第 7 期),韩星的《由古今之道而天人之际》(《江苏社会科学》2015 年第 2 期),等等。这些学者普遍以为,董仲舒认为,性之善恶取决于阴阳二气,阴阳二气有贪戾和仁义的特点,所以性自然需要教化,教化是董仲舒人性说的现实落脚点,也是治理气质的关键。

④关于董氏禀气人性论的研究,有些学者以为,禀气而成的性会呈现不同的样态,这便是性三品论。如,李存山的《董仲舒对先

---

① 商聚德:《试论董仲舒人性论的逻辑层次》,《中国哲学史》1998 年第 2 期。

秦儒学的继承和损益》(《衡水学院学报》2015 年第 3 期)。有学者持有"性善情恶说"。如,陈升在《董仲舒人性论发微》(《中国青年政治学院学报》2011 年第 5 期) 中以为,董氏实际上是"性善情恶说"者,而非性三品说者。有学者持有"善恶兼具说",并以为这与董仲舒的宇宙阴阳论有关。如,陈静在《如何理解董仲舒的人性思想》(《中国哲学史》1997 年第 3 期) 中以为,董氏是"性有善质恶质说"者,但由于后天发展的不同,便导致了人性呈现上中下的差异。另有学者以为,董仲舒之性是中民之性。王琦、朱汉民在《论董仲舒的人性论建构》[《北京大学学报》(哲学社会科学版) 2014 年第 5 期] 中以为,性源自天之阴阳二气,阴阳二气又有不同的比例状态,气又有至阴之气、至阳之气、阴阳相济之气,其中,斗筲之性源自至阴之气,圣人之性源自至阳之气,中民之性源自阴阳相济之气。陆建华在《"中民之性":论董仲舒的人性学说》(《哲学研究》2010 年第 10 期) 中以为,董仲舒论性的主体是普通民众,论性是为政治教化而服务的。性即中民之性,中民之性源自天之阴阳二气,必然兼具善恶潜质。

⑤董仲舒思想中的"天""人""气"等范畴研究。有学者揭示了董仲舒思想中"气"的种类、特点、性质及其意义。如,曾振宇在《董仲舒气哲学论纲》(《孔子研究》1992 年第 2 期) 中以为,"气"是一个不确定的概念,展现为十二种类型,具有浓厚的泛道德色彩。任蜜林在《从本体论到工夫论:董仲舒的气论思想》(《中国社会科学院研究生院学报》2017 年第 4 期) 中以为,董氏之"气"主要有元气、天气、人气三类。元气是宇宙万物的本原,分化之后产生天气,天气在人便是人气,人通过养气便能够实现与天的沟通。而针对"天"与"人"的关系,丁为祥在《董仲舒天人关系的思想史意义》[《北京大学学报》(哲学社会科学版) 2010 年第 6 期] 中以为,董仲舒建构了阴阳五行四时的自然生成论,这种生成论带有很强的道德善恶色彩,董氏将阴阳二气视为人之善恶的来源,而天人关系表现为相副与感应两种模式,并且

天是有意志的，它能够对人进行奖励和惩罚等。康中乾在《董仲舒"天人感应"论的哲学意义》（《吉林大学社会科学学报》2014年第5期）中认为，董仲舒以"天人感应"为切入点，通过将人、天、阴阳、四时、五行等多种因素有机结合在一起，从而搭建了完备的宇宙生成论、系统论、结构论等架构，沟通了天、人以及万物之间的联系。

（2）专著类成果。较有代表性的有以下几种。

周桂钿撰有多部关于董仲舒的专著和论文。较有代表性的是《董学探微》（北京师范人学出版社1989年版）、《董仲舒研究》（人民出版社2012年版）两部专著。周教授以为，董仲舒人性论是对孟荀人性说的综合，一方面，董仲舒从正名的角度辨析了性、心、民等概念，援引圣人孔子之言，凭借天道阴阳的权威三个方面对孟子性善说展开批判。另一方面，董仲舒对荀了性恶论进行了修正，他以为，人性之中存在善的潜质，是人能够成圣的基础。周教授还对性三品说、性四品说、圣人之性、斗筲之性等命题进行了分析和评判，最终，他认为董仲舒是持"性未善论者"，"未善"意味着人性有善而还未成为善。

余治平在《唯天为大：建基于信念本体的董仲舒哲学研究》中将"天"视为"信念本体"，在他看来，"信念本体"的概念是说哲学"开始直面现实的人生，介入活生生的日常世界，关涉心理信念"①。余先生以为，"信念本体"是人安身立命的基础，在董仲舒那里，便是"天"。在宇宙论方面表现为阴阳五行哲学的建构，在人性论方面表现为以阴阳论性情，确立了性情的形而上地位，而感应学说是天人沟通的关键，天人之间以气相互感通，并且他将性情形而上学视为董仲舒对儒学的独特贡献，认为董仲舒建构了阴阳性情本体论。

---

① 余治平：《唯天为大：建基于信念本体的董仲舒哲学研究》，商务印书馆2003年版，第37页。

　　曾振宇、范学辉在《天人衡中：〈春秋繁露〉与中国文化》（河南大学出版社1998年版）中论述了《春秋繁露》与中国古代的气文化、天道思想、人性学说等议题的关系。在气论方面，他们将董仲舒视为气本体论的代表人物，在《春秋繁露》之中，"气"涵盖了自然、伦理、生命、社会等各方面，包括阴阳之气、血气、治乱之气、伦理道德之气等12种义项。"气"也是理解"天人合一"学说的关键，气与人的关系体现在天人同质、天人同构、天人互渗等方面。在"天论学说"方面，他们以为天是宇宙的次本原，是具有生命、意志的人格神。人的生理结构、官制、政治决策等都是效法天而生的。在人性学说方面，他们以为董氏是天赋善恶论者，天的性质决定了人性，天有阴阳二气，人有善恶之性，并分析了天赋善恶论对中华文明的影响等。

　　此外，刘国民在《董仲舒的经学诠释及天的哲学》（中国社会科学出版社2007年版）中分析了董仲舒的天人同类思想，并挖掘了董仲舒以阴阳五行论证人道的做法。黄朴民在《天人合一：董仲舒与两汉儒学思潮研究》（岳麓书社2013年版）中分析了早期天人感应说的历史演进过程，并认为天人感应和天人合一有些许差异。在评传方面，有几部专著值得注意，比如王永祥的《董仲舒评传》（南京大学出版社2011年版），周桂钿的《董仲舒评传》（广西教育出版社1995年版），等等。这些作品讲述了董仲舒的生平事迹、生活环境、宇宙论、人性论、天人感应说、认识论、教化论以及董氏对后世儒学的影响等，是了解董仲舒阴阳性情说的背景资料。

　　（3）中国港台地区的研究成果。如，萧又宁在《〈春秋繁露〉气论思想研究》（新北：花木兰文化出版社2013年版）中阐述了董仲舒气化宇宙论的架构、气论视野下的天人感应、人以气与天相贯通，特别讨论了气论视野下的人性论，他认为董仲舒是以气化说性、以气化说心者，并立足气论的视角分析了董仲舒人性说与孟荀的不同，同时阐发了气化宇宙论对后世的影响。段宜廷的

《荀子、董仲舒、戴震气论研究》（新北：花木兰文化出版社 2014
年版），该书深入挖掘了荀子、董仲舒、戴震哲学中的气论思想，
并以气的角度探讨了荀、董、戴三者的气化本体宇宙论、以气论
性论，以及气化视野下的道德修养工夫论。陈维浩在《董仲舒天
论研究》中（博士学位论文，台湾大学，2013 年）以"天"为切
入点，分析了董仲舒天概念的起源、天的结构及其含义、天的性
质，并在天人视域下考察了董仲舒的人性论。韦政通在《董仲舒》
（台北：东大图书股份有限公司 1986 年版）中以为，董仲舒建构
了以天人感应为特色的天人关系，而气是理论框架的核心概念，
作者还讨论了董氏对先秦儒家人性论、政治、教化等议题的评判，
并加以自己的创新性诠释。这些论著和作品对于董氏以气论性的
思路挖掘都很有启发意义。

（4）学位论文。如，王影的《以阴阳论人性——董仲舒人性论
研究》（硕士学位论文，华东师范大学，2010 年），张二远的《气禀
人性论的开端——董仲舒人性论思想研究》（硕士学位论文，上海师
范大学，2008 年），等等。这些论文的作者普遍站在天人之学的视
域之下以为，董仲舒以"天"作为人性的根据，天以阴阳二气生人，
人禀赋阴阳二气成性。所以，董氏人性说可被称作"气禀人性论"。

8. 扬雄以气论性的研究进展

扬雄提出"善恶混"（《法言·修身》）的命题，并以为气与人
性有关。他说："气也者，所以适善恶之马也与？"（《法言·修
身》）。相关代表性研究成果有六个方面。

（1）扬雄以气论性者，而气是物质的。有学者以为，扬雄
以"玄"为起点，建构了较为完善的宇宙论，而"玄"，是与
"天""气"含义相通的哲学范畴，甚至有时候它们是可以通用的。
郑万耕撰有《扬雄及其太玄》（北京师范大学出版社 2009 年版）、
《扬雄伦理思想发微》[《北京师范大学学报》（社会科学版）1990
年第 6 期]、《扬雄〈太玄〉中的宇宙形成论》（《社会科学研究》
1983 年第 4 期）等作品。在这些作品中，他屡次强调的核心观点

是，在扬雄哲学中，"玄"是化生万物的本原，而气是构成玄的内容，"气"范畴的内涵在《法言》与《太玄》中是一致的。人性善恶与气亦有关，气是人性的物质承担者，它能够引导人走向善或走向恶。因此扬雄是以气论性者。另外，从气化宇宙论视角解读扬雄的性说，并以为扬雄持有"性混善恶"的成果还有，张立文的《扬雄的太玄哲学》（《孔子研究》2013 年第 6 期），张兵的《儒主道辅本道兼儒——论扬雄〈法言〉的思想特征》（《管子学刊》2005 年第 1 期），吴则虞的《扬雄思想评议》（《哲学研究》1957 年第 6 期），等等。

（2）扬雄是以气论性者，而气是精神性的。黄开国在《论扬雄哲学的玄范畴》（《社会科学研究》1990 年第 1 期）、《析〈太玄〉构架形式》（《孔子研究》1989 年第 6 期）中，揭示了扬雄之"玄"有万物之本、世界总法则、包容天地人三层含义。在《扬雄思想初探》中分析了扬雄的天论、人论，并以为，扬雄所讲的"气"是"一种功能性的东西，即人的主观精神意向"[①]，而且这种主观意向能够决定人向善，或者是向恶。此外，在《扬雄〈法言〉的人论及意义》（《江西社会科学》1989 年第 4 期）中，他又分析了《法言》中的人禽之辨等议题，讨论了扬雄眼中圣贤、君子、小人等人格的不同特点。

（3）有些学者以"体用论"思维解读扬雄之性，他们认为，在扬雄哲学中，"玄"是具有本体意味的哲学范畴，是善恶混的本体设定，对于"性善恶混"的哲学命题应该从本体和流行两个层面来理解，即将扬雄人性论解构为"气质之性"和"太玄之性"，并认为，源于本体之玄的人性是善的，而禀气而生的性是善恶兼具的，这种解读方式很类似理学理气二元论人性说。类似的研究成果有，问永宁的《从〈太玄〉看扬雄的人性论思想》（《周易研究》2002 年第 4 期），闫立春的《从玄、气、心看扬雄的性善恶混论》（《周易研究》

---

① 黄开国：《扬雄思想初探》，巴蜀书社 1989 年版，第 151 页。

2012 年第 4 期），李沈阳的《扬雄人性论辨析》(《兰州学刊》2006 年第 8 期），等等。

（4）在专著方面，徐复观在《扬雄论究》中以为，扬雄论性综合了孟荀二子，他的人性只是一种潜存的状态，必须依靠气才能呈现出来，而气本身是没有善恶可言的，它是类似生理性的力量。[①] 王青在《扬雄评传》(南京大学出版社 2011 年版) 中亦持有此种观点。郭君铭在《扬雄〈法言〉思想研究》(巴蜀书社 2006 年版) 中以为，扬雄以气论性继承了董仲舒阴阳性情说，克服了孟荀人性的片面，而在工夫论视角上强调后天的修习，这点与荀子关系更加密切。梁宗华在《论扬雄对儒学的改造和发展》(《东岳论丛》2016 年第 12 期) 中亦是如此认为。郑文在《扬雄的性"善恶混"论实际是荀况的性恶论》[《西北师大学报》(社会科学版) 1997 年第 4 期] 中以为，扬雄论性实际是荀况的性恶论。

（5）中国港台地区的研究成果。如，张静环在《扬雄心性论之探析》[《嘉南学报》(人文类) 2008 年总第 34 期] 中以为，扬雄是汉代以气论性者，而他的独特之处是他建构了以"晦明说质性"善恶相混的性说。田富美在《〈法言〉思想研究》(新北：花木兰文化出版社 2011 年版) 中论及了《法言》中的教育、政治、道德思想及其历史时代意义。陈福滨在《扬雄》(台北：东大图书股份有限公司 1993 年版) 中认为，扬雄性中的善恶都是潜存的状态，气本身无所谓善恶，而心能够驾驭气，使之走向或善或恶。黄嘉琳在《扬雄〈太玄〉〈法言〉之气论思想研究》(新北：花木兰文化出版社 2011 年版) 中分析了扬雄的气论思想，并立足于气化宇宙论的视角，以为扬雄的心性也是由气生成的，同时辨析了扬雄变化气质的工夫。

（6）学位论文。如，郭剑在《扬雄人性论思想研究》(硕士学位论文，湖南师范大学，2018 年) 中以为，宇宙观、身心观是扬雄

[①]　参见徐复观《两汉思想史》(二)，第 473—474 页。

性说的理论基础，扬雄论性实则兼具孟荀二子，更具有本体和发用两种视角，从本体之玄来看，人之性向善，从气禀之性看，人性是善恶混杂的。张庆伟在《扬雄〈法言〉思想研究》（硕士学位论文，山东大学，2008 年）中以为，扬雄人性说是他的天道观思想的延伸，而他的气性说也是汉人的普遍做法，在扬雄看来，性是善恶混杂的，而心的认知力为性之向善提供了可能。

9.《白虎通义》以气论性的研究进展

《白虎通义》^① 作为东汉官方的会议记录，反映了东汉初期儒学的主流面貌。关于性情议题，《白虎通义·情性》曰："性者，阳之施。情者，阴之化也。"并引用《孝经·钩命诀》曰："阳气者仁，阴气者贪，故情有利欲，性有仁也。"由此观之，《白虎通义》持有以气论性的立场，它将性情视为阴阳二气，并以气之阴阳论性情之善恶。相关代表性研究成果有三个方面。

（1）论著类成果。有学者站在天人之学和宗法关系的视角，以为《白虎通义》在天人系统中建构了一套王道政治系统，体现了汉代谶纬神学思潮的特点，并重点论述了《白虎通义》中伦理制度的内容及其合理性，回答了礼乐教化的目的、可能性以及必要性等问题。如，王四达的《〈白虎通义〉与汉代社会思潮》（南方出版社2002 年版），季乃礼的《三纲六纪与社会整合——由〈白虎通〉看汉代社会人伦关系》（中国人民大学出版社 2004 年版），等等。

（2）论文类成果。肖航在《〈白虎通义〉政治思想研究》（博士学位论文，武汉大学，2010 年）中以"政治哲学"为主要线索，分析了《白虎通义》的宇宙生成论，并以为它完善了董仲舒的阴阳性情说，开始以动静为考察视角，结合太阴、太阳、少阴、少阳等论性情议题。苏志宏在《〈白虎通〉的礼乐教化观》[《四川师范大学学报》（社会科学版）1990 年第 5 期]中论证了《白虎通义》的五

---

① 白虎观会议的记录有《白虎通义》《白虎通》《白虎通德论》等多种名称，本书采取《白虎通义》说。

常气性说与礼乐教化之关系，并认为《白虎通义》中神学目的论气味比较浓厚，这标志着两汉礼乐教化走到了思想尽头。黄朴民的《〈白虎通义〉对董仲舒新儒学的部分发展》（《社会科学辑刊》1989年第6期）以为，《白虎通义》以阴阳论性情较董仲舒更加完备，特别是它提出"情性"概念，阐述性之善恶，是对董氏阴阳性情说的继承和发展。王四达在《试论〈白虎通义〉的总体特征》[《中山大学学报》（社会科学版）2001年第4期]中认为，"天"既是《白虎通义》中宇宙自然的主宰者，也是礼乐制度、政治教化制度的本原。

（3）中国港台地区的研究成果。如，陈礼彰在《〈白虎通义〉的人性观》（《澎技学报》2002年第5期）中以气化宇宙论模式为基础，分析了《白虎通义》阴阳性情说的特点及其意义，并以为《白虎通义》以气化阴阳论证性情善恶的做法不应该受到苛责和批判。陈福滨在《〈白虎通义〉的伦理价值观及其现代意义》（《辅仁大学哲学论集》1995年第28期）中分析了《白虎通义》"三纲六纪"的来源及其伦理价值和意义。林晓呈在《〈白虎通德论〉的气论思想研究》中（硕士学位论文，中国文化大学，2012年）以历史发展为基本线索，系统探究了《白虎通义》气论的缘起和影响，并以为天人感应、阴阳五行、礼乐制度、人性论、"三纲六纪"等，都是与气有关的，而气具有物质性特点。

10. 王充以气论性的研究进展

王充提出"用气为性，性成命定"（《论衡·无形》）的命题。学界关于王充气性研究的进展有四个方面。

（1）论著类成果。在20世纪80年代以前有四部比较典型的专著①，

---

① 另外，20世纪上半叶，谢无量还著有《王充哲学》（中华书局1917年版）一书，该书现收入《谢无量文集》（第3卷）（中国人民大学出版社2011年版）。该书介绍了王充思想的理论渊源，将王充哲学划分为形而上学、伦理学、评价哲学三部分内容给予解读，在第二章伦理学章节，谢无量有关于王充"性善恶论"的论述，他以为王充性之善恶与初生元气有关。

郑文的《王充哲学初探》（人民出版社 1958 年版），田昌五的《王充及其论衡》（生活·读书·新知三联书店 1958 年版），关锋的《王充哲学思想研究》（上海人民出版社 1957 年版），徐敏的《王充哲学思想探索》（生活·读书·新知三联书店 1979 年版），这些作品多从唯物主义的视角，分析王充的天论、气论和人性论等内容，普遍以为，王充持有唯物主义的自然观，王充之天是存在的实体，天即气，气是无形的物质粒子，它是客观的存在，天地都是由气凝聚而成的，它具有自然无为、运动不息的特点。所以，王充是唯物的气一元论者，而人性是先天禀气所决定的。

周桂钿撰有《王充哲学思想新探》（河北人民出版社 1984 年版）、《虚实之辨：王充哲学的宗旨》（人民出版社 1994 年版）等多部作品。在《王充哲学思想新探》中，周教授考察了王充思想的来源、气论、天论、知论学说等内容。他以为，王充的气是一种没有形体的物质性东西，是天地生育万物的中介物，气没有意识可言，它不仅是生物性质和变化的依据，也是自然和社会现象出现的动力。而人的形体、性、命等都是取决于气的。在《虚实之辨：王充哲学的宗旨》中，他以《性命在本》为标题，分析了王充的气与性命关系问题，并以为，王充的性命问题实则是宇宙论的扩展，于人而言，人禀气而成性，命也跟着形成。所以说，气是人性命的最终依据，并且人性善恶能够呈现于人的骨相。此外，他还论及了王充性命议题思想的不足，这些论断都很有启发意义。

李维武在《王充与中国文化》（贵州人民出版社 2000 年版）中不仅详细阐述了王充的自然观、人生观、历史观、知识观等议题，还介绍了一些海外学者，20 世纪的科学主义、人文主义、马克思主义者们对王充的研究。李教授以为，王充强调世界的物质性和自然性，通过元气论、形神论、天人论的建构试图说明自然世界的客观性。特别是元气论的提出具有很大意义，他以为王充论气具有物质性、永恒性、基质性、自然无为四个特点，而气不仅可以被用来解释自然界，而且还涉及人性领域，人禀气而成形、成性、成命。所以，气是沟通天人关系的枢纽。他还以为，王充的人性观可以分为率性论和命定论两部分，"率性论"关注的是人性的可变性，特别是"用气为性说"是宋儒气质之性说的理论源头，而"命定论"则凸显了人生的偶然和无常。

邓红的《王充新八论》（中国社会科学出版社 2003 年版）、《王充新八论续编》（中国社会科学出版社 2007 年版）两部书收录了作者关于王充命论、气论、自然等议题的有关文章，邓红更加关注"命"在王充思想中的地位。他以为，王充之命有吉凶之主、自然之道、偶适之数三层含义，与气相关，而"命"亦可以用"骨相术"进行检验。也就是说，命是可以察觉的有形之物。但邓教授又以为，王充之"气"是一个抽象性的思维概念，它已经超越了单纯的物质义、材质义。在王充思想中，很多时候，"气"是作为一种思维工具来使用的，在邓红看来，它具有万能性、自然性、任意性等含义。此外，他在书中还介绍了日本学者关于王充研究的进展情况。

（2）论文类成果。有学人撰文介绍了王充气论的特点，他们以为，在王充那里，气是构成万物的物质义，天地含气生物是自然的，而非刻意的。如，黄开国的《王充元气自然论简析》（《浙江学刊》1985 年第 1 期），魏义霞的《"万物之生，皆禀元气"——王充元气自然论探析》（《孝感学院学报》2015 年第 3 期）持有这种观点。曾振宇在《王充气论的思想史意义》（《文史哲》2000 年第 5 期）中以为，"气"在王充那里还只是一个前哲学概念，具有泛道德性、泛生命性、经验性和前逻辑性等特点。有学人分析了王充天人之间的关系。比如，张立文的《王充的天人之间》[《杭州师范大学学报》（社会科学版）2010 年第 6 期]，宋志明的《批判思潮中的天人学》[《徐州师范大学学报》（哲学社会科学版）2011 年第 6 期]，陈静的《王充的天论与人论》（《甘肃社会科学》1993 年第 3 期），等等。在这些论文中，学人普遍以为，在王充的视域里，天的思想是为人论学说服务的，天是人存在的价值根源。而"天"，与"气"密切相关，简单说来，天是含气的。天没有精神属性，它以气自然生物。而性亦是天之气所给出的。有学者研究了王充以气论性的具体情况，兼及探讨了性之善恶与气的关系。如，李耀南的《王充的性、命论》（《青海社会科学》2003 年第 3 期），丁四新的《世硕与王充的人性论思想研究》（《文史哲》2006 年第 5 期），等等。这些学人普遍以为，在王充的思想中，气具有物质性，王充以初生气禀论人性，并以为性之善恶取决于气禀厚薄之不同。

（3）海外以及中国港台地区的研究成果。中国台湾地区研究王充哲学的成果比较丰富，成果形式可以分为专著和论文两类。

专著包括概论评述性和专题性两类。概论评述性著作如，林丽雪的《王充》（台北：东大图书股份有限公司 1991 年版），田凤台的《王充思想析论》（台北：文津出版社 1988 年版），等等。总的来看，这些著作都以介绍王充的基本思想观点为主，作者将王充的思想划分为宇宙论、人性论、知识论、政治思想、教育思想、文学思想等方面。其中，关于人性问题的探讨，这些作者都普遍涉及气，他们以为，在王充的思想中，气即自然之气，它有多种物理形态，比如说云气、烟气、雨气、雾气等。自然之气能够生物，它是天化生万物的材质，而性亦是禀气而成的，性源于初生之气，王充以禀气的厚薄之异，说明性之善恶不同。专题性著作如，叶淑茵的《王充命运论研究》（新北：花木兰文化出版社 2012 年版），作者对王充的"命"范畴进行了详细讨论，划分了"命"范畴的类型，阐述了王充"命"范畴的理论来源及其历史影响，并以为"命"与"天"、与"气"、与"性"等范畴有关，命是与生俱有的，由气决定，有时与性等同，有时与性相异，更为甚者，命是有行迹的，禀气而成的命，可以呈现在人的形体、相貌等表象上，这便是"骨相"与"命"的关系。韩国学者金钟美（Kim Jong-Mie）的《天、人和王充文学思想——以王充文学思想同天人关系思想的联系为中心》（社会科学文献出版社 1994 年版），在书中她以天人关系为视角考察了王充的文学思想，此外，还特别讨论了王充的人性论，指出王充以气性论人，并对王充性命问题展开了讨论。

论文类成果如，曾汉塘在《试论王充"气"的观念》（《国立台湾大学文史哲学报》1996年第45期）中以为，王充所持的是一种自然的气化宇宙观，这种气化宇宙论为德性善恶、命定贵贱等议题提供了诠释模型。陈福滨在《王充"命"论思想之探究》（《哲学与文化》2011年第11期）中强调，王充是以气论命者，命禀气而成，并且不可改变。刘振维在《王充"有善有恶"的人性论》（《朝阳人文社会学刊》2008年第2期）中认为，王充是站在宇宙论视野下论证人性问题的，气是万物之本原，万物由气构成，人性亦由气决定。人性善恶乃禀气厚薄不同所致，教化是改造人气禀的手段。

（4）学位论文。如，梁娅华的《王充〈论衡〉性、命论之伦理思想研究》（硕士学位论文，重庆师范大学，2010年），李咏达的《王充人性论研究》（硕士学位论文，香港大学，2009年），等等。在这些学位论文中，作者讨论了王充思想中的人性的来源、性之善恶以及教化等议题，强调元气论是王充人性说的理论基础，王充以气禀论说性命问题，并且对宋明气质之性说有启发之功劳。

11. 魏晋宋明清儒家气性论的研究进展

学界关于魏晋宋明清儒家以气论性的研究成果比较分散，多集中于理学气质人性论的研究，典型研究成果如下。

汤用彤的《魏晋玄学论稿》（世纪出版集团、上海人民出版社2015年版），余敦康的《魏晋玄学史》（北京大学出版社2004年版），何善蒙的《王弼"性其情"浅释》（《兰州学刊》2006年第1期）等作品认为，魏晋儒家以本体论角度谈论人性问题，性为本体，情为现象。有学者也认为，魏晋人性论包含道性和气性两层含义，并对宋明儒学理气人性二元论产生了深远影响。如，王今一的《道性与气性——王弼的人性二元论》（《社科纵横》2012年第11期），张盈盈的《气化感应与艺术化转向——嵇康的乐教原理探析》[《合肥学院学报》（综合版）2021年第1期]，等等。关于宋明清时期儒家以气论性的研究成果比较丰富。其中，以张载、二程和朱熹为代表的儒者普遍将人性划分为天命之性和气质之性。曾振宇（《论张载气学的特点及其人文关怀》，《哲学研究》2017 年第 5 期）、杨立华（《气本与神化：张载哲学述论》，北京大学出版社 2008 年版）、丁为祥（《虚气相即——张载哲学体系及其定位》，人民出版社 2000 年版）等分析了张载哲学的基本框架和太虚、气、心、气质之性、气质等核心范畴，以及气质之性说的意义。陈来（《朱子哲学研究》，华东师范大学出版社 2000 年版）分析了朱熹的天命之性、气质、天命之性与气质之性等思想。郭晓东（《从"性""气"关系看张载、二程工夫论之异同》，《中国儒学》2015 年第 1 期）分析了张载、二程性气关系以及工夫论之异同。以陆九渊和王阳明为代表的儒者以气论性，王阳明提出"性即气，气即性"的命题。相关研究代表性成果有：张立文的《心学之路——陆九渊思想研究》（人民出版社 2008 年版），沈顺福、曾燊的《论王阳明的良知观》（《社会科学研究》2021 年第 5 期），陈立胜的《良知之为"造化的精灵"：王阳明思想中的气的面向》（《社会科学》2018 年第 8 期），等等。明清儒者开始将理和气合二为一，把天命和气质二分转化为两者合一的气质人性论。代表性研究成果有，张学智（《明代哲学史》，中国人民大学出版社 2012 年版）论述了明代儒者人性论的主要内容及特点，张立新（《明清气质人性论研究》，硕士学位论文，广西师范大学，2007 年）分析了明清气质人性论的历史发展脉络，何彦彤［《"气质之性"在明代的转变与发展》，《贵阳学院学报》（社会科学版）2018 年第 4 期］分析了气质之性在明代的转变及发展。

二　学界研究成果评析

其一，先秦两汉儒家人性论的研究取得长足进展，以气论性的人性解读方式受到学者的广泛关注，这说明将"性"解为含气是可信的。但是，从整体上系统性地讨论先秦两汉儒家以气论性的文章、专著都比较少，学人的研究或集中于某一人物，或集中于某一时期（特别是两汉时期），研究信息较为零散，成果呈现碎片化的形态，没有将以气论性的历史发展线索连贯起来进行解读，从而导致关于先秦两汉儒家气性论的研究相对模糊黯淡，"以气论性"的思维模式并没有被明显地、合理地、有效地揭示出来。

其二，人性议题所涉及的范围比较广，与心、性、情、志、才、欲、体、命等范畴密切相关。虽然有学人意识到以气论性是先秦两汉儒家的一种论性方式，然而，气与以上诸范畴有何联系？学界对这个问题至今还没有系统性阐述，由此可见，气性论（性中含气）的整体架构有待深入挖掘。气论为我们研究人性问题提供了新的视角，将气和性两者联合起来，并且将焦点放在人性论问题上，坚持以"性中含气"为基本考察线索，直接探寻古代儒家人性论的意义，无疑具有较大的学术意义，这从侧面也证明了本书选题的价值。

其三，人性论是一个系统的议题，古人以为，它的提出是为教化而服务的。或者说，人性论是教化论的基石。从现有的研究成果看，有些学者虽然意识到先秦两汉儒家学者认为性中含气。然而，将教化议题纳入人性问题的探讨，并且揭示教化与性气的关系，这类研究却很少见。比如，教化有哪些措施？它们存在的根源是什么？教化措施与气有关吗？它们是如何与性气发生关系的？或者说，以"气性论"为视角阐明教化的基本原理，相关研究也很少见。

第三节　研究思路与方法

一　研究思路

写作思路：本书通过对相关文献资料的解读，坚持"性中含气"的观点，梳理先秦、秦汉、两汉儒家气性论发展的历史走向。

前言主要阐述选题缘起及意义、文献综述、写作思路及方法、创新点及难点。

上篇讲述先秦儒家的气性论，讨论范围涵盖四章。其中，第一章论述孔子思想以气论性的痕迹，第二章考察郭店儒简以气论性的主要内容，第三章探讨孟子以气论性的主要内容，第四章挖掘荀子以气论性的主要内容。指出：在孔子和郭店儒简那里，性所含的气是善恶未分的，性之善恶取决于后天训导，而孟子首次对人性之气进行了属性辨析，他将人性所含的气一分为二，他以为，性乃"致善之气"。荀子以为，性乃"致恶之气"。或者说，先秦儒家气性论的发展从气的善恶含糊不明逐步呈现出气具有善恶属性的含义。

中篇讲述先秦两汉之际的儒家气性论，讨论范围涵盖两章。第五、六章分别探讨《易传》《礼记》的气性论思想，通过较为系统的文字阐述，探究秦汉之交时期，儒家性气关系的演变及意义，指出：秦汉之际的儒家开始将孟子的善气说与荀子的恶气说相综合，呈现出以阴阳二气论性之善恶的苗头，这为两汉阴阳性情说的出现提供了理论先导。

下篇讲述两汉儒家的气性论，讨论范围涵盖四章。其中，第七章探讨董仲舒气性论的主要内容，第八章讨论扬雄气性论的主要内容，第九章论述《白虎通义》气性论的主要内容，第十章挖掘王充气性论的主要内容，第十一章略述魏晋宋明清儒家以气论性的思想及特点。指出：无论是前汉，还是后汉，两汉儒家讨论人性问题将孟子善气说和荀子恶气说综合的做法更为明显。具体来说，儒者们普遍站在气化宇宙论的视角下，以天人一气为基本原则，他们以为，天含有阴阳二气，天以气化生万物，人性自然含有阴阳二气，其中，阳气具有善的特点，阴气具有恶的特点，所以，人性自然是善恶相混杂的。这便是性善恶混论。或者说，性善恶混论，实际上是善气和恶气相混论。魏晋儒家采取本末论思维方式以气论性，宋明清儒家以理气二元思维方式论性，明代儒者是理气合一的气质人性论，清代呈现返归自然主义人性论的发展趋势。

结语指出：先秦两汉儒家人性论呈现出与气难以割舍的局面，这表现在，古代儒者在谈论性的时候离不开气，甚至以为，性就是气，或性中含气。我们将这种人性理论形态称为"气性论"。同时儒家气性论的发展呈现出从一元到多元的发展趋势，即根据对人性中所含气的看法不同，进而产生出各类性之善恶的学说。具体来说，气性论的发展呈现出由气善恶未分的状态，演变为孟子善气说，再到荀子恶气说，再到善气和恶气综合相混说的发展。魏晋宋明清儒家气性论呈现出各自的时代特点。就工夫论来说，教化制度的设计实以人性为理论基础，因将人性视为不同的气，因此成人之道也有不同方式，主要有养气说和治气说两种。其中，养气说以孟子为代表，以率性自然为圭臬，倡导培育人身上的善气。而荀子及性善恶混者则倡导治气说，强调对人性的改造，即抑恶气、扬善气。

附论部分讨论了先秦两汉儒家"性""气"范畴的特质及属性。

二　研究方法

一是文本阅读研究法。通过阅读先秦、两汉、魏晋、宋明、清儒家代表人物的著作，对原始典籍进行归纳和分析，印证儒家学人持有以气论性的做法。同时关注今人的儒家人性论研究进展，并进行系统整合和借鉴，使论证材料更加丰满和充实，由此梳理先秦两汉儒家以气论性的起源及发展过程和历史影响。

二是纵横比较研究法。探讨秦汉儒家气性论（性中含气）的演变史，坚持以时间发展为脉络，既注重每位学人与同时期相关观点的比较，同时又纵向考察学者之间的学术发展联系，将"以气论性"的线索置于学术史发展脉络中加以考察，注意材料之间的逻辑关系，试图做到上下溯源，左右结合，进而说明"性中含气"这一命题的学术史意义和价值。

三是问题意识研究法。学术史的发展必然存在逻辑关联，每章节的论述以问题意识为切入点，进而关注每一位学者所面临的时代问题，阐述他们以气论性的逻辑思路，并且探讨他们各自的贡献和不足，以此展现学术史下一步所期望的发展方向，从而厘清儒家"性中含气"思想发展的逻辑线索。

第四节　研究难点及创新之处

一　研究难点

（一）秦汉儒家哲学史的研究推陈出新之难

先秦两汉学术的研究堪称学界的焦点和热点。学者从不同的学科、领域对儒家思想的研究相当广泛和全面，成果极为丰富，提出新见、新说极为艰难。正如熊铁基指出："秦汉史研究是块'熟地'，长期以来被人们'熟耕'过，很难出新。"① 然而，学术研究却是"可以有大小、深浅不同程度的创新"②。往往是那些看起来被我们所熟知的东西，却更加容易蕴藏着被我们忽视的东西。就人性论来说，人性论是儒家哲学老生常谈的议题，历史上的儒者都对之有所涉及。这恰恰说明了它的重要性。然而，要想在这片领地上开出新意，却是一项异常艰难的任务。课题的研究既要让人有新鲜感，同时又要符合哲学范畴演变的历史逻辑。本书所提出的话题是很值得深入研究和思考的。

（二）打破固有的论性思维模式之难

性是什么？它是物质的？还是精神的？在儒家人性论史发展中，很长的一段时间，学术界对这个问题的思考均受到西方哲学，或程朱理学思维的影响，认为人性是某种实体，或是精神性的，或是纯粹的思辨概念等。这些诠释和见解都很有价值和意义，而我们所要做的是，跳出理学诠释的氛围和束缚，结合宇宙论、天论、气论等学说，坚持"性中含气"为考察原则，试图找出先秦两汉儒家气性论发展的历史脉络。而气，又具有物理性，这表明：先秦两汉儒家论性并非纯粹的、抽象的、概念性的逻辑思考，而具有活生生的现

---

① 熊铁基：《汉代学术史论》，高等教育出版社 2013 年版，第 435 页。
② 熊铁基：《汉代学术史论》，第 435 页。

实性。性具有物理属性，它含有气，它便是气，要论证这种观点是一项极其具有挑战性的工作。

（三）论述的严密、谨慎、详细、周到之难

将孔子、孟子、荀子的人性说解读为气，学界对此研究相对较少，特别是《论语》中有关孔子对于人性议题的记录少之又少，同时，受理学思潮的影响，学人也多以为，孟子并不是以气论性者。本书依靠少量的资料论证孔孟荀所论人性皆是气性，性中含气，这项工作颇具理论难度。必须说明的是，很多学人以为，两汉儒家普遍以为，性中含气。这又说明这一命题有其合理处。我们由汉代向上推，将儒家学派这一理论的萌芽追溯到孔子。在前人研究的基础上，大胆地提出一个考察先秦两汉儒家人性论的方式，即"气性论"（性中含气），部分地方论述难免存有阐释缺失或不足。

二 创新和亮点

首先，先秦两汉儒家人性哲学研究的成果很多。但是，研究成果都比较分散，或是集中在某一个思想家，或是集中于先秦，抑或是汉代，而将先秦、秦汉之际、两汉统筹起来进行考察，且别出心裁地坚持"以气论性"为考察线索，把气视为人性构成的材质，提出"性含有气"，性即气，较为系统地论证"以气说性"的历史发展逻辑及其历史影响，这是很少见的。

其次，人性论解读上的创新，坚持以气论性为本书的主要线索。就目前学界有关研究成果来看，特别是关于孔孟荀以气论性的研究，很多学者认为，孟子并非"以气言性"者。而我们所要论证的是，以气论性（性中含气）是先秦两汉儒家论性之通义。具体表现为，在孔子和郭店儒简那里，人性中所含的气是善恶未分的状态，孟子则将善气视为性，荀子将恶气视为性。孟荀之后的学人论性则是调和孟荀，表现出将善气、恶气相混的倾向，或者说，人性逐步呈现出善恶未分、善、恶、善恶相混的发展路径，实则是学者将性视为不同的气演变的历程。这是我们将"气"作为解读人性论的工具，得出了一些与学界略微不同的观点，希望能够为儒家人性哲学的研究提供不同的致思方向。

最后，本书指出"气化感应"是儒家教化的基本原理。人性论是教化的基石。儒家教化以礼乐为核心。但是，教化何以能够施加于人，教化的哲学基础是什么，外在的礼乐如何与内在的人性发生沟通等诸如此类的问题，有待探讨。本书指出：从生存论的视角看，天以气化生万物，亦生出人性。作为天的产物，人性自然含气。而从气化宇宙论的视角看，礼乐是气的产物，即礼乐含气。如此一来，万物与人同源于气。所以，古人认为，礼乐能与人性发生感应，即雅乐感召善气，俗乐感召恶气。或者说，礼乐能够扬善气抑恶气。进一步说，礼乐以感应的形式作用于人性，主体便是气，这再次证明：人性含气。

上　篇

先秦儒家的气性论思想

第 一 章

气性论的滥觞：孔子以 气论性思想探源

孔子是儒家学派的创始人，也是儒家学派性说的首倡者。① 然而，据《论语》载，孔子明确讨论"性"仅有两处。因此，我们认为，孔子已经对人性这个话题有所涉及，但尚没有形成比较系统的人性理论。而"气"，在《论语》中仅有四处。② 那么，性、气两者的关系是怎样的？换言之，孔子论性时是否涉及气？这种气又有什么特点？或者说，它与性之善恶的关系是怎样的？本章通过讨论指出：孔子人性说是儒家以气论性思想的源泉和理论发端。

第一节　天人视角下的人性说

"性"是什么？"性"根源何处？"性"的内容是什么？这是探

---

① 儒家学派针对人性问题的探讨也开始于孔子。中华民国时期教育学家陈青之说："儒家论性始于孔子。"陈青之：《中国教育史》，上海书店出版社 2013 年版，第29 页。

② 分别依次出现在《泰伯》（"辞气"，1 次）、《乡党》（"屏气""食气"，2次）、《季氏》（"血气"，1 次）。另外有学者撰文讨论了《论语》中孔子论"气"的含义，参见陈坚《〈论语〉中的"气"》，《孔子研究》1999 年第 1 期。

讨孔子人性思想面临的首要问题。

一　问题的提出：孔子之性含气吗？

孔子说："性相近也，习相远也。"（《论语·阳货》）人性初生是相近的，后天的操持造成迥异。那么，人性与气是否有关？

值得注意的是，以朱熹为代表的理学家普遍将孔子之性解读为气质之性。朱熹注说："此所谓性，兼气质而言者也。气质之性，固有美恶之不同矣。然以其初而言，则皆不甚相远也。但习于善则善，习于恶则恶，于是始相远耳。程子曰：'此言气质之性，非言性之本也。若言其本，则性即是理，理无不善，孟子之言性善是也。何相近之有哉？'"① 程朱以为，孔子之性含气，人初生之始，人性所含的气并没有实质善恶，性之或善或恶取决于后天的习染。但他们又以为，若从本原上看，人性即理，理没有不善的，比如孟子性善论便如此。而孔子讨论人性问题并不从本原上说，较之孟子，他以气质为性有所不足。这种解读的确很有启发意义，但也存在些许问题。主要的理由有两点。

首先，理学家们以体用论的思维模式，从理气关系出发，将人性划分为天理之性和气质之性，他们认为，性即理，理无有不善，而气质则有美恶。而这种思维模式是先秦学者所未曾涉及的，正如张立文说："性之二分，乃是宋儒所为，先秦未见有此分法。因此，我们很难说'性相近也'之性乃是气质之性，更不能说孔子已经对性做了二分。"② 所以，从理学的视角来看，朱熹以为，孔子之性即气质之性，或许难以反映孔子性说的真实面貌。

其次，对于儒家学派而言，孔子为百世师，他是儒家学派的创始人。他在儒家哲学史上的伟大地位不言而喻。如果按照宋儒的思维方式，人性分为两种，即天理之性和气质之性，两者相较而

① 朱熹撰：《四书章句集注》，第152页。
② 张立文主编，陆玉林著：《中国学术通史·先秦卷》，第104页。

言，气质之性是不值得赞扬的，而天理之性才是讨论的重点。按照这种逻辑思路，将孔子之性解读为气质之性无疑相对贬低了先师在儒家人性论史上的地位。所以，朱熹解读孔子之性的方法有待商榷。

然而，宋明儒者也为我们提供了一种新思路，即孔子讨论人性问题是否存在"以气解性"的思维模式？或者说，性中是否含气？需要指出的是，本书所言的以气论性还不同于朱熹的说法，按照朱熹的观点，由于理和气的关系密不可分，气中夹杂着理，理亦蕴藏于气。也就是说，气质之性里面必然夹杂着天命之性，或者说是义理之性。正如蒙培元指出："'气质之性'并不是纯粹的气质，而是气中之理，即具体的人性。"① 性即气。气兼具物质和义理。然而，我们以为，孔子以气论性，并非在气中又多出了形而上之理。

至此，借宋代理学性之二分的说法，我们将问题提出：孔子之性与气有关吗？要回答这个问题，首先要明白孔子是在什么意义上论"性"的。

二　以生论性

有关人性议题，孔子之前，已经有些思想家讨论过。根据相关资料记载，《尚书》论"性"有 5 条文献，它指出："（民）若有恒性"，"兹乃不义，习与性成"，"不虞天性"，"犬马非其土性不畜"，"节性，惟日其迈"。② 《尚书》以为，无论是人，还是动物，

① 蒙培元：《蒙培元讲孔子》，北京大学出版社 2005 年版，第 50 页。
② 分别出自《尚书·汤诰》（"恒性"就是"常性"，也就是人的自然天性，李民、王建撰：《尚书译注》，上海古籍出版社 2004 年版，第 116 页）、《尚书·太甲上》（"习性"指的是习惯成性，李民、王建撰：《尚书译注》，第 129 页）、《尚书·西伯戡黎》（"不虞"即"不知"，意思是说，王不知道上帝的天性，李民、王建撰：《尚书译注》，第 186 页）、《尚书·旅獒》（"土性"即土生土长，李民、王建撰：《尚书译注》，第 233 页）、《尚书·召诰》（"节性"即限制殷人的反叛习性，李民、王建撰：《尚书译注》，第 290 页）。

都有其性，性是人或物初生所具有的状态。或者说，性与人的生命有关。《诗经》中则有3条关于"性"的文字，且都相同，即"俾尔弥尔性"①。根据程俊英的解说，《诗经》中的"性"指的是人的生命。《左传》还提出了"小人之性"，它说："夫小人之性，衅于勇，啬于祸，以足其性而求名焉者，非国家之利也，若何从之？"（《左传·襄公二十六年》），小人之性表现为血气之勇，即人的欲望，不利于国家治理和社会稳定。为此，《左传》提出："莫保其性"（《左传·昭公八年》），"勿使失性"（《左传·襄公十四年》）。意思是说，人要对自己的本性进行约束。具体的办法便是："天生民而立之君。"（《左传·襄公十四年》）《左传》以为，约束人的本性就是要听从君王的训导。由此可见，在孔子之前，性被普遍认为是人初生所具有的自然状态，构成它的内容就是自然的生命情欲，这种观点便是"生之谓性"。

孔子吸收并继承了这种观点。他说："性相近。"（《论语·阳货》）此句在定州简《论语》中被写作"生相近"②。这向我们提供了一个重要信息：孔子论"性"与"生"有关。而"生"，许慎《说文》曰："生，进也。象草木生出土。"③从许慎的解说看，"生"至少包含两层含义，一是生命、生存这一事实；二是生命生长的趋势及其走向。换言之，"生"本身兼具名词和动词两层含义。受此影响，古人以为，"性"指人生来的质朴状态。或者说，"性"指的是人或物的生物性。正如艾瑞克·汉森（Eric Hanson）指出，在

---

①　出自《诗经·大雅·卷阿》，"性"在《诗经》中共出现3次，均出自《诗经·大雅·卷阿》，并且这3处的文字均相同。根据陈俊英的解说，"性，音义同'生'，指生命（从林义光《诗经通解》说）"。程俊英撰：《诗经译注》，上海古籍出版社2004年版，第456页。

②　河北省文物研究所、定州汉墓竹简整理小组：《定州汉墓竹简〈论语〉》，文物出版社1997年版，第82页。并且指出："生，今本作'性'，生、性古通。"河北省文物研究所、定州汉墓竹简整理小组：《定州汉墓竹简〈论语〉》，第86页。

③　（汉）许慎撰：《说文解字》，（宋）徐铉校订，中华书局1963年版，第127页。

中国古代学者那里，性"是一种生命和成长的持续过程"①。另外，在上博竹简《孔子诗论》中还出现过"民眚（性）古（固）然"的条文共计 3 次，并且都指的是人初生的自然状态②，这可佐证孔子持有"以生论性"的观点。

综上，孔子持"以生论性"的立场，或者说，孔子之性指的是"自然天性"。③ 那么，什么能够生？或者是，什么能够生出人？这便涉及性的来源问题。

三　天以气生物

与生俱来的东西称作"性"。而能够生的东西，孔子给出的答案是"天"。④ 他说："天何言哉？四时行焉，百物生焉，天何言哉？"（《论语·阳货》）"天"具有创生义，四时的变化，万物的繁育、生长等都是天的功劳，这便是自然之天。天是万物的本原。天可以生物，那么，它自然能够生出人。天能生物。这是孔子论"天"的首要立场。

而从生存论的角度看，生命的起源与气有关。早在《左传》中便有"民受天地之中以生，所谓命也"（《左传·成公十三年》）。《春秋左传注》曰："古人以为天地有中和之气，人得之而生。命谓

---

① ［美］艾瑞克·汉森：《"生"之返"性"——"性"的过程性解读》，何金俐译，《中文自学指导》2005 年第 5 期。

② 参见马承源《上海博物馆藏战国楚竹书》（一），上海古籍出版社 2001 年版，第 145、149、153 页。关于《孔子诗论》篇的作者，学界有多种说法，但多数学者以为，它能够从侧面反映孔子的思想。我们采取此种观点。

③ 赵法生：《孔子人性论的三个向度》，《哲学研究》2010 年第 8 期。

④ "天"是《论语》中的重要概念，学界对孔子之"天"的研究也取得丰硕成果。其中，比较有代表性的观点是，蒙培元以为，孔子之"天"兼具四层含义，即自然之天、意志之天、命定之天以及义理之天。参见蒙培元《蒙培元讲孔子》，北京大学出版社 2005 年版，第 34—37 页。陈卫平、郁振华以为，孔子之"天"有"自然之天、天命之天和天性之天"三层含义。参见陈卫平、郁振华《孔子与中国文化》，贵州人民出版社 2000 年版，第 76 页。我们以为，在孔子那里，天能生物，它具有创生义，这层含义与人性有直接关系。所以，我们主要论述天的创生义。

生命。"①"天地之中"即"中和之气"。人因为禀赋中和之气而有生命。生命含气。孔子吸收了这一观点，他说："天道曰圆，地道曰方，方曰幽而圆曰明。明者，吐气者也，是故外景；幽者，含气者也，是故内景。外景者，光在外。内景者，光在内。故火日外景，而金水内景。吐气者施，而含气者化，是以阳施而阴化也。"（《大戴礼记·曾子天圆》）在孔子看来，天和地是有不同的形状的，天是圆的，地是方的，并都与气有关。天是以气化生万物的。其中，方的地幽深而含有气，圆的天高明而能释放气，天能施与阳气，而地含有阴气，两者共同推动万物变化。所以，孔子说："天地不合，万物不生。"（《大戴礼记·哀公问于孔子》）天能以气生物，人亦是气的产物。《论语》载："摄齐升堂，鞠躬如也，屏气似不息者。"（《论语·乡党》）《论语》将"气"和"息"联系在一起，对此，《论语集释》载："息，说文云：'喘也。喘，疾息也。'喘从口，当为气之从口出者。息从自，说文云：'自，鼻也。'当为气之从鼻出者。"②"息"是气的流动，《论语》以为，人的身体含气，动作即气的流动。

　　天是万物生存的基础，也是人性的来源。所以，人性自然含气。其实，在孔子之前，"以气释性"就是儒家论性的传统。③《左传》说："民有好恶喜怒哀乐，生于六气。"（《左传·昭公二十五年》）"天有六气。……曰阴、阳、风、雨、晦、明。"（《左传·昭公元年》）《左传》以为，人的好、恶、喜、怒、哀、乐与气有关，气即天气（阴气、阳气、风气、雨气、晦气、明气）。《左传》还指出，六气释放过度容易损坏人形体的健康。它说："阴淫寒疾，阳淫热疾，风淫末疾，雨淫腹疾，晦淫惑疾，明淫心疾。"（《左传·昭公

①　杨伯峻编著：《春秋左传注》，中华书局1990年版，第860页。
②　程树德撰：《论语集释》，程俊英、蒋见元点校，中华书局1990年版，第654页。
③　参见郭沂《从"欲"到"德"——中国人性论的起源与早期发展》，《齐鲁学刊》2005年第2期。

元年》）人身上的阴气过度引发寒疾，阳气过多引发热病，风气过度招致手脚生病，雨气过度引发腹部疾病，晦气过多生迷惑的病，明气过度招致心病，这便是"六气致病说"。为此，《左传》提出："节宣其气。"（《左传·昭公元年》）意思是说，人身上的气需要管治和调控。《逸周书·官人》还说："民有五气，喜、怒、欲、惧、忧。喜气内蓄，虽欲隐之，阳喜必见，怒气内蓄，虽欲隐之，阳怒必见，欲气、惧气、忧悲之气，皆隐之，阳气必见。五气诚于中，发形于外，民情不可隐也。"人天生固有气，但是气的存在方式不同。《逸周书》认为，气有"隐"（"内蓄"）和"见"（"显"）两种形式，"隐"或"内蓄"指的是气内在于人身，没有表现出来；"见"或"显"指的是气外化于人身，表现在人的形体上。其中，气"见"或"显"的状态称为"情"。也就是说，情的实质是气，即情气。既然能够呈现于外，这也就意味着，"见"或"显"之气必然是一种有形的东西，或者说是具有物理属性。《逸周书》这种"以气论情"的思维路线被《大戴礼记》承袭。《大戴礼记》还借文王之口说："民有五性，喜怒欲惧忧也。喜气内畜，虽欲隐之，阳喜必见；怒气内畜，虽欲隐之，阳怒必见；欲气内畜，虽欲隐之，阳欲必见；惧气内畜，虽欲隐之，阳惧必见；忧悲之气内畜，虽欲隐之，阳忧必见。五气诚于中，发形于外，民情不隐也。"（《大戴礼记·文王官人》）由此可见，《逸周书》与《大戴礼记》都以为，气是内在于人身的，并且有"诚于中，形于外"两种状态，"形于外"便是情，即以气论情，这是两者相同的地方。所不同的是，《逸周书》将"喜、怒、欲、惧、忧"称为"气"，而《大戴礼记》直接将它们称为"性"，人天生便有"五性"，"五性"是气质之物，内在于人身是"性"，外化于人身（肢体和容貌）则是"情"，即性情的"诚于中，发于外"。这是《大戴礼记》对《逸周书》"以气论情"观点的继承和创进。

孔子继承并吸收了这些观点，他将德性的来源归为"天"。他说："天生德于予，桓魋其如予何？"（《论语·述而》）人的德性是天所赐予的。① 或者说，人性根源于天。而关于天和性命的关系，《孔子家语》记载，鲁哀公问孔子："人之命与性何谓也?"孔子回答说："分于道，谓之命；形于一，谓之性；化于阴阳，象形而发，谓之生；化穷数尽，谓之死。故命者，性之始也；死者，生之终也。有始，则必有终矣。"（《孔子家语·本命解》）孔子从天人关系的视角回答了性命的来源及其本质，在他看来，生命开始于气，阴阳二气的交合是生命的起点，而生命又是人性的发端。换言之，人性问题实际上是对生死问题的探索。所以，性也是一种命。

性也是一种命。《论语》载"死生有命"（《论语·颜渊》）。伯牛生病了，孔子去看望他，拉着他的手说："亡之，命矣夫!"（《论语·雍也》）这里的"命"便指生命，孔子以为，人失去了命，便不能存活。可见，命即生命力。因此，荀子说："死生者，命也。"（《荀子·宥坐》）而"命"，孔子以为，是天给人的，故"命"为"天命"（《论语·季氏》）。从天人之学的视角来看，生命发端并开始于气。孔子说："气也者，神之盛也。"（《礼记·哀公问》）孔子以为，主导人生存的是神，神便是气，或称为阳气。孔子说："阳之精气曰神。"（《大戴礼记·曾子天圆》）命含气。

生命含气。而生存的本原与性有关。因此，《论语义疏》载："性者，人所禀以生也……人俱禀天地之气以生。"② 性是人的生存本原。或者说，人性含气。

---

① 孔子还论及"性"与"天道"的关系，根据《论语·公冶长》记载，关于"夫子之言性与天道，不可得而闻也"，是弟子子贡转述孔子的话，针对这句话的解读，学界存在不同看法，根据吴瑾菁的梳理，大体来说，有三种观点。1. 孔子没有向弟子讲授过"性与天道"的有关议题。2. 孔子讲授过类似的话题，但是子贡自己没有听到过。3. "性与天道"的有关议题是高深玄妙的，并非一般人所能理解，只有具备相当知识储备的人才能够通晓。孔子讲授过，但子贡本人难以理解。参见吴瑾菁《何以"夫子之言性与天道不可得而闻也"》，《齐鲁学刊》2014年第4期。我们以为，孔子应该是讲过这个议题，否则的话，子贡完全没有必要说这句话，而《大戴礼记》和《孔子家语》关于孔子讨论性命和天道问题的章句，能够为之旁证。

② （梁）皇侃撰：《论语义疏》，高尚榘校点，中华书局2013年版，第444页。

综上，孔子持有"以生论性"的观点，而生命的起源与天有关，天能以气生物，作为天的产物，性自然含气。那么，性中所含之气与善恶有何关系？

第二节　气与善恶

一　欲与性：欲是人性的表达

与"性"有关的概念是"情"。《论语》中明确谈"情"仅两处，并都以"实情"讲。① 但是，这不能说明孔子对人的情感不重视。其实，在孔子思想中，"情"表现为"欲"。正如有学者认为，孔子论"性"采用隐性而不是显性的方式，其基本特点便是"以欲为性"②。那么，在孔子看来，人之欲有哪些方面？

（一）欲与仁

关于"欲"，孔子说："我欲仁，斯仁至矣。"（《论语·述而》）"泛爱众，而亲仁。"（《论语·学而》）仁是欲的对象，人天生喜好礼义。那么，仁有哪些内涵？

第一，何谓"仁"？不同的弟子追问孔子，孔子都给出了不同的回答。孔子回答说："爱人"（《论语·颜渊》），"克己复礼为仁"（《论语·颜渊》），"己所不欲，勿施于人"（《论语·颜渊》），"仁者，其言也讱"（《论语·颜渊》），"巧言令色，鲜矣仁"（《论语·学而》），"刚、毅、木、讱近仁"（《论语·子路》）等。爱人、克己复礼、谨言慎行、刚正、木讱等都接近仁。可见，孔子并没有给

---

① 《论语》明确谈"情"共两处，《论语》记载："上好信，则民莫敢不用情。"（《论语·子路》）"如得其情，则哀矜而勿喜。"（《论语·子张》）这两处都是实情的含义。

② 如，周德清以为，"孔子人性论的实质，即以此浑然不分的'欲'为性"。周德清：《"欲"在心物之间——先秦儒家人性论及其修己思想之检讨》，《江淮论坛》2004 年第 1 期。

出明晰界定，"仁"的表现形式极为丰富。

第二，"仁"的呈现没有强迫的意味。孔子提出："为仁由己，而由仁乎哉？"（《论语·颜渊》）"我欲仁，斯仁至矣。"（《论语·述而》）"仁"并非由外界强加所获。因此，孔子说："求仁而得仁。"（《论语·述而》）仁是人之天然的欲求，这可以称为仁的自然性。① 仁的这种属性又可以称为"直"。孔子说："人之生也直"（《论语·雍也》）。出自人性的原始情感便是"直"。这便是仁义。仁是内在于我的东西，孔子说："君子求诸己，小人求诸人。"（《论语·卫灵公》）简言之，"仁"的呈现重点在于自然。②

第三，"仁"具有积极的意味。孔子说："苟志于仁矣，无恶也。"（《论语·里仁》）做人以仁为志向，就不会有走向恶。同时，欲中还蕴藏其他善良品质，比如义、礼、信等。孔子说"上好礼……上好义……上好信"（《论语·子路》），"见利思义"（《论语·宪问》），"义然后取"（《论语·宪问》），"行义以达其道"（《论语·季氏》）。道义比利益更重要。孔子以为，做人是不能够将仁丢弃掉的。他说："君子去仁，恶乎成名？"（《论语·里仁》）"人而不仁，疾之已甚，乱也。"（《论语·泰伯》）甚至是可以"杀身成仁"（《论语·卫灵公》）。仁是比生命还贵重的东西。

综上，作为人之欲求的仁，它是一种积极的东西，它的呈现方式是自然的，而非刻意和有心。这些特点表明：人性中蕴藏积极的、正面的东西。

（二）欲与礼

关于"欲"，孔子又说："富与贵是人之所欲也。"（《论语·里

---

① 其实，这与老子的思想是相通的。老子说："道法自然。"（《老子》第25章）《老子》第38章曰："上仁为之而无以为。"老子将这种品质称为"上仁"。孔子倡导"无为而治"（《论语·为政》），这种思路与老子的口号不谋而合。换言之，仁是没有任何目的和企图的。

② 刘笑敢将儒家的这种特点称为"儒家道德实践中的自然的原则"。刘笑敢：《孔子之仁与老子之自然——关于儒道关系的一个新考察》，《中国哲学史》2000年第1期。

仁》）"尔爱其羊，我爱其礼。"（《论语·八佾》）这表明：欲的对象有消极的方面。

第一，孔子以为，人天生有对物质的追求。他说："富与贵是人之所欲也"（《论语·里仁》），"贫与贱是人之所恶也"（《论语·里仁》）。人人都喜欢富裕和高贵，人人都讨厌贫困和卑贱，这些喜好和厌恶都是天生的，普遍地存在于每个人的身上，它们就是人欲。同时孔子以为，人们的基本物质欲求得不到满足，随之而来就会产生怨恨的情绪。孔子说："贫而无怨难，富而无骄易。"（《论语·宪问》）孔子对不合道义的财富尤为鄙视。"邦无道，富且贵焉，耻也。"（《论语·泰伯》）显然，人性中消极的内容需要管治。

第二，虽然，"孔子并不反对一定程度的利欲"①。然而，过度地追逐利欲，则容易招致恶果。所以，孔子讲"克己"（《论语·颜渊》）。"己"中有消极的部分，这些就是人的私欲，需要以礼节之。所以，孔子说："齐之以礼"（《论语·为政》），"约之以礼"（《论语·雍也》），"不以礼节之，亦不可行也"（《论语·学而》）。礼起着约束、规范、节制的作用。反之，孔子以为，"放于利而行，多怨"（《论语·里仁》）。人们天生喜欢利欲，然而，过度追逐利欲容易招致怨恨，而礼能让人呈现和的状态。"礼之用，和为贵"（《论语·学而》），"欲而不贪"（《论语·尧曰》），"乐而不淫，哀而不伤"（《论语·八佾》）。礼的存在表明：人性之中蕴藏负面的、消极的东西，而矫治的手段便是礼。

综上，从人性端绪上看，孔子以为，人性中蕴藏着积极的东西，积极的东西是值得推崇的、称赞的，同时，人性之中也存在消极的东西，消极的东西是需要克制的、约束的，具体的手段便是礼。然而，从人性内涵上看，孔子本人并未对人性中的这些东西进行善恶属性的划分。或者说，人性是善恶不固定的。

---

① 杨泽波：《孔子的心性学说结构》，《哲学研究》1992 年第 5 期。

二　气与欲：孔子血气说解读

欲是人性的呈现，与气有关。根据文献资料记载，《左传》提出"血气说"："凡有血气，皆有争心。"（《左传·昭公十年》）《左传》以为，有血气的生物便具有争斗之心。《国语》亦有类似的观点："贪而不让，其血气不治，若禽兽焉。"（《国语·周语中》）血气中有贪欲，需要治理。可见，气是人欲求的物质载体。或者说，气不仅具有自然属性，而且沾染上了伦理色彩。

孔子吸收并继承了这种观念。他说："君子有三戒：少之时，血气未定，戒之在色；及其壮也，血气方刚，戒之在斗；及其老也，血气既衰，戒之在得。"（《论语·季氏》）在孔子看来，人的血气会随着年龄变化而呈现出不同的表现形式，并且逐步经历从成长到成熟，再到衰落的阶段，在年少的时候，人的血气还未成熟，筋骨和肉体还没有长成形，血气属于未定的阶段，这个阶段的人容易受到美色干扰，因此做人要避免美色的诱惑。到了成人时期，人的形体已经发育成形，血气也已经成熟，容易引起争斗，因此必须克制血气，避免争斗。到了老年时期，人的血气逐步衰退，喜好聚集财富，这时候便不能够在意得失。这也就是说，孔子以为，人天生就有各式各样的欲求，美色、争斗、得失都是人们内心欲求的表达，它们都会凭借气展现出来。简言之，血气是人之欲求的物质载体。

那么，血气本身有什么特点？从物理性视角看，血气是一种生理性的物质。而从哲学视角看，"血气"包含两方面内容，即血和气。而血和气两者，在古人看来，实则是阴阳二气。程树德在《论语集释》中说："血气，形之所待以生者，血阴而气阳也。"[1] 在程树德看来，血气是人生存的物质基础，其中，血属于阴气，而气属于阳气。既然血气是人欲求的物质承担者，这也就是说，人在不同的年龄阶段有不同的欲求，这些都是人身上阴阳二气变化的缘故。

---

① 程树德撰：《论语集释》，程俊英、蒋见元点校，第1156页。

正如皇侃在《论语义疏》中说："老人所以好贪者，夫年少象春夏，春夏为阳，阳法主施，故少年明怡也。年老象秋冬，秋冬为阴，阴体敛藏，故老耆好敛聚，多贪也。"① 在皇侃看来，年少之人犹如春季和夏季，春夏之季是阳气旺盛的季节，同理，就人而言，血气中的阳气占据主导地位，阳气喜欢施与，所以，年少之人多快乐。老年之人犹如秋季和冬季，秋冬之季是阴气比较旺盛的时候，同理，就人而言，阴气占据血气中的主导地位，阴气喜欢索取。所以，老年之人多贪婪。这便是以血气之阴阳，结合自然宇宙论解释人性之善恶。

而根据上文论述，在孔子看来，人性与生命有关。生命发端于阴阳二气。那么，人性自然含气。正如郑玄注《论语》曰："性谓人受血气以生。"② 在郑玄看来，孔子之性就是人禀受血气而呈现的原始状态。从《论语》看，孔子以为，人之欲求中既有积极的东西，又蕴藏消极的东西，它们都是人初生的原始状态。所以，我们以为，对孔子本人来说，欲求与血气有关。人之欲求含气。人的血气在不同的年龄段具有不同的特点，并且能够引起对美色、名利以及外物的追逐。不同的年龄阶段需要不同的矫治工夫，孔子将矫治血气的工夫称为"戒"。需要注意的是，孔子曾经说："七十而从心所欲，不逾矩。"（《论语·为政》）根据傅佩荣的解说，孔子在七十岁能够做到从心所欲不逾矩。反而论之，在七十岁之前就有可能存在从心所欲逾矩的情况。"逾矩"指的就是人受制于外界声色、利欲以及得失的干扰，从而做出不合理的举止。事实上，在孔子那里，"逾矩"之所以发生，与人的血气密切相关。那么，是什么引导人之血气释放的？傅佩荣以为，答案是"心"。他说："血气是人的生命之自然条件，不应涉及善恶。因此，应该另有负责的因素，而答案似乎只能是除了身体之外的'心'了。"③ 我们认同傅佩荣将孔子思想中人

---

① （梁）皇侃撰：《论语义疏》，高尚榘校点，第431页。

② 唐文编：《郑玄词典》，语文出版社2004年版，第190页。

③ 傅佩荣：《解析孔子的人性观点》，《哲学与文化》1998年第2期。

之善恶的散发归结为"心"，但不同意他将血气视为无关善恶的东西。血气是欲求的物质承担者。血气中含有人性之欲求，欲求的善恶不固定。所以，血气可善可恶，善恶不固定。与此同时，人性之欲求的呈现与心密切相关。打个比方来说，孔子以为，人心就像一个方向盘，掌握着气的走向。心是人之欲求的操控者，并且它能够通过气使得欲求展现出来。而美色、争斗、得失，在孔子看来，都是人们内心欲求的表达，在不同阶段它需要不同的"戒"。孔子以"戒"的手段调理人的血气，事实上说的是心和气的关系。换言之，从某种程度上说，在儒家哲学史上，"心的发现始于孔子"①。

那么，对孔子而言，心有哪些特点？关于"心"，孔子说："其心三月不违仁。"（《论语·雍也》）这也就是说，心的表现形式有两种，即能够符合仁和违背仁。与"仁"有关的心，孔子常将它和"志"相提并论。孔子以为，"志"和"仁"紧密相连，以仁为志向便没有邪恶。他说："苟志于仁矣，无恶也。"（《论语·里仁》）反而论之，人心也有不以仁义为志的时候，这些便是不以仁为志向的时候，也就是血气容易波动的时候。他说："柳下惠、少连，降志辱身矣。"（《论语·微子》）任由血气便容易带来恶果。所以，孔子尤为强调心对气的主导，这便是："用心。"（《论语·阳货》）也就是说，人心要以仁义为志向。孔子的这种思想被孟子发扬光大。孟子说："夫志，气之帅也；气，体之充也。夫志至焉，气次焉。"（《孟子·公孙丑上》）孟子以为，"志"是"气"的主帅，"气"是充实人体的材质。"志"走向哪里，"气"便跟着到哪里。需要注意的是，在孟子的视域里，"志"是与"仁义"密切相关的概念，甚至有些时候，"志"就是"仁义"。② 换言之，"气"服从于"志"，它是由仁义所充实的。那么，以"志"为导向的"气"必然是一种积极的东西。

---

① 王博：《〈诗〉学与心性学的开展》，《中国社会科学》2013 年第 2 期。

② 比如孟子指出："志于仁而已。"（《孟子·告子下》）"苟不志于仁，终身忧辱。"（《孟子·离娄上》）最终，孟子指出，"尚志"就是"仁义"（《孟子·尽心上》）。

从文献资料的记载看，孔子有时将"气"和"志"联合起来称作"志气"，或是"气志"。据《礼记》载，"志气塞乎天地"，"清明在躬，气志如神"（《礼记·孔子闲居》）。人之志气能够与天地相通。根据庞朴的解说，结合出土文献上博竹简《民之父母》的材料可以证明，《孔子闲居》是孟子之前的作品，并非后人的伪作。① 孔子将"志气"视为塞满天地的物质，这很容易让人想起孟子的浩然之气，孟子说："其为气也，至大至刚，以直养而无害，则塞于天地之间。"（《孟子·公孙丑上》）在孟子看来，浩然之气具有至大至刚的特点，能够充塞天地之间，与仁义密切相关。可见，它是一种积极的气。关于"志气"，朱熹指出："圣人同于人者血气也，异于人者志气也。血气有时而衰，志气则无时而衰也。少未定、壮而刚、老而衰者，血气也。戒于色、戒于斗、戒于得者，志气也。君子养其志气，故不为血气所动，是以年弥高而德弥邵也。"② 可见，志气和血气虽然有一定联系，却是两种不同的气，志气由血气发展而来，血气经过心的调治便是志气。人身上的血气会有所衰减削弱，但志气并不会发生改变。而从两者对人的影响来看，纵容血气容易招致情欲，志气则能够引导人走向道义。换言之，志气是一种具有道德义理的物质。志气即物。

综上，孔子将物质之气与人伦道德相结合，并以心统摄气之走向以及人性善恶发展之趋势。事实上，已经有学者意识到这一点，张立文指出，在孔子那里，"血气说"已经蕴藏了"气与心性相互关联的思想"③。另外，从学术发展史的角度看，老子也谈过"心"和"气"两者之间的关系。老子以为，"心使气曰强，物壮则老，谓之不道，不道早已"（《老子》第55章）。其中，"使"为役使，众所周知，老子崇尚自然和无为，认为顺物之自然便是最好的状态。

---

① 参见庞朴《话说"五至三无"》，《文史哲》2004年第1期。
② （宋）朱熹撰：《四书章句集注》，第149页。
③ 张立文主编：《气》，中国人民大学出版社1990年版，第27页。

他明确反对人的主观想法以及人的刻意之举，所以亦反对心对气的役使。这从侧面也反映了一个问题，无论是道家，还是儒家，古人以为，心和气存在某种关系。

三　性与言：辞气是人性的反映

在孔子人性体系中，"性"也与"言"有关。首先，在孔子看来，语言作为人们交流的手段，它的基本条件是讲求"达"。他说："辞达而已矣。"（《论语·卫灵公》）言还与伦理道德密切相关。他说："巧言令色，鲜矣仁！"（《论语·阳货》）"言忠信"（《论语·卫灵公》），"巧言乱德"（《论语·卫灵公》）。孔子以为，内容过于华丽的言辞是不符合仁义的。换言之，语言是道德品质的载体。而"言"，古人以为，它是人心的外化表现。王充说："何以观心？必以言。"（《论衡·定贤》）"言"作为人心的表现方式，孔子认为，它能够呈现在人的容貌和肢体上。他说："察言而观色"（《论语·颜渊》），"听其言而观其行"（《论语·公冶长》）。孔子甚至以为，"不知言，无以知人也"（《论语·尧曰》）。通过语言能够鉴别人的品质。

其次，据《论语》载，言是气的表现形式，气是充实言的物质。①《论语》载曾子说："君子所贵乎道者三：动容貌，斯远暴慢矣；正颜色，斯近信矣；出辞气，斯远鄙倍矣。"（《论语·泰伯》）言含气，即辞气。曾子将容貌、颜色和辞气三者相提并论，显然它们之间有某种关联，正如周与沉指出，在孔子思想中，"气透于内，不仅充养着生命，还与心性共融"，人的容貌、颜色、辞气都是"人内在心性的体现"，对三者的矫治便是"调养心性"。②曾子将言辞

---

① 根据相关资料记载，《大戴礼记》指出："听其声，处其气，考其所为。"（《大戴礼记·文王官人》）《大戴礼记》以为，声就是气。再后来，王充更是直言："善言出于意，同由共本，一气不异。"（《论衡·变虚》）在王充看来，"言"或"意"都是气的产物。

② 周与沉：《身体：思想与修行——以中国经典为中心的跨文化观照》，中国社会科学出版社2005年版，第260—261页。

视为气的产物。推而论之，人的容貌和脸色也是气的表现方式。在《论语》中，孔子将它们统称为"色"，色有不同的表现形式。《论语》载："过位，色勃如也，足躩如也，其言似不足者。摄齐升堂，鞠躬如也，屏气似不息者。出，降一等，逞颜色，怡怡如也。"（《论语·乡党》）孔子以为，人的身体是气的产物，动作即气的流动，过位、升堂、出，这些动作不同，表现出的色也不同，而色也是由人身上的气所充盈的。色即气色，与仁义有关。孔子说："巧言令色，鲜矣仁！"（《论语·学而》）举例来说，孔子认为，爱人是仁的表现①，而爱人是由内在和气所充盈的，并且能够表现在人的容貌上。比如："孝子之有深爱者，必有和气；有和气者，必有愉色；有愉色者，必有婉容。"（《礼记·祭义》）又如："子贡问丧，子曰：'敬为上，哀次之，瘠为下。颜色称其情，戚容称其服。'"（《礼记·杂记下》）内在的和气能够充实人的形体（颜色和容貌），这就表明：人之性情能通过气而被人察觉，或者说，气载性情。所以，孔子言辞问题所涉及的内容很广，它是人性情之气的反映。

概言之，孔子以为，人性蕴藏积极和消极内容，并与气有关。但是，孔子以为，性之善恶并不固定。或者说，性之善恶是未分的。② 同时，孔子将血气视为人之欲求的物质基础，并认为心凭借气能够引起人情感的变化，且能够表现于语言、容貌和形体。因此，通过察言观色便可知人。

第三节　孔子的教化学说

孔子说："习相远"（《论语·阳货》），"文之以礼乐，亦可以为

---

① 孔子说："子曰：'爱人。'"（《论语·颜渊》）
② 有学者已经撰文指出，孔子人性说是中性说，即孔子之性并无善恶之分。参见王志强、王功龙《孔子人性论新探》，《江西社会科学》2010 年第 3 期。

成人矣"(《论语·宪问》)。可见，人性的养成离不开礼乐培育。

一 气、乐与性：孔子的乐教说

乐教是孔子教化学说的重要内容。它有几方面内容。第一，古人对乐的探讨由来已久。关于"乐"的本质，《左传》载："天子省风以作乐。"(《左传·昭公二十一年》) 乐源自风。而"风"，便是气。如，庄子说："夫大块噫气，其名为风。"(《庄子·齐物论》)《国语》以为，"正乐"就是阴阳之气和谐的产物。"乐以开山川之风。"(《国语·晋语八》)"气无滞阴，亦无散阳。阴阳序次，风雨时至，嘉生繁祉，人民歔利，物备而乐成，上下不罢，故曰乐正。"(《国语·周语下》)《左传》《国语》皆以为，乐是气的产物。孔子本人研究过这些古籍，应该也持有这种观点，即以为，乐含气。《大戴礼记》载孔子之言："天子学乐辨风，制礼以行政"(《大戴礼记·小辨》) 可为之旁证。乐是自然的产物。

第二，乐含气，关于"气"的特点，《易传》借孔子之口说："同气相求。"(《易传·文言》) 那么，同气相求可以反映孔子本人的思想吗？我们以为，答案是肯定的。在《论语》中，孔子说："子欲善而民善矣"(《论语·颜渊》)，"其身正，不令而行"(《论语·子路》)，"德不孤，必有邻"(《论语·里仁》)。《四书集注》载："德不孤立，必以类应。"[1] 同类之间具有天然的相感倾向。在孔子看来，道德品质高尚的人具备超强的人格感召力，举个例子来说，为政者具备较高的道德操守，那么，民众就会自然而然地顺从。这便是同类相感的思维萌芽。因此，我们以为，"同气相求"能够反映孔子关于"气"的思想。

第三，孔子本身是一位乐论专家。他认为，"乐"有高雅和低俗之分。《论语》载："吾自卫反鲁，然后乐正，雅颂各得其所"(《论

---

① （宋）朱熹撰：《四书章句集注》，第68页。

语·子罕》），"恶郑声之乱雅乐也"（《论语·阳货》），"郑声淫，佞人殆"（《论语·卫灵公》）。乐有正与不正之分，其效果也各异。《论语》载："子在齐闻《韶》，三月不知肉味。"（《论语·述而》）又说："齐人归女乐，季桓子受之，三日不朝。"（《论语·微子》）孔子以为，高雅之乐能使人忘记食色之欲，而低俗之乐（女乐）则是不好的东西。并且人们的歌声之间能够相互应和。他说："子与人歌而善，必使反之，而后和之。"（《论语·述而》）所以，孔子提倡和推崇雅乐，因为雅乐蕴含着善和美。比如："子谓《韶》，'尽美矣，又尽善也'。谓《武》，'尽美矣，未尽善也'。"（《论语·八佾》）① 关于乐教的效果，孔子说："过犹不及"（《论语·先进》），"《关雎》乐而不淫，哀而不伤"（《论语·八佾》）。意思是说，雅乐能够感召人身上的积极的东西，使人情得到净化和熏染。综上，乐教既能够满足人的情感，又是治理人情的工具。

二 气、礼与性：孔子的饮食教化说

人性需要礼教进行陶冶和驯化。孔子说，"动之不以礼，未善也"（《论语·卫灵公》），"不知礼，无以立也"（《论语·尧曰》），"约之以礼"（《论语·雍也》）。如果不以礼节之，就不能成就其善。而在孔子的礼教学说中，其中又以饮食之礼与气有关。②

———————

① 这里需要说明的是，《韶》与仁义有关，有深刻的历史原因。在古代历史上曾经施行禅让制。禅让制，简单来说，就是将君位传授给有德性的人，在古人看来，禅让制是仁义的表现。如，郭店儒简说："禅，义之至也。"（《唐虞之道》）孔子以为，舜将君位禅让传授给禹，舜禹皆是具有贤德的人，《韶》的制作者赞美舜的乐舞，乐声与舞容极尽其美，其内容谓舜以圣德受禅。相比之下，周武王虽然也是以仁德取信于民众，然而，周武王毕竟是通过战争的形式讨伐商纣王，所以，孔子以为，周武王之德不如舜之美。《武》自然就是未尽善。学界已经有学者意识到这一点，比如李振纲以为，周武王"伐纣救民"与孔子仁通天下的理想还有些许差距，所以，《武》不及《韶》。参见李振纲、芦莎莎《孔子诗教与礼乐观发凡》，《现代哲学》2016 年第 5 期。

② 关于道德的起源，李存山以为，中国古代有"饮食—血气—道德"的致思路线。参见李存山《中国气论探源与发微》，中国社会科学出版社 1990 年版，第 48 页。

第一，饮食在人们的生活中占据重要地位。孔子认为，"所重：民、食、丧、祭"（《论语·尧曰》），"君子食无求饱，居无求安"（《论语·学而》），"君子谋道不谋食"（《论语·卫灵公》）。民众、饮食、丧礼和祭祀是人们生活中最为重要的四件事，但是做人不能苛求物质享受，对物质的追求是人性的表现。所以，孔子讨论饮食问题实则是说明欲求与人性之间的紧张对峙关系。①

第二，饮食与气密切相关，古人以为，饮食能够充实人的体气。墨子说："其为食也，足以增气充虚。"（《墨子·辞过》）《左传》指出："天有六气，降生五味。"（《昭公元年》）气是构成食物的材料。食物含气。这是古人所具有的独特饮食观。孔子也持有这种立场。《大戴礼记·四代》载孔子之言："食为味，味为气。"可见，孔子以为，食物含气。或者说，气是充实食物的内容。②

第三，关于饮食之礼，孔子提出"不食"的原则。他说："食饐而餲，鱼馁而肉败，不食。色恶，不食。臭恶，不食。失饪，不食。不时，不食。割不正，不食。不得其酱，不食。肉虽多，不使胜食气。唯酒无量，不及乱。沽酒市脯不食。不撤姜食，不多食。祭于公，不宿肉。祭肉不出三日。出三日，不食之矣。"（《论语·乡党》）这段章句可从两个方面进行解读。（1）饮食（食气）可以补充血气，所以，孔子提倡"食不厌精，脍不厌细"。他以为食物要制作精细，比如牛羊肉有腥味，食用的时候要处理好。类似鱼肉的食物，如果变质就不吃，食物变色发生变化不吃，食物味道发生改变就不吃，食物烹饪得不好就不吃。（2）饮食是践行礼义的过程。不符合时令的食物不吃，食物切得不整齐不吃，没有酱料的食物也

---

① 孟子继承了孔子的这种思想，他将饮食和道德分别称为"大体"和"小体"（《孟子·告子上》），并且以为，饮食虽是人生活所必需。但是，如果唯知饮食之欲，追逐物质享受，那就是戕贼人性。

② 根据杨伯峻说，食物本身就是某些气。他说："'食气'，饭料。"杨伯峻译注：《论语译注》，中华书局2009年版，第118页。另外，《礼记》也说："凡饮，养阳气也；凡食，养阴气也。"（《礼记·郊特牲》）以气论饮食是古人普遍的做法。

不吃，肉类虽多，但是不要吃得过多。酒虽然不限量，但也不要喝醉。从菜市场买来的酒肉不吃，每顿餐饭必有姜，然而却不多吃。此外，孔子以为，参加祭祀获得的祭肉不要留过夜，自家的祭肉保留也不要超过三天，超过三天就不要再吃了。可见，饮食的方式完全要按照礼义的要求。

第四，孔子强调"肉虽多，不使胜食气"（《论语·乡党》）的饮食原则，关于这条文献的解读，可以借鉴《黄帝内经》。在医书看来，"食气"即"谷气"。"愿闻谷气有五味，其入五藏。"（《黄帝内经·灵枢·五味》)① 医书以为，五谷就是五种谷物，谷物即气。人通过服用五谷，能够将谷气转化为血气。换言之，血气充盈人之身体便是谷气的功劳。如果食物以肉食为主，那么谷物的分量便削弱，由此便会导致血气的来源受损。从较为广泛的引申意义来说，"肉食"代表人对外物之欲的追逐，是生理性血气的涌现，而控制"肉食"背后的真实含义是指调节人身上的血气，或者说是管治人的生理欲望。由此可见，饮食既是维持生命活动的基本途径，又是加强道德修养的重要手段。

第五，从饮食之礼的效果和意义来看，孔子以为，饮食之礼贯穿了饮食的过程，不仅是饮食要恪守礼义的规定，睡觉、穿着、出行和言行也要遵守礼义规范。孔子说，"食不语，寝不言"（《论语·乡党》），"齐，必有明衣，布。齐必变食，居必迁坐"（《论语·乡党》）。在孔子看来，吃饭的时候不要说话，睡觉的时候也不要说话。即使是粗茶淡饭，饭前也要祭一祭，像斋戒一样严肃。斋戒沐浴的时候，必须有布做的浴衣。举行斋戒的时候，务必改变平时的饮食，改变平常的住处。这就是说，人们的衣食住行都关乎人性的修养，都需要依靠礼仪制度来规范。由此可见，人的生活完全是一幅礼仪

---

① 另外，《黄帝内经》说："谷气并而充身也"（《黄帝内经·灵枢·刺节真邪》），"食气入胃"（《黄帝内经·素问·经脉别论》），"五味入口，藏于胃"（《黄帝内经·素问·五脏别论》）。

化的场景。①

概言之，在孔子视域里，人性兼具积极和消极两面，且与气密切相关，人之气有积极的部分，孔子提倡用美善之乐将它们激发出来。人之气有消极的部分，能够招致人的欲望。以饮食为例，孔子提出"不食"原则，实质就是以礼克制气的消极部分。换言之，礼乐两者共同成为孔子教化学说的手段。

第四节　本章小结

通过本章探讨，我们得出以下几点结论。首先，孔子以气论性并不像朱熹那样，以为气质中多出了"理"。孔子站在"以生言性"的立场上研究人性问题，他认为，性是人初生的原始状态，与生命有关，这便是"生之谓性"。而生命的起源，与天有关，从历史文献资料记载看，孔子认为，天是万物的本原，天能以气生物。气是万物生存的发端。而生命又与性有关。所以说，人性含气。

其次，人性的表现形式是欲。孔子以为，欲蕴藏积极和消极两种东西。然而，孔子本人尚未对人性进行属性辨别。在孔子看来，人的欲求通过心的役使，凭借血气展现出来。也就是说，血气是欲的物质载体。血气含有欲，所以需要"戒"。而"戒"，凸显的是心与气的关系，孔子以为，如果人心以仁义为导向，便可以使血气转变成为具有道德义理的物质（"志气"）。换言之，孔子以心统摄气之走向以及人性善恶发展之趋势。另外，孔子指出，性气表现于外便是言，形于容貌便是色。因此，察言观色便可知人。

---

① 孔子将衣食住行等日常生活礼仪化，并把这些实践活动作为身心兼顾的修炼方式，对儒家哲学的发展产生了深远影响。正如彭国翔指出："对孔子来说，无时无处不是礼仪实践的道场。"彭国翔：《作为身心修炼的礼仪实践——以〈论语·乡党〉篇为例的考察》，载杨儒宾、张再林主编《中国哲学研究的身体维度》，中国书籍出版社2020年版，第108页。

最后，孔子认为，性之善恶与后天训导有关，这便是"习"。"习"的内容包括礼和乐两方面。从历史文献资料记载看，孔子以为，乐含气，并且同气可以相求。所以，孔子推崇蕴含善和美的乐（例如《韶》乐）。他以为，这种类型的乐能激发人性之中积极的东西，从而能够达到和善之美的境界。而礼是约束人情的工具。孔子以饮食为例说明，食物本身含气，或者说，气是充实食物的材质。通过饮食活动能够充实人之血气，人之血气又与性相关。所以，饮食便是践行礼的最佳方式。为此，孔子提出"不食"（《论语·乡党》）的原则，意在让人们的饮食活动契合礼义的要求，以约束生理性血气对性情的影响。

从儒家学派人性论的发展历史来看，孔子汲取前人的成果，站在天人关系的视角下，将性和气作了关联，开启了儒家学派以气论性的先河。孔子以为，气是性情的物质承担者，性之善恶取决于习染。这说明，人性中的善恶并不固定，或者说，孔子本人并未对人性进行属性辨别。① 这是他的不足之处。

---

① 正如陆建华指出："孔子对于人性的价值指向、人性的善恶没有明确说明。"陆建华：《孔子的人性世界述论》，《江南大学学报》（人文社会科学版）2021 年第 2 期。

第 二 章

"喜怒哀悲之气，性也"：
郭店儒简的气性论思想

    20 世纪 90 年代，郭店儒简的出土开拓了先秦学术研究的视野。学者们普遍以为，"郭店楚简典籍均早于《孟子》的成书"[①]，是孔孟之间的作品。与孔子相比，儒简提出"喜怒哀悲之气，性也"（《性自命出》）的命题。儒简以为，性是某些气，这是孔子之后儒家首次对人性作出明确定义。另外，儒简论述了天、道、性、命、气、心、教等概念与性之间的逻辑关系。在此章中，我们所要揭示的是儒简以气论性的思想痕迹。

第一节 "性自命出，命自天降"

    《性自命出》开篇说："性自命出，命自天降。"儒简看来，性

[①] 李学勤：《先秦儒家著作的重大发现》，载姜广辉主编《中国哲学》（第 20 辑），辽宁教育出版社 1999 年版，第 13—17 页。持有类似观点的成果还有，杜维明《郭店楚简与先秦儒道思想的重新定位》，载姜广辉主编《中国哲学》（第 20 辑），第 1—6 页；庞朴《孔孟之间——郭店楚简中的儒家心性说》，载姜广辉主编《中国哲学》（第 20 辑），第 22—35 页。在这里，我们遵从学界的一般看法，将郭店儒简看作孔孟之间的文献。

源自命，命是天给人的。所以，天是性的终极来源。那么，"天"有何含义？又是如何给人以性的？

一 《太一生水》与儒简中的"天"

关于"天"，儒简指出："天生百物"①（《语丛一》），"有天有人"（《穷达以时》），"天施诸其人，天也"（《五行》）。"天型成人。"（《语丛一》）可见，儒简以为，天能生物，万物为天所创生。

天是万物的本原。那么，天是以什么生的？或者说，天生物的依据是什么？值得注意的是，在与儒简同批次的出土文献中，道家文献《太一生水》篇建构了以"太一"②为核心范畴的宇宙演化机制，它指出："大一生水，水反辅大一，是以成天。天反辅大一，是以成地。天地〔复相辅〕也，是以成神明。神明复相辅也，是以成阴阳。阴阳复相辅也，是以成四时。四时复〔相〕辅也，是以成寒热。寒热复相辅也，是以成湿燥。湿燥复相辅也，成岁而止。故岁者，湿燥之所生也。湿燥者，寒热之所生也。寒热者，〔四时之所生〕。四时者，阴阳之所生〔也〕。阴阳者，神明之所生也。神明者，天地之所生也。天地者，大一之所生也。"③在《太一生水》看来，万物皆源自大一，大一能够生出天地，天地能够生出神明，神明能够生出阴阳，阴阳能够生出四时，四时能够生出寒热，寒热能够生出湿燥，湿燥能够生出岁，这便是《太一生水》的宇宙万物的演变机制。其中，在这段资料中，《太一生水》对"天"（天地）的讨论很值得关注，它以为，天地能够生出神明，神明能够生出阴阳，也就是说，阴阳源自天地，天地含阴阳。

而"阴阳"，在道家看来，是与气密切相关的范畴，如庄子说：

---

① 本书所使用的文本，除无特别说明外，皆源自李零《郭店楚简校读记》（增订本），中国人民大学出版社 2007 年版。为了方便起见，仅在文中注明篇名。

② 根据刘钊的解说，"大一"或称"太一""天一""泰一"等，即"道"的别名。参见刘钊《郭店楚简校释》，福建人民出版社 2005 年版，第 43 页。

③ 李零：《郭店楚简校读记》（增订本），第 41—42 页。

"阴阳者，气之大者也。"（《庄子·则阳》）阴阳本身就是气，并且庄子常将天地和气（阴阳）相提并论："天地之一气"（《庄子·大宗师》），"故天地者，形之大者也"（《庄子·则阳》），"形于天地而受气于阴阳"（《庄子·秋水》）。天地含有气，并且有形状。联系上文《太一生水》中阴阳与天地的关系，我们认为，《太一生水》中的阴阳即阴阳二气，天地与阴阳有关，那么，天地自然含阴阳二气。天地含气。事实上，这的确是《太一生水》的立场，关于"天"，《太一生水》还说："上，气也，而谓之天。"① 天与气有关，天含气。

由于《太一生水》篇与儒简同时出土，关于两者关系的讨论也引起了很多学者的兴趣。其中，较为有意义的是，根据欧阳祯人的考证，先秦儒家吸收了《太一生水》篇的宇宙生成论模式，并将其引入对人之性情问题的讨论。他说："先秦儒家吸收了《太一生水》的自然哲学思想。……儒家思想与《太一生水》的联系，已经从郭店楚简开始。"② 这种观点有启发意义。按照这种逻辑思路推论，儒简以为，天含有气，指的是"自然界"。③ 与《太一生水》以"大一"建构宇宙生成论所不同的是，儒简指出："天生百物。"（《语丛一》）在儒简看来，天是万物的本原。也就是说，在儒简之中，天即自然之天，它以气生物。又或者说是，气是天化生万物的材料。这是儒简论"天"的基本立场。

二　性命出自天

关于人性问题的讨论，儒简指出："性自命出，命自天降。"（《性自命出》）可见，"命"是解读"性"的关键。那么，在这里，"命"是何意？

关于"命"，儒简指出："有天有命，有地有形。有物有容，有

---

① 李零：《郭店楚简校读记》（增订本），第 42 页。
② 欧阳祯人：《〈太一生水〉与先秦儒家性情论》，《孔子研究》2002 年第 1 期。
③ 陈战国：《先秦儒学史》，第 87 页。

尽有厚。"（《语丛一》）万物为天所创生，天是命、地、形、物、容、尽、厚的来源，这是儒简中较为粗略的宇宙演变机制。天能生物，儒简指出："天生百物，人为贵。"（《语丛一》）天是人生存的开端。而从生存论的角度看，生存的发端便是命。儒简指出："有天有命，有［命有性，是谓］生。"（《语丛一》）这里的"命"指的是人的"自然生命"。①

生命是人生存的起点，从人性论的视角看，它便是性。儒简说："天形成人"，"有性有生者"，"生为贵"，"有性有生"。（《语丛三》）性与命有关。命是与生存有关的范畴，命就是人的生命。儒简有时候将二者合称为"性命"。它说："养性命之政。"（《唐虞之道》）有生命者便有性。人生来即有性，反之，无生命者没有性。所以，儒简指出："性或生之。"（《性自命出》）可见，儒简以为，"'生'不是别的，就是生命和生命创造"②。这便是传统的"生之谓性"，也是儒简人性论的基本立场。所以，有学者说："《性自命出》中的'命'字则是个名词，不能作赋予解，应该是指人的生命。……人性是随着人的生命之有而有的。"③ 而从宇宙论视角看，儒简以为，人的生命是天所给予的。天是性的终极根源，这显然是承接了孔子"性与天道"（《论语·公冶长》）的思想。

从天人视角审视人性，儒简以为，天能给人以性，同时含气。所以，人身上自然含气。气有很多类型，比如，"喜怒哀悲之气"，"郁陶之气也"。（《性自命出》）又如："顺乎脂肤血气之情，养性命之政，安命而弗夭，养生而弗伤。"（《唐虞之道》）血气是维持人生命的物质基础。所以，儒简将其与性命、养生相提并论，并倡导调养血气便是养长生命。事实上，早在孔子那里，孔子便发明了"戒"

---

① 朱心怡：《天之道与人之道——郭店楚简儒道思想研究》，台北：文津出版社2004年版，第90页。

② 蒙培元：《〈性自命出〉的思想特征及其与思孟学派的关系》，《甘肃社会科学》2008年第2期。

③ 陈战国：《先秦儒学史》，第87页。

的工夫调理人的血气。孔子以为，血气在人的不同年龄阶段会有不同的表现，《论语·季氏》载："少之时，血气未定……及其壮也，血气方刚……及其老也，血气既衰。"孔子以为，年少的人血气处在生长的阶段，壮年的人血气已经成熟，老年的人血气开始衰退。郭店儒简也持有这种观点，它以为，人的血气会随着年龄增长而有所衰退。它指出："古者圣人二十而冠，三十而有家，五十而治天下，七十而致政，四肢倦惰，耳目聪明衰，禅天下而授贤，退而养其生。"（《唐虞之道》）血气的衰弱直接会表现在人的躯体上，随着人年龄的增长和变化，人的形体和容貌会发生改变，比如容颜衰老、四肢倦怠、耳朵听不到、眼睛看不清等，所以，儒简以为，人在不同的年龄阶段要做不同的事情。换言之，儒简以为，血气是维持人生理性的动力。血气是生命力的体现。

从人性本身的特点来说，儒简以为，至少具有两个特点。首先，儒简以为，"性"具有普遍性。简文指出："凡人虽有性"（《性自命出》），"民皆有性"（《成之闻之》）。只要是人便有性。尤其提出："四海之内，其性一也"（《性自命出》），"圣人之性与中人之性，其生而未有非志"（《成之闻之》）。[①] 在儒简看来，不论是圣人，还是常人，人性皆是相同的，天生之性并没有什么较大差异。其次，儒简以为，"性"是物初生的原始状态，它具有自然性。儒简以牛和大雁为例子说："牛生而长，雁生而伸，其性〔使然〕。"（《性自命出》）牛生来体形比较硕大，大雁的脖子生来就比较长，动物的这些特点是天生的。因此，性便是天性。性是天生本有者。对人来说亦是如此。儒简以为，人生来什么模样，性就是什么模样。或者说，性是人初生的原始状态。《性自命出》载："凡人伪为可恶也。"人的本性杜绝人工雕琢。

---

① 李锐以为，儒简《成之闻之》篇章的写作时间距离孔子的年代比较近，这句话可以视为对孔子"性相近，习相远"的诠释，这表明到了儒简那里，性还未与善或恶联系起来。换言之，孔子和儒简以为，人性或善或恶取决于外在之习。参见李锐《郭店简〈成之闻之〉与孔子"性相近"说新研》，《思想与文化》2017年第2期。

综上，儒简以为，天以气生物，而生存的开端是命。命即生命。生命含气，也是人性的来源，所以，性含气。

第二节 气与善恶

一 "情气"与"血气"

《性自命出》指出："喜怒哀悲之气，性也。"儒简以为，人性就是某些气。或者说，儒简将"性"视为"气性或质性"①。

针对"喜怒哀悲"的来源，儒简指出："凡有血气者，皆有喜有怒，有慎有庄。其体有容，有声有色，有嗅有味，有气有志。"（《语丛一》）血气能使人产生喜怒、有谨慎、有庄重、有形体、有容貌、有声音、有颜色、有嗅觉、有味觉等。事实上，早在儒简之前，古人便以为，血气会引起人情变化。《左传》提出"血气说"。它载："凡有血气，皆有争心。"（《左传·昭公十年》）《左传》以为，血气能够引发人的争斗之心。《国语》亦有类似观点："血气不治，若禽兽焉。"（《国语·周语中》）血气治理与否关系到人禽之异。而孔子认为，人在不同年龄阶段，血气会有不同的变化，为此，孔子提出"三戒说"（《论语·季氏》），避免人的情感发生较大的波动。儒简显然继承了这种思想，它以为，血气不但是构成生命力的材料，而且是道德之气的起源。

就气在人身上的呈现状态来说，儒简说："目之好色，耳之乐声，郁陶之气也，人不难为之死。"（《性自命出》）眼睛喜欢美色，耳朵喜欢美声，这都是人的感官欲望，儒简以为，它们是由不良之气所充实的产物，这种气便是郁陶之气。或者说，郁陶之气不但充实人的形体，而且使人产生耳目之欲。而"郁陶之气"，根据李天虹

---

① 蒙培元：《〈性自命出〉的思想特征及其与思孟学派的关系》，《甘肃社会科学》2008 年第 2 期。

的考证，是"内含于人体之中的性"①。在儒简之中，有些气能够引起人的感官欲望，比如说生理欲求之气。这类气是不好的，如果放任它们，很容易导致人丢失生命。所以，它们需要得到合理节制和引导。儒简又说："凡有血气者，皆有喜有怒。"（《语丛一》）这便表明：郁陶之气实乃源自血气。或者说，血气是人的生理欲求的根源，郁陶之气是血气放纵的表现。为此，儒简指出："顺（疑读为'节'②）乎脂肤血气之情。"（《唐虞之道》）儒简以"节"来对待血气，也就是说，人身上含有消极之气。

儒简以为，构成人性的"情气"，至少具备两个特点。第一，"情气"具备真实的特点，是人性的真实呈现。儒简说："信，情之方也"，"未言而信，有美情者也"。（《性自命出》）"信"是情气的特点，"信"是情存在的根本依据。"信"反映了人性的真实面貌，儒简称为"美"。反之，"凡人伪为可恶也"（《性自命出》）。人为刻意的东西是令人厌恶的，或者说，不真实的情是"伪情"。这从侧面说明：人身上与生俱有积极的东西。第二，"情气"具有物质属性，是一种物质材料。儒简指出："凡有血气者，皆有喜有怒。"（《语丛一》）血气是人之道德的来源，而根据常识可知，血气是充实人体的材料，具有生理性、物理性。所以，由血气而生的"情气"自然具有材质义。正如陈战国指出："《性自命出》所说的'喜怒悲哀之气'，应该说就是情感的生理基础，而生理基础应该说是物质性的。"③ 综上，儒简以为，某些气就是性，并以为"血气涵情"。④

二　性与情

从人性论的视角看，在儒简中，"情"与"性"的关系表现在

① 李天虹：《郭店竹简〈性自命出〉研究》，湖北教育出版社2003年版，第167页。
② 李零：《郭店楚简校读记》（增订本），第126页。
③ 陈战国：《先秦儒学史》，第87页。
④ 丁四新：《郭店楚墓竹简思想研究》，东方出版社2000年版，第229页。

三个方面。

首先，就性、情两者的地位来说，儒简指出："情生于性。"（《语丛二》）情源自性，性生出情。儒简以为，"喜怒哀悲"四者可以称为"情"。但是，"情"并不局限于"喜怒哀悲"四者，在比较散乱的《语丛》篇之中，我们可以看到儒简对"情"的详细讨论："情生于性……欲生于性……爱生于性……子生于性……喜生于性……恶生于性……愠生于性……惧生于性……智生于性……强生于性……弱生于性。"（《语丛二》）人情有多种，类似欲、爱、子、喜、恶、愠、惧、智、强、弱等，都源自人性。所以，在儒简之中性与情的关系是，性是本，情是末。或者说，情出自性，性生出情。

其次，就性、情两者的内容来说，儒简说："仁，性之方也，性或生之。"（《性自命出》）"由中出者，仁、忠、信。"（《语丛一》）人天生含有善质，仁是包含在人性之中的，另外还有忠、信等，这些道德品质都是与生俱来的，儒简称其为"美情"："未言而信，有美情者也。""美情"的存在说明：人情中有好的部分。儒简指出："爱类七，唯性爱为近仁。智类五，唯义道为近忠。恶类三，唯恶不仁为近义。"（《性自命出》）对人而言，"爱"有七种，只有出自本性的爱才接近仁，"智"有五类，只有义才接近忠，人所厌恶的东西有三种，其中，儒简以为，憎恶不仁才接近于义。反过来说，源自本性的爱还有六种是不符合仁的，天生的四种智有三种是不符合忠的，人所厌恶的三种东西中，另外两种是不符合仁的。换言之，人性中存在着不符合仁的东西，既然"仁"是属于善的内容，那么，与仁不相符的东西就是不善的，或者说是恶的潜质。儒简称其为"欲"："贪生于欲……喧生于欲……浸生于欲……急生于欲。"（《语丛二》）而"欲"，儒简以为："欲生于性。"（《语丛二》）换言之，儒简以为，人性既含有善的一面，也含有消极的一面。又或者说，人性之中的善恶是不固定的。显而易见，儒简之性可善，亦可不善。

那么，性（气）是如何表现出来的？这便涉及对"心"和

"物"的探讨。或者说，儒简以为，性含气，但气的呈现还与"心"和"物"相关。

第一，就"心"和"性"的关系而言，儒简指出："[人之]虽有性心，弗取不出。"（《性自命出》）内在的人性之气要显发出来，必须依赖于心。换言之，气性是受制于心的役使，人性之气得以表现出来，必待外物刺激人心。进一步说，人心发生波动和改变，接着人性也就跟着变化。反之，如果缺少心的作用，性（气）便难以表现出来。这便是"心取性出说"。

第二，就"心"与"物"的关系来说。儒简以为，"心亡奠志，待物而后作"，"及其见于外，则物之取也"，"凡动性者，物也"。（《性自命出》）人身上的气要表现出来，除了要受心的役使之外，还要外物（外界的环境）的诱导，这便是"势"。儒简说："出性者，势也"，"所善所不善，势也"。（《性自命出》）"物"和"势"都是诱导人性外现的因素。这便是"物取性出说"。

第三，就"性""物""心"三者之间的关系来说。儒简以为，"好恶，性也。所好所恶，物也。善不［善，性也］。所善所不善，势也"（《性自命出》）。从人性的本原面貌看，人的本性是有好有恶的。但在现实社会生活之中，人性表现出有所喜好，有所厌恶，这是外物的缘故，至于有的人做出善的举止，有的人做出不善的行为，则完全是由人所面临的"势"所决定的。

第四，就"心"与"志"的关系看，儒简以为，"志，心司［也］"（《语从一》）。"心"的呈现方式是"志"。虽然人心皆有志，然而儒简以为，"凡人虽有性，心无定志"（《性自命出》）。人心没有固定的志，即心有不同的呈现形式。儒简说："咏思而动心，喟如也"，"凡思之用心为甚"，"游心也"，"凡用心之躁者，思为甚"，"未刑而民畏，有心畏者也"（《性自命出》）等。心的表现形式各异，这便是"用心各异"。心有不同，由此，性的呈现各异，这就导致了人身上的不善之气被释放出来。可见，"心""物""势"与人性或善或不善的走向密切相关，这表明：性之善恶并不固定。①

总之，儒简以为，人心受到外物的刺激会发生波动，人心有所波动接着引起人性的变化，人性之气顺之便会释放于外。这便是物、心、性三者之间的关系。

最后，就性、情的表现方式来说，人的天性并没有善恶的倾向，但是当人受到外物（"势"）的诱导，并且心有所发动之后，就会导致情的呈现，或者说，情气蕴含在人性之中。正如曾春海指出："（郭店儒简）是以气概念界说'性'的思路。性内蕴含藏着喜怒悲哀之气，在情境中与外物相接触时，受外物的刺激撩拨而兴发出对应的性向活动，表现为喜怒悲哀等不同情感状态。因此，气性与其对应激扰的外在对象物之间，构成条件制约性的刺激与反应之动态联结。"② 这种性情关系可以概括为"在内为气，现外为情"③。后来，《礼记》将儒简的这种心、性与情关系说得更加明白。《礼记·乐记》说："人生而静，天之性也。感物而动，性之欲也。"《礼记》以为，人天生之性的状态可以称为"静"，性受到外界的干扰会引发欲望，这便是"动"。《礼记》将人性的这两种状态分别看作"未发"（"静"）和"已发"（"动"），并认为，人性的"已发"有"中和"与"不中和"之别。"中和"指的是人性的呈现合乎礼义，反之，人心私欲过度导致人性不善便是"不中和"。可见，《礼记》中对人性的看法显然承袭了郭店儒简讨论人性问题的致思路线。

---

① 比如，朱心怡说："《性自命出》以喜怒哀悲之'气'为'性'，喜怒哀悲皆'情'也，'气'是情未发前之酝酿状态，因此'性'也就无所谓善不善。"朱心怡：《天之道与人之道——郭店楚简儒道思想研究》，第95—96页。顾史考（Scott Cook）以为，"'性'本身为一种不善不恶之物"。［美］顾史考：《郭店楚简先秦儒书宏微观》，上海古籍出版社2012年版，第75页。由此可见，在儒简中，或善或恶取决于外物诱导。换言之，儒简认为人性是善恶不固定的，或是善恶不分的。

② 曾春海：《中国哲学史纲》，华东师范大学出版社2013年版，第19页。

③ 陈代波：《郭店楚简〈性自命出〉篇的人性论简析》，《东疆学刊》2000年第5期。另外，陈来以为，在儒简中，"内外之分表示性情之分"。陈来：《竹帛〈五行〉与简帛研究》，生活·读书·新知三联书店2009年版，第80页。

综上，儒简以为，外物诱使人心波动，导致人性有所展现，人性表现于外便是情，而情即气，或者准确地说是血气。众所周知，血气具有质料性，情气源自血气，那么，情气便具有物质属性。同时儒简并未对"情气"作出明确的善恶属性界定，即性之善恶是未分的状态，儒简为此提出"习性"。

第三节 "化民气"：郭店儒简的教化学说

儒简提出："察天道以化民气"（《语从一》），"待习而后定"（《性自命出》）。人性之气需要驯化和整饬，具体方式便是礼乐。

一 乐教导情

儒简对"乐"有着深厚的喜爱和独到的研究。在儒简看来，"乐"不仅是人表达情感的方式，同时是治理人性之气的手段。

（一）乐与情

儒简以为，乐与情的关系体现在两个方面，一方面，乐起源于人情；另一方面，可以根据人情的表现制定出合适的乐以宣泄人情。

从乐的起源和构成来看，儒简认为，"声"是构成"乐"的基本要素，并且"声"是人内在真实情感的流露。不同的"声"混合在一起便形成了歌谣，歌谣伴随着人的肢体有规律地动作便形成了"乐"。换言之，情性是礼乐的内在根据。儒简还列举了人欢喜的时候和愤怒的时候的表现，比如它说："喜斯陶，陶斯奋，奋斯咏，咏斯犹，犹思舞，舞，喜之终也。愠斯忧，忧斯戚，戚斯叹，叹斯辟，辟斯踊，踊，愠之终也。"（《性自命出》）儒简以为，人们欢喜就会陶醉，陶醉就会兴奋，兴奋就会歌咏，歌咏会伴随身体的摇动，身体摇动便会舞蹈，舞蹈是人欢喜的最终表现。反过来说，人们愤怒就会忧伤，忧伤就会悲戚，悲戚就会感叹，感叹便会捶胸，捶胸就会顿足，捶胸顿足是愤怒的最终表现。换言之，人情能够表现于声，外化于人的肢体。这便是情、乐和形的关系。

声出自人性之自然。先王根据这个原理，汇集了各种声、歌咏以及舞蹈，体会它们所蕴含的道理，将它们进行系统的编排，形成了教化之乐。儒简指出："圣人比其类而论会之，观其之先后而逆顺之，体其义而节文之，理其情而出入之，然后复以教。教所以生德于中者也。"（《性自命出》）圣王模拟人情作乐，根据乐所蕴含的道理不同，将它们运用于不同的情境之中，这便是乐教。又或者说，乐教出自人性，又作用于人性。儒简指出："凡声其出于情也信，然后其入拨人之心也够。"（《性自命出》）出自真实情感的声，具备纯粹质朴的特点，能够深入地打动人心。比如："闻笑声，则鲜如也斯喜。闻歌谣，则陶如也斯奋。听琴瑟之声，则悸如也斯叹。观《赉》《武》，则齐如也斯作。观《韶》《夏》，则勉如也斯俭。"（《性自命出》）儒简以为，当人听到笑声就会愉悦而欢喜，当人听到歌谣就会陶醉而振奋，当人们听到琴声就会激动而感叹等。又如，人们通过观看不同类型的舞蹈，也会获得不同的情感体验，观看《赉》《武》，人们便会产生庄重和恭敬，观看《韶》《夏》，人们便会有所检点和收敛，这些都是乐教的具体表现形式。综上，乐作为一种艺术，源自人情，反过来，又能治理人情。

（二）心、气与乐

乐出自人情，人情含气。所以，乐含气。更加准确地说，乐出自情气。

儒简以为，心是形体的统帅，能够控制人的形体。它说："耳目鼻口手足六者，心之役也。"（《五行》）"心好则体安之……故心以体废。"（《缁衣》）感官属于人的躯体，心在躯体中占据要席，对形体具有支配作用。心支配人的形体，这意味着，心能够随其所好，追逐物欲。心可以控制身之欲，但是，儒简以为，"食邪色邪，疾"（《语丛一》）。感官之欲本身就是人性的弊端，再加上人心没有固定的志向，"心无定志"（《性自命出》）。所以，容易导致欲望的放纵，产生不良的局面和后果。为此，儒简强调对"心"的管治。它提出

"求心之术"。它说:"凡学者求其心为难……不如以乐之速也。"(《性自命出》)儒简以为,"求心"最有效的办法是乐。

儒简进一步指出,"求心"便是"养心"。它说:"养心于子谅,忠信日益而不自知也。"(《尊德义》)儒简以为,以"子谅"养心,人便会逐步走向忠信。刘钊解释说:"'子谅'即'慈良',意为慈爱善良。"[①] 这也就是说,儒简倡导乐教以"子谅"养心,实质上就是以仁义之道养心。仁义蕴含在高雅之乐中。儒简说:"郑卫之乐,则非其听而从之也。凡古乐龙心,益乐龙指,皆教其人者也。"(《性自命出》)作为艺术形式的乐有不同的类别,它包括雅乐和淫乐等,不同的乐所包含的价值不同。类似郑、卫之乐这样的乐,它们只迎合人的感官享受,挑逗人内在的情欲,带来的后果只能是戕害人性。相反,古乐以道义作为内在的价值支撑,它们能够波动人心,使人产生庄严肃穆之貌。所以,淫乐招致圣人的批评和否定,古乐则受到圣人的欢迎和追捧。

乐以仁义养心。仁义占领了仁心。这便是"志于道"(《语丛三》)。那么,人性所释放的必然是善气。比如,儒简以为,至乐与哀乐便是它们的体现。它指出:"用情之至者,哀乐为甚","凡声出于情也信","信,情之方也"。(《性自命出》)人情中自然有美情,真情的自然流露是美情,真情自然能够取信于人。比如:"凡至乐必悲,哭亦悲,皆至其情也。哀、乐,其性情相近也,是故其心不远。哭之动心也,浸杀,其央恋恋如也,戚然以终。"(《性自命出》)郭沂以为,"此处其'性'当谓哀乐之气"[②]。儒简以为,悲哀和快乐,从来源上看,是极为相近的,都是人之情感的外露,并且毫不加以人为修饰。这些情便是气。性情即气。儒简以为,人与人之间能够通过真情感通。真挚的情感能够感通他人,这种真情是

---

① 刘钊:《郭店楚简校释》,第 131 页。《礼记·乐记》指出:"致乐以治心,则易、直、子谅之心油然生矣。"按照《礼记·乐记》的意思,人心存在弊端,通过乐教治心,人的慈爱、善良之心便会生出。反过来说,这种乐是饱含道义的高雅之乐。

② 郭沂:《郭店竹简与先秦学术思想》,上海教育出版社 2001 年版,第 248 页。

没有掺杂利欲的，它们都是人情发挥到极致的表现，都是源自本性的情感，"唯性爱为近仁"（《性自命出》），它们更加接近于仁义，必然是可信的、值得称赞的。进一步说，它们是人情淋漓尽致的表达，反映了人情的真实面貌。然而，通常来说，人之真情是难以表现出来的，否则的话，儒简就不会高度崇拜真情。对圣人来说不是难事，对一般人来说，做人要接受高雅之乐的熏陶，避免低俗之乐浸染。换言之，通过接受圣人教导才能够成善。①

综上，儒简以为，乐教可以拨动人心，从而诱导性（气）的释放，或者说是，激发人性之善气。所以，乐是治性的手段。

二 礼教治情

（一）礼与情

儒简以为，人情源自人性，外物能够诱导人心，然而，人心并没有固定的志向。所以，由性所发的情，形式也是各异的。人性表现出来的形式便是情，人情有善，亦有恶。所以，儒简提出，以礼教管治人情，引导人性走向善的方向。就礼教的产生机制来看，礼如同乐一样，都是源于情而作的。儒简说："道始于情，情生于性。"（《性自命出》）人情源自人性，道义出自人情。所以，道义是用以管治人性的。儒简指出："礼生于情"（《语丛二》），"礼，因人情而为之"（《语丛一》），"礼作于情"（《性自命出》）。礼是为了规范情而生的。至于它的功能，儒简说："致容貌所以文，节也。"（《性自命出》）礼教能够治理外在容仪。综上，儒简以为，礼也出自人情，并且可以矫正人情。

（二）心、气与礼

儒简以为，人身上也含有不善之质，它们是一些不良之气。不

---

① 儒简指出："圣人不可慕也。"（《成之闻之》）按照刘钊的解说："圣人是不可以模仿的。"刘钊：《郭店楚简校释》，第146页。由此可见，儒简以为，"圣人"是道德水准比较高的人。

善之气能够表现于外部感官，这便是不善之情。① 所以，儒简提出，以礼制规范人的情感。

从礼教实施的机制来看，儒简以为，外界环境能够影响人性向善发展，或向恶发展，这便是"势"。《性自命出》说："所善所不善，势也。"这也为教化指出了另一条路径，即用礼教影响人情，打磨和遏制不良之气的萌发。具体的操作方式便是治理人心。儒简以为，人心没有确定的志向，比如："凡用心之躁者。"（《性自命出》）人心存在潜在的危险。克服人心的这种祸患，便要对人心施以道术。他说："凡道，心术为主。"（《性自命出》）以道术占领人心，道即人道，即用礼治理人情。对人心的控制。礼对人的教化要从情开始："人之道也，或由中出，或由外入。"（《语丛一》）礼教便是一种外在的手段。在儒简看来，礼是使人向善避恶的渠道。

礼教就是通过外部的渠道改变人心没有定志的局面。儒简以为，具有道德倾向的心完全出自教化的结果。然而，由心所呈现的志有两种状态，教化之前是没有"定志"，教化之后则是"执志"。它说："心无定志……待习而后定。……君子执志必有夫广广之心；出言必有夫束束之信。宾客之礼必有夫齐齐之容，祭祀之礼必有夫齐齐之敬，居丧必有夫恋恋之哀。"（《性自命出》）气能够充溢于人的形体以及耳目感官，但是因为有了礼教的规范和约束，人变得有信、有容、有敬等，并且这般品质能够表现在待人接物、祭祀和丧葬等活动之中。换言之，礼教能够约束人的感官欲望，使心合乎道义，压制不良之气的疏泄。

总的来说，儒简以为，人性是由一些素材所构成的，它们便是情气。然而，儒简并没有对"情气"作出善恶属性的识别。这表明：人性之气是善恶未分的。加之，主导人性的心没有固定的志向。所以，儒简尤为关注礼乐教化。在它看来，一方面，可以通过高雅之乐陶冶人心，以仁心诱导人性善气的宣泄；另一方面，亦可以通过

---

① 比如，儒简说："形于中，发于形色。"（《成之闻之》）

外部的礼教规范磨炼人情,心在未受到教化之前是没有定志的,历经教化和锻炼,心志才能有定向。① 儒简以为,"善,人道也"(《五行》)。善的形成是后天训导的结果。

第四节 本章小结

作为孔子之后的儒家文献,郭店儒简直接承袭孔子人性之精义,对孔子"性与天道"(《论语·公冶长》)的致思路线有所发展,它将人性问题的讨论纳入天人视域之下,并对儒家气性论有所创进。

首先,"性""命""天"是儒简人性论中的关键范畴。儒简以为,"命"是连接"性"和"天"的枢纽。人性源自命,命是天之所予。所以,人性的最终依据是天。而"天",儒简以为,它能够生,因此能给人以命。有命便有性。同时儒简汲取了《太一生水》篇的宇宙论致思路线,它以为,天含有气,或者说,天以气生物。命是生存的开端,它含有气。而生存的开端,与性有关。这便是"生之谓性"。换句话说,儒简以为,人是天的产物,身上含有气。因此,从气的角度来讲,天与人是可以贯通的。

其次,就气与性之善恶的关系来看,儒简以为,人性是某些气,气是构成人性的材质,气即喜、怒、哀、悲之气,或称作"情气"。同时儒简以为,血气是情气的物质来源。而血气,儒简以为,具有物质性、生理性。所以,人性便具备物理性。或者说,人性是一种物理性的材质。性含气。儒简以为,这些气内在于人便是性,表现出来便是情。具体来说,外物("势")通过刺激人心,诱导人心有所波动,从而使人性(气)显现于外,这便是情。然而,儒简本身并没有对性作出善恶属性的识别。换言之,人性(气)可善亦可恶。

① 儒简以为,历经教化之后的心是另一副状态,这便是:"民心有恒。"(《尊德义》)

最后，儒简尤为关注对人性的教习。它以为，人性善恶不固定，或善或恶取决于后天习染。为此，儒简提出较为详细的教化理论，具体策略便是礼乐。在它看来，一方面，可以通过高雅之乐陶冶人心，以仁义之心诱导人性善气的宣泄；另一方面，可以通过外部礼教规范磨炼人情，抑制情欲之气的过度释放。可见，性之或善或恶与教化有关，这便是儒简中的教化之道。

总而言之，儒简以气说性，属于儒家气性论。另外，从气性论的发展历程看，孔子论性与气挂钩，儒简接续孔子之路，把"情气"看作"性"（特别是将"血气"视为"情气"的物理来源），这便是"情气人性论"①。它以为，性之或善或恶取决于外物诱导以及人心的刺激，也就是说，从人性的内涵上看，人性无分善恶。从儒家人性论的历史影响来看，郭店儒简进一步完善了孔子"以气释性"的思想，而且它的很多观点被孟子、荀子、《礼记》等吸收，直接开出儒家气性论发展史上的两条重要道路，即孟子的善气论与荀子的恶气论，分别属于先秦儒家气性论的两个不同派别。

小议　孔孟之间儒家关于人性善恶问题的讨论

孔子本人并没有明确谈及人性的善恶问题，孔子之后，弟子们开始把性之善恶作为重要问题展开讨论。关于人性善恶问题的研究，根据《孟子·告子上》记载，"告子曰：'性无善无不善也。'或曰：'性可以为善，可以为不善；是故文武兴，则民好善；幽厉兴，则民好暴。'或曰：'有性善，有性不善；是故以尧为君而有象，以瞽瞍为父而有舜；以纣为兄之子且以为君，而有微子启、王子比干。'"根据这段言论，我们以为，在孟子时期，除了性善论以外，已经存

---

① 黄意明：《"情气为性"与"郭店儒家简"之情感论》，《中州学刊》2010 年第 1 期。

在至少三种有关人性善恶问题的观点。

一是，告子的"性无善无不善说"。① 根据《孟子》载，告子曾以"湍水"为例子论证"性无善无不善"。他以为，人性就像湍急的流水一般，对水流来说，如果引导水向东流，那么，水就会流向东方。反之，如果引导水向西流，那么，水就会流向西方。换句话说，水流本身没有向西或向东的固定流向，而人性亦是如此。就人性来说，在告子看来，人性就是人生而具有的原始状态，它本身并无所谓善恶之分。这也就是说，告子更加强调人的自然本性。

二是，"性可以为善，可以为不善说"。这派学说与告子的观点极为相近，但与告子略有不同的是，它更加关注人性所表现出的善恶端绪。它以为，性可以表现为善，亦可以表现为不善。比如："故文武兴，则民好善"，反之"幽厉兴，则民好暴"。意思是说，文王与武王能够激发民众身上的善性，幽王与厉王能够激发民众身上的不善之性。这表明，性之或善或恶取决于外物之诱导，从人性的端绪上来说，人性可善，亦可以恶。或者说，此派观点是从人的自然生命出发，而关于人性本身的内涵，此派学人并没有作出具体界定。

三是，"有性善，有性不善说"。这派学说与以上两种观点不同，该派观点以为，人性在人与人之间是有差异的，有的人，他们的性是善的，有的人，他们的性是不善的。换句话说，不同的人所拥有的人性是不同的。比如："以尧为君而有象"，存在尧那样的贤君，也存在象这样的坏人。又如："以瞽瞍为父而有舜"，有坏的父亲瞽瞍，也有好的儿子舜。再如："纣为兄之子且以为君，而有微子启、王子比干"，有坏的国君商纣王，也有好的臣子微子启、比干。由此可见，君主性善不影响民众性恶，君主性恶不影响臣子性善，父亲性恶不影响儿子性善。或者说，有的人性善，有的人性恶，他们的

---

① 甚至有些学者还认为，告子是儒家的人物。比如，陆建华认为，"告子人性论合乎儒家立场"。参见陆建华《先秦诸子礼学研究》，人民出版社 2008 年版，第 262—271 页。

人性之间没有关系。

关于以上三种性之善恶的观点，梁启超以为，它们"离孔子原意最近，拿去解释性相近习相远的话，都可以说得通"①。我们认同这种观点。至少从《孟子》的记载来看，孔子之后，孟子之前，人性善恶议题就已经引发了儒家学者们的普遍关注，但是他们普遍以为，从人性所展现出的端绪上来看，人性可善，亦可恶。或者说，人性含有善恶的潜质或资质。但是，这些观点都并未对人性善恶的潜质作出属性识别，或者说，从人性的内涵来说，他们都以为，性之善恶不固定，性本身是善恶未分的。这从侧面也说明，孔子之性本身是无所谓善与不善的。

关于孔孟之间儒家弟子对性之善恶问题的探讨，还有一段文献。据王充《论衡·本性》载："周人世硕以为人性有善有恶，举人之善性，养而致之则善长；性恶，养而致之则恶长。如此，则性各有阴阳，善恶在所养焉。故世子作《养书》一篇。宓子贱、漆雕开、公孙尼子之徒，亦论情性，与世子相出入，皆言性有善有恶。"在王充看来，孔子的弟子们开始以"有善有恶"讨论人性善恶问题，但是，学者们关于"有善有恶"的解读却略有不同。主要来说，他们可以分为两派，第一派以周人世硕为代表，第二派以宓子贱、漆雕开、公孙尼子为代表。

就周人世硕来说，他以为，人性有善的潜质，亦有恶的潜质，或者说，人性可以表现为善，亦可以表现为恶。而性要表现出来或善或恶，取决于后天的"养"，比如："举人之善性，养而致之则善长"，反之"性恶，养而致之则恶长"。意思是说，养育人性中善的端绪，那么人就会性善。养育人性中的恶端，那么人就会性恶。所以，世子极为强调对人性的养长，比如他撰有《养性》篇章，专门教导人们养性的方法，但遗憾的是，此书现在已经失传，我们不能知晓世硕是如何养性的。而从对性之善恶问题的讨论上来看，世硕

---

① 梁启超：《儒家哲学》，北京大学出版社 2010 年版，第 136 页。

的观点与郭店儒简所持的人性观念很类似。《性自命出》篇说："善不善，性也。所善所不善，势也。"儒简以为，"善"和"不善"都属于人性的端绪。但是，人性表现出或善或恶，还要依靠"势"。而"势"，儒简说："物之势者之谓势。""势"指的是外物的习染或诱导。为此，儒简用了大量的笔墨阐述"习性"的方式、价值和意义。在《性自命出》篇章中，儒简指出，习性的方式有逆性、交性、厉性等多种方式。因为，《性自命出》提出"习性说"，而它又属于孔孟之间的儒家文献。所以，有些学者便以为，《性自命出》或许是世硕学派的作品。比如陈战国说："《性自命出》可以视为是世硕的《养书》。"① 丁四新亦有类似观点，他认为，"《性自命出》的人性观点与世子最为接近"②。这些说法见解都很有启发。③

尤需注意的是，"性有善有恶"与"性善恶混"还不同。"性有善有恶"是从人性呈现出的端绪上说性，至于人性本身并无固定善恶可言。而"性善恶混"则以为，人性之中包含善、恶两者，且善恶二者都属于性之属性。正如丁四新指出："人性善恶混承认人性内涵的善恶二者是交混作用的，人性不可能摆脱这一善恶较混作用的支配；而世子'人性有善有恶'的观点则与此有异，性首先是构成生命本身的质体，这一质体隐含善、不善的两面，但心不取，物不采，则性涵情气，并不现实地显现为性善与性恶。"④ 我们认同此种观点。这也就是说，世子讨论人性问题是从人的自然生命出发，他并未从"质"（属性）的角度审视人性。或者说，人性有善有恶是从人性所呈现的状态来看的，而关于人性本身的内涵，世子没有作

---

① 陈战国：《先秦儒学史》，第 82 页。
② 丁四新：《郭店楚墓竹简思想研究》，东方出版社 2000 年版，第 178 页。
③ 关于《性自命出》篇章的作者问题，学界还有很大的争议和讨论，比如陈来总结说，它的作者或许是子游，或许是公孙尼子，或许是子思，而他本人则坚持认为是公孙尼子。参见陈来《竹帛〈五行〉与简帛研究》，第 18—39 页。这表明，出土文献的解读有很大的空间和余地。在此，我们并不对《性自命出》的作者问题进行详细讨论，而是采取学界通常的看法，将它视为孔孟之间的儒家文献。
④ 丁四新：《郭店楚墓竹简思想研究》，第 178 页。

出具体界定，这是他与汉代"性善恶混说"最大的差异。

另外，据王充《论衡》载，"性有善有恶说"还有另一种解读，这种解读与世硕的观点略有不同，该派学人以宓子贱、漆雕开、公孙尼子等人为代表。又，根据上文的论述，孟子之前，关于性之善恶的讨论，存在着一种"有性善，有性不善"（《孟子·告子上》）的学说，这种学说与"性有善有恶"很接近。该派学人以为，人性在不同的人身上是不同的。有的人，他们的性是善的，比如尧、舜、微子启、比干等人，他们的人性都是善的。有的人，他们的性是不善的，比如象、瞽瞍、商纣王等人，他们的人性都是恶的。换句话说，该派学人所讨论的人性并不是个体意义上的人性，而是针对社会成员全体来论及的。我们据此推测《孟子》书中的"有性善，有性不善说"持有者，或许是《论衡》书中所载的宓子贱等人。当然，这种观点的提出并没有直接的文本依据，要想充分而详实地论证这一观点，还需要更多历史材料和出土文献的发现。而事实上，葛荣晋已经意识到这点，他说："'有性善，有性不善'……可能是宓子贱等人之说。"①

要言之，不明确以善恶为性，是孔孟之间儒者讨论人性问题的基本立场。而从人性论的发展历史来看，这种局面从孟子之后便发生了改变。孟子将人身上所含有的善的潜质视为性，并且将它们视为人之所以为人者，这便是性善论。孟子的思维模式可谓开创性的，它是探求事物终极性依据的尝试，对儒家哲学的发展具有开拓性意义。孟子之后，儒家论"性"便拥有了质的属性。② 性即性质。这是孟子对儒家人性论的创造性贡献，也是对孔子人性思想的进一步深化。因此，后人将孟子称为"亚圣"。

---

① 葛荣晋：《先秦两汉哲学论稿》，中国人民大学出版社 2014 年版，第 143 页。
② 参见沈顺福《试论中国早期儒家的人性内涵——兼评"性朴论"》，《社会科学》2015 年第 8 期。

第 三 章

"吾善养浩然之气"：孟子的善气说与性善论

　　孟子以性善说留名儒学史。他特别提出"浩然之气"（《孟子·公孙丑上》）的命题，关于"浩然之气"，学界有不同的看法，以为它是物质的，或是精神性的，或兼具精神性和物质性，或具有神秘主义。① 那么，性善说与气有关吗？换言之，孟子之"性"有何内涵？"浩然之气"与性有何关系？它是什么样的气？笔者以为，这些问题尚没有得到圆满回答。本章意在揭示，在孟子思想中，性与气有关，孟子认为性中含气，比如浩然之气。浩然之气是仁义之本，它便是性。

---

　　① 关于"浩然之气"的探讨，学界已经取得较多成果。具体来说有四种类型。(1) 将"浩然之气"视为物质性的。代表性成果如，二程认为，"浩然之气，既言气，则已是大段有形体之物"。(宋) 程颢、程颐：《二程集》，王孝鱼点校，第 148 页；曲广博《孟子浩然之"气"辨》，《河北师范大学学报》(哲学社会科学版) 1996 年第 4 期。(2) 将"浩然之气"视为精神性的。代表性成果参见冯契《中国古代哲学的逻辑发展》，东方出版中心 2009 年版，第 126 页；李志林《气论与传统思维方式》，学林出版社 1990 年版，第 14 页。(3) 将"浩然之气"视为兼具物质性和精神性的。代表性成果参见乐爱国《孟子论"气"与儒家养生学》，《锦州医学院学报》(社会科学版) 2005 年第 1 期；傅永聚《孟子"养气说"浅析》，《齐鲁学刊》1992 年第 2 期。(4) 将"浩然之气"视为神秘主义的。代表性成果参见冯友兰《中国哲学史》，第 110 页；童书业著，童教英增订《先秦七子思想研究》，中华书局 2006 年版，第 265 页。

第一节　孟子之"性"的内涵

孟子论"性"有哪些内涵？这是考察孟子人性论首先要回答的问题。

一　天性论

性是什么？与孟子同时代的告子以为，性是人天生所固有的东西。

根据《孟子》记载，告子是当时有名的学者，他倡导："食色，性也。"（《孟子·告子上》）比如："口之于味也，目之于色也，耳之于声也，鼻之于臭也，四肢之于安佚也，性也。"（《孟子·尽心上》）在告子看来，人自从出生以后，嘴巴就会喜欢美味的食物，耳朵就会喜欢美妙的声音，鼻子就会喜欢芬芳的香味，身体就会喜欢舒适的环境，人之感官的这些喜好都属于天生固有，人性便是这些生而所具有的东西。这种对"性"的定义和观点，中国哲学史上称为"生之谓性"，或者说是"自然人性论"。①

而对孟子来说，他将"天"视为万物的创始者。他说："且天之生物也"（《孟子·滕文公上》），"天之生此民也"（《孟子·万章上》）。天能够生物，也就生出了人。与此同时，"天"也被孟子视为人性的根源。所以，孟子说："形色，天性也。"（《孟子·尽心上》）"这个性字就是'生'。"② 或者说，性是人生之初的原始状态。但考究《孟子》，我们发现，孟子将人天生的东西分为两类。

一方面，孟子说："人亦孰不欲富贵"（《孟子·公孙丑下》），

---

① 事实上，告子的人性观点对孟子性善说的提出起了很大的推动作用。有学者已经撰文指出这点。参见丁为祥《告子的"生之谓性"及其意义》，《文史哲》2007 年第 6 期。

② 牟宗三：《圆善论》，吉林出版集团 2010 年版，第 5 页。

"好色，人之所欲""富，人之所欲""贵，人之所欲"（《孟子·万章上》）。孟子以为，生理感官欲望是人出生后本来的面貌，它是人生之初的原始状态。并且，这类感官的欲望在人们身上具有相似性，即人人天生都具备此种相同的欲望和渴求。他说："口之于味也，有同耆焉；耳之于声也，有同听焉；目之于色也，有同美焉。"（《孟子·告子上》）人天生的东西具有相似性，比如人的感官，能够使人产生共同的生理感受，对于美味，嘴巴都有相同的嗜好，对于声音，耳朵都有相同的听觉，对于美色，眼睛都有相同的美感，等等。这也就是说，人的感官欲望都是类似的、相同的。孟子以为，人性之中都有种喜好利欲的倾向。① 事实上，学术界已经有不少学者注意到这点。童书业以为，孟子"所说的'性'有时候指的是人的情欲本能"②。曾振宇以为，"孟子从未否定'性'有恶端"③。我们认同此种观点。

　　另一方面，孟子以为，人天生具备四端之心。孟子指出："恻隐之心，仁之端也；羞恶之心，义之端也；辞让之心，礼之端也；是非之心，智之端也。人之有是四端也，犹其有四体也。"（《孟子·公孙丑上》）恻隐之心是仁的开端，羞恶之心是义的开端，辞让之心是礼的开端，是非之心是智的开端。人拥有这四者就像人天生就有四肢一样，是一件非常自然而然的事情。为了论证"四端"天生自然性，孟子以"不忍人之心"为例子说："所以谓人皆有不忍人之心者，今人乍见孺子将入于井，皆有怵惕恻隐之心。非所以内交于孺子之父母也，非所以要誉于乡党朋友也，非恶其声而然也。"（《孟子·公孙丑上》）在这里，孟子以"乍见"来形容"不忍人之

---

① 人性之中都有种喜好利欲的倾向，孟子从来就没有彻底抛弃它，有时候孟子将其称为"小体"（《孟子·告子上》）。由此可见，孟子本人并未否认人身上含有恶的潜质或资质。

② 童书业著，童教英增订：《先秦七子思想研究》，第123页。

③ 曾振宇：《"遇人便道性善"：孟子"性善说"献疑》，《文史哲》2014年第3期。

心"的呈现状态，"乍见"凸显了人的行为完全是自然的。"乍见"凸显的是人性的天然状态。在孟子看来，见到幼小的孩童将要掉入井中，只要是人都会去救人，救人并不熟知孩童的父母，也不是为了在朋友间有好名声，更不是讨厌幼童求救的声音，救人完全出自人性的天然。

性乃初生者。于孟子而言，天生的东西包含两方面内容，即欲望和四端，它们都是人生之初的原始样貌。或者说，人天生的东西有善的部分与恶的部分。但是，如果从孟子人性论的整个立场来看，孟子并不将人身上恶质视为严格意义上的人性。换言之，孟子性善论是确定无疑的。这便是下文讨论的议题。

二　性质论

人性是天生固有者。孟子通过与告子的四场论战逐步确立了人性质的属性。或者说，孟子以为，天性具备属性（"质"）之义。[1]

第一是"生之谓性辩"。根据《孟子》记载，告子是当时有名的学者，他倡导"生之谓性"（《孟子·告子上》）。意思是说，人性是生而具有的东西。然而，孟子却不这样认为，故反问道："然则犬之性犹牛之性，牛之性犹人之性欤?"这便是《孟子》书中有名的"人禽之辨"。虽然告子没有直接回答，但答案是显而易见的，人之性与牛之性怎么可能等同? 可见，孟子认为，人有区别于禽兽最根本的东西，那才能称为真正意义上的人性。

第二是"以水喻性辩"。告子以为，人性就是类似湍水一样的材料。湍水的流向完全取决于外物的诱导，向东引导水，水便流向东方，向西引导水，水便流向西方，这也就是说，在告子看来，人性是无善亦无恶的。而孟子以为，水诚然没有向东，或向西的固定流

---

[1]　按照梁涛的解释，"生之谓性"是一个形式命题，古人对它的不同理解便形成了不同的人性学说。对孟子来说，他并不坚决明确反对这一命题，而是将"生之谓性"理解为人与禽兽的独特性。我们以为，这种对于人性的解读便是孟子的性质论。参见梁涛《郭店竹简与思孟学派》，中国人民大学出版社2008年版，第321页。

向，但是水天然是向下流动的，这是谁也不能否认的客观事实。水没有不向下流动的，这是水的自然本性。因此，对人来说，人性天生没有不善的。

第三是"杯棬之论"。在告子看来，杞柳能够制作成杯子、盘子等器具，这表明，杞柳仅仅是一种材质，它本身并没有什么固定的形态。对人来说，人性譬如杞柳一样，人性本身并没有善恶，至于仁义道德等，都出自后天的锻造和加工。孟子则以为，杞柳之所以能够制作成杯子和盘子等器具，这是因为它们的本性中含有制作成杯盘的潜质，对人来说，人之所以能够成就仁义，这是因为人的本性中含有关于仁义的资质。这也就是说，性是具有某种内容的材料，孟子以为，它的内容便是仁义之端。

第四是"仁内义外辩"。告子以为，仁是属于人性之内的，而义则是属于人性之外的东西。打个比方来说，关于"义外"，告子以为，某人的年龄比我大，所以我才尊敬他，这说明，恭敬并不是人性中所固有的东西。关于"仁内"，告子以"爱弟尊长"为例子说，是我的弟弟我便爱他，秦人的弟弟便不爱他，这是因为我自己的关系，所以，"仁"是内在于人性的东西。而孟子则以为，仁义对于人性来说，犹如喜爱吃烤肉一般，人如果喜欢吃烤肉，那么，无论是秦国的烤肉，还是自己国家的烤肉，都会喜欢吃，两者并没有什么两样。这也就是说，仁义是属于人性内在的东西。

在与告子进行了深入辩论之后，孟子说道："无恻隐之心，非人也；无羞恶之心，非人也；无辞让之心，非人也；无是非之心，非人也。"（《孟子·公孙丑上》）孟子以为，恻隐之心、羞恶之心、辞让之心以及是非之心，这四者是人之为人的根本，没有了它们人便不能称之为人。这也就是说，性不仅具有天生之义，而且具备属性（"质"）之义。孟子又进一步指出："人之所以异于禽兽者几希。"（《孟子·离娄下》）言下之意是，"四端"凸显人兽之异。保存它便是人，丢掉它便是豺狼。换句话说，"四端"即人性。① 可见，孟子认为，人与生俱来所具备的四种心，孟子以为，它们具有积极的意味。为此，孟子冠以"良"的名号来命名此类心，称它们为"良心"（《孟子·告子上》）②，良心是天给人的贵物。孟子又将其称为"天爵"（《孟子·告子上》）。并且孟子以为，它们在人身上具备普遍性，也就是说，圣人与常人都拥有相同的人性。孟子指出："圣人与我同类者"（《孟子·告子上》），"尧舜与人同耳"（《孟子·离娄下》）。可见，人性具备普遍性。

性是决定人之为人的东西。这种对人性的解说深化了儒家人性论的内涵，也是孟子对于儒家人性论的历史性贡献。事实上，学界已经有学者关注到这一点。正如张岱年指出："所谓人之性，乃专指人之所以为人者，实即是人之'特性'。而任何一物之性，亦即该物所以为该物者。"③ 在孟子那里，性即人禽之异的决定者。这便是性质论。

三　材性论

在孟子那里，人性不仅具有善的性质，而且具有鲜明的材质特征。天性乃材质。孟子指出："若夫为不善，非才之罪也。"（《孟子·告子上》）人性是某种材料。关于"才"的具体内容，孟子说："恻隐之心，仁也；羞恶之心，义也；恭敬之心，礼也；是非之心，智也。仁义礼智，非由外铄我也，我固有之也，弗思耳矣。故曰：'求则得之，舍则失之。'或相倍蓰而无算者，不能尽其才者也。"

---

① 然而，根据宋明理学家的解读，孟子的"四端"是"情"，而"仁义礼智"是"性"。如朱熹认为，"恻隐、羞恶、辞让、是非，情也。仁、义、礼、智，性也"。朱熹撰：《四书章句集注》，第207页。又说："性是体，情是用。""有这性便发出这情。因这情，便见得这性。""性才发便是情，情有善恶，性则全善。"（宋）黎靖德编：《朱子语类》，王星贤点校，第98页。在他看来，"性"分为"未发"和"已发"，有"静"与"动"之别。

② 陈大齐以为，在孟子思想中，"良心是性的别名"。陈大齐撰：《孟子待解录》，赵林校注，华东师范大学出版社2012年版，第176页。

③ 张岱年：《中国哲学大纲》，第302页。

（《孟子·告子上》）意思是说，"才"就是人天生的善质，孟子以为，这种质料就是"四端"，即四种心。性即质料。虽然，在古人看来，"'才''材'古字通。犹'材质'也"①。而《孟子》书也存在"才"与"材"共同使用的情况，由此可见，"才"与"材"意义虽极为相近，却略有细微之异，这是不容忽视的。

通俗地说，才即才能。② 在《孟子》书中，表现为一种与生俱来的能力。如《孟子》载："吾何以识其不才而舍之?"（《孟子·梁惠王下》）"中也养不中，才也养不才，故人乐有贤父兄也。"（《孟子·离娄下》）"其为人也小有才。"（《孟子·尽心下》）孟子将具有才能的人称为"英才"，并以养育英才为己任。他说："得天下英才而教育之。"（《孟子·尽心上》）而对于人性议题来说，孟子以为，人天生均有某些相等的能力，比如幼小的孩童都知晓爱护亲人，等到稍微年长的时候，他们都懂得尊敬兄长。类似的能力不用学习就能习得，不用思考就能够通晓，这种能力是天生的，并且是一种好的行为，孟子将它们称为"良知""良能"（《孟子·尽心上》）。正如牟宗三指出："才字即表示人之足够为善之能力。"③ 但孟子又以为，虽然人天生所具有的能力是相同的，但并不是每个人都能够展现出来的。他说："富岁，子弟多赖；凶岁，子弟多暴。非天之降才尔殊也，其所以陷溺其心者然也。"（《孟子·尽心上》）粮食富足的时候，子弟多懒惰，粮食缺乏的时候，子弟多凶暴，懒惰和凶暴并不是人性的真实情况，而是人心遭到戕贼的缘故。由此可见，"才"与人性相关，凸显的是人性的展开。

---

① 史次耘译注：《孟子今译今注》，台北：台湾商务印书馆1978年版，第298—299页。

② 朱熹说："才，犹材质，人之能也。"朱熹撰：《四书章句集注》，第284页。另外，根据刘锦贤的解说，在孟子思想体系中，"'才'是一个人天赋的能力"，对孟子来说，则是"良能"。参见刘锦贤主讲《修身：孟子的生命哲学》，海南出版社2008年版，第17页。

③ 牟宗三：《圆善论》，吉林出版集团2010年版，第18页。

"才"侧重能力，而"材"注重材料、资质。"材"指的是具体材料。《孟子》载："斧斤以时入山林，材木不可胜用也。"（《孟子·梁惠王上》）"材"即木材、材料。具有意义的是，孟子将"材"引入人性领域的研究。孟子以"牛山之木"为例说："牛山之木尝美矣，以其郊于大国也，斧斤伐之，可以为美乎？是其日夜之所息，雨露之所润，非无萌蘖之生焉，牛羊又从而牧之，是以若彼濯濯也。人见其濯濯也，以为未尝有材焉，此岂山之性也哉？"（《孟子·告子上》）牛山的草木本来繁盛茂密，但是由于人的不断砍伐，牛羊的不停啃咬，牛山上的树木便逐渐消失，最终牛山变成光秃秃的了。事实上，这并非牛山本来的面貌。孟子以为，构成人性的质料亦是如此，人天生为善的材质比较丰厚，但是如果忽视了后天的涵养操持，而又不断加以戕贼和损伤，那么，人身上的善的资质会变得越来越少。最终，就像被砍伐完草木的牛山一样，人天生的善资质也会消灭殆尽。所以，孟子说："虽存乎人者，岂无仁义之心哉？其所以放其良心者，亦犹斧斤之于木也，旦旦而伐之，可以为美乎？……人见其禽兽也，而以为未尝有才焉者，是岂人之情也哉？"（《孟子·告子上》）可见，就人性领域来说，"材"侧重的是人之为人的根本质料。① 或者说，性含有质料意味。

综上，性即材。在孟子看来，它有两方面含义。从静态的角度来说，人性是一块好的材料，人天生具有善的资质、质地。从动态的角度来看，这种好的材料能够展现为某种能力，呈现为某种善的行为、积极的举止，这便是才。可见，孟子的"才性论"兼具能力和质料。②

---

① 例如，李景林以为，在孟子思想中，孟子谈论"才"侧重的是天生的"四端"或"良心."参见李景林《从论才三章看孟子的性善论》，《北京师范大学学报》（社会科学版）2018 年第 6 期。

② 比如梁涛指出，在孟子思想中，"才"或指才能，或指先天禀赋。参见梁涛《郭店竹简与思孟学派》，第 351 页。

四　性本论

人天生具备善的资质。孟子以为，性仅是为善的基础，它是仁义的本原。

孟子说："凡有四端于我者，知皆扩而充之矣。若火之始然，泉之始达。苟能充之，足以保四海；苟不充之，不足以事父母。"（《孟子·公孙丑上》）"端"字，杨泽波说："初生、开始义。"①"端"就是发端、开始。在孟子来看，四心就像树木的种子一样，具备长成参天大树的资质。树木的种子需要后天不断的浇灌和培养才能长成参天大树。同样的道理，对人来说，天生的善质需要养育之后才能长成仁义。或者说，"四端之心"必须待后天照料才能发展成"四德"，而由"四端"形成"四德"必然历经一个过程，这便是扩充说。②

性是仁义道德的本原。仁义是善性发展的结果。这种善性便是"四端之心"。因此，孟子将这类具有本原意义的"心"称为"本心"（《孟子·告子上》）。"本"字，《说文》曰："木下曰本。"③"本"字的原意是指树木的根部，在古人看来，作为树木的根部，相对于整棵大树来说，它的特点至少体现在两个方面。一方面，树根是树苗长成参天大树的基础、起点。另一方面，树根也决定树木的类型，比如杨树根不可能长出柳树，柳树根不可能长出榕树等。换言之，本犹如事物的 DNA 一样，它是事物的决定者。孟子以为，本心对于仁义的养成不可或缺，甚至起着决定性的作用。④ 而人的"本心"容易遭到戕害和损伤，这便是"失其本心"："乡为身死而不受，今为宫室之美为之；乡为身死而不受，今为妻妾之奉为之；

---

① 杨泽波：《孟子性善论研究》，中国人民大学出版社 2010 年版，第 42 页。

② 正如杨泽波指出，在孟子思想中，"性善是一个过程"。参见杨泽波《孟子与中国文化》，上海人民出版社 2017 年版，第 110 页。

③ （汉）许慎撰：《说文解字》，（宋）徐铉校订，第 118 页。

④ 方朝晖将孟子人性论的这种特点理解为一种"生存方式或成长法则"。参见方朝晖《从生长特性看孟子性善论》，《北京师范大学学报》（社会科学版）2016 年第 4 期。

乡为身死而不受，今为所识穷乏者得我而为之，是亦不可以已乎？此之谓失其本心。"（《孟子·告子上》）孟子以为，住在豪华的住宅里，享受着妻妾的侍奉，接受着贫苦人的感激，人的本心就这样被戕伤。换言之，感官欲望以及名誉好恶是本心的大敌。老子曾说："含德之厚，比于赤子。"（《老子》第55章）在老子看来，具有较高道德修养的人，它们类似赤子。"赤子"可引申表示人天生的自然状态。孟子亦有类似看法，他说："大人者，不失其赤子之心者也。"（《孟子·离娄下》）具有赤子之心的这类人就是"大人"，他们能够保持人天生固有的本然之性。

　　人性是生存之本。而对于这种生存状态的描述便是"情"。"情"字在《孟子》书中共出现4次。① 我们将其分为两组。在第一组中，孟子说："夫物之不齐，物之情也。"（《孟子·滕文公上》）"故声闻过情，君子耻之。"（《孟子·离娄下》）这两处的"情"皆为实情，实情即物的本然状态。孟子以为，这便是物之情。孟子将"情"的这种含义引入人性问题的讨论，紧接着，在第二组中，孟子说："人见其禽兽也，而以为未尝有才焉者，是岂人之情也哉？"（《孟子·告子上》）"乃若其情，则可以为善矣。"（《孟子·告子上》）在此处，孟子将"情"与"才"相提并论，可见两者或许具备一致的内涵。而"才"，是与"性"有关的范畴，材是从具体的材料来讲人性，孟子以为，从构成人性的具体内容上来说，性由四种心（"四端"）所构成。人性表现为某种质料。这种材料可以表现

---

① 关于对孟子思想中"情"的理解，学界存在两种观点。（1）有学者以为，"情"即情实、质实，并没有情感之义。类似的研究成果如，戴震以为，"情犹素也，实也"。（清）戴震：《孟子字义疏证》，何文光整理，第41页。劳思光说："'情'训为'实'，乃先秦用语之通例。"劳思光：《新编中国哲学史》（一），第125页。徐洪兴说："'乃若其情'即就实情来说的意思。"徐洪兴：《〈孟子〉精读》，复旦大学出版社2010年版，第20页。（2）另有学者以为，情即人情，情即情感。类似的研究成果如，将情释为情感：朱熹说："恻隐、羞恶、辞让、是非、情也。"朱熹撰：《四书章句集注》，第207页。蒙培元以为，四端即"四种道德情感"。"孟子所说的'情'，是情感无疑。"蒙培元：《蒙培元讲孟子》，北京大学出版社2006年版，第158页。

为某种善的举止，比如："孩提之童，无不知爱其亲者。"（《孟子·尽心上》）而"情"则是对人性材质的描述，所以，孟子说："乃若其情，则可以为善矣。"（《孟子·告子上》）可见，由"材"而发生的反应便是"情"。另而言之，在孟子思想体系中，"情"兼具两义。其一，情是实情，它指的是事物本来的样子、最初的面貌等。其二，情与性有关，它是对性的描述。情即性之情。情乃性的实质、质地。① 这便是孟子的性情说。事实上，很多学者已经注意到这点。如，张立文以为，"情"指人性，或与才相通。他说："在孟子哲学中，情范畴有二义：一是实情，二是本性，即人的才质。……情性是涵义近似的范畴，而并未作明确的区分。"②

总之，孟子之"性"至少具备四层含义，从存在的本原（"生"）角度看，性是某种原初的东西；从质（"性"）的角度看，性是人之所以为人者；从质料性的（"材"）视角看，人性是某种天生的材质；从工夫论视角看，性是仁义之本，持久地扩充，就能养成仁义，此是孟子人性论的基本内涵。

第二节 善气说与仁义之本

性即仁义之本。仁义之本与气相关，这种气指的是善良之气，比如浩然之气。

一 性与浩然之气
（一）"是集义所生者"新解
关于"浩然之气"与仁义的关系，孟子指出："其为气也，配

---

① 如，杨伯峻将此处之"情"译为"天生的资质"，并说："情、才——皆谓质性。"杨伯峻译注：《孟子译注》，中华书局 2010 年版，第 240—241 页。
② 张立文主编：《性》，中国人民大学出版社 1996 年版，第 31 页。

义与道；无是，馁也。是集义所生者，非义袭而取之也。"(《孟子·公孙丑上》) 多数学者将这句话解读为，浩然之气是聚集仁义而生的。比如，史次耘说："这是平时集聚正义所产生的。"[1] 刘鄂培说："气是由义行的积累而产生。"[2] 可见，"集义生气"，似乎成了学者的共识。在此，我们提出一种新的解读方法：此句应该断句为"是集，义所生者"。意思是说，浩然之气是道义的来源。

　　笔者的这种解读主要基于两点理由。首先，从古汉语语法上看，汉语语言学家普遍以为，"是"作为系动词在先秦时期尚没有出现。诸如杨伯峻等指出："现代汉语的判断句离不开系词'是'，如'我是中国人'，'北京是中国的首都'。在古代汉语里，在系词大量运用以前，大约在汉魏以前，判断句是以没有系词为主要形式的。"[3] 其中，依照古代汉语的语法习惯，"是"字用在句子开头做主语时，一般是作为代词来使用的，意为"这、这样"，而非作为系动词，表示判断意义使用。比如，孔子说："八佾舞于庭，是可忍也，孰不可忍也？"(《论语·八佾》) 皇侃疏曰："是，犹此也。"[4] 此处，"是"便是作为代词使用的，它指代的是前面的"八佾舞于庭"这件事。杨伯峻等还提醒人们："'是'都是代词作主语，不是系词；它们与'此''彼'作主语的用法相同。'是'可以与'此'替换。……'是'在先秦，大都是这种用法，在阅读古文时需加以注意。"[5] 结合这些证据，我们有理由认为："是集义所生者"应该断句为"是集，义所生者"。意思是说，浩然之气聚集起来，则道、义会由此而产生，这便是"义所生者"。孟子强调"义"是内在于人性的，人自身的东西便是固有之气，"义"源于本有之气。这种本有之气便是

---

① 史次耘译注：《孟子今译今注》，第 70 页。

② 刘鄂培：《孟子选讲》，清华大学出版社 1998 年版，第 84 页。

③ 杨伯峻、何乐士：《古代汉语语法及其发展》(修订本)，语文出版社 2001 年版，第 705 页。

④ (梁) 皇侃撰：《论语义疏》，高尚榘校点，第 48 页。

⑤ 杨伯峻、何乐士：《古代汉语语法及其发展》(修订本)，第 707 页。

浩然之气。正如赵岐指出："浩然之气"是"人生受气所自有者"。①
气是天生本有之物，具有内在性。"浩然之气"能够匹配"义"与
道，是道、义的来源，没有这种气，道、义便不足。另而言之，"浩
然之气"即仁义之本。

其次，从儒家气论思想的发展历史来看，孟子之前，将性情与
气相关联的做法已经有所发展。《国语》说："民有好恶喜怒哀乐，
生于六气。"（《国语·周语上》）《国语》以为，人的情感喜怒与气
相关。气是六气。关于"六气"，《左传》指出："天有六气。……
六气曰阴、阳、风、雨、晦、明也。"（《左传·昭公元年》）古人以
为，六气源自天，故，六气即天气。六气在于人身便是喜怒哀乐。
显而易见，人的性情具有自然属性。《左传》还提出"血气说"：
"凡有血气，皆有争心。"（《左传·昭公十年》）《左传》以为，生
理性的血气能够引发人的争斗之心。《国语》亦有类似的观点，它
载："血气不治，若禽兽焉。"（《国语·周语中》）《国语》以为，
生理性的血气需要以礼义之道来克制。而孔子以为，人身上的血气
随着年龄的变化，会呈现出不同的生理欲求，为此他提出"三戒说"
（《论语·季氏》），意在避免人的情感发生较大的波动。到了郭店儒
简时期，《性自命出》说："喜怒哀悲之气，性也。"儒简以为，性
即气。同时以为，"凡有血气者，皆有喜有怒"（《语丛一》）。也就
是说，血气是性气产生的物质基础。这些证据表明，气不仅具有自
然属性，而且沾染上了伦理色彩。这是孟子之前儒家论气的共识。

综上，我们认为，"是集义所生者"断句为"是集，义所生者"
或许更加合理，也更符合孟子思想的原义。意思是说，浩然之气是仁
义之本。② 同时孟子以为，仁义之本即性。如此，关于仁义之本，便

---

① （清）焦循撰：《孟子正义》，沈文倬点校，中华书局 1987 年版，第 202 页。

② 事实上，学界已经有学者意识到浩然之气与仁义的关系，比如，梁涛以为，
" '浩然之气' 是发自仁义之心的德气"。这距离将浩然之气视作仁义的本原已经非常
相近了。梁涛：《"浩然之气"与"德气"——思孟一系之气论》，《中国哲学史》2008
年第 1 期。

有了两种说法，或是浩然之气，或是性。我们得出结论："浩然之气"便是性。或者说，孟子之性便是"浩然之气"。这等同于，在孟子思想中，性含气。那么，孟子之"气"有哪些内涵？有哪些特点？

（二）孟子之"气"的来源、种类及其特点

1. 孟子气论思想的理论来源

关于孟子气论思想的理论来源，有学者以为，《管子》书中也有谈论气的篇章，比如《内业》、《白心》、《心术》（上、下）等。孟子论气或许承袭了《管子》的气论思想。如，郭沫若说："孟子显然是揣摩过《心术》、《内业》、《白心》这几篇重要作品的。至是孟子袭取了来，稍微改造了一下。"[1] 白奚说："《内业》等四篇的心气论较多地影响了孟子，启发了他以气言心言性。也可以说，是孟子引进了四篇的心气论，成功地对之进行了儒学化的改造。"[2] 在这里，我们认同郭沫若、白奚的观点，主要理由基于以下几点。

一是，从先秦历史发展的事实来看，孟子曾经游历过齐国，这是不争的事实。《孟子》载："孟子为卿于齐，出吊于滕。"（《孟子·公孙丑下》）孟子甚至在齐国做过官员，还曾奉齐王之命代表齐国去滕国吊丧。钱穆认为，孟子"留齐至少亦得十八年"[3]，孟子在齐国生活过很长时间。另外，需要注意的是，在春秋战国时期，齐国非常重视学术的交流和研讨，曾经设立了稷下学宫招揽人才，稷下学宫作为学术研究的重要场所，它曾为齐国聚集了一批学术研究的知名学者，很大程度上促进了齐国文化的发展和繁荣。试想：一个人长期居住和生活在某地，思想怎么可能不受当地文化的影响？[4]

---

① 郭沫若：《十批判书》，东方出版社1996年版，第166页。

② 白奚：《稷下学研究——中国古代的思想自由与百家争鸣》，生活·读书·新知三联书店1998年版，第176页。

③ 钱穆：《先秦诸子系年》，商务印书馆2001年版，第366页。

④ 正如小野泽精一以为，孟子谈论夜气、浩然之气等与齐国的关系比较紧密。参见［日］小野泽精一、福永光司、山井涌编：《气的思想——中国自然观与人的观念的发展》，李庆译，世纪出版集团、上海人民出版社2014年版，第33—34页。

我们推测孟子或多或少应该知晓稷下学者们的学术观点。

二是，从《孟子》文本的结构和书写方式看，《孟子》书中记载了许多齐国的人、事以及物。首先，从人物方面说，（1）据《孟子》载，"孟子为卿于齐"（《孟子·公孙丑下》），孟子本人就在齐国做过官，所以，《孟子》书中记载了很多齐国的官员，比如庄暴、孔距心、王驩等。① （2）《孟子》中还记载了很多兴盛在齐国的学者，诸如淳于髡、宋钘等人，他们都与孟子有过学术上的争论，甚至有学者以为，孟子的很多著名论断（包括人性说在内）都是通过与稷下学者的争论而得以确立的。② （3）据《孟子》载，孟子与齐国很多人都是关系相当好的挚友，如匡章、陈仲子等。③ 其次，从风俗事物方面说，（1）据《孟子》载，书中出现了很多齐国的地名，如平陆、昼地、崇地、范地等。其中，最为著名的是齐国的牛山，孟子曾以"牛山之木"譬喻人性之材。④ （2）据《孟子》载，齐国有名的历史人物，诸如齐景公、晏子、管仲等在书中就出现了很多次，《孟子》甚至记载了一些发生在齐国的小故事用以说明大道理，如"弈秋射箭"（《孟子·告子上》）、"齐人乞祭"（《孟子·离娄

① 根据《孟子》载，"庄暴见孟子"（《孟子·梁惠王下》），"知其罪者，惟孔距心"，"大夫王驩"（《孟子·公孙丑下》）。

② 根据《孟子》载，"淳于髡"出现两次，分别在《离娄上》《告子下》。"宋钘"出现在《公孙丑上》，并在"石丘"这个地方与孟子有过交谈。孙以楷、白奚等便以为，《孟子》中有关人性的争论有可能发生在当时学术环境鼎盛的稷下学宫。参见孙以楷《稷下人物考辨》，《齐鲁学刊》1983 年第 2 期。白奚以为，告子与孟子是在战国中期齐国稷下进行人性问题之辩论。参见白奚《稷下学研究——中国古代的思想自由与百家争鸣》，第 154—181 页。

③ "匡章"，齐国人，曾经是齐威王的将领。参见杨伯峻译注《孟子译注》，第119 页。《孟子·滕文公下》《孟子·离娄下》均有记载，并且《孟子·离娄下》说："夫子与之游，又从而礼貌之"，显然两人是关系非常好的挚友。"陈仲子"，《孟子·滕文公下》记载其以"廉洁"著称，孟子对其有所批判。

④ 根据《孟子》载，"齐宣王见孟子于雪宫"（《孟子·梁惠王下》），"由平陆之齐，不见储子"（《孟子·告子下》），"孟子去齐，宿于昼"（《孟子·公孙丑下》），"于崇，吾得见王"（《孟子·公孙丑下》），"孟子自范之齐，望见齐王之子"（《孟子·尽心上》），"牛山"（《孟子·告子上》）。

下》）等。① 最后，从师承关系看，孟子弟子中的很多聪明贤达的高徒均为齐人，比如说公孙丑、万章等。另外，史学家司马迁说，"（孟子）退而与万章之徒序诗书"（《史记·孟子荀卿列传》）。《孟子》是由孟子与弟子齐人万章等共同编写的书籍，甚至书中的很多篇章直接便是以弟子的名字命名，如《公孙丑》《万章》等。这些证据表明：孟子的思想与齐国有着千丝万缕的联系，齐国的弟子对孟子思想的形成有很大的贡献。可以这么说，在与弟子的交流中，孟子有可能接受了齐人的学说，甚至有人将孟子等人都视为稷下学宫的代表人物。②

根据学术界的研究情况看，《管子》四篇虽然收录在《管子》书中，然而有关它的作者却存在着争议。有学者以为，它们是宋尹学派的作品。如郭沫若等学者便持有这类看法。他说："《心术》和《内业》两篇，毫无疑问是宋钘尹文一派的遗著。"③ 冯友兰则以为，"四篇不是宋钘、尹文一派的著作。……它是一个体系。这个体系就是稷下黄老之学"④。我们以为，虽然《管子》的成书时间以及作者等问题存在很大的争议，但是它们是稷下学者们集体智慧的结晶，能够反映齐国稷下学者的学术思潮。这点应该是可以确定的。尤为值得注意的是，孟子气说的用词与《管子》作品存在着许多相似之处，特别是两者都用"浩然"一词来形容"气"。这在先秦之际是

---

① 《孟子·梁惠王下》《孟子·滕文公上》《孟子·滕文公下》《孟子·离娄上》《孟子·万章下》均有记载齐景公的事迹。《孟子·梁惠王下》《孟子·公孙丑上》均有记载晏子的事迹，《孟子·公孙丑上》《孟子·公孙丑下》均有记载管仲的事迹。《孟子》书中还对管仲、晏子的功劳以及各自的特点进行了评价，由此可见，孟子是非常熟悉齐国历史及其文化的。

② 在《稷下钩沉》一书中，张秉楠将告子、孟子、荀子等人统统视为稷下学派的代表人物。参见张秉楠辑注《稷下钩沉》，上海古籍出版社1991年版。

③ 郭沫若：《青铜时代》，科学出版社1957年版，第263页。另外，根据《孟子》记载，孟子曾经与宋牼二人在石丘之地还有过谈话，详细参考《孟子·告子下》篇章。

④ 冯友兰：《中国哲学史新编》（上），人民出版社1998年版，第379—380页。

很难见到的。所以，我们以为，两者之间并非巧合那么简单，他们之间应该存在某种关联。至于答案无非有两种可能：或者《管子》四篇承袭孟子思想，或者，孟子承袭《管子》四篇的思想。而据《孟子》的文字记载来看，它的行文表述方式与《管子》四篇对"气"的探讨有很大的相似性。另外，从历史事实看，孟子曾经游历齐国，甚至在齐国做过官员。所以，我们推断：孟子应该是承袭了《管子》四篇的气论思想。

总而言之，孟子气论是在吸收儒家传统气说，兼及《管子》气论思想的基础上形成的。那么，"气"在孟子思想中有哪些种类？

2. 气的种类："浩然之气"与非"浩然之气"

"气"在孟子思想中主要分为"浩然之气"与非"浩然之气"两类。①

首先，就非"浩然之气"来说，《孟子》记载："孟施舍之守气。"（《孟子·公孙丑上》）气能被守，显然它不是什么神秘的东西，至少具备物理性特点。否则的话，它又怎么会被人守得住？事实上，这种"气"是类似生理性的血气，或者是物理性的体气。比如，《孟子》载："今夫蹶者趋者，是气也"（《孟子·公孙丑上》）。跌倒和奔跑是气的表现形式。也就是说，气能够贯通人的形体。《孟子》又载："气，体之充也"，又如"勿求于气"，"居移气，养移体，大哉居乎！"（《孟子·尽心上》）这些气都是物理性材质。

其次，与仁义有关的气是"浩然之气"。孟子以为，"浩然之

---

① 有学者以为，"孟子所说的'气'字，包含了三类。第一类，即生理血气之气，孟施舍之'守气'，告子的'勿求于气'的'气'字属之。第二类，即人类根源之气，或称为生命力意义之气，'夜气'，'居移气'，'持其志，无暴其气'，或是'勿求于气'（道家义的气）的'气'字属之。第三类，即'浩然之气'是人类道德实践所创生的气"。李志勇：《孟子"气"字的研究》，《鹅湖月刊》1990 年第 8 期。我们以为，前两类可以归为非"浩然之气"。至于"浩然"与非"浩然"的划分，是以气是否与仁义有关为具体依据的。所以，"气"最终可以归为两类。

气"的特殊之处在于，它是一种至大、至刚之气，它是"天地之正气"①，《孟子》书中与"浩然之气"类似的"气"还有夜气、平旦之气等，特别是"夜气"，孟子说，"夜气不足以存，则其违禽兽不远矣"（《孟子·告子上》），夜气得不到存养，人距离禽兽的境地不远了。换言之，"夜气"是人区别于禽兽的材质。"禽兽"是什么？孟子明确说："无父无君，是禽兽也。"（《孟子·滕文公下》）孟子以为，禽兽难以知晓且遵守伦理，更没有什么仁义可言。就人来说，人是比禽兽高贵的生物，原因在于"几希"（《孟子·离娄下》）。在孟子的视域里，"几希"便是"四端"（《孟子·公孙丑上》）。"四端"关系到人禽之异，"夜气"也是人禽之别，所以，"夜气"与"四端"的含义重合。或者说，"夜气"亦是一种道德之气，与"浩然之气"之类的气相似。

综上所言，孟子更侧重"气"在道德领域中的意蕴，并以为气与仁义有关。正是从这个意义上，我们将孟子气论学说称为"德气论"，或者是"善气说"。那么，"气"在孟子思想中又有哪些特点？

3. 孟子论"气"的特点

根据上文论述，《孟子》汲取了《管子》有关气论的思想。所以说，孟子气论思想沾染了《管子》论气的色彩。那么，《管子》是如何看待"气"的？

首先，《管子》以为，气是形成万物的材料。它指出："有气则生，无气则死，生者以其气。"（《管子·枢言》）气是万物的本原。它又特别提出"精气说"："精也者，气之精者也。"（《管子·内业》）"凡物之精，此则为生下生五谷，上为列星。"（《管子·内业》）《管子》以为，精气是气中最精微的部分，它可以形成天上的繁星，亦可以形成地上的五谷。换言之，精气是生命的本原。于人而言，《管子》以为，"人之生也，天出其精，地出其形，合此以为人"（《管子·内业》）。人是气的产物，其中，天给人以精气，地给

---

① （宋）朱熹撰：《四书章句集注》，第 201 页。

人以形气，二气相合便产生人的生命。

其次，关于"精气"的特点，《管子》指出："精存自生，其外安荣，内藏以为泉原，浩然和平，以为气渊。渊之不涸，四体乃固，泉之不竭，九窍遂通，乃能穷天地，被四海。"（《管子·内业》）《管子》以为，精气与人的生命力有关。具体表现在：人的精气充足则生命力就旺盛，形体四肢就健壮发达，思维就敏捷活跃。反之，精气匮乏则生命力就薄弱，形体四肢就比较笨拙，思维就迟钝缓慢。同时，《管子》以为，精气不但是构成人躯体的材质，而且是一种道德之气。比如："藏于胸中，谓之圣人。"（《管子·内业》）圣人就是保持精气充盈的产物。

孟子论气汲取了这些思想，孟子论"气"主要有三个特点。首先，从物理性的角度来说，孟子以为，气具有自然以及物理特性。气是某种材质，具有质料性。孟子说："气，体之充也。"（《孟子·公孙丑上》）气能够充实人的形体。体是气的具体形状。而"体"，是能够被人的经验认识察觉的，推而论之，气具有物质属性。另外，孟子讲到平旦之气、夜气等概念。"平旦之气"指清晨之气，"夜气"指夜半之气。这两种"气"都具有自然物质层面的意义。至于"浩然之气"，孟子曾用"至大至刚""塞于天地"等词形容它，"浩然之气"大、刚，并且能充塞天地之间，显而易见，它具有形状、大小等物理形态。比如朱子以为，"气，即所谓体之充者"①。所以，"气是实物"②。

其次，从生命力的视角而言，气是构成生命的物质基础。《论语》载："屏气似不息者。"（《论语·乡党》）孔子以为，气是充盈生命力的物质、质料。从《孟子》中所记载的情况来看，孟子在回答弟子公孙丑的提问时，自然而然地就谈到了告子的气论学说，这向我们揭示了一个关键消息，即"气"已经在孟子时期成为一个普

---

① （宋）朱熹撰：《四书章句集注》，第 201 页。
② （宋）黎靖德编：《朱子语类》，王星贤点校，第 1234 页。

遍的、共同的议题，各派的专家学者对它都有所研究。否则的话，当孟子谈到"气"的时候，弟子公孙丑应该表示惊讶才是，然而公孙丑并没有什么疑问，他接着询问孟子什么是"不动心"。可见，孟子接受了当时学界对于"气"的基本看法。如，孟子说："今夫蹶者趋者，是气也。"（《孟子·公孙丑上》）气能够在人的形体中流动，显而易见，它是充盈生命力的物质。

最后，从可变性的立场来看，充于体的气是可以改变的。孟子提出了比较独特的变化气的方式，他提出"居移气"的理论。《孟子》载："鲁君之宋，呼于垤泽之门。守者曰：'此非吾君也，何其声之似我君也？'此无他，居相似也。"（《孟子·尽心上》）这段话的意思是说，鲁国的国君到宋国去，走到宋国城门下，宋国守护城门的人说，他不是我的国君，为何声音却那么像？孟子以为，这是居住环境相同的缘故。或者说，"居"（环境）能够改变人身上所含的气，即"居移气"。

综上，"气"在孟子那里是一个与生命、生存相关的范畴。或者说，孟子以为，气是生存的发端或本原。

二　孟子对"心""志""气"与"言"四者关系的讨论

孟子讨论"气"时有这么一段对话。《孟子》载："告子曰：'不得于言，勿求于心；不得于心，勿求于气。'不得于心，勿求于气，可；不得于言，勿求于心，不可。夫志，气之帅也；气，体之充也。夫志至焉，气次焉。故曰：'持其志，无暴其气。'"（《孟子·公孙丑上》）这段表明：孟子论"气"还与"心"、"志"、"言"等范畴密切相关。那么，这些范畴与"气"有什么关系？或者说，它们与"性"有关吗？

（一）心和志

在《孟子》书中，"心"与"志"密切相关。关于"志"，赵岐注曰："志，心之所念虑也。"[1] 简单来说，"心"的活动对象便是

---

[1] （清）焦循撰：《孟子正义》，沈文倬点校，第196页。

"志"。

孟子以为，心的活动对象有多种，它蕴藏消极和积极两部分。①
从消极方面来说，孟子指出："人心亦皆有害。"（《孟子·尽心上》）
人心有不好的部分。以心的喜好来说，孟子以为，"好"的对象包括
消极的内容。他说："好战"（《孟子·梁惠王上》），"好勇"（《孟
子·梁惠王下》），"好货"（《孟子·梁惠王下》），"好色"（《孟
子·梁惠王下》），"好货财"（《孟子·离娄下》），"好名"（《孟
子·尽心下》），"民好暴"（《孟子·告子上》），"好色，人之所欲"
（《孟子·万章上》）等。这类消极的心，孟子称之为"心之非"。他
说："惟大人能格君心之非。"（《孟子·离娄上》）孟子以非论心，
显然是对消极之心的否定，这类消极的心需要整治和克除。孟子以
为，将害人之心、穿逾之心统统剔除掉，仁义之心自然而然就随之
而来。他说："人能充无欲害人之心，而仁不可胜用也；人能充无穿
逾之心，而义不可胜用也。"（《孟子·尽心下》）从积极的方面来
说，人心所喜欢的对象亦有积极的东西，比如孟子说："国君好仁"
（《孟子·离娄上》），"为人也好善"（《孟子·告子下》），人更是独
具四类积极的心（"四端"），它们是仁义礼智的本原，并且孟子以
为，"心之所同然"（《孟子·告子上》）。仁义之心具有普遍性。

既然人心蕴藏消极的和积极的两部分，那么，作为"心"的活
动对象，"志"自然而然也有多种类型。孟子以为，"志"有仁义和
非仁义两类。他说："不志于仁，而求富之，是富桀也"（《孟子·
告子下》），"不志于仁，而求为之强战，是辅桀也"（《孟子·告子
下》）。在孟子看来，不以仁义作为导向，虽然富有了、胜利了，但
跟桀没有什么两样。相比较之下，孟子讲"志"更侧重的是心与仁
义的关系。他说："苟不志于仁，终身忧辱"（《孟子·离娄上》），

---

① 比如沈顺福以为，在孟子思想中，"心"分为本心和人心两种。人心是生理欲
望的来源，本心指的则是人性。参见沈顺福《人心与本心——孟子心灵哲学研究》，
《现代哲学》2014 年第 5 期。

"君以当道，志于仁而已"（《孟子·告子下》）。他甚至直接将"仁义"与"志"相等同。《孟子》载："何谓尚志？"曰："仁义而已矣。"（《孟子·尽心上》）"尚志"即以仁义为做人的根本。孟子讲求尚志，背后的意思是强调以仁义主宰人心。另外，孟子认为，"仁义礼智根于心"（《孟子·尽心上》）。"心"即本心，以仁义为志向，仁义又根源于心，心即性。所以，"志"是以"性"作为最终根源。孟子强调志的仁义属性，并将志与性相挂钩，认为志是仁义之本，即性，性即人性，这是孟子对古代志论的独特贡献。

（二）心与气

在孟子看来，"气"还与"心"有密切关系。事实上，孟子之前的儒家学者已经对心气关系有所探讨。比如，郭店儒简《语丛一》说："志，心司。""志"是"心"的功能。然而，"喜怒哀悲之气，性也"，"心亡奠志，待物而后作"。（《性自命出》）心接受外物的诱导刺激，将性气释放出来，并且儒简以为，"志于道"（《语丛三》），"士有志于君子道谓之志士"（《五行》）。"志"有合道和不合道。儒简《五行》篇以为，仁、义、礼、智、圣有"形于内"与"不形于内"之分，其中，由内而发的称为"德之行"，反之只能称为"行"。这里的"'内'即指'心'"①。另外，据帛书《五行》②说部记载，"'不直不肆'。直也者，直其中心也，义气也。""'不远不敬'。远心也者，礼气也。""'不变不悦'。变也者，勉也，仁气也。"③这些资料表明：气与道德有关，甚至仁义等道德就是气，比如说仁气、义气、礼气。帛书《五行》以为，它们源自内在的心。换言之，气是根源于心的。心是气之本。帛书《五行》又指出：

---

①　黄俊杰：《孟子后学对身心关系的看法》，载陈弱水、王汎森主编《思想与学术》，中国大百科全书出版社 2005 年版，第 6 页。

②　帛书《五行》篇是汉代马王堆中的出土文献，它的内容和结构与郭店儒简《五行》篇极其类似。然而，与郭店儒简所不同的是，帛书《五行》由经部和说部两部分构成，郭店儒简《五行》篇则只有经部。

③　庞朴：《帛书五行篇研究》，齐鲁书社 1980 年版，第 36—38 页。

"心悦然后颜色容貌温。"言下之意是,内在的德性之气在心的役使下,能够外化于人的形体和容貌,呈现出某种情绪状态。

帛书《五行》中,"气"与"心"的关系,是源于孟子之后?还是孟子之前?这个问题关系到帛书《五行》说部的成书时间问题。即,帛书《五行》说部是成书于《孟子》之后?还是成书于《孟子》之前?检阅学界对这个问题的研究,有不同观点,甚至某些观点截然相反。比如郭沂以为,帛书《五行》是汉代文献,它自然是属于《孟子》之后的作品。① 另外,池田知久以为,虽然帛书《五行》属于汉代出土文献,却真实地反映了孟子之前儒家作品的特色,成书年代应当在《孟子》之前,帛书《五行》是思孟学派的作品,孟子当受到它的影响。② 两种解读观点各异,但是至少有一点是确定的,即《五行》篇为我们提供了一个关键信息:心气关系已成为早期儒家学者所探讨的重要议题。

《孟子·公孙丑上》载:"告子曰:'不得于言,勿求于心;不得于心,勿求于气。'"这段话为我们提供了两条信息。首先,心气关系成为先秦诸子人性说的重要内容。否则的话,孟子完全就没有必要谈及告子的观点。其次,说明了告子的心气学说在当时学界占有一定的地位,或者说具有普遍的代表性。就告子的哲学观点来说,在语言上得不到就不要向内心寻求,在心上得不到就不要向气寻求。孟子则评论说:"可。"显而易见,孟子赞成告子的心气关系说,他以为,在心上得不到就不要向气上寻求了。或者说,在心气关系上,"心"决定"气","气"从属"心"。心是本,气是末。试想:假

---

① 比如郭沂便以为:"(帛书《五行》)上限在孟荀之后,当成书于战国末期。"郭沂:《五行考略》,载庞朴主编《古墓新知》,台北:台湾古籍出版有限公司 2002 年版,第 179—180 页。

② 池田知久以为,"郭店《五行》虽然的确没有附加说文,但无疑当时已形成和马王堆《五行》大致相同的说文"。他又说:"假如当时只有经文形成,说文尚未形成,那么在经文中就有许多不理解之处。"[日]池田知久:《池田知久简帛研究论集》,曹峰译,中华书局 2006 年版,第 53—54 页。

如《五行》说部在孟子之前已经形成，"德气说"在儒家学派已经发展得比较成熟，气源自心的观点已经成为儒者们的共识。那么，这里就不难理解为什么孟子赞成告子"心决定气"的观点，而没有对他发出质疑了。这可以印证《五行》说部或许在孟子之前已经形成。同时孟子以为，气亦能够对心产生影响，人如果心没有把持住，很容易反过来被气役使。比如："今夫蹶者趋者，是气也，而反动其心。"（《孟子·公孙丑上》）跌倒和奔跑就是气动摇人心的缘故。换言之，气能够动心。与告子所不同的是，对于心气关系的讨论，孟子又发明了"志"的概念，这便是志与气的关系问题。

（三）志与气

与告子倡导心主导气所不同的是，孟子提出："夫志，气之帅也。"（《孟子·公孙丑上》）孟子以"志"代"心"，他以为，"志"是"气"的将领。事实上，孟子和告子的差异与他们的人性学说是有关系的。从人性论视角来看，告子倡导"仁内义外"（《孟子·告子上》），他以为，"仁"是属于人性之内的，而"义"是属于人性之外的。因此，"义"的获取与"性"没有关系。告子以为，把持住人心不动，压制不善之气，自然能够成就仁。所以，孟子说："告子先我不动心。"（《孟子·公孙丑上》）然而，告子的问题在于，人性中"义"的问题没有解决。孟子为此批判告子"未尝知义，以其外之也"。与告子相比较，孟子侧重的是以仁义占据主导的心，他说："君子所性，仁义礼智根于心。"（《孟子·尽心上》）道义根源于心。这种心便是志。孟子"以志代心"正好表明他与告子修养工夫之异。进一步说，孟子以志御气，是以内心的仁义去引导气。这便是孟子"志气说"的要义。

同时孟子以为，"气"也能影响"志"。他说："持其志，无暴其气"（《孟子·公孙丑上》），又说："志壹则动气，气壹则动志也。"（《孟子·公孙丑上》）可见，志与气的关系是双向的。另外，按照孟子对"气"的分类，"气"有"浩然之气"和非"浩然之气"两类。因此，"无暴其气"从某种程度上说，是要防止非"浩然之气"的释放。孟子对某些气的否定，恰恰表明人身上的气并非完全是积极的东西（比如类似血气、体气等），而"志"应该成为它们的主宰者，这样才不会受制于它们。

（四）心与言

在与告子的争论中，孟子批判了告子"不得于言，勿求于心"的观点，他说："不可。"这表明："言"和"心"的关系是孟子人性论的重要课题。

事实上，从孔子开始，儒家就相当重视对"言"的研究。孔子指出："巧言令色，鲜矣仁"（《论语·学而》），"言忠信"（《论语·卫灵公》），"巧言乱德"（《论语·卫灵公》）等。孔子以为，言与仁义有关，言中饱含道德。正是因为这个，儒家极其强调知言。孔子说："不知言，无以知人。"（《论语·尧曰》）可见，儒家以为，"'知言'即是'知德'"①。语言具有道德属性。

孟子继承了孔子的这种思想，关于"言"，他说："生于其心。"（《孟子·公孙丑上》）言根源于心。或者说，言是心的外化，语言上不能通晓其义，必然要追溯到其心。所以他说："不得于言，勿求于心，不可。"（《孟子·公孙丑上》）而"心"，在孟子思想中，便指本心，即性。本心即性。性是仁义的本原。所以，孟子以为："言非礼义，谓之自暴也。"（《孟子·离娄上》）他倡导："言饱乎仁义也。"（《孟子·告子上》）充满言辞的东西应该是仁义。"'言'之病即反映出'心'之病。"② 孟子尤其强调"知言"，他指出："诐辞知其所蔽，淫辞知其所陷，邪辞知其所离，遁辞知其所穷。"（《孟子·公孙丑上》）孟子以为，存在弊端的语言有四种，比如，片面的言辞有它的不足，过分的言辞有它的缺陷，不合道义的言辞有它的分歧，含糊的言辞有它的短板，等等。君子通过辨别语言的弊端，体味其中所蕴含的意义，便可以断定人们的品性，这便是孟子"知言术"的要义。综上，在孟子那里，言源于心。心即性。所

---

① 张刚：《"德"与"言"——儒家言语观研究》，《人文杂志》2009年第4期。
② 李明辉：《孟子重探》，台北：联经出版事业股份有限公司2001年版，第38页。

以，言是性的表达。

（五）言与气

在古人看来，言与气有关。《国语》载："气在口为言。"（《国语·周语下》）《论语》载："出辞气。"（《论语·泰伯》）气是言的物质载体，或者说，言含气。孟子吸收并继承了这些观点。他提出："我知言，我善养吾浩然之气。"（《孟子·公孙丑上》）孟子推崇的"言"是与浩然之气有关的。而浩然之气是仁义之本，所以，推而论之，值得倡导的"言"必然含仁义之气。

气是言的物质载体。而"气"，古人以为，它的基本特点便是"通"。《庄子》载："通天下一气耳。"（《庄子·知北游》）言既然含有气。那么，言之间自然就能够相互感通。《易传》载："出其言，善则千里之外应之"，反之"出其言不善，则千里之外违之"。（《易传·系辞上》）在《易传》看来，"言"有"善言"和"不善之言"两类。但如果人们口出善言，远方的人们会响应他，与之相反，如果人们口出恶言，远方的人们就会抛弃他。在这段话中，古人以为，语言在"千里之外"能够"应之"和"违之"，虽然这样的事情颇具传奇色彩，但是至少说明一个道理，那就是，言辞之间能够相互感应。

孟子亦有类似观点。他以为，"言"感通的方式是"戚戚"。他说："夫子言之，于我心有戚戚焉。"（《孟子·梁惠王上》）同时，他提出言辞感通的两种情况，即"恶言感恶言"与"善言感善言"。孟子说："诵尧之言，行尧之行，是尧而已矣"（《孟子·告子下》）。反之，"诵桀之言，行桀之行，是桀而已矣。"（《孟子·告子下》）根据上文论述，言是人性的表现，并饱含不同的气。孟子以为，尧和桀是善人和不善之人的代表，他们的言辞中饱含不同的气，尧之言符合仁义，是道义之气的产物，反之，桀之言违背仁义，是不善之气的产物。圣人之言饱含仁义之气，积极接受圣人之言的熏陶，便会感通人身上的善气，久之人性自然也会与圣人相同。反之，接受不善之言的感化，容易引发人身上的恶气。所以，孟子提倡"言必称尧舜"(《孟子·滕文公上》)。做人要接受善言的习染或感通，这从侧面说明：孟子认为，性中含气。

三 孟子对"气""性"与"体"三者关系的讨论

(一) 大体和小体说

谈及"体"，我们常想到"身"。在日常生活中，我们常常将身、体两者联合使用，显然两者的内涵具有一致性。从文字学角度看，《广雅》以为，"体，身也"①。体即身。孟子已有类似看法，他说："轻暖不足于体与？"(《孟子·梁惠王上》)"饿其体肤，空乏其身。"(《孟子·告子下》)四肢便是体。这就是说，身即物理性形体。或者说，身体即材。它具有物理属性、质料性。

但是，在儒家看来，身体除了具有物理性的躯体含义以外，更兼具深层次的德性意义，这也是儒家讨论身体话题的重要特色。孔子曾说："杀身以成仁。"(《论语·卫灵公》)为了成就仁义，可以将人的血肉之躯舍掉。孔子对血肉之躯的否定，表明了"身"具有德性义。孟子继承了孔子的这种思路，他指出："舍生而取义。"(《孟子·告子上》)有比生命更为重要的东西，这便是道义。而道义之本蕴藏在大体之中，他说："士庶人不仁，不保四体"(《孟子·离娄上》)，"人之有是四端也，犹其有四体也"(《孟子·公孙丑上》)。孟子甚至说："以身殉道。"(《孟子·尽心上》)为了道义甚至可以舍弃血肉之躯。

孟子进一步指出，无论是物理性的身躯，还是具有德性意义的形体，都含有气。他说："气，体之充也。"(《孟子·公孙丑上》)气能够充实人的形体。而"体"，则有"大体"和"小体"之分，孟子说："体有贵贱，有小大。无以小害大，无以贱害贵。养其小者为小人，养其大者为大人。"(《孟子·告子上》)"体"即大体、小体。体有贵重的，有卑贱的，有大的，有小的。孟子以为，顺从小

---

① (清)王念孙：《广雅疏证》，张其昀点校，中华书局 2019 年版，第 486 页。

体便会成为小人，养育大体就成为大人。可见，"大体"是善或仁义的源头。"小体"是不善或小人的来源。或者说，"大体"是具有德性意义的形体，而"小体"是物理性的身体。气既然是充实人体的材质，孟子将"气"划分为"浩然之气"与非"浩然之气"。因此，由"气"所构成的"体"便自然有"大体"和"小体"之别。根据赵岐的解说，"小，口腹也。大，心志也"①。"小体"即人的耳目等感官，它们是由非"浩然之气"所充实的产物。这些感官不仅实在，而且可以具体化、形象化。比如人的眼睛、耳朵、口鼻等，这些感官都是气的形状。而"大体"则是"浩然之气"充实的产物。换言之，在孟子视域里，由气所构成的体，无论是大体，还是小体，皆具有鲜明的材质性、物理性。

综上，孟子以为，体有大小之分，并含气。或者说，体即气的形状。而修身便是养体。不应该让"小体"损害"大体"。

（二）践形说与观人术

对于人性问题的探讨，孟子还提出了两种较为独特的理论学说，这便是"践形说"和"观人术"，这两者皆与气有关。

首先，就"践形说"来讲，气是充实人体的材质。然而，在孟子看来，人身上所含之气能够表现出来，这便是"生色"，而"生色"的呈现需要物质载体，这便是人的躯体。孟子说："君子所性，仁义礼智根于心，其生色也，睟然见于面，盎于背，施于四体，四体不言而喻。"（《孟子·尽心上》）"睟然"，朱熹注曰："清和润泽之貌。"② 由性而发出神色是温和纯润的，它能表现于人的脸面，或是肩部，或是四肢，或是人的形体动作等，按照孟子人性论视角看，浩然之气是人生来所本有的，它是仁义之本，就是性。所以，顺人之本性自然发展，人身上本有的仁义之气能够自然展现出来。正如杨儒宾指出："孟子践形理论臻乎极境时，它

---

① （清）焦循撰：《孟子正义》，沈文倬点校，第789页。
② （宋）朱熹撰：《四书章句集注》，第307页。

一方面在人的形体上显现征兆，使形体全化为精神流贯区域，另一方面也使得人身所有的气全化为纯一的浩然之气。"① 也就是说，"小体"是"大体"得以实现的物质基础。孟子说："有诸内，必形诸外"（《孟子·告子下》），"中心达于面目"（《孟子·滕文公上》）。德性之气能够充溢人之大体，同时能够外化于人之小体。可见，孟子并不完全放弃人身上的小体。② 孟子指出："形色，天性也；惟圣人，然后可以践形。"（《孟子·尽心上》）气能够充实人的形体，也能表现于人的形体，这便是"践形说"。可见，践形即气的流动。进一步说，性既然可以经验性的方式呈现出来，说明它具有物理属性。

反过来说，从人外在的物理形态可以识别人内在的品质，这便是孟子的"观人术"③。他说："存乎人者，莫良于眸子。"（《孟子·离娄上》）众所周知，眼睛是人天生的感官，它属于人躯体的一部分。在孟子视野中，眼睛（感官）属于"小体"范畴。同时孟子以为，人天生存有贵物，他说："虽存乎人者，岂无仁义之心哉?"（《孟子·告子上》）仁义之心是天生的贵物，属于"大体"。对孟子来说，小体能表现大体。他说："眸子不能掩其恶。"（《孟子·离娄上》）眼睛不能遮蔽人的丑恶，显然，这里的"恶"并不是容貌丑陋，它指的是内在德性的呈现。比如眸子的瞭眊能够断定人正与不正："胸中正，则眸子瞭焉；胸中不正，则眸子眊焉。"（《孟子·离娄上》）孙奭疏曰："瞭，明也。……眊，不明也。"④ 气充满人的形体，又能外化出来。人心正直眼睛就明亮，反之，人心不正眼睛就

---

① 杨儒宾：《儒家身体观》，台北："中央研究院"中国文哲研究所筹备处 1999年版，第 166 页。

② 比如他说："人之于身也，兼所爱。兼所爱，则兼所养也。"（《孟子·告子上》）

③ "观"是古代儒家哲学中的认识人和事物的重要方式。不但观物有术，观人亦有术。如："观水有术，必观其澜。"（《孟子·尽心上》）"察言而观色。"（《论语·颜渊》）有学者已经对孟子的观人术、气论、性论之间的关系作过探讨。参见刘子立《孟子的观人术与气论》，《儒家典籍与思想研究》2011 年第 1 期。

④ 李学勤主编：《孟子注疏》，北京大学出版社 1999 年版，第 203 页。

昏暗。换言之，眼睛能够反映心。而心，在孟子视野中主要指性。换言之，心即性。性又发于人身固有的浩然之气。这就是说，浩然之气能够充溢人之大体，同时能够外化于人之小体。就孟子的观人术来说，眼睛是气的物理形态。其中，眼睛浑浊便是小体逾越大体，欲望等邪气充斥人心。反之，眼睛清明便是大体的外化，这是由道义之气充实的。或者说，眸子是人身上所含之气的表现渠道，辨别气的状态便可区分性之善恶。

综上，在孟子思想中，人生而有体。体是气之形体。体有大小之别，大体和小体皆含气。孟子认为，大体和小体之间可以沟通，甚至可以相互转换，实现相互贯通的理论基础是气的流通。① 具体来说，人身上内在的善良之气（大体）表现于外在的物理形态（小体），此即大体融入小体。同时外在的物理形态（小体）亦可以反映人身上内在的善良之气（大体），此即以小体见证大体，两者分别称为"践形说"和"观人术"。

第三节　养气与率性

在孟子那里，性是善良之气，需要操持涵养。为此，孟子特别推出养气（养性）的工夫。

一　养气说
（一）以直养气
关于养育"浩然之气"，孟子提出："直养而无害。"（《孟子·公孙丑上》）

---

① 黄俊杰将孟子的这种观点称为"身心一如"。参见黄俊杰《孟子》，生活·读书·新知三联书店 2013 年版，第 67 页。

儒家从孔子开始就倡导"直"。① 关于"直"，孔子曾经以"微生高乞醯"的故事说："孰谓微生高直？或乞醯焉，乞诸邻而与之。"（《论语·公冶长》）在儒家看来，微生高的行为是"掠美市恩，不得为直"②。也就是说，微生高"乞醯借人"有沽名钓誉之嫌，并非符合"直"的要义。对微生高来说，别人向你借醋，有就是有，没有就是没有，这才是"直"。可见，"直"是要顺其自然，杜绝人为刻意。而对孟子来说，以"直"养气侧重的是，内在德性资源的自然呈现。我们知道，告子打出"仁内义外"的旗帜，孟子则坚决反对之，他提出"仁内义内"的口号，宣扬仁义皆内在于人性，换言之，性是仁义之本。同时孟子以为，人性的展现是自然而然的，在天生本心的指导下，善行皆自然而然就会出现，孟子还以葬礼的起源说明这点，他以为，在很久之前的上古时期，父母死亡后，人们并不埋葬他们，而是把尸体丢在山沟之中，这是人们当时的习惯。等到后来，人们经过那丢弃父母尸体的山沟，看到狐狸等野兽在撕咬他们，苍蝇等蚊虫在叮吮他们，额头上便自然冒出悔恨的汗水，孟子认为，"夫泚也，非为人泚"（《孟子·滕文公上》）。悔恨的汗水并不是给别人看的，而是出自人的内心的真实情感，人的眼睛不敢正视野兽啄食亲人尸体的场景，于是，人们便很快回家取了工具把尸体埋葬了。换句话说，埋葬亲人（葬礼）是不忍人之心的发动，亦即人之天性使然，即"直"。

而就养气所持有的态度来说，孟子指出："必有事焉而勿正，心勿忘，勿助长也。"（《孟子·公孙丑上》）养气要恪守的两个道理，其一，不要有特定的目的，这便是"勿正"。为了说明如何养气，孟子举了"揠苗助长"（《孟子·公孙丑上》）的故事，禾苗从小苗长出庄稼，要经过一天天的成长，与之相同，养气也要日积月累才能

---

① 罗安宪以为，在孔子思想中，"直"与"诚""义"有关。参见罗安宪《孔子"直"论之内涵及其人格意义》，《孔子研究》2005 年第 6 期。

② （宋）朱熹撰：《四书章句集注》，第 82 页。

见出成效，并非短时间可以成就的。也就是说，养气要顺其自然，而不能掺杂人为。① 其二，养气要坚持不懈，这便是"勿忘"。孟子以种植大麦为例说，在质地相同的土地上，播撒了相同的大麦种子，耕种时间也相同，等到收获的时候，纵然收成有所不同，那也是雨露多少、人事不齐等造成的。于人而言亦是如此，他说："富岁，子弟多赖；凶岁，子弟多暴，非天之降才尔殊也，其所以陷溺其心者然也。"（《孟子·告子上》）富饶丰收之年人易懒惰，穷困歉收之年人易作恶，这绝非天生资质有所差异，而是天生善材遭到戕害的结果。所以，孟子得出结论："苟得其养，无物不长"（《孟子·告子上》），反之，"苟失其养，无物不消"（《孟子·告子上》）。"得养"和"失养"完全是两种截然不同的局面。

（二）夜气说和平旦之气说

针对养气，孟子提出了两个独具特色的概念，即"夜气"和"平旦之气"。就"夜气"来说，孟子以为，"夜气不足以存，则其违禽兽不远矣"（《孟子·告子上》）。"夜气"如果没有得以存养，人就距禽兽的境地不远了。换言之，"夜气"的存养关系到人禽之别，对人的存在来说具有决定意义。孟子说过："人之所以异于禽兽者几希。"（《孟子·离娄下》）何为"几希"？孟子说："无恻隐之心，非人也；无羞恶之心，非人也；无辞让之心，非人也；无是非之心，非人也。"（《孟子·公孙丑上》）"几希"是人之所以为人者，它们是由四部分内容构成的，这便是"四端"。从这两段语句的构成以及所要表达的意思来看，在孟子那里，"夜气"与"四端"所蕴藏的含义似乎具有等同性，它们指的都是一种善的材质，甚至可以推论："夜气"便是"良心"。或者说，夜气即良心，存夜气即存心，亦即存性。

就"平旦之气"来说，孟子以为，平明破晓之时，人还未与外物

① 有学者以为，在孟子工夫论中，"'养'字最含有自然义"。陈柱、章太炎、梁启超：《诸子十六讲》，中国友谊出版公司2017年版，第41页。

相接，各类欲望还没有萌发，在这种情况下，人天生善性充满了生机活力。这种状态的气可以称作"平旦之气"。由于，平旦之气还未遭受外物习染，所以，它是一种"自然清明之气"①。清明之气与人的良心有关。正如有学者指出："气清则能存固有之良心。如旦昼之所为，有以泪乱其气，则良心为之不存矣。然暮夜止息，稍不纷扰，则良心又复生长。譬如一井水，终日搅动，便浑了那水。至夜稍歇，便有清水出。"②可见，"平旦之时，即此良心发处"③。夜气亦指良心。那么，"'平旦之气'和'夜气'是同义词，都是指凝合理义所生发出来的清明之气"④。"夜气清，不与物接。"⑤平旦之气和夜气都是清气，都是正面的、积极意味的气，并且与人性密切相关。正如有学者指出："'平旦之气''夜气'与良知在本质上并无太大的差别。"⑥"'仁义之心''良心'与'平旦之气''夜气'之间的关系，可以是相等；'平旦之气''夜气'不只是什么'清明气象'而是实在的'气'。孟子在此将'气'看成是天生自然的，属天生自然之'气'的人具有仁义之心、良心也是自然的，因为仁义是'气'之德，所以也是人之德。"⑦夜气、平旦之气具有自然物质意义，都是内容好的材质，这种好的材质是仁义的源头。而仁义的本原即性。因此可以推断：养气便是养性。与此同时，孟子发明了养性的工夫。

二　率性说

（一）尽心、知性与知天

孟子以为，性是仁义之本，表现为心，而心有四种。对人来说，

① （宋）黎靖德编：《朱子语类》，王星贤点校，第1393页。
② （宋）黎靖德编：《朱子语类》，王星贤点校，第1392—1393页。
③ （宋）黎靖德编：《朱子语类》，王星贤点校，第1392页。
④ 刘锦贤主讲：《修身：孟子的生命哲学》，第68页。
⑤ （宋）黎靖德编：《朱子语类》，王星贤点校，第1392页。
⑥ 陈明恩：《原始生命的理性化——试论孟子对于气的理解》，《鹅湖学志》1999年第23期。
⑦ 李志勇：《孟子"气"字的研究》，《鹅湖月刊》1990年第8期。

成人之道即扩充四心，使之自然成长。孟子指出："凡有四端于我者，知皆扩而充之矣，若火之始然，泉之始达。"（《孟子·公孙丑上》）"四端"内在于人，任由其自然发展，就像火苗刚开始燃烧，又如泉水刚开始喷涌，充满了无限潜能。换言之，天性成为人们做人的根据。孟子进一步说："尽其心者，知其性也，知其性则知天矣。"（《孟子·尽心上》）尽心即扩充四端材质，如此便明白善性在己，这便是"知性"，知晓"善端"天生固有，便是"知天"。顺由本性，任其天然，这便是"诚"。孟子说："故诚者，天之道也。"（《孟子·离娄上》）天性内在于人自身。顺从天性亦即诚。或者说，诚即天性的展开。

天性的展开便是诚。按照孟子的话说便是："由仁义行。"（《孟子·离娄下》）很显然，孟子不赞同主观故意或刻意，而是倾向于率性自然。或者说，由着自己的本性任其发展。在孟子看来，这就类似流水向低处流动一样，是一件很自然的事情，类似如此，民众趋于仁义也是天生自然的。他说："民之归仁也，犹水之就下。"（《孟子·离娄上》）为了更加形象地说明这个道理，孟子以"大禹治水"为例子说："所恶于智者，为其凿也。如智者若禹之行水也，则无恶于智矣，禹之行水也，行其所无事也。如智者亦行其所无事，则智亦大矣。"（《孟子·离娄下》）在孟子看来，"智"有两种，一种是穿凿附会般的智，一种是顺其自然的智。两者相比较而言，孟子更加欣赏后者，顺性自然是一种"大智"。在孟子看来，大禹治水就是一种典型的理智，大禹顺从了流水的自然流向，引导水流自然流动，并没有浪费很大物力，然而收获却很大。这便是他成功治理洪水的秘密，也是其他人所不及的地方。孟子又将这种精神引入人性领域，他说："人性之善也，犹水之就下也。"（《孟子·告子上》）人天生的善性表现出来，就像流水向低处流动一样，这是一件非常自然的事情。换言之，在孟子看来，顺其自然便可成就德性之美。正如孟子指出："（舜）由仁义行，非行仁义也。"（《孟子·离娄下》）舜知晓天生善端在己，任由善端自然呈现，便成了圣贤。

综上，尽心、知性、知天是孟子道德修养工夫的公式。朱熹将这条道路称为"万世法"①。这便是率性。善是率性的结果。

（二）思、求与性

在《孟子》书中，"率性"的另一种表达方式是"思"。《告子上》载：公都子问曰："钧是人也，或为大人，或为小人，何也？"孟子曰："从其大体大人，从其小体小人。"曰："钧是人也，或从其大体，或从其小体，何也？"曰："耳目之官不思，而蔽于物。物交物，则引之而已矣。心之官则思，思则得之，不思则不得也，此天之所与我者。先立乎其大者，则其小者能夺也。此为大人而已矣。"按照孟子的思想逻辑，既然人人天生皆具为善的潜质，那么，为何还会出现不义之举或恶的现象？公都子亦有类似的疑问，所以他向孟子请教。在孟子看来，人天生不但有善质，也有食色之欲，这两者都是天生的。其中，孟子将"善质"称为"大者"，将"食色之欲"称为"小者"，并以"体"概括它们。孟子以为，人天生具有大体和小体，"小体"指的是耳目等感官，"大体"指的是人之为善的潜质。人天生便有体，有的人追求大者，有的人追求小者。所以，这也就不难解释为何出现有人为善、有人作恶的局面。而在孟子看来，决定体之走向的关键是"思"之与否。

孟子以"思"解答公都子的困惑。有些学者以为，这里的"思"指的是思考、思维。"心之官则思"说的是，人心天生具备思考的能力。诸如刘鄂培便以为，此处的"思"是思考，亦即心灵的思维能力。他说："'思则得之'：'思'，思考，作动词。'得之'，得到它。"②事实上，在此处，"思"并非心灵理智力的表现，或者说，这种"思"并非现代意义的逻辑思考，它应该指儒家工夫论意义的践行、操持、扩充等含义。在孟子的视域里，人心（主要指的是本心、人性）要常常涵养才能够转变成仁义。假如忽视了人心的

---

① （宋）朱熹撰：《四书章句集注》，第175页。
② 刘鄂培：《孟子选讲》，第257页。

涵养，那么人就容易流于与禽兽一般的境地。所以孟子极为强调善端的扩充。我们以为，这种人心的工夫便是"思"。学术界已经有学者做出类似的解读，如蒙培元认为，在孟子那里，"'思'就是'扩充'"①。它是"实践功夫"②。发扬或者扩充人的善性，就是"思"。虽然人心具有"思"的功能，然而，但令人遗憾的是，在现实生活场景中却是另外一种局面。孟子指出："好色，人之所欲……富，人之所欲……贵，人之所欲。"（《孟子·万章上》）孟子以为，人的感官欲望是天生的，但有些时候，人常常容易被欲望蒙蔽，从而导致本心，或者说良心遭到戕害，故而"不能尽其才"（《孟子·告子上》），亦即缺少了"思"的工夫。

于孟子而言，与"思"意义相当的另一个概念是"求"。孟子批评了人心不"思"的行为，他将类似现象出现的根源归结为"放心"，他说："人有鸡犬放，则知求之；有放心而不知求，哀哉！"（《孟子·告子上》）为了应对这种局面，孟子提出"求"的策略。他说："学问之道无他，求其放心而已矣。"（《孟子·告子上》）"求其放心"便是将丢掉的本心找回来。孟子提出"寡欲"之方以"求放心"："养心莫善于寡欲。"（《孟子·尽心下》）欲望是人主观意志的表现，孟子提倡寡欲，这就意味着反对人的主观意志和刻意想法。反对个人的主观意志，就表明：孟子倡导做人意在无我，无我便意味着否定个体，任由天生仁义之性自然呈现。与之相反，做人如果心存侥幸，投机取巧，玩弄小聪明，那么只能自食苦果，《孟子》中宋人"揠苗助长"的故事便说明了这点。

综上，"思"是扩充的工夫，"求"是补救的工夫。两者共同构成了孟子人性论的实践工夫。③

---

① 蒙培元：《蒙培元讲孟子》，第 146 页。
② 蒙培元：《情感与理性》，中国人民大学出版社 2009 年版，第 194 页。
③ 比如彭国翔以为，在孟子思想中，"思"和"求放心"都是修心的工夫。参见彭国翔《"尽心"与"养气"：孟子身心修炼的功夫论》，《学术月刊》2018 年第 4 期。

（三）"养性"与"养勇术"

"勇"是儒家伦理学中的重要范畴。孔子说："见义不为，无勇也。"（《论语·为政》）可见，"勇"不再是生理上的血气之勇，而是人的一种德性。《孟子》记载了他对于北宫黝、孟施舍和曾子三人"养勇术"的看法，其中，北宫黝、孟施舍二者之勇可以归结为一类，曾子之勇可单列一类。

首先就"北宫黝"和"孟施舍"两者的"养勇术"来说，《孟子》载："北宫黝之养勇也，不肤挠，不目逃，思以一毫挫于人，若挞之于市朝。不受于褐宽博，亦不受于万乘之君。视刺万乘之君，若刺褐夫。无严诸侯，恶声至，必反之。"（《孟子·公孙丑上》）北宫黝养勇主要是，当他的肌肤被刺伤的时候，他身体也不会颤抖，当他的眼睛被挫伤的时候，他也不会眨眼。他不能忍受平民百姓的侮辱，亦不能忍受国君权贵的侮辱，他对平民百姓和权贵之人都毫无畏惧。《孟子》又以"双方交战"为例子描述了孟施舍的"养勇之术"："视不胜犹胜也。量敌而后进，虑胜而后会，是畏三军者也。舍岂能为必胜哉？能无惧而已矣。"（《孟子·公孙丑上》）当双方交战的时候，要将不能战胜的和能战胜的敌人同等看待，估摸着敌人的力量再前进，战前考虑自己胜算，再与之交锋。这就是说，当孟施舍碰到很多敌人的时候，他也会产生些许胆怯，因为孟施舍很清楚，自己打仗并不一定取胜，只是面临敌人的时候内心无所畏惧而已。

就"北宫黝"和"孟施舍"来论，孟子评论说："夫二子之勇，未知其孰贤。"（《孟子·公孙丑上》）从工夫论的角度而言，北宫黝之勇是气之勇，无论在何种境况下，气势上都不能输给对方，任何外界环境因素都不能动摇内心。可是，与他人的交锋很难次次取胜。根据北宫黝的"养勇之术"，一旦与敌人交锋失败，内心之勇也就不复存在。所以，在孟子看来，北宫黝之勇便很容易丧失。与之不同，孟施舍养勇气坚持"视不胜犹胜"，即能够将失败和胜利同等看待，并不刻意在意与敌人交锋的胜负。也就是说，胜负结果（外界因素）难以干扰其内心，这便是孟施舍的"不动心"。于孟施舍而言，他甚

至能够接受被他人打败，即便自己被敌人打败了，但是内在的无所
畏惧之心依然存在，孟子以为，这仍然可以称为勇，而这也恰恰是
北宫黝所难以企及的。这种工夫路数较之北宫黝的办法更为简约，
所以，孟子说他是"守约"。

其次是曾子之勇。据《孟子》载，曾子的"养勇术"是由孔
子传授的，"吾尝闻大勇于夫子矣：'自反而不缩，虽褐宽博，吾
不惴焉；自反而缩，虽千万人，吾往矣。'"（《孟子·公孙丑上》）
孟子谈论曾子之勇时，涉及"自反而不缩"与"自反而缩"的问
题。《孟子注疏》曰："缩，义也。……大勇之道，人加恶于己，
己内自省，有不义不直之心。虽敌人被褐宽博一夫。不当轻，惊
惧之也。自省有义，虽敌家千万人，我直往突之，言义之强也。"①
"缩"就是以内在仁义为准绳，它是一种内省工夫，曾子每当遇到
对手的时候就反躬自省：如果是道义在己，纵使对方千军万马也
不胆怯，反之内心缺少道义，即便是遇到平民百姓也会心生畏惧，
这便是"仁者无敌"（《孟子·梁惠王上》），这种工夫非常类似儒
家讲的"反求诸己"。② "反求诸己"即回到本身，孟子以为，本
身便是本有之性。本性就是本心。《孟子》记载，在论述北宫黝、
孟施舍和曾子三人"养勇"这一议题之前，公孙丑和孟子曾就
"不动心"进行了讨论。而"心"，在孟子那里有多层含义，其中
最重要的是"性"。心便是性，性即仁义之本。也就是说，养勇以
仁义为准绳，而仁义之本即性。所以，归根结底，"性"是孟子
"养勇术"的最终依据。勇根源于性。养勇就是养性。如此，人自
然而然也能够做到不动心。

关于北宫黝、孟施舍、曾子三子的"养勇术"，焦循在《孟子
正义》中指出："黝以必胜为强，不如施舍以不惧为强。然施舍之不

---

① 李学勤主编：《孟子注疏》，第 74 页。
② 根据杨泽波的考证，曾子的养勇工夫之所以简约，是因为他"重视内心之
仁"，这也是孟子所欣赏的。参见杨泽波《孟子气论难点辨疑》，《中国哲学史》2001
年第 1 期。

惧，但以气自守，不问其义不义也。曾子之强，则以义自守，是为义之强也。"① 曾子所养之勇是一种道义之勇，这种勇是由仁义所充实的。而从人性论的视角来看，仁义的本原便是人身上所固有的善良之气。所以，"养勇即是养气"②。或者说，"大勇的形相即是浩然之气"③。相较曾子而言，孟子以为，无论是北宫黝之无所畏惧，抑或孟施舍之取舍谋略，二子所凭借的都是生理意义上的血气，而非内在于人身上的仁义之气④，这类勇是一种小勇，所以他们的"养勇术"都是不值得提倡的。

三 "充实为美"：养气的境界

至于养气的境界，孟子提出："充实之谓美。"（《孟子·尽心下》）这句话至少包含两层含义。

首先，什么东西能够充实？孟子以为，能够充的东西便是气。他说："气，体之充也。"（《孟子·公孙丑上》）气是充满人形体的材质。而"体"，孟子说："体有贵贱，有小大。……养其小者为小人，养其大者为大人。"（《孟子·告子上》）体有两种，即大体和小体，其中，大体高贵，小体卑贱。然而，无论是大体，还是小体，孟子认为，它们都是天生的。追求大体便能够成为大人，追求小体便走向小人。孟子描绘了这两种局面，他指出："居仁由义，大人之事备矣。"（《孟子·尽心上》）反之，"饮食之人，则人贱之矣，为其养小以失大也"（《孟子·告子上》）。大人以仁义为做人准则，久之仁义之气充沛形体，小人过度追求感官享受，相对忽视了内在仁义的涵养。由此便引发了一个问题："行有不慊于心，则馁矣。"

---

① （清）焦循撰：《孟子正义》，沈文倬点校，第193—194页。
② （清）焦循撰：《孟子正义》，沈文倬点校，第191页。
③ 徐复观：《中国思想史论集》，第173页。
④ 比如，陆建华以为，孟子提倡养勇实质上是持守人身上固有的浩然之气。参见陆建华《孟子之气论——兼及心、性、气三者的关系》，《中原文化研究》2017年第5期。

（《孟子·告子上》）人身上的仁义之气越来越疲软，善性也越来越脆弱。人性乃生存之本。于人而言，它具有决定性的意义。天生善质遭到戕害，便是坠落到禽兽境地，"夜气不足以存，则其违禽兽不远矣"（《孟子·告子上》），这显然是孟子所不愿看到的。所以，孟子果断地提出："舍生取义。"（《孟子·告子上》）生命是人所欲求的，仁义也是人喜悦的，当两者不可以兼顾的时候，孟子倡导放弃生命，任由先天仁义呈现。如此，浩然之气便自然能充盈人的形体。孟子以为，舜就是将人之性发挥到了极致状态。孟子说："尧舜，性之也。"（《孟子·尽心上》）又说："及其闻一善言，见一善行，若决江河，沛然莫之能御也。"（《孟子·尽心上》）这便是"浩然之气"充盈人的形体。

其次，气能够充实人的形体，那么，美便与气之充实有关，而气就是人身上所本有的仁义之气，孟子有时将它称为"才"。他说："虽存乎人者，岂无仁义之心哉？其所以放其良心者，亦犹斧斤之于木也，旦旦而伐之，可以为美乎？其日夜之所息，平旦之气，其好恶与人相近也者几希，则其旦昼之所为，有梏亡之矣。梏之反覆，则其夜气不足以存；夜气不足以存，则其违禽兽不远矣。人见其禽兽也，而以为未尝有才焉者，是岂人之情也哉？"（《孟子·告子上》）在孟子思想中，天生的善质（材）是成就美的基础，它便是善良之气，致善之气充实起来，大体便丰盈饱满，此即人格之美。或者说，"美在天性"①。孟子进一步提出："可欲之谓善，有诸己之谓信。充实之谓美，充实而有光辉之谓大，大而化之之谓圣，圣而不可知之之谓神。"（《孟子·尽心下》）善、信、美、大、圣、神是理想人格的基本特点。从人性论角度看，性是人天生固有的东西，这便是"有诸己"，即诚，或者说，诚即性。性含气。涵养天生固有善端，扩充人身上固有的善良之气（浩然之气），那么，便能成仁义，这便是"充实"。仁义之气充实人的形体，必然能发显于外，这

---

① 陈望衡：《中国古典美学史》，武汉大学出版社 2007 年版，第 163 页。

便是"大"。外部之美需要内在的仁义支撑。养气要使之充实①，这便是"圣"。气流动则能够沟通天、人，这便是"神"。孟子说："所存者神，上下与天地同流。"（《孟子·尽心上》）养气不但能成就人性之美，也能达到天地同流的境界，这种境界就是知天。换言之，"美即性的充实或圆满"②。综上，无论是养气，还是养性，孟子都以自然为圭臬，也就是说，率性自然成为孟子工夫论的特色。

第四节　本章小结

通过本章讨论，我们主要得出以下结论。首先，孟子人性论至少蕴藏了四个方面的内容，即天性论、性质论、材性论及性本论。

第一，就天性论来说，孟子以为，性乃初生者，包含感官嗜欲和四端之心两方面内容，它们都是人天生所固有的。也就是说，人身上天生含有善质与恶质（这并不与性善论相矛盾，从"质或属性"的视角看，孟子是性善论者无疑）。第二，从性质论来说，性具有规定性。也就是说，人性能够凸显人兽之异，有质的属性。孟子以为，构成人性的内容是"四端"，这便是性质论。第三，从材性论说，性有鲜明的材质特征。孟子指出，它有两方面含义，从静态的角度来说，人性是一块好的材料，人天生具有善的资质、质地。从动态的角度来看，这种好的材料能够展现为某种能力，呈现为某种善的行为、积极的举止，这便是"才"。第四，从性本论来说，性仅是仁义的基础，持久扩充能养成仁义，这便是性本论。总而言之，在孟子那里，性指某种原初的（"生"）、质料性的（"材"）以及规定性（"性"）的存在物。这便是孟子的性说。

---

① 比如孟子说："夫仁，亦在乎熟之而已矣。"（《孟子·告子上》）

② 沈顺福：《美与性：试论中国传统审美精神》，《安徽大学学报》（哲学社会科学版）2016 年第 1 期。

　　其次，在孟子思想中，"性"乃"致善之气"，如"浩然之气"。第一，根据古汉语语法的习惯，笔者将"是集义所生者"断句为"是集，义所生者"，进而推知：在孟子那里，仁义之本是浩然之气。而性，又是仁义之本。如此得出结论："浩然之气"便是性。或者说，孟子之"性"便是浩然之气。孟子既汲取了传统儒家"以气论德"的理论资源，同时受到《管子》气论学说的影响，将"气"分为"浩然之气"与非"浩然之气"两类，并以为，气是充盈生命力的物质、质料，可以通过"居"的方式发生改变。第二，孟子研究人性问题的时候还涉及对"心""志""气""言"四者关系的讨论。从心和志的关系看，心的活动对象是志。"志"有仁义和非仁义两类。孟子倡导以仁义为志向，仁义根源于心，心即性。所以，志以性作为根源。换言之，志即性。这是孟子对古代志论的独特贡献。就心与气的关系看，心决定气，气从属心。同时气亦能动心。就志与气的关系看，志统率气。而志，即性。所以，"以志御气"实乃"以性率气"。从心与言的关系看，言是内在心声的表达。这个心便是本心，本心即性。因此，言是人性的外化。从言与气的关系看，言含气，而孟子倡导由仁义之气充盈而成的言。第三，孟子研究人性还涉及对"气""性""体"三者关系的讨论。就气与体的关系看，气是充实人体的材质。而"体"，有大小之分，无论是大体，还是小体，两者皆是气的形状。其中，"浩然之气"充实大体，非"浩然之气"充实小体。在此基础上，孟子提出：存养扩充心之善端，便是充盈仁义之气。久之，小体能呈现大体之美。这便是"践形说"。同时外在的物理形态（小体）可以反映人身上的内在之气，此即以小体见证大体，比如可以从眼睛的清浊辨别人之善恶，这便是"观人术"。

　　最后，孟子特别推出养气和率性的工夫。第一，就养气来说，孟子倡导以"直"养气，侧重人身上固有仁义之气的自然呈现。养气要恪守两个道理：其一，不要有特定的目的，即"勿正"。其二，养气要坚持不懈，即"勿忘"。于养气说而言，孟子提出了"夜气"和"平旦之气"两个独具特色的概念，认为它们都是正面的、积极意味的气。平旦之气不失善良，夜气关乎人禽之异，两者都是好的材质、质料。这种好的材质类似浩然之气，是仁义或善的源头。因此，养气即养性。第二，孟子提出了尽心、知性、知天的工夫论模式。他以为，成人之道即顺从本心自然发展，这便是"由仁义行"（《孟子·离娄下》）。换言之，善是率性的结果。同时"率性"的另一种表达方式便是"思"。"思"是一种实践工夫，指本心（本性）的操持、扩充。孟子将不"思"的根源归结为"放心"，"心"既然流入"放心"的境地，那么，人们便要将它找回来，这便是"求其放心"（《孟子·告子上》），具体的方式便是"寡欲"（《孟子·尽心下》）。所以，"求"亦是一种道德实践的工夫。然而，无论是"思"，还是"求"，它们都关注的是，人身上仁义之性的自然呈现。换言之，孟子工夫论的精义是倡导无我。孟子还以"养勇"为例讨论养性，他比较欣赏曾子的"养勇术"，其要诀在于：以内在的仁义之本为主，这便是善良之气（浩然之气），也就是说，曾子之勇是仁义之气充盈而来的大勇。第三，孟子提出"充实之谓美"（《孟子·尽心下》）的命题，他认为，存养扩充心之善端，发展到极致时，内在善气便自然流露在人的形体上，这便是"美"。或者说，美就是天性的展开，这种境界就是知天。

从儒家气性论发展的历史来看，与孔子和郭店儒简相比较，孟子将人性一分为二，他将其中善的部分称为性，并以为善性与气有关，是人身上所固有的善气（浩然之气）。换言之，"致善之气"即性。这表明：孟子是儒家哲学史上首次对人性进行属性（"质"）辨别的思想家，这是孟子对儒家"以气论性说"的历史性贡献。由于以人身上天生的、固有的致善之性为本，所以，孟子工夫论以率性自然为圭臬，即任由天性自然呈现。由此相对导致了对外在礼乐制度和规范的忽视，正如彭战果以为，在孟子思想中，"礼乐被视为弱化的对象"[①]，这招致了荀子的不满。荀子为此提出恶气说，并倡导性恶论。

---

① 彭战果：《孟子心气关系论》，《甘肃社会科学》2017 年第 2 期。

第 四 章

"治气养心"：荀子的恶气说与性恶论

荀子是继孟子之后儒家哲学史上伟大的哲学家。特别是他倡导的人性论，常被后人视为一种与孟子性善说相对立的理论。近些年伴随着儒学的逐步繁荣，国内学界关于荀子的研究又火热起来，并且涌现了一大批荀子人性论的研究成果。[1] 在诸多研究成果之中，李存山指出："荀子的人性论是以气论的思想为逻辑起点的。"[2] 荀子人性说与气密切相关。那么，荀子之性含气吗？如果含气，又是什么样的气？气与性恶说有何关系？这些便是本章探讨的话题。

第一节　天人视角下的人性说

荀子指出："凡性者，天之就也"（《荀子·性恶》），"天能生物"（《荀子·礼论》）。天能生物[3]，也是人性的根源。那么，天如

---

[1]　关于荀子人性论的研究成果，有学者总结出"本恶说""向恶说""中性说""性朴论""性善说""情欲论""性恶心善说"七种解读。参见吕庙军《关于荀子人性论的七种解读》，《中国社会科学报》2017年2月6日第4版。

[2]　李存山：《中国气论探源与发微》，第187页。

[3]　牟宗三以为，"天生人成"是荀子思想的基本原则。参见牟宗三《名家与荀子》，吉林出版集团2010年版，第143页。

何生万物？或者说，天如何给人以性？

一　荀子的宇宙论思想

关于万物的起源，荀子指出："天地合而万物生，阴阳接而变化起。"（《荀子·礼论》）这段可谓荀子宇宙论思想的概括，可分为两层解读。

第一，关于天地和阴阳之间关系的理解，荀子指出："天能生物。"（《荀子·礼论》）天能生物。另外，荀子在谈论"天"的时候，常捎带"地"，甚至有时将"天"和"地"合称为"天地"。他说："天地者，生之始也"（《荀子·王制》），"天地者，生之本也"（《荀子·礼论》），"天地之生万物也"（《荀子·富国》），"无天地，恶生？"（《荀子·礼论》）。可见，"天""地"的内涵具有一致性。而天地，在古人看来，含有阴阳二气。例如，庄子说："天地者，形之大者也；阴阳者，气之大者也。"（《庄子·则阳》）天地是有形的东西，与气有关。而"气"，有阴气和阳气两种形态。庄子以为，"两者交通成和而物生焉"（《庄子·田子方》）。阴阳之气交合能够生出万物。荀子吸收了这种观念[1]，他指出："天地之变，阴阳之化。"（《荀子·天论》）天地与阴阳二气有关。或者说，天地含有阴阳二气。

第二，关于万物产生的具体演变机制，荀子指出："天地合而万物生，阴阳接而变化起"（《荀子·礼论》），"天地之变，阴阳之化"（《荀子·天论》），"变化遂成万物也"（《荀子·哀公》）。阴阳二气交接生物。荀子以为，阴阳之气又称"和气"："所志于阴阳者，已其见和之可以治者矣。"（《荀子·天论》）"列星随旋，日月递炤，四时代御，阴阳大化，风雨博施，万物各得其和以生。"（《荀子·天论》）在荀子看来，天空中繁星旋转运动，自然界中日月交替变

---

[1]　龙宇纯指出，荀子"以天为自然的思想，无疑是受到老庄的影响"。龙宇纯：《荀子论集》，台北：台湾学生书局1987年版，第84页。

化，春夏秋冬四季更迭，风雨滋润万物，都是阴阳二气相互作用的缘故。而"气"，在荀子那里是"一种物质性的东西"①。气即物，天含气。所以，天就是"物质自然界"②，"是纯粹的物质材料而已"③。天含气，并能生物。这便是荀子的宇宙观。

总而言之，天有阴阳二气，两者交合生物。荀子将气、天地、阴阳、万物等相互关联起来，说明了万物的生成机制和过程。

二　性源自天并含有气

天既然能生物，自然也能生出人。荀子说，"天生蒸民"（《荀子·荣辱》），人是天的产物。而性，也是天的产物。荀子指出："凡性者，天之就也。"（《荀子·性恶》）"生之所以然者谓之性。"（《荀子·正名》）荀子将性的根源追溯为天。"性，乃天所生成者。"④ 那么，天给人的性有哪些特点？

首先，从"性"的构成内容上说，荀子指出："生之所以然者谓之性。"（《荀子·正名》）"所以然"即"所已然"。"已"指的是"生而完成的性质或行为"⑤。所以，性就是人初生所固有者。荀子将其称为材。材即材质。"性者，本始材朴也。"（《荀子·礼论》）性是天生的材质。荀子有时将才、性相连用，他甚至将"人性"称为"才性"。他说："彼人之才性之相县也。岂若跛鳖之与六骥足哉！"（《荀子·修身》）意思是说，人性之材的表现虽然是不同的，然而无本质性的差异。才性指人天生具有的原始材料。关于"才

---

① 张觉撰：《荀子译注》，上海古籍出版社 2012 年版，第 105 页。《荀子》有一篇章称为《赋》，在《赋》中，荀子以"云气"为例子表明了他对"气"的看法。他以为，气是一种具有物理属性的材质，它弥漫于山川、草木乃至天地之间，是有形状的，能够被我们的感官察觉。

② 李德永：《荀子》，上海人民出版社 1959 年版，第 16 页。

③ 赵法生：《荀子天论与先秦儒家天人观的转折》，《清华大学学报》（哲学社会科学版）2015 年第 2 期。

④ 翁惠美：《荀子论人研究》，台北：中正书局 1988 年版，第 172 页。

⑤ 张岱年：《中国哲学大纲》，第 308 页。

性"，在荀子那里，至少包含两层内容。第一，从人的形体构造角度来说，荀子指出："形具而神生，好恶喜怒哀乐臧焉，夫是之谓天情。耳目鼻口形能各有接而不相能也，夫是之谓天官。心居中虚，以治五官，夫是之谓天君。"（《荀子·天论》）在荀子看来，人的形体、感官（耳目鼻口等）、好恶（情感）等皆是先天具备的。所以，荀子称之为天官、天君、天情。他又指出："凡以知，人之性也。"（《荀子·解蔽》）"心有征知。征知，则缘耳而知声可也，缘目而知形可也。"（《荀子·正名》）比如："目辨白黑美恶，耳辨音声清浊，口辨酸咸甘苦，鼻辨芬芳腥臊，骨体肤理辨寒暑疾养，是又人之所常生而有也，是无待而然者也。"（《荀子·荣辱》）五官具备感知的能力，比如耳朵能够辨别声音，眼睛能够识别颜色，鼻子能够辨别气味，形体安逸于舒适，这些都是人天生所固有的本能，荀子以为，它们是属于人性的，这般天然的才能可以使人知晓"仁义法正"（《荀子·性恶》），所以，荀子提出"涂之人可以为禹"（《荀子·性恶》）的命题。由此可见，荀子并不否认人天生含有善的材质。①第二，从人天生的自然状态来看，荀子说："若夫目好色，耳好听，口好味，心好利，骨体肤理好愉佚，是皆生于人之情性者也；感而自然"，"人情甚不美"。（《荀子·性恶》）在荀子看来，人天生就有情欲，比如眼睛喜欢美色，耳朵喜欢美音，嘴巴喜欢美味，人心喜欢利益，形体喜欢舒适，这些特点都是人生来所具有的，它们都是不好的东西。换言之，材质含有情欲。也就是说，性含有"坏材料"。② 总之，荀子以为，人的天生材质分为两类，即积极的部分与消极的部分。

其次，从天人视角审视人性，荀子以为，天以气生物，那么，作为天的产物，性自然含气。荀子明确指出："性之和所生"（《荀

---

① 需要注意的是，从"生之谓性"的立场上看，虽然荀子并不否认人性含有善的材质，从人性论（"质"或属性）的视角看，性还含有性质的含义，这也就是说，荀子仅将人性中的恶质视为人性，下文将对其论述。

② 李德永：《荀子》，第69页。

子·正名》），"万物各得其和以生"（《荀子·天论》）。杨倞注曰：
"和，阴阳冲和气也。……言人之性，和气所生，精合感应，不使而
自然。"① 性是和的产物，"和"即阴阳二气，换言之，性便是气
（阴阳二气）的产物。可见，荀子论性与气有关。事实上，学术界已
经有不少学者注意到这点。比如，物双松说："性之和，'性'当作
'生'。言人生下来禀一种和气。"② 王天海说："性之和所生，言阴
阳相和而生为人。"③ 这些学人以为，气是人生存的起点，而从荀子
的视角看，生存的开端又叫作性。所以说，在荀子那里，性是含有
气的。换言之，荀子"性之和所生"命题的提出，意义在于将气、
阴阳与性的关系打通。性含气。而人性所含有的气表现在两个方面。
一方面，人的形体就是气的产物，荀子说："水火有气而无生，草木
有生而无知，禽兽有知而无义，人有气、有生、有知，亦且有义，
故最为天下贵也。"（《荀子·王制》）在荀子看来，宇宙万物有不同
的种类，都是由气所充实的，万物从低级到高级的顺序是，水火、
草木、禽兽、人。其中，水火有气但不能生育，草木能生育但没有
知觉，禽兽有知觉但没有道义，人不但具有气，而且有生命，有知
觉，有道义，所以，人是万物之中最为尊贵者。气是充实生命力的
物质材料。这也就是说，人的"形体和精神的共同基础都是
'气'"④。比如，荀子所言："涓蜀梁……失气而死。"（《荀子·解
蔽》）气是生存的物质基础。另一方面，就气在人身上存在的形式来
看，人身上含有善气和恶气两类，就"善气"来说，则有"顺气"，
荀子说："正声感人而顺气应之。"（《荀子·乐论》）就"恶气"来
说，则有"逆气"，荀子指出："凡奸声感人而逆气应之。"（《荀
子·乐论》）比如："有争气者，勿与辩也"（《荀子·劝学》），"彼

---

① （清）王先谦撰：《荀子集解》，沈啸寰、王星贤点校，第 487 页。
② （战国）荀况：《荀子校释》，王天海校释，上海古籍出版社 2016 年版，第
885 页。
③ （战国）荀况：《荀子校释》，王天海校释，第 885 页。
④ 李德永：《荀子》，第 14 页。

争者，均者之气也"（《荀子·尧问》）。在荀子看来，当争夺之气充满人形体的时候，最好不要跟这类人辩论，辩论势必引发人之争夺之气的释放，进而招致混乱、抢夺，可见，争夺之气、均者之气都是消极的东西。无论是哪种类型的气，荀子以为，它们都能够呈现于人的脸上，这便是"气色"。他说："不观气色而言，谓之瞽。"（《荀子·劝学》）也就是说，人之气是可以被察知的东西。而荀子本人则追求的是一种气的"和平"的状态，他说："血气和平，移风易俗。"（《荀子·乐论》）荀子以为，人身上的气呈现和平的状态，便能带来移风易俗的效果。

最后，从人性本身的特点来看，就荀子思想来说，体现在两个方面。第一，人性具有普遍性。也就是说，无论是君子，还是小人，抑或圣人，只要是人，人性都是相同的。荀子指出："凡人之性者，尧舜之与桀跖，其性一也；君子之与小人，其性一也。"（《荀子·性恶》）以"知能"为例子，荀子说："材性知能，君子小人一也。"（《荀子·荣辱》）君子和小人身上都含有知的能力，知能这般材质在人身上的体现皆相同。第二，人性具有天然性。天然性表现为，人性是自然而然的存在。荀子说："不可学，不可事，而在人者，谓之性。"（《荀子·性恶》）"性也者，吾所不能为也。"（《荀子·儒效》）在荀子看来，性是"未经加工改造的质朴的原始素材"①。在荀子眼中，性丝毫没有掺杂人为的刻意，或者说，通过学习而获得的才能都不属于性。第三，人性容易受到浸染。荀子说："居楚而楚，居越而越，居夏而夏，是非天性也，积靡使然也。"（《荀子·儒效》）荀子以"蓬蒿""白沙""兰槐"为例说："蓬生麻中，不扶而直；白沙在涅，与之俱黑。兰槐之根是为芷，其渐之滫，君子不近，庶人不服。"（《荀子·劝学》）言下之意是，人性容易受到外部环境浸染而改变，这便是"安久移质"（《荀子·儒效》）。

---

① 夏甄陶：《论荀子的哲学思想》，上海人民出版社 1979 年版，第 79 页。

总的来说，荀子以为，天含阴阳二气，并能以气生物，人性作为天的产物，所以自然含气。那么，人性（气）是否具有善恶属性？

第二节 情欲与恶气

从天人之学视角看，荀子以为，天生人性以气。性含气。我们以为，荀子仅将人性中的邪恶部分视为性，或者说，性是致恶之气。

一 性与情欲

（一）情欲即性

1. 性、情、欲的关系

性、情、欲是荀子人性学说中的重要概念，那么，它们与人性有何关系？首先，就"情"本身来说，荀子对人情进行了详细划归和分类，他说："性之好、恶、喜、怒、哀、乐谓之情。"（《荀子·正名》）"人之情，欲是已。"（《荀子·正论》）人情有七类，分别是好、恶、喜、怒、哀、乐、欲，这便是荀子的"七情说"，也是荀子对早期儒家人情说的贡献。另外，在荀子思想中，"情"有时候是实情、实际之义。例如他说："失万物之情"（《荀子·天论》），"疏观万物而知其情"（《荀子·解蔽》）。这些"情"皆为情实之义。[①] 在荀子看来，"情"是对初生者的另一种描述。比如他说："夫人之情，目欲綦色，耳欲綦声，口欲綦味，鼻欲綦臭，心欲綦佚。此五綦者，人情之所必不免也。"（《荀子·王霸》）类似的口腹之欲、衣食之欲是性情之自然，或者说，欲乃情，情即情欲。更为甚者，荀子以为，"欲不可去，性之具也"（《荀子·正

---

① 陈修武以为，在荀子思想中，"情"除了具备人情的意味之外，还有其他意思，如，"'情'，实际，实情"。陈修武编：《人性的批判：荀子》，中国友谊出版公司2013年版，第203页。

名》)。天生的情欲不可根除。

其次，就"性"和"情"的关系来说，荀子以为，情乃性的内容。他说："性者，天之就也；情者，性之质也。"(《荀子·性恶》)质即材质、材料。情便是性的内容或材料。或者说，情亦性，只是它侧重于内容。所以，荀子常常将性、情和情、性两者合称连用，比如："纵性情，安恣睢，而违礼义者为小人。"(《荀子·性恶》)将"性情"连用，《荀子》全文仅此一处。然而，将"情性"连用却有多处①，比如"今人之性，饥而欲饱，寒而欲暖，劳而欲休，此人之情性也"(《荀子·性恶》)，"纵情性而不足问学，则为小人矣"(《荀子·儒效》)等。我们以为，在荀子思想体系中，"性情"和"情性"两者的侧重点不同，"性情"连用是从本原和基础的角度而言，凸显的是"性"对"情"的主导和统帅地位，即，情由性定，情出自性。②"情性"连用则是从内容和内涵上而言，目的是要表达"情"是构成"性"的主要质地和内容。

最后，就性、情和欲三者之间的关系来看，荀子指出："性者，天之就也；情者，性之质也；欲者，情之应也。"(《荀子·正名》)性是人天生的东西，情是人性的实质，欲乃情的表现形式。换言之，性、情、欲源自天然。荀子虽然把性、情、欲三者加以界定，但事实上，三者都指的是同一个东西。正如潘小慧指出："虽然荀子将性、情、欲分别界定，却说明了三者并无实质上的差异，而是三而一的同层次概念。"③

总的来说，性是人初生所具有的东西，情则是对性原始存在状态的描述，而欲则是性的核心内容。这便是荀子思想中性、情、欲三者之间的关系。

---

① 在《荀子》中，"性情"一词仅出现 1 次，而"情性"则出现了高达 19 次。

② 沈顺福将"情由性定"视为儒家情感哲学的基本定理，他说："'情由性定'可以说是古代儒家情感理论的第一原理。"沈顺福：《儒家情感论批判》，《江西社会科学》2014 年第 5 期。

③ 潘小慧：《荀子的"解蔽心"》，《哲学与文化》1998 年第 6 期。

2. 情欲的特点

而情欲，在荀子看来，至少具备两层特点，即普遍性和天生性。第一，从普遍性的视角来说，在荀子看来，情存在于每一个人身上，上至天子君王，下到普通民众，甚至是圣人也具备情，这便是情的普遍性。他说："好荣恶辱，好利恶害，是君子小人之所同也。"（《荀子·荣辱》）"故千人万人之情，一人之情也。"（《荀子·不苟》）无论是圣人，还是小人，抑或君子，他们所具有的情都是一样的，并非因为是圣人，情就完美，并非因为是小人，情就恶劣。换言之，荀子以为，情在每个人身上都是相同的。

第二，从天生性的视角来说，在荀子看来，情欲是天生的，并非外来使之然。荀子将情称作"天情"（《荀子·天论》）。既然情是天生的，那么，情的展现也是自然的。荀子指出："若夫目好色，耳好声，口好味，心好利，骨体肤理好愉佚，是皆生于人之情性者也，感而自然，不待事而后生之者也。"（《荀子·性恶》）眼睛喜欢美色，耳朵喜欢美声，嘴巴喜欢美味，人心喜欢利欲，形体喜欢安逸，这些都是人天生自然而然的状态。由此可见，在荀子那里，情是性的自发或自然形态。或者说，情性即自然而然发生的事实。概言之，荀子以为，情欲是天生的东西，并且圣人和常人皆有相同之情欲。

（二）情欲与恶

1. 情欲无度，没有限制

情欲的类型有哪些？它们又有哪些特点？首先，在荀子看来，生存的欲望是人之欲求的第一位。他说："人之所欲生甚矣，人之所恶死甚矣"（《荀子·正名》），"人莫贵乎生"（《荀子·强国》），"死之为道也，一而不可得再复也"（《荀子·礼论》）。人都有喜欢和厌恶的东西，其中，人最大的欲求就是生命，人最大的厌恶就是死亡。荀子以为，人的生命有且只有一次，所以再也没有比生命更珍贵的了。生命得以保障之后，那便是对于物质的追逐。荀子说："今人之性，饥而欲饱，寒而欲暖，劳而欲休，此人之情性也。"（《荀子·性恶》）人饿了想吃饭，冷了想穿衣，累了想休息，这些都是人的自然欲求。荀子又说："今人之性，生而有好利焉"（《荀子·性恶》），"凡人莫不欲安荣而恶危辱"（《荀子·儒效》）。人身上存有趋利避害的倾向，荀子以为，这些都是人天生的东西，它们的发生都是自然的。

其次，荀子指出，当人的欲求满足后，另一个欲求会随之出现。也就是说，人的欲求是难以填满的沟壑，是永无止境的，他说："人之情，食欲有刍豢，衣欲有文绣，行欲有舆马，又欲夫余财蓄积之富也；然而穷年累世不知不足，是人之情也。"（《荀子·荣辱》）本来食色之欲是人的基本需求，然而荀子以为，人吃东西想吃美味的肉食，穿衣服想穿华丽的绸缎，出行希望有车马载着，财富希望积累得越来越多，人之欲望追求是无穷尽的，根本就没有知足的时候。荀子对这种情况十分担忧，他说："欲多而物寡，寡则必争矣。"（《荀子·富国》）物质财富是有限的，而人的欲求则是无限的，大家都天生喜欢追逐利欲，有些人的欲望必然得不到满足，势必会引起争乱，恶由此产生。可见，情欲无度。概言之，在荀子看来，好利之心、耳目之欲即情，并且人的自然欲求是难以满足的。

2. 情欲即性恶

人天生就有欲求。然而，荀子却不欣赏它。荀子以为，人的欲求是天生的，但他却将其视为人性的恶端。他说："今人之性，生而有好利焉，顺是，故争夺生而辞让亡焉；生而有疾恶焉，顺是，故残贼生而忠信亡焉；生而有耳目之欲，有好声色焉，顺是，故淫乱生而礼义文理亡焉。然则从人之性，顺人之情，必出于争夺，合于犯分乱理，而归于暴。……由此观之，人之性恶明矣。"（《荀子·性恶》）[1] 人天生就有许多不好的东西，它们都属于人之天性，这包括喜好追逐利益，存有妒忌憎恨之心，安逸于耳目之欲，等等。荀

---

[1] 此句中的"从"字，张觉解释为："从：通'纵'。"张觉撰：《荀子译注》，第336页。

子以为，放纵这些倾向，顺着人情发展，任由情欲自然生长，势必会引发强夺、争杀、混乱、淫乱等恶果，与此同时，谦让、忠信、礼义制度也会随之消失。由此说来，人之性恶显而易见。

为了更加形象地让人信服情欲是恶的根源。荀子还列举了生活中很多常见的例子。比如他说："夫好利而欲得者，此人之情性也。假之有弟兄资财而分者，且顺情性，好利而欲得，若是，则兄弟相拂夺矣；且化礼义之文理，若是则让乎国人矣。故顺情性则弟兄争矣，化礼义则让乎国人矣。"（《荀子·性恶》）人天生喜欢追逐利益，比如，兄弟二人分配财物，如果顺从人的性情，那么人的利欲之心滋生，谁都想争夺更多的财物、获取更大的利益，从而会引发兄弟二人厮杀。荀子以为，兄弟之间分配财物之所以会谦让，是因为受到礼义教化。由此看来，荀子以为，人的本性是恶的。仁义并非出自人的天生本性，它们是人的情性中本来没有的，而且是违反人的情性的。所以，荀子不赞成孟子的率性而行，他强调人性需要管治和整饬。显而易见，人性是消极的。

需要注意的是，有学者不同意将荀子之性解读为以情欲为性恶，在他们看来，情欲固然是天生的，然而，只有顺之而无节才能导致性恶。换言之，情欲并不是人性之恶的核心内容。按照这样的解读，荀子人性论和告子的中性说的意思便相差无几。如，鲍国顺说："荀子所谓的'性'，是'自然之性'，并没有善恶的价值成分；与告子所说的'生之谓性'，（见《孟子·告子上》引）正是同一意义。"①韦政通说："（荀子的）性情欲皆属自然义。……它本身并不含价值的意味：不能说它是善，亦不能说它是恶。"② 按照这些见解，在荀子思想中，情欲本身并没有致恶的特点，只是顺从自然欲求而没有节制，这样才算是性恶。

我们以为，这种观点忽视了儒家人性论当中的一层重要含义。即

---

① 鲍国顺：《荀子学说论析·自序》，台北：华正书局1982年版，第13页。
② 韦政通：《荀子与古代哲学》，台北：台湾商务印书馆1966年版，第57页。

从孟子之后，儒家论"性"还具备质的属性。换言之，性即性质。而在荀子眼里，人天生就有情欲，并且"欲"能够决定人之生死。荀子说："有欲无欲，异类也，生死也，非治乱也。"（《荀子·正名》）梁启雄释曰："生物都有欲，死物都无欲。"并且举例说："生指有生命物，如动植；死指无生命物，如矿石。"① 荀子将欲与异类、生死等问题相挂钩，只要是生物便有欲，欲是生物之本能。反之，死物或无生命的东西没有欲。也就是说，欲是生物之所以为生物之规定。其实，从《荀子》文本看，荀子之"欲"不但包括恶的资质，也含有善的资质，比如："圣人纵其欲，兼其情。"（《荀子·解蔽》）圣人能够"纵欲兼情"，这里的"欲"显然不是恶性之欲。但是荀子倾向以为，人生之初便蕴藏致恶的端绪，这种萌芽本身就是性。或者是说，荀子充分放大了性之恶的一面。犹如孟子将"四端"视为人性，并提倡扩而充之以成人。对荀子而言，情欲就是人性，它是恶端，顺从无止便是恶。荀子之"顺"与孟子之"扩"所表达的意思是相同的②，在孟子看来，人天生皆有"四端"，"四端"是人与禽兽的本质差异，它们便是人性，"四端"可以长出仁义，养长的方式便是扩而充之（《孟子·公孙丑上》）。所以，孟子倡导养气、率性。对荀子而言，他以为人天生具有恶端，人生来就贪图利欲、追逐情欲。纵由人的本性自然发展，如果顺从无度，那么便会招致灾难和恶果，必然产生争夺、残害和淫乱，造成暴乱。这也是荀子反对孟子率性的理由。按荀子的话便是："纵性情，安恣睢，而违礼义者为小人。"（《荀子·性恶》）放纵天生的性情，便是胡作非为，便是有悖礼义，便是小人。这也就是说，情欲就是人性之恶的来源。源于此故，陈来将荀子人性论称为"情欲可恶论"。③

---

① 梁启雄：《荀子简释》，中华书局1983年版，第321页。

② 恰如廖名春指出："孟子的'扩而充之'就是荀子的'从''顺'。"廖名春：《〈荀子〉新探》，中国人民大学出版社2014年版，第86页。我们赞同廖教授的解说。

③ 陈来：《孔子·孟子·荀子：先秦儒学讲稿》，生活·读书·新知三联书店2017年版，第239页。

概言之，荀子以情欲为人性，情欲是人性之恶端，顺从它便会成为小人、成为禽兽，这就是荀子的性恶论。性恶即情欲致恶。

二　情欲即恶气

（一）血气与情欲

血气与情欲的关系是荀子探讨的重要课题。在荀子思想体系中，血气是人情来源的物质基础。荀子说："凡生乎天地之间者，有血气之属必有知，有知之属莫不爱其类。今夫大鸟兽则失亡其群匹，越月逾时则必反铅过故乡，则必徘徊焉，鸣号焉，踯躅焉，踟蹰焉，然后能去之也。小者是燕爵，犹有啁噍之顷焉，然后能去之。故有血气之属莫知于人，故人之于其亲也，至死无穷。"（《荀子·礼论》）在荀子看来，天地之间有血气的生物就有知觉，有知觉便懂得爱护其族类，就像大鸟，每当丧失了自己的同伴，过几个月之后，就会返回同伴死去的地方巡视，经过它们的故乡上空就飞翔盘旋，大声鸣叫哀号，徘徊很久才离去。又如，燕雀之类的小鸟，当它们的同伴死去之后，它们要大声哀号好久才离去。荀子以为，在有血气的生物之中，其中，人是最有知觉的。人的知觉表现为对亲人的爱念之情，比如人对于自己父母的思念之情到死也不穷尽。由此可见，血气含有积极的内容。

与此同时，荀子以为，血气中有消极的内容。他说："凡用血气、志意、知虑，由礼则治通，不由礼则勃乱提僈。"（《荀子·修身》）人的血气、思虑和意志都需要经过礼的矫治。比如："血气刚强，则柔之以调和；知虑渐深，则一之以易良；勇胆猛戾，则辅之以道顺；齐给便利，则节之以动止；狭隘褊小，则廓之以广大；卑湿、重迟、贪利，则抗之以高志；庸众驽散，则劫之以师友；怠慢僄弃，则照之以祸灾；愚款端悫，则合之以礼乐，通之以思索。"（《荀子·修身》）在荀子看来，血气刚强的人，应该以柔和之道感化他；用心险恶的人，应该用善良改造他；生性粗鲁性格猛烈的人，要用礼义之道训导他；行为做事匆忙的人，应该用安详来节制他；

心胸狭隘的人，应该用宽广来开导他；天性迟钝贪图利益的人，应该以高尚的理想激发他；轻薄散漫的人，应该用祸害来警告他；天性愚笨的人，应该用礼乐来改造他。由此可见，荀子以为，血气中蕴藏消极的内容，需要治理。

可见，在荀子思想中，血气中的消极内容就是情欲的根源，而情欲又是性恶的发端。换言之，荀子仅将天生材质（气）中的坏的部分定义为性，并倡导规范和制约人性。

（二）"性伤谓之病"解读

人性中存在不善的气，它是致恶的根源，如果没有约束，那么容易招致性恶。这便是荀子"性伤谓之病"（《荀子·正名》）命题。

关于"性伤谓之病"，学界对这个命题有不同的翻译，比如，杨倞注曰："伤于天性，不得其所。"冢田虎说："性伤也，只是有所害于天性之谓也。"王天海说："此犹言伤其天性谓之病害也。"① 方勇说："天性受到了伤害叫做疾病。"② 虽然学者们的表述略有不同，然而都揭示了一个事实，即天性与病有关。或者说，"病"就是天性遭到了戕害。这便是人性之病。③

在荀子看来，"性伤"可称为"病"。而在中国传统文化之中，"病"是中医哲学所研究的重要课题。为了更好地理解荀子之性与病的关系，我们在这里简要论述中医哲学对"病"的研究。中医哲学的理论基础就是"气"。在《黄帝内经》看来，"人以天地之气生""人生有形，不离阴阳""天地合气，命之曰人"。（《黄帝内经·素问·宝命全形论》）人就是由气所构成的，气便是阴阳之气。人是气的产物。《黄帝内经》又指出，根据构成人阴阳之气的种类不同，人可以划分为五种类型，即，太阴之人、少阴之人、

---

① 这些注释均出自（战国）荀况：《荀子校释》，王天海校释，第887页。
② 方勇、李波译注：《荀子》，中华书局2011年版，第358页。
③ 荀子将"性伤"视为"病"，这也从侧面说明荀子之性蕴含善的资质或好的材质。

太阳之人、少阳之人以及阴阳和平之人，并且以为，他们的性情也各自不同。它说："太阴之人，贪而不仁""少阴之人，小贪而贼心""常无悔，此太阳之人""少阳之人，提谛好自贵""阴阳和平之人……尊则谦谦，谭而不治"。(《黄帝内经·灵枢·通天》)太阴、少阴具有消极意味，太阳、少阳则具积极意味。最终，它指出："多阳者多喜，多阴者多怒。"(《黄帝内经·灵枢·行针》)阴阳之气与人的性情有关。

　　性情含气。《黄帝内经》以为，性情的变化容易导致体内之气失衡，这就是"病"。它说："百病生于气也。"比如："怒则气上，喜则气缓，悲则气消，恐则气下，寒则气收，炅则气泄，惊则气乱，劳则气耗，思则气结。"(《黄帝内经·素问·举痛论》)《黄帝内经》以为，人愤怒的时候身上的气上升，人欢喜的时候身上的气缓和，人悲伤的时候身上的气消沉，人恐惧的时候身上的气低落，人寒冷的时候身上的气收敛，人热的时候身上的气外泄，人惊慌的时候身上的气混乱，人疲劳的时候身上的气耗竭，人思虑的时候身上的气郁结。人的性情不仅容易引发气的变化，而且《黄帝内经》以为，人身上气的变化也会招致人（形体）健康的损坏。它说："阴胜则阳病，阳胜则阴病。"(《黄帝内经·素问·阴阳应象大论》)阴阳失衡就是病。另外，需要指出的是，根据《黄帝内经》的自然宇宙观念，万物皆由气所化生，人亦是气的产物。气贯通于自然宇宙，并且外界之气能够对人产生影响。其中，邪气容易伤人、招致疾病。《黄帝内经》指出："邪气伤人"(《黄帝内经·素问·生气通天论》)，"邪气入则病作"(《黄帝内经·灵枢·岁露论》)，"夫邪之生也，或生于阴，或生于阳。其生于阳者，得之风雨寒暑。其生于阴者，得之饮食居处，阴阳喜怒"(《黄帝内经·素问·调经论》)。事实上，"以气释病"的思维模式并非《黄帝内经》原创，早在《左传》中这种思想就已经存在，《左传》指出："阴淫寒疾，阳淫热疾，风淫末疾，雨淫腹疾，晦淫惑疾，明淫心疾。"(《左传·昭公元年》)《左传》以为，天有阴、阳、风、雨、晦、明六气，六气在人身上也存在，释放过度容易损坏人形体的健康，人身上的阴气过度引发寒疾，阳气过度生热病，风气过度招致手脚生病，雨气过度引发腹部疾病，晦气过多生迷惑的病，明气过度招致心病，这便是"六气致病说"。与《左传》所不同的是，《黄帝内经》将"六气"简化为"两气"，"两气"即阴阳之气，并以阴阳二气解读人之疾病，这是《黄帝内经》对中国思想史的贡献。

总而言之，古人以为，气之不调便是病。气是生命之本，人的身体是由气组成的，致病的根源是体内之气紊乱，亦即阴阳之气失调。所以，中医提出："凡诊病施治，必须先审阴阳，乃为医道之纲领。阴阳无谬，治焉有差？医道虽繁，而可以一言蔽之者，曰阴阳而已。"① 在中医看来，治病就是调理体内失序的阴阳之气，想办法使体内阴阳（气）逐步走向和谐有序。所以，通晓阴阳变化的道理便成了古代为医之本。《黄帝内经》尤其推崇"平人"，它说："阴阳和平之人，其阴阳之气和"（《黄帝内经·灵枢·通天》），"平人者不病"（《黄帝内经·灵枢·终始》）。在医家看来，"平人"阴阳之气平和，他们难以招致疾病，这种"平人"便是君子、便是圣人。《黄帝内经》说："君子，此阴阳和平之人"（《黄帝内经·灵枢·通天》），"圣人者……和于阴阳"（《黄帝内经·素问·上古天真论》）。君子、圣人是儒家所强调的理想人格，《黄帝内经》将君子、圣人视为阴阳之气和谐之人。由此可见，《黄帝内经》不仅是一部医学著作，而且也是一部伦理学典籍。

我们以为，这种对"气"和"病"的研究也适用于荀子所言人性。在荀子看来，人天生就有追逐利欲的倾向。人生来就有欲望，比如食色之欲。他说："人之生固小人……今是人之口腹，安知礼义？安知辞让？安知廉耻隅积？亦呷呷而嚼，乡乡而饱已矣。"（《荀子·荣辱》）人之生即小人，根本就不知道什么礼义，也不懂

① 李志庸主编：《张景岳医学全书》，中国中医药出版社2002年版，第877页。

得谦卑辞让，只知道苟求物质享乐，追求感官之欲，满足饮食之求，贪得无厌。比如："今使人生而未尝睹刍豢稻粱也，惟菽藿糟糠之为睹，则以至足为在此也，俄而粲然有秉刍豢稻粱而至者，则瞌然视之曰：此何怪也？彼臭之而嗛于鼻，尝之而甘于口，食之而安于体，则莫不弃此而取彼矣。"（《荀子·荣辱》）荀子以为，就饮食的材料来说，假如人出生以后从来没有见过牛、羊、稻米、谷子等，只见过大豆、豆叶、糟糠之类的食物，那么，人就会以为这些是天下最美味的东西。这时候如果有人拿着牛羊等肉食和细粮走过来，人闻到了肉食的香味，尝了尝感觉很好吃，吃了它们感觉很舒服，那么，人就很容易选择肉食和细粮，而不再食用糟糠等粗粮。换言之，人们只知道追求口腹之欲。在荀子看来，这是非常消极的事情，也是人性之恶的终极根源。

而对儒家而言，饮食不只是满足生理需求那么简单，还与气、与道德等范畴密切相关。孔子以为，饮食能够充实人的血气，为了规范人的饮食活动，引导人自然的欲求，他提出"不食"（《论语·乡党》）的原则。郭店儒简提出："食与色与，疾。"（《语丛一》）饮食之欲能使人得病。孟子将"食色之欲"视为人之"小体"（《孟子·告子上》），并以为气是充实"小体"的物质材料（《孟子·梁惠王上》）。可见，荀子之前的儒者普遍以为，人的情欲不但是天生自然的，而且是由物质之气所充实的。对荀子来说，他将情欲视为性的根本属性，这也就是说，人性就是情欲之气，并且人性之气能够致恶。他说："今人之性，生而有好利焉，顺是，故争夺生而辞让亡焉；生而有疾恶焉，顺是，故残贼生而忠信亡焉；生而有耳目之欲，有好声色焉，顺是，故淫乱生而礼义文理亡焉。然则从人之性，顺人之情，必出于争夺，合于犯分乱理而归于暴。"（《荀子·性恶》）荀子以为，情欲是天生的，具备致恶的特点，又不能被根除，同时人天生就有趋利避害的倾向，这就容易招致情欲的释放，带来人与人相互间的争夺、群体间的混战、贪欲的横行、利益的纠纷，等等。换言之，气与性有着天然的联系，情欲之气就是人性之材。如果得不到有效合理的疏导，人就容易走向禽兽之道，甚至招致毁灭性的灾难。正如张载说："气之恶者为病。"① 显而易见，"人生而固有的情欲，即我们禀气而生的人性"②。这就是说，性即致恶之气。

综上，在荀子视域里，性即气，它是一种致恶之气。如果不加以引导，便很容易招致性恶。性即恶气。这便是荀子的恶气说。③

三 恶气与心

在荀子思想体系中，"气"还与心、形、欲三者有密切关系。

（一）心与形体

就心和形的关系看，荀子学说至少包含两层内容。首先，就人之形体的构造来说，荀子以为，人之形体包括人的五官和精神两部分内容，并且它们都是天生的，荀子将它们称作"天官""天君"。他说："耳目鼻口形能，各有接而不相能也，夫是之谓天官。心居中虚以治五官，夫是之谓天君。"（《荀子·天论》）"心者，形之君也，而神明之主也。"（《荀子·解蔽》）而就心和形体的作用来看，荀子指出："凡以知，人之性也。"（《荀子·解蔽》）比如："目辨白黑美恶，耳辨音声清浊，口辨酸咸甘苦，鼻辨芬芳腥臊，骨体肤理辨寒暑疾养，是又人之所常生而有也，是无待而然者也。"（《荀子·荣辱》）五官具备感知的能力，比如耳朵能够辨

---

① （宋）张载：《张载集》，章锡琛点校，中华书局1978年版，第329页。

② 段宜廷：《荀子·董仲舒·戴震气论研究》，新北：花木兰文化出版社2014年版，第20页。

③ 另外，在此处，我们可以引用《文子》中的材料补充说明荀子之性即致恶之气。根据《文子疏义·符言》记载，"君子行正气，小人行邪气"。紧接着，《文子》对"邪气"和"正气"作了解说，它以为，"内便于性，外合于义，循理而动，不系于物者，正气也。推于滋味，淫于声色，发于喜怒，不顾后患者，邪气也"（《文子疏义·符言》）。在《文子》看来，气分为正气和邪气，它们都与人性相关。正气合乎道义，它是为善之本，邪气纵由物欲，它是致恶之源。养育人之正气，不沉溺于物欲便为君子，放纵人之欲求，容易招致邪气释放，便是小人。按照荀子的观点，人天生就有追求物欲的倾向，人天生并不知晓礼义，安逸于食色之欲便是人性的自然状态，这便是纵由邪气释放，也是人性之病。

别声音，眼睛能够识别颜色，鼻子能够辨别气味，形体安逸于舒适，这些都是人天生所固有的本能，属于人性。与此同时，荀子以为，人的五官通过与外部环境接触，获得感性材料，比如，声、色、嗅、味道等，这些是人类感性认识的来源。在此基础上，人心能够对感官获得的感性资料进行加工、辨别、取舍等，从而获得真正的知识。

其次，就心和五官的关系来看，荀子以为，心是形体的主宰，他将"心"称为"天君"。他说："心居中虚，以治五官，夫是之谓天君。"（《荀子·天论》）心能够向感官发号施令，感官受制听命于心。"出令而无所受令"（《荀子·解蔽》），"四肢之从心"（《荀子·君道》）。同时，荀子指出："以所欲为可得而求之，情之所不避免也。"（《荀子·正名》）人天生情欲的需求，也是人心的选择。更为重要的是，荀子以为，"口可劫而使墨云，形可劫而使诎申，心不可劫而使易意，是之则受，非之则辞"（《荀子·解蔽》）。人的其他形体器官常常受制于外部环境的干扰，可以被强迫，甚至被改变，比如形体可以迫使它弯曲，嘴巴可以迫使他沉默。但是，人心却是能够自我抉择的，它认为对的就接受，它认为不对的就拒绝。荀子进一步将心的能力划分为六个方面，他说："自禁也，自使也，自夺也，自取也，自行也，自止也。"（《荀子·解蔽》）心灵能够自我役使、自我夺取、自我接受、自己行动，等等。由此可见，在荀子那里，心的行为完全是主动的，它并非听命于外来的指挥。简单来说，就人存在的物理形态来说，荀子以为，包括心和感官两个方面，并且心是形体之主，感官要受制并听命于心。

（二）气、心知与心患

心知不仅属于性，而且是血气产物。荀子说："凡生天地之间者，有血气之属必有知……故有血气之属莫知于人。"（《荀子·礼论》）只要是有生命、有血气的东西，必然有知晓事物的能力。荀子在《赋》中曾以"君子之知"为例子说："血气之精也，志意之荣也。"① 气是形成人知能的物质。心知含气。

心知虽是气的产物。荀子又进一步指出："涂之人也，皆有可以知仁义法正之质，皆有可以能仁义法正之具，然则其可以为禹明矣。"（《荀子·性恶》）"既知且仁，是人主之宝也。"（《荀子·君道》）人心能够知晓仁义。在荀子看来，"心知"的功能与生俱来，是人性的一部分。"材性知能，君子小人一也。"（《荀子·荣辱》）将"心知"赋予人性，这是荀子对儒家人性哲学的重要贡献。同时，荀子以为，人心有不可靠的一面。心天生有缺陷，这便是消极之心。消极之心有多种类型，比如奸心、利心、诈心、邪心、贪利之心，等等。正如荀子说："劳知而不律先王，谓之奸心"，"利心无足"（《荀子·非十二子》），"诈心"（《荀子·仲尼》），"奸人之心"（《荀子·仲尼》），"心欲綦佚"（《荀子·王霸》），"吾先攻其邪心"（《荀子·大略》），"心好利，而谷禄莫厚焉"（《荀子·王霸》），"贪利之心"（《荀子·君道》），"趋奸之心"（《荀子·强国》）等。人心天生喜欢追逐利益，欺瞒狡诈，荀子说："心如虎狼。"（《荀子·修身》）人心犹如豺狼恶虎。由此可见，荀子以为，人心天生充满了消极的东西，这些消极之心可以被统称为"利心"。

荀子所见，人心天生内含好欲的倾向，心既然是消极的东西，加之，人之感官是由心所统率的。那么，人之感官必然会追名逐利。也就是说，人心虽然有自我抉择的能力，但是极其不可靠，难以值得充分信任，荀子将其称为心术之"公患"（《荀子·解蔽》）。荀子指出："生而有耳目之欲，有好声色焉。"（《荀子·性恶》）心灵好利，这是天生的，因此，心灵是形体之君，由于它的放纵，人之情欲便会泛滥。是故，荀子说："从人之性，顺人之情，必出于犯分乱理，而归于暴。"（《荀子·性恶》）心存有消极的意味，如果没有礼法文明的约束，便会招致致恶之气的释放，由此便出现性恶。源于

---

① 出自《荀子·赋》，后来《礼记·乐记》继承了荀子的这种观点。

此故，荀子说："心不知道，则不可道而可非道。……以其不可道之心，与不道人论道人，乱之本也。"（《荀子·解蔽》）因而，荀子不鼓励人们心灵的自我选择，这便是"人心之危"。人因为这个能够做出不道德的行为。

需要注意的是，荀子以为，君子和小人本性相同。他说："材性知能，君子小人一也。"（《荀子·荣辱》）"好荣恶辱，好利恶害。"（《荀子·荣辱》）相同的本性包括两方面，一是君子和小人天生皆有心知的能力；二是君子与小人天性都趋利避害。但与小人所不同的是，荀子以为，"君子注错之当，而小人注错之过也。……是非知能材性然也，是注错习俗之节异也"（《荀子·荣辱》）。君子能够通过学习礼义风俗改造自己。小人则不去学习，也不去改造本性。换言之，君子与小人之异取决于后天的学习。荀子又指出："涂之人可以为禹则然，涂之人能为禹未必然也。虽不能为禹，无害可以为禹。……用此观之，然则可以为，未必能也；虽不能，无害可以为。"（《荀子·性恶》）人之天性是相同的，小人、俗人皆能成为圣人，但不等于已经是圣人了。在荀子看来，不学习礼义、放纵性情之欲，则是小人，不断学习礼义、践行礼义之道，便是君子。

综上，在荀子的视野里，心知有两种可能，即合乎道义与不合乎道义，这就是荀子所说的"中理"和"失理"，荀子说："心之所可中理，则欲虽多，奚伤于治！欲不及而动过之，心使之也。心之所可失理，则欲虽寡，奚止于乱！"（《荀子·正名》）人心具有选择的行为，如何抉择取决于心，心可以选择正确的，亦可以选择错误的，无论哪种情况，都是心自主的选择。换言之，心的抉择行为既可以符合道德，也可以与道德不相符。人心选择符合礼义的行为，也就是合乎道，也就是"中理"，反之，不合乎道义就是"失理"。虽然荀子承认心有两种可能，然而，在大多数情况下，他还是认为，人心并不能够"知道"，他说："夫人之情……心欲綦佚……人情之所必不免也。"（《荀子·王霸》）人心天生容易被欲望驱使，也就是说，人心容易受到外物干扰，并不能自我作出合理的抉择。① 所以，荀子提出要对心进行治理，他说："凡用血气、志意、知虑，由礼则治通，不由礼则勃乱提僈。"（《荀子·修身》）人心恪守礼义则和顺通达，反之，不遵循礼义则悖乱散漫。换言之，心知的能力需要礼义来规范，只有这样心知才能得以更好发挥，人才能够成圣、成贤。

那么，人是如何接受教化和学习的？致恶之气是如何得以整饬的？

第三节　治气与养心

人性之气不完美，人心也存在缺陷。所以需要整饬和矫治。为此，荀子提出"治气养心"（《荀子·修身》）之策略，这便是"伪"，他说："无性则伪之无所加，无伪则性不能自美。"（《荀子·礼论》）"性伪合，然后成圣人之名。"（《荀子·礼论》）性是伪的基础，伪是对性的改善。教化构成了荀子哲学的核心议题。②

一　治气与乐教
（一）荀子论乐、天、人与气之关系
在荀子那里，乐教是矫治致恶之气（性）的手段。关于它的起

① 荀子曾以"盘水喻人心"（《荀子·解蔽》）来说明，人心就像盘子里的水，如果不去晃动它，泥沙都会沉在盘子下面，清澈的水在上面，通过清水甚至能看到人的毛发和肌肤的纹理。如果盘水受到外力的晃动，比如说微风的吹拂，那么，泥沙就在盘子里晃动，清水也变得浑浊不清，这种浑浊的水甚至连人的形体轮廓也不能够反映出来。荀子以为，人心亦是如此，如果用道义涵养它，它就容易辨别是非。反之，如果受到外界的干扰，那么人心就会发生改变，难以正确地决断。

② 陈升以为，"教化"一词首次出现在《荀子》之中，并且是荀子哲学中的核心词。参见陈升《〈荀子〉与"教化"》，《中国青年政治学院学报》2008 年第 2 期。其中，何谓"化"？荀子本人说："状变而实无别而为异者，谓之化。"（《荀子·正名》）熊公哲注释《荀子》时说："化，即使人迁化从善也。"言下之意是，"化"是使人性发生变化的重要手段。熊公哲：《荀子今注今译》，台北：台湾商务印书馆 1977 年版，第 39 页。

源，荀子从天、人、气的角度给予论证。

首先，乐与人的关系有两层含义。荀子以为，乐是指人的快乐之情。他说："夫乐者，乐也，人情之所必不免也。"（《荀子·乐论》）[1] "凡人有所一同……耳辨音声清浊。"（《荀子·荣辱》）"耳好之五声"（《荀子·劝学》）。乐是人情的产物。"乐"就是快乐、愉悦，属于人情，而情即性。所以，乐植根于人性。当人们有了情感之后，自然而然就会发出声音、形成肢体动作，比如荀子言："乐则必发于声音，形于动静。""故听其雅、颂之声，而志意得广焉；执其干戚，习其俯仰屈伸，而容貌得庄焉；行其缀兆，要其节奏，而行列得正焉，进退得齐焉。"（《荀子·乐论》）在荀子看来，人们听到《雅》《颂》声乐，志意便变得宽广，手里拿着盾、斧等舞具，躯体做出俯仰、屈伸的动作，容貌就会显得很庄重，行为合乎乐曲的节奏，队列就变得方正整齐。由此可见，在荀子思想中，乐是一种"艺术的综合体"[2]。这是作为艺术形式的乐。

其次，乐与天有关。荀子将"象"的概念引入乐中，在他看来，乐源自天。他说："鼓似天，钟似地，磬似水，竽笙、箫和、筦籥似星辰日月，鞉、柷、拊、鞷、椌、楬似万物。"（《荀子·乐论》）鼓声取象于天，钟声取象于地，磬声取象于水，竽笙、箫和、筦龠之声取象于天上的日、月、星、辰，鞉柷、拊鞷、椌楬之声取象于万物。换言之，艺术之乐不仅包含天地物象，而且蕴藏着儒家的伦理秩序。荀子以舞蹈为例子说："舞意天道兼"，"曷以知舞之意？曰：目不自见，耳不自闻也，然而治俯仰、诎信、进退、迟速莫不廉制，尽筋骨之力以要钟鼓俯会之节，而靡有悖逆者，众积意謘謘乎！"（《荀子·乐论》）[3] 在荀子看来，

---

① 张觉解释此句说："乐（yue 悦）者，乐（le 勒）也：这是用同形字来解释字义。"张觉撰：《荀子译注》，第 290 页。

② 李泽厚、刘纲纪主编：《中国美学史》第 1 卷，中国社会科学出版社 1984 年版，第 161 页。

③ 根据沈顺福的解说，"'舞意天道兼'的意思应该是：舞意兼备两种东西，比如天道与人道，简称天、道"。沈顺福：《原始儒家为什么不论天道？》，《云南大学学报》（社会科学版）2017 年第 2 期。

舞蹈的意象，眼睛看不到，耳朵听不到，然而，人的俯仰、屈伸、进退、快慢，肢体的动作无不清晰而有节奏，人们竭尽自己躯体的力量，跟上钟鼓乐器的节奏。在钟鼓乐声之中，人们的俯仰、进退、迟速等行为都是与礼义相契合的，这便是艺术之乐。换言之，荀子以为，艺术之乐是天之自然与人文伦理的有机结合。

最后，从宇宙论的视角来看，在荀子的视野里，天的核心内容便是气，天以气化生万物。他说："天地之变，阴阳之化。"（《荀子·天论》）比如："列星随旋，日月递炤，四时代御。"（《荀子·天论》）而乐，源自天之自然，是对自然之物的模拟。所以，乐含气。或者说，气是乐形成的材料。荀子的这种立场被《礼记》承袭，根据《礼记》的记载，"乐由阳来者也"（《礼记·郊特牲》）。《礼记》以为，乐是阳气的产物。

（二）气性、感应与乐教的机制

在荀子思想中，乐教的原理是什么？需要指出的是，荀子与《周易》的关系十分密切。① 而"感应"是贯穿《周易》哲学的主线索。② 《乾·文言》所说："同声相应，同气相求。"《荀子》书中亦可以窥见类似《周易》中的"感应"思想。在《荀子》中，我们可以看到很多与此类似的语句表述，荀子提出："君子洁其身而同焉

---

① 关于《荀子》与《周易》的关系，学界对这个问题的研究已经取得比较成熟的结果。然而，学者们的观点却各有不同。有学者通过《荀子》与《易传》的比较为例指出，荀子是《易传》的传承者，《易传》在荀子之前已经形成。相关研究成果参见杨太辛《〈荀子〉与〈易·文言〉之比较》，《孔子研究》1994 年第 1 期。廖名春认为，"荀文显然袭自《文言》"。廖名春：《周易经传十五讲》，北京大学出版社 2004 年版，第 213 页。另有学者以为，荀子本人研究过《周易》，荀子也是《周易》的发扬者，但《易传》的成书当在荀子之后。类似的研究成果如，郭沫若说："《易传》作于荀子的门人是不成问题的。"郭沫若：《青铜时代》，科学出版社 1957 年版，第 63 页。李镜池将《易传》篇章分为三组，并且认为《易传》之中的部分篇章的成书是在西汉末期完成的，他说："《易传》的著作年代当在战国以后，最早写在秦朝，最晚在西汉中后期。"李镜池：《周易探源》，中华书局 1978 年版，第 326 页。本书以为，《易传》的成书时间当在荀子之后。

② 比如《周易》中《咸卦》就阐述感应之道。

者合矣，善其言而类焉者应矣"（《荀子·不苟》），又如："马鸣而马应之，牛鸣而牛应之。"（《荀子·不苟》）自然界存在着同类相应的现象，这便是感应。

荀子将"物类相感"的原理引入乐教之中。正如孙焘指出："荀子把物类相感的原理联系到了教化活动。"[1] 荀子认为："凡奸声感人而逆气应之，逆气成象而乱生焉；正声感人而顺气应之，顺气成象而治生焉。唱和有应，善恶相象，故君子慎其所去就也。"（《荀子·乐论》）在荀子看来，"声"分为"奸声"和"正声"，并含气。其中，奸佞之声是邪恶之气的产物，正义之声是道义之气的产物，同时人性之中兼具"顺气"和"逆气"。其中，逆气是消极的部分，顺气是积极的部分。而"顺逆之气"，根据董仲舒的说法，"阴适右，阳适左。适左者其道顺，适右者其道逆"（《春秋繁露·阴阳出入上下》）。这就是说，"逆气"和"顺气"就是"阴气"和"阳气"。其中，"逆气"是"阴气"，"顺气"则是"阳气"。顺逆之气即阴阳之气。荀子根据同声相感的原理指出：声乐能够激发人身之气。具体来说，奸邪之声感召人之逆气，不良之气应和奸邪之声，导致"人之心淫"（《荀子·乐论》），混乱争夺的现象就会顺之产生。道义之声激发人之顺气，引发顺气的便是"善民心"（《荀子·乐论》），善良之气迎合道义之声，和顺稳定的秩序随之而来。换言之，凭借同类相感的原理，声乐之气能够迅速地变化人性之气。正如郁沅指出："最早从审美角度提出'感应'理论的是荀子。""荀子的'审美感应'论正是哲学上以'气'为中介的'同气相求'的哲学'感应'论渗透到艺术欣赏过程的产物。"[2] 或者说，"荀子气化思想在心性论中至为重要，'同气相应相感'的理论，证明人的气性，会因外在顺气、逆气所

① 孙焘：《中国美学通史（先秦卷）》，载叶朗主编，朱良志副主编《中国美学通史》，江苏人民出版社 2014 年版，第 396 页。

② 郁沅：《心物感应与情景交融》，百花洲文艺出版社 2017 年版，第 89 页。

感，而发其善心、恶心，透过师友、积学的顺气之习，便能久趋于善"①。这便是荀子乐教的基本原理。

概言之，通过同类相感的机制，乐之气能够与人之气相沟通。所以，荀子提倡以饱含道义的高雅之乐激发人性之善气，并且抵制饱含奸邪之气的低俗之乐接近人。在整个乐教活动中，气是感应的主体，这也从侧面反映了荀子正是以气论性者，或者说，荀子性中含气。正如王楷指出，在荀子思想中，"乐—气"两者以"刺激—反应"的机制发生关系，这正表明荀子是"以气说性"。②

二　养心与礼教

对人心的缺陷进行整治，荀子以为，这便是"心术"，具体方式便是礼教。

（一）虚心之术：虚壹而静

在荀子看来，人心具有好利的倾向，这是消极的。因此，人心需要整治。

整治的第一步便是"虚心"。治心的前提是虚心。荀子提出"虚壹而静"的策略。③他说："人何以知道？曰：心。心何以知？曰：虚壹而静。……人生而有知，知而有志。志也者，臧也，然而有所谓虚，不以所已臧害所将受谓之虚。心生而有知，知而有异。异也者，同时兼知之。同时兼知之，两也，然而有所谓一，不以夫一害此一谓之壹。心，卧则梦，偷则自行，使之则谋。故心未尝不动也，然而有所谓静，不以梦剧乱知谓之静。未得道而求道

---

① 赖昇宏：《〈礼记〉气论思想研究》，新北：花木兰文化出版社 2011 年版，第 39 页。

② 参见王楷《天然与修为——荀子道德哲学的精神》，北京大学出版社 2011 年版，第 195—196 页。

③ 有些学者以为，荀子"虚壹而静"是汲取道家思想改造后的结果。参见刘刚兴《简析荀子对道家思想的吸收和改造》，《四川师范学院学报》（哲学社会科学版）1990 年第 2 期。

者，谓之虚壹而静。"（《荀子·解蔽》）这便是荀子针对人心之危的药方。

关于"虚壹而静"的含义，首先，就"虚"来说，在荀子看来，人天生就有知晓事物的能力，能够知晓事物便能够记忆，记忆就是对知识的储藏，但同时人心也有虚空，所谓"虚"是指，不因为已经存有的知识，妨碍对新知识的获取。换言之，荀子之"虚"强调的是，排除对各种知识的偏见、成见。其次，就"壹"来说，荀子以为，人心天生有知晓事物的能力，并且能够认识和辨别不同的事物，共同认识它们，这便是"两"，然而，荀子又以为，人心能够做到专一，所谓"专一"指的是，不因对一事物的认知，而影响到对另一事物的认知，这便是"壹"。换言之，荀子之"壹"强调的是，人在认识活动中要用心专一。最后，就"静"来说，荀子以为，人心无时无刻不在活动，比如睡着时会做梦，懈怠时会驰骋想象，思考时会自我谋划，但同时人心也有静，所谓"静"指的是，不让做梦和胡思乱想扰乱人的正常认知。

经过"虚壹而静"的工夫，荀子以为，类似奸心、利心、诈心，等等，会被涤除干净，从而获得"大清明"："虚壹而静，谓之大清明。万物莫形而不见，莫见而不论，莫论而失位。坐于室而见四海，处于今而论久远，疏观万物而知其情，参稽治乱而通其度，经纬天地而材官万物，制割大理，而宇宙里矣。"（《荀子·解蔽》）在荀子看来，"大清明"是人心的一种状态。在这种状态下，万物的行迹都能被人察知，察知万物的行迹便能论说，而且论说得都很恰当，人坐在室内就能够知晓天下，生活在当下而谈论远古的事情，观察万物便能了解事物的真实面貌，考察社会治乱而辨别其中的法度，治理天地而能合理利用万物，甚至是能通晓宇宙变化的道理。这也就为礼义的灌输提供了空间。那么，在荀子看来，以什么占据空虚的人心？

（二）治心之术：诚与仁义

人心虚空之后需要占领，这便是"心术"。荀子提出："术正而心顺之。"（《荀子·非相》）心需要心术才能够端正其道，"心术"的主要内容便是"道"。荀子提出以道占领心，从而做到"衡"。他说："何谓衡？曰：道。……心知道，然后可道；可道然后守道以禁非道。"（《荀子·解蔽》）这便是使心知"道"。在荀子看来，"道"就是"人道"。而人道就是礼。他说："礼者，人道之极也。"（《荀子·礼论》）人心知道便是心以道为本。荀子将这种状态称为："心合于道。"（《荀子·正名》）或者说，心合于道便是道心。

那么，如何接受仁义之道？或者说，心如何知道？荀子以为，常人之心胆大妄自、天马行空，圣人之所以异于常人，他能知心术之患，积虑化伪，为拯救常人之心的危险，从而发明礼仪制度规范等。荀子提出："礼义者，圣人之所生也。"（《荀子·性恶》）礼仪典章制度出自圣人之手。圣人"不异于众者，性也"（《荀子·性恶》），"过众者，伪也"（《荀子·性恶》）。圣人与俗人之性本无二异，二者不同之处在于"伪"①，"礼义法度者，是生于圣人之伪"（《荀子·性恶》）。荀子以为，礼义法度、仁义之道起源于圣人，是圣人发明的，圣人看到俗人出于性情而好利、争夺，导致悖乱，便发明了仁义礼法等制度伦理。就常人而言，常人所要做的便是寻求良师，接受圣贤的教化，学习礼仪文明，正如荀子指出："求贤师而事之"（《荀子·性恶》），"学者以圣王为师"（《荀子·解蔽》）。学习需要导师和指导。

圣王是学习的导师和典范。荀子进一步指出："人性恶，其善者伪也。……故必将有师法之化、礼仪之道，然后出于辞让，合于文理，而归于治。"（《荀子·性恶》）在荀子看来，人们遵循师法就能够知晓礼义。这便是："圣人成之。"（《荀子·王制》）而从气论的角度来看，"圣人乃是因'遵道'，或说'积礼义'，将本身各种体气予以最适宜安顿、最精尽发挥的人，道或礼义这抽象存在，经由

---

① 在荀子思想中，"伪"不等同于"假"，"伪"兼具文明的来源和人为造作两义。参见冥子《释"伪"》，《群言》1990 年第 3 期。

气的充塞人格实体化了"①。同时从教化的特点看，荀子以为，教化就是"正确榜样向人们反复灌输各种德行"②。或者说，学习依靠的是"外在强制之力"③。在荀子看来，这是一种简洁便利的方式，它由不得个人做出丝毫的选择取舍，只能乖乖顺从圣人、听从权威，杜绝人为、思虑、狡诈、权谋等。

综上，荀子以为，礼义与天性无关，而是源于后天的教化。圣王教导人礼仪知识，百姓知晓并遵守之，知晓的过程便是学习。

三 "气之中和"与"参与天地"：教化的结果

性是材料，伪是加工。材料可以改造，以达到善的境界。而在荀子看来，礼乐教化至少能够带来两种结果，一是能够达到气之中和；二是能够使人参于天地。

（一）气之中和

荀子以为，乐教能够实现气之中和。首先，就乐和人的关系来说，荀子以为，气作为构成人性的材料，而乐亦是气的产物。那么，它们（"性情"与"乐"）之间自然能够相互应和。他说："唱和有应，善恶相象。"（《荀子·乐论》）乐教能够以感应的方式影响人的性情。正如赖昇宏指出："'同气相感相应'与'天人气化相通'可谓是荀子论人气性得以'化性起伪'的理论基础。"④ 至于乐教的效果，荀子指出，乐教是用来"定和"（《荀子·乐论》）的，他说："故乐行而志清……耳目聪明，血气和平。"（《荀子·乐论》）在荀子看来，乐以中和为贵。他说："和，乐也。"（《荀子·臣道》）而中和之气具有不同的表现形式。比如："故乐在宗庙之中，君臣上下同听

① 杨儒宾主编：《中国古代思想中的气论及身体观》，台北：巨流图书公司1993年版，第470页。

② ［美］唐纳德·J·蒙罗：《早期中国"人"的观念》，庄国雄、陶黎铭译，上海古籍出版社1994年版，第97页。

③ 徐复观：《中国人性论史（先秦篇）》，九州出版社2014年版，第224页。

④ 赖昇宏：《〈礼记〉气论思想研究》，第39页。

之，则莫不和敬；闺门之内，父子兄弟同听之，则莫不和亲；乡里族长之中，长少同听之，则莫不和顺。"（《荀子·乐论》）中和之气有不同的表现，在宗庙祭祀之中，表现为君臣之间的和敬之气；在家庭邻里之间，表现为父子兄弟之间的和亲之气；在乡里族人之间，表现为长幼之间的和顺之气。换言之，气之中和状态是荀子乐教所追求的境界。

其次，中和之气还与国治有关。荀子说："乐中平则民和而不流，乐肃庄则民齐而不乱。民和齐则兵劲城固，敌国不敢婴也。……乐姚冶以险，则民流僈鄙贱矣。流僈则乱，鄙贱则争。乱争则兵弱城犯，敌国危之。"（《荀子·乐论》）荀子以为，乐曲之声中正平和，民众就和睦而不淫荡，乐曲之声端庄严肃，民心就整齐而不混乱，民众关系和睦，民心整齐划一，那么国家的兵力就强劲，国防就牢固，敌国不敢侵犯。反之，乐曲之声充斥妖艳险恶，民众沉于其中，就容易形成散漫的风气，以致国家混乱、相互争夺。由此，国家的兵力就会削弱，城墙就不牢固，容易招致敌国的侵犯。另外，在荀子看来，乐有乱世之乐和治世之乐两个方面，并且各有不同特点。他说："乱世之征：其服组，其容妇，其俗淫，其志利，其行杂，其声乐险，其文章匿而采，其养生无度，其送死瘠墨，贱礼义而贵勇力，贫则为盗，富则为贼。治世反是也。"（《荀子·乐论》）通过"乐"可以考察政治之得失。乱世的特点是，民众穿着华丽，打扮得像女子一样，民俗风气放荡，民众唯利是图，行为没有法度，乐曲充斥险恶，文章充满奸邪，轻贱礼仪之道等。治世的特点则与之相反。比如荀子曾经游历秦国，他说秦国"声乐不流污"（《荀子·强国》），这便是"百乐者，生于治国者也"（《荀子·王霸》）。简言之，乐气与政治紧密相连，乐教关系国家治乱。

简单地说，乐（乐气）不仅是安顿人情（气性）的工具，同时关乎国家治理。"艺术充当了政治的工具。"[1] 所以，荀子倡导"贵

---

[1] 惠吉星：《荀子与中国文化》，贵州人民出版社 1996 年版，第 242 页。

礼乐而贱邪音。"(《荀子·乐论》)

（二）参于天地

荀子以为，通过礼教人能够参于天地。首先，在荀子思想中，礼作为一种规章制度，作为矫治人性之气的手段，存在于日常生活的各个方面。荀子说："凡用血气、志意、知虑，由礼则治通，不由礼则勃乱提僈；食饮、衣服、居处、动静，由礼则和节，不由礼则触陷生疾；容貌、态度、进退、趋行，由礼则雅，不由礼则夷固僻违、庸众而野。"(《荀子·修身》)无论是人的血气、思虑、情感，还是人的吃、穿、住、行，抑或人的容貌、言谈、举止，等等，都要与礼义相符合。或者说，遵循礼义制度，人的生活就通达顺畅，反之，背离礼义而纵情所欲，人就容易陷入悖乱、混乱。由此可见，荀子的理想目标是，人每时每刻都浸润在礼的环境中，甚至可以这么说，"礼"构成了人生活的一种方式。

其次，在荀子看来，礼是外在于人性的，需要通过学习和教化获取。常人通过学习圣王所立的仁义之道，在道德权威教化之下，外在的礼义规范等文明制度灌输人心，这便是道心。[1] 在道心的主宰下，人们的言行举止皆可以合乎道义，人人皆可以成为圣贤。由此可见，师法是人之"大宝"(《荀子·儒效》)。荀子以为，普通人通过不断地学习礼义之道，最终能够实现参于天地的境界。他指出："今使涂之人伏术为学，专心一志，思索孰察，加日县久，积善而不息，则通于神明，参于天地矣。"(《荀子·性恶》)其中，"参"字，张觉解释说："参：并列。"[2] 荀子以为，常人通过学习，用心专一，认真思考，假以时日便逐步趋于善境，与神明通达，与天地之美相配。换言之，人的行为如果完全符合礼义，也就实现了与天相参，这便是："人有其治，夫是之谓能参。"(《荀子·天论》)荀子曾将

---

① 翁惠美说："知道之心为伪，而非性。"翁惠美：《荀子论人研究》，台北：中正书局1988年版，第174页。

② 张觉撰：《荀子译注》，第232页。

"君子"视为参与天地的典型代表，他说："君子者，天地之参也。"
（《荀子·王制》）君子能够"进于仁义"（《荀子·性恶》），能够改
变天生不善之材。这便是君子之学："君子之学如蜕，幡然迁之。"
（《荀子·大略》）由此可见，荀子讲求的是，利用人天生的知能，
改造人的本性，变化人的气质，这便是荀子思想中的天人合一思维。
简言之，荀子的"参于天地"指的是以仁义之道作为生存之本。

　　总的来说，礼教压抑致恶之气，乐教引发善气。两者互相配合，
可以实现移风易俗，最后达到国治。这就是荀子的教化学说。

第四节　本章小结

　　作为先秦儒家总结式的伟大人物，荀子的气性论有独特的历史
地位。本章通过讨论，我们得出以下三点结论。

　　首先，荀子对人性问题的探讨是立足在天人之学视域之下的。
荀子建构了较为粗略的宇宙论并以为，天是万物的本原，天有阴阳
二气，阴阳二气交合产生万物。而性，也是天的产物。性是人初生
所固有者。荀子将其称为"材"。材即材质、材料。性是天生的材
质。因此，荀子将其称为"才性"（《荀子·修身》），而人的天生材
质包含积极的与消极的两层内容（这并不与性恶论相矛盾，从
"质"或属性的视角看，荀子是性恶论者无疑）。从消极方面来说，
材质中含有情欲，此外，荀子并不否认人天生含有善质，人天生皆
有"知仁义法正之质"，"能仁义法正之具"（《荀子·性恶》）。人
的认知能力是成为圣贤的基本素质。[1] 从天人视角审视人性，天以气
生物。性作为天的产物，自然含气。而人性所含的气表现在两个方

---

[1]　正如林宏星以为，在荀子那里，正因为人人皆具有相同的"质""具"，所
以，人人皆可以成为圣贤。参见东方朔《合理性之寻求》，上海人民出版社2017年版，
第137—145页。

面。一方面，人的形体就是气的产物，气是充实生命力的物质材料。另一方面，人身上含有善气和恶气两类，并且他以为，人之气是可以被察知的东西，比如气能够呈现于人的形体和容貌上，这便是"气色"（《荀子·劝学》）。而从人性本身的特点看，荀子以为，人性具有普遍性、天然性、易浸染性等特点。

其次，在荀子哲学中，人性即致恶之气。就性、情、欲三者之间的关系看，荀子以为，性是人初生者，内容是情。情乃性的内容，荀子指出，人情有七类，它们分别是，好、恶、喜、怒、哀、乐、欲，其中，欲是情的核心。因此，荀子将欲视为情欲。而情欲，至少具备普遍性和天生性两层特点，即人人皆有情，上至天子君王，下到普通民众，甚至圣人也具备人情，并且情欲乃自然而然发生的事实。同时荀子指出，情欲包括渴求生命之欲、人的自然感官欲求以及趋利避害的倾向。更为甚者，人的欲求是无穷尽的，根本就没有知足的时候。所以，在荀子看来，人生之初便蕴藏致恶的端绪，这种萌芽即性。纵由人的本性自然生长，势必会招致争夺、残害、混乱等，这就是荀子的性恶论。就情欲与气的关系来看，荀子以为，情欲是构成人性的材料，具有消极意味，是由不良之气充实的产物。情欲便是气。有些时候，荀子将血气与情欲之气相等同。他以为，人天生皆小人，喜欢追逐利欲，这很容易致使情欲之气宣泄，进而引发混战和争夺，久之使人走向禽兽之道，这便是人性之"病"（《荀子·正名》篇言："性伤谓之病"）。就心、形、气之间的关系来看，荀子以为，人的形体是气化的产物，包括心和感官两个方面，其中，心是形体之主，能够自我抉择，感官要受制并听命于心。而气，是形成人知能的物质。心知含气。然而心知有两种可能，即合乎道义与不合乎道义，这便是"中理"和"失理"（《荀子·正名》）。无论哪种情况，都是心自主的选择。但是多数情况下，人心并不能够"知道"，不能作出"中理"的抉择，这便是心之"公患"（《荀子·解蔽》）。因此，荀子提倡教化和学习，改造天生之心以及天生恶性（气）。

最后，荀子认为，教化就是通过人为的活动，改造人天生的恶端，变化人之邪恶气质，使人逐步走向善境，主要内容包括乐教和礼教。就乐教来论，荀子以为，乐即人情，人情源于性，所以，乐植根于人性。同时乐是对天的模拟，艺术之乐不仅包含天地物象，而且蕴藏儒家的礼义伦理。换言之，艺术之乐包含着人道和秩序。荀子将《周易》"物类相感"的思想引入乐教之中。他以为，不同的声乐能够招致不同的气，"声"分为"奸声"和"正声"，其中，奸佞之声饱含邪恶之气，正义之声蕴藏道义之气。而人性之中具备"顺气"和"逆气"，其中，逆气是消极的部分，顺气是积极的部分。根据同声相感的原理，荀子指出，奸邪之声感召人之逆气，混乱争夺的现象顺之产生。道义之声感召人之顺气，和顺稳定的秩序顺之产生。所以，荀子提倡饱含道义的高雅之乐教化人，抵制饱含奸邪之气的低俗之乐接近人。对荀子来说，乐气能够改变人气，乐教以气之中和为贵，和即两气相应。气之中和状态是荀子乐教所追求的境界。就礼教来说，礼教是整治人心的重要方式。在荀子看来，人心具有好利的倾向，这是消极的。因此，整治的第一步便是虚心，即"虚壹而静"（《荀子·解蔽》）。人心虚空之后需要被占领，紧接着，荀子提出以道来占领心，道即仁义之道。至于礼教的具体实施方式，荀子以为，占领人心过程的实施者便是师、圣人等。常人所要做的便是寻求良师，接受圣贤的教化和指导。至此，荀子提出："圣人成之。"（《荀子·王制》）在荀子看来，常人与圣人皆天之气化的产物，但与常人所不同的是，圣人能够通过后天的努力，抑制性之恶气（情欲）的释放，积极地变化气质。所以，荀子提倡学习就是乖乖地听话，顺从圣人的权威。常人通过学习、操练，行为能够与礼义符合，品德能够与神明通达，与天地之美相配，也就实现了与天相参。简言之，礼乐是荀子的治气与养心之术。

从儒家人性论的发展历史来说，荀子性恶说是对孟子性善说的纠偏，按照孟子的逻辑，性是"致善之气"，自然地扩充人身上固有的善气，便能够成为圣贤。由此导致了对师法和礼仪制度的忽视。

为此，荀子将人身上天生的恶气视为人性，并强调后天的教化和学习。而从荀子思想本身来看，荀子讨论人性问题与天论、气论等思想密不可分。事实上，已经有学者意识到了这一点，如，马积高说："荀子的人性论更是他的天人观的延伸。"① 渡边秀方说："要论荀子的根本思想'性恶'说时，当先考察一下它的性恶说的基本'天'论。"② 以天人哲学为视角观察荀子的人性论，我们得出结论：天以气生物，而性是天的产物，所以，它自然含气。特别是，"荀子'同气相应'与'天人气化相通'的气论思想基础，乃成就其'化性起伪'的变化气质之说，而'化性起伪'的荀学主张，则影响《礼记》气论诸篇甚深，包括《乐记》《礼运》都可见到荀学的痕迹，尤其在心性论方面，由喜怒哀乐之七情以论人性，强调'礼乐之道'对形气心性的感通与节制，莫不可见荀学些影响。"③

---

① 马积高：《荀学源流》，上海古籍出版社 2000 年版，第 53 页。
② ［日］渡边秀方：《中国哲学史概论》，刘侃元译，河南人民出版社 2016 年版，第 84 页。
③ 赖昇宏：《〈礼记〉气论思想研究》，第 40 页。

中　篇

秦汉之际的儒家气性论思想

第 五 章

《易传》的气性论思想

　　《易传》是秦汉之际儒家哲学史上的一部重要典籍。[①] 针对人性问题的探讨，《易传》提出"一阴一阳之谓道，继之者善也，成之者性也"的命题，《易传》认为，人性与道、阴阳、善等范畴有关。那么，《易传》所言人性究竟有何内涵？《易传》论性是否牵涉气？《易传》是不是以气论性者？如果是，人性所含的气又有什么特点？这便是本章所要探讨的问题。

　　[①]　关于《易传》的作者及成书年代，由于历史上研究《易传》的学者颇多，学术观点也各异，学者们目前也没有达成共识。曾经有学者系统地对历史上关于《易传》作者和成书的看法进行了详细总结。参见郑吉雄、傅凯瑄《〈易传〉作者问题检讨（上）》，《船山学刊》2015 年第 3 期；郑吉雄、傅凯瑄《〈易传〉作者问题检讨（下）》，《船山学刊》2015 年第 5 期。我们认为，时代历经千年，《易传》各篇作者是谁？它们又作于何时？类似的问题已然成为儒家哲学史上的谜案，这类问题的真相早已湮没在历史的长河之中，已经难以考证明确。如，杨庆中说："《易传》究竟出于谁手？成于何时？便成了一大悬案。"杨庆中：《周易经传研究》，商务印书馆 2005 年版，第 172 页。即便如此，《易传》各篇的作者和年代有两点学界已经达成共识。一是，《易传》并非出自一人之手；二是，《易传》并非一个时代的作品。如，李镜池说："作者虽不可考，然而这七种十篇文章不是一个人作的，也不是一个时代的产物，这一点却可断说。"李镜池：《周易探源》，中华书局 1978 年版，第 301 页。笔者认同《易传》是儒家学派的作品。而关于《易传》各篇的制作年代，笔者更倾向于将《易传》视为一个整体进行内容考察。作为一部伦理典籍，《易传》完整的最终成书年代当在荀子之后，战国末期至西汉之前，这便是我们对于《易传》的作者及其制作年代的看法。如，郭沫若说："《易传》作于荀子的门人是不成问题的。"郭沫若：《青铜时代》，第 63 页。

第一节　天人视角下的人性说

先秦儒家人性说发展到《易传》时期，与宇宙论紧密结合的趋势逐步明朗。正如熊十力说："夫性与天道之言，莫详于《易》。"①《易传》指出："有天地然后有万物"（《序卦》），"乾道变化，各正性命"（《乾·彖》）。人的性命源自天。那么，《易传》之"天"具有哪些内涵？在《易传》中，天是如何给人以性的？

首先，较之于先前的学人，《易传》建构了一套较为系统的宇宙万物演化程序，《序卦》说："有天地然后有万物，有万物然后有男女，有男女然后有夫妇，有夫妇然后有父子，有父子然后有君臣，有君臣然后有上下，有上下然后礼仪有所错。"礼仪源于上下之序，上下之序源于君臣之别，君臣之别源于父子之伦，父子之伦源于夫妇之道，夫妇之道源于男女之异，男女之异源于万物，而万物则源于天地。由此可知，《易传》以为，天地为万物的根源。它甚至明言："天地养万物。"（《颐·彖》）《易传》又说："生生之谓易"（《系辞上》），"天地之大德曰生"（《系辞下》）。天生万物，这是天道最值得称赞的品德。或者说，"（《易》的）第一要义即是'生生之义'"②。并且《易传》指出："天地之道，恒久而不已也"（《恒·彖》），"往来不穷谓之通"（《系辞上》）。天生万物是没有止境的，这就是天道的真实状况。

其次，《易传》将天地与阴阳之气相挂钩。《系辞下》指出："立天之道曰阴与阳。"《易传》以为，阴阳是天道的基本内容，而阴阳就是气，庄子说："阴阳者，气之大者也。"（《庄子·则阳》）《易传》亦这样认为。"阳气潜藏"（《乾·文言》），"阴凝于阳必战"（《坤·

---

① 熊十力：《读经示要》，岳麓书社 2013 年版，第 242 页。

② 李尚信：《生生：〈周易〉的第一要义》，《光明日报》2004 年 4 月 13 日理论版。

文言》），"阴始凝也"（《坤·象》）。阴阳即气。而"气"，《易传》
以为，具备物质性。它说："乾，阳物也；坤，阴物也"（《系辞
下》），"精气为物"（《系辞上》），"分阴分阳，迭用刚柔"（《说
卦》）。物是由气构成的。乾属阳物，坤属阴物。阳气刚健，阴气柔
顺。阴阳二气相互作用形成昼夜更迭、月份变化、寒暑交替等，这便
是"刚柔相推而生变化""日月相推而明生焉""寒暑相推而岁成焉"
（《系辞》）。这说明《易传》以为，"天"有自然物质的属性。

最后，关于万物产生的机制，《易传》指出："天地絪缊，万物
化醇，男女构精，万物化生。"（《系辞下》）高亨说："絪缊借为氤
氲，阴阳二气交融也。……天之阳气与地之阴气交融，则万物之化
均遍。"①《易传》以为，阴阳二气通过交感生出万物，这个过程就像
男女交合生出人类一般。《易传》将阴阳之气相互作用的方式称作
"感"。它说："二气感应以相与。"（《咸·象》）需要注意的是，在
《易传》中，"感"有两种，即同类相感和异类相感。其中，就万物产
生的原理来说，《易传》很重视异类交感，《易传》指出："天地感而
万物化生"（《咸·象》），反之，"天地不交，而万物不兴"（《归妹·
象》）。《易传》还以为，"二女同居，其志不同行"（《睽·象》）。同
类交感是无法生物的，或者说，异类交感为《易传》中的生生之道。

综上，可以看出：从宇宙论视角来说，《易传》以为，天含气，
并能生物。于人而言，《乾·象》曰："乾道变化，各正性命。"人
性根源于天。那么，人性自然含气。同时《易传》从天道的角度探
讨仁义道德以及性之善恶等问题。这便是下面将要讨论的问题。

第二节 阴阳之气与性之善恶

《易传·系辞上》说："一阴一阳之谓道，继之者善也，成之者

---

① 高亨：《周易大传今注》，齐鲁书社 1998 年版，第 432 页。

性也。"此段可谓《易传》有关人性来源及其本质的重要命题。那么，什么是道？什么是善？什么是性？或者说，气、阴阳、道、善恶及性之间的关系是什么？

一　"一阴一阳之谓道"：道含阴阳

（一）道与阴阳

关于"一阴一阳之谓道"的解读，学者意见各异，有两种观点影响最大。一是以程朱为代表的理学家站在体用论层面上的解读。二程以为，"道非阴阳也，所以一阴一阳道也"[1]。又说："离了阴阳更无道，所以阴阳者是道也。阴阳，气也。气是形而下者，道是形而上者。"[2] 在二程看来，阴阳二者是气，它们是形而下的，是可以感知的具体事物，它们本身并不是道。道是属于形而上的，是阴阳成为阴阳的根本原因，不能够被经验感知。换言之，二程以为，道是形而上的本体范畴，气则属于形而下的有形之物。

二是以戴震为代表的经学家站在考据学层面上的解读。关于"阴阳"与"道"关系，戴震考证字义说："古人言辞，'之谓''谓之'有异：凡曰'之谓'，以上所称解下……易'一阴一阳之谓道'，则为天道言之，若曰道也者一阴一阳之谓也。凡曰'谓之'者，以下所称之名辨上之实。"[3] 按照戴震对古汉语语法的考证，"之谓"和"谓之"是两种截然不同的用法，"之谓"指的是用"之谓"前面的词解释后面的词，"谓之"则指的是用"谓之"后面的词说前面的词。按照这种逻辑思路，"道"并非形而上的，而是实际存在之物，是由阴阳（气）所构成的。王博说："'一阴一阳'中的'一'字，应该做'又'理解。又阴又阳，阴阳交织在一起，突出的是阴阳之间既对立又统一的关系，道就是这个对立统一的整体。

---

[1] （宋）程颢、程颐：《二程集》，王孝鱼点校，第67页。
[2] （宋）程颢、程颐：《二程集》，王孝鱼点校，第162页。
[3] （清）戴震：《孟子字义疏证》，何文光整理，第22页。

只有阴不是道，只有阳也不是道，阴阳变易的整体才是道。"① 由此可见，阴阳交易即道。

戴震又对"形而上"和"形而下"进行解释，他说："形而上犹曰形以前，形而下犹曰形以后。阴阳之未成形质，是谓形而上者也，非形而下明矣。……（后儒）遂以阴阳属形而下，实失道之名义也。"② "形而上"和"形而下"的区别以事物是否形成为界限。"形而上"是指事物未成形之前的状态，被称为"道"。"形而下"是指事物成形的具体器物状态，被称为"器"。从形而上的角度看，未成形之气都是属于道的，而根据我们以上论述，道本身就是由阴阳所构成的。所以说，形而上就是气的本原状态。从形而下的角度看，阴阳之气以交感原理化生万物，万物都是有形体的，它们可感知的具体器物，都是由气凝聚而成的。换言之，无论是形而上，还是形而下，"气"都是理解它们的密钥。

综上，从万物的本原看，《易传》建构了一幅气化宇宙论图景，天以阴阳二气化生万物，阴阳之气交合便是道。换言之，在《易传》中，"道"与"天"具备相同内涵，都指万物的最初起源。而"一阴一阳谓之道"所描述的是一幅活泼泼的宇宙化生场景，即万物皆气之交合而生。所以，相比之下，我们更赞成戴震的解读。

（二）气、太极与性

关于万物的本原，《易传》又将其称为"太极"。③《易传·系辞上》指出："易有太极，是生两仪，两仪生四象，四象生八卦，八卦

① 王博：《易传通论》，中国书店 2003 年版，第 173 页。
② （清）戴震：《孟子字义疏证》，何文光整理，第 22 页。
③ 纵观《周易》经传，"太极"仅在《易传·系辞上》中出现了 1 次。《易传》本身并没有给予"太极"太多详细的解释和说明。因此，后儒对它的理解和诠释也各异。关于"太极"的解说，综合而看，历史上比较有名的观点，不外乎四种。（1）汉唐诸儒通常将"太极"解读为"气"。（2）汉代有学者将"太极"视为"北辰"。北辰就是北极星。（3）魏晋学人常常将"太极"解读为"无"。（4）宋明理学家常常将"太极"解读为"理"。有学者针对"太极"概念的历史演变进行了梳理和归纳。参见程强《太极概念内涵的流衍变化》，博士学位论文，上海师范大学，2012 年。

定吉凶,吉凶生大业。"那么,"太极"究竟为何意?我们以为,将"太极"解读为"气"比较合理,太极即气,是具有本原意义的气。之所以这样说,理由有两点。

其一,古人以为,"太极"又可以称为"太一",如,虞翻说:"太极,太一也。"①"太极"即"太一",而"太一",《吕氏春秋·大乐》指出:"万物所出,造于太一,化于阴阳。""太一"就是本原的气,它含有阴阳二气,是化生万物的基础。太极即气,即"淳和未分之气"②。孔颖达将"太极"解释为"元气":"太极谓天地未分之前,元气混而为一。"③ 我们以为,《易传》作为秦汉之际儒家的文献,应该也持有此种立场,如,张岱年说:"关于《系辞上》'易有太极'四句,历代注家的解说中,仍以郑玄、虞翻的解说比较正确,最为可取。"④ 也就是说,太极含气,太极即气。

其二,将太极视为气,与《易传》所持的宇宙论有关。《易传》以为,太极分为两仪,或者说,"两仪"指的是太极的两个方面。而"两仪",学术界通常解释为阴阳二气,如,冯达文以为,《易传》中的两仪指阴阳二气。⑤"两仪"实乃阴阳二气,既然"两仪"源自"太极",那么,太极便含气。太极生出阴阳,阴阳化生万物。换言之,太极为宇宙万物之本。万物生存始于气,为此,《易传》提出"精气说":"精气为物,游魂为变。"(《系辞上》)《易传》以为,物含气,气即精气。或者说,生生之物,开始于精气。万物发端于精气。而"精气",就是阴阳二气,孔颖达说:"精气为物者,谓阴阳精灵之气,氤氲积聚而为万物也。"⑥ 精气就是阴阳之气,聚集起

---

① (清)李道平撰:《周易集解纂疏》,潘雨廷点校,中华书局1994年版,第600页。

② (清)李道平撰:《周易集解纂疏》,潘雨廷点校,第600页。

③ 李学勤主编:《周易正义》,北京大学出版社1999年版,第289页。

④ 张岱年:《论易大传的著作年代与哲学思想》,载中国哲学编辑部《中国哲学》(第1辑),生活·读书·新知三联书店1979年版,第130页。

⑤ 参见冯达文《早期中国哲学略论》,巴蜀书社2016年版,第181页。

⑥ 李学勤主编:《周易正义》,第313页。

来便产生万物。显而易见，精气是万物生成的质料，不具有精神的属性。

综上，从生存论的角度说，在《易传》中，阴阳二气交合生物。或者说，气是万物生存的发端，便是太极。太极含气。气或作精气。精气生物"与天地相似"，也就是说，万物发端于精气，这便是"原始反终"。而从人性论的视角看，生存的开端便是性，即"天生之以性"。既然人性和太极皆人生存的本原。由此推知：太极便是性。又，太极含气。故，气与性关联。或者说，性含气。

二　"继之者善也"：天生生不息即善

《易传》说："继之者善也。"多数学者以为，《易传》这句话表达的是性善说。如，徐复观说："性既是'继之者善也'的善的实现，则性当然也是善的。"[1] 余敦康说："《易传》则明确地主张性善论。"[2] 程元敏说："《易传》作者之性善说。"[3] 我们以为，《易传》此处的"善"并非指性之善。

关于"善"，《易传》指出："继之者善也。""善"是"继之者"。《易传》以为，天道能够生生不息，"天地之大德曰生"（《系辞下》），"天地之道，恒久而不已也"（《恒·彖传》）。作为能够生的天是永恒的、永无止境的，这就是天道最大的品德。《易传》以为，这种品德就是"善"。因此，二程对此评价说："天只是以生为道，继此生理者，即是善也。"[4] 天道生生不息就是善，善就是阴阳二气相感生育万物。也就是说，"继之者善也"的"善"并非人性善恶之善，而是《易传》用以称赞天道化生万物的词语。事实上，已经有学者注意到了这个问题。比如，钱穆说："《易传》又即指此连续不断之前进倾向而名之曰善。……所谓善，即指此当前现下一

---

[1]　徐复观：《中国人性论史（先秦篇）》，第 188 页。
[2]　余敦康：《易学今昔》，中华书局 2016 年版，第 112 页。
[3]　程元敏：《先秦经学史》，台北：台湾商务印书馆 2013 年版，第 864 页。
[4]　（宋）程颢、程颐：《二程集》，王孝鱼点校，第 29 页。

种前进不已之性能与动势。"① 按照钱穆的解说，"善"是对生存本原的描述，是天道阴阳交易的生生不息。综上，《易传》以为，天道生生不息，化生万物，天道的这种特点是好的，是值得称赞的，这便是"继之者善"。

三　"成之者性也"：性含阴阳二气

（一）性情与阴阳

关于"性"，《系辞上》明确说："成之者性也。"《易传》以为，性乃成之者。而按照《易传》的宇宙生成逻辑，由太极分化出阴阳二气，阴阳二气相互作用生出万物。所以，作为"成之者"的"性"便自然蕴含阴阳二气。或者说，《易传》将人性视为阴阳二气交易所给定的。比如，欧阳祯人就以为，在《易传》中，"成之者性"的"性"，是指"天道一阴一阳的摩荡"。②

关于"性情"，《易传》说："利贞者，性情也。"（《乾·文言》）利贞就是性情。《易传》又说："保和太和，乃利贞。"（《乾·象传》）利贞源于太和，所以，归根结底，性情亦源于太和。或者说，性情的实质就是太和。而"太和"，根据李镜池的说法，"是阴阳对立而又统一的气"③。太和即气，性情源于太和。所以说，性情的实质就是气。事实上，刘大均已经意识到这一点。刘先生结合《白虎通义·情性》篇指出，《易传》中已经存在以阴阳论性情的思维。他说："性情，亦本作'情性'。性，天性。情，是情意。人禀阴阳而生，故有性情。《白虎通德论·情性》：'情性者，何谓也？性者，阳之施。情者，阴之化也。人禀阴阳之气而生，故内怀五性六情。'"④ 刘大均以为，在《易传》看来，人是禀赋阴阳之气而生的，

---

①　钱穆：《中国学术思想史论丛（二）》，第 40 页。

②　欧阳祯人：《先秦儒家性情思想研究》，武汉大学出版社 2005 年版，第 158 页。

③　李镜池：《周易探源》，第 340 页。

④　刘大钧、林忠军：《周易经传白话解》，上海古籍出版社 2006 年版，第 318 页。

人性也源于阴阳之气。他还引用《白虎通义》作为论证并认为，性含阳气，情含阴气。或者说，《易传》将人性视为由阴阳二气所构成的产物。持有这种观点的还有徐复观。如，徐复观说："（《易传》）是以阴阳言性命""阴阳的变化，是物质性的变化"。① 性与气有关，含阴阳二气。那么，它与善恶有何关系？或者说，在《易传》中，人性是善的，还是恶的？抑或是兼而有之？

（二）阴阳尊卑与性情善恶

《易传》以为，性源于天，天道有阴阳，所以，阴阳生就人性。然而，在《易传》中，乾坤、天地、阴阳等范畴具有不同特点，《易传》指出："乾，阳物也；坤，阴物也。"（《系辞下》）关于"物"，《易传》说："精气为物。"（《系辞上》）物是由气构成的。其中，乾是阳物，坤是阴物。也就是说，乾是阳气，坤是阴气。《易传》说："大哉乾元，万物资始，乃统天"（《乾·彖》），"至哉坤元，万物资生，乃顺承天"（《坤·彖》）。其中，对于"元"字，有学者以为，"元者，气之始也"②。《易传》中所说的乾元指的是乾气，坤元是坤气，而在《易传》中，乾坤分别是阴阳的另一种称呼。"乾元"便指的是阳气，"坤元"便指的是阴气，它们合起来便是宇宙万物化生的物质基础。这种对"乾元"和"坤元"的解读也是与《易传》中的宇宙论思想相契合的。

乾坤即阴阳二气。"（在《易传》中）'乾元'就是阳气之始，'坤元'就是阴气之始。……'太极'（气）是宇宙的本源（元）。"③然而，在《易传》中，阴阳二气的地位并非对等的，它们之间是有差异的。《易传》指出："阴疑于阳必战"（《坤·文言》），"坤道其顺乎，承天而时行"（《坤·文言》），"乾，健也；坤，顺也"（《说卦》），"天尊地卑，乾坤定矣"（《系辞上》）。《易传》以为，阴阳

① 参见徐复观《中国人性论史（先秦篇）》，第 197—198 页。
② （清）李道平撰：《周易集解纂疏》，潘雨廷点校，第 35 页。
③ 崔大华：《〈易传〉的宇宙图景与三个理论层面》，《中州学刊》1994 年第 1 期。

具有不同特点，阳气具备刚、健、高、贵等特点，阴气有柔、顺、贱、低等特点。显而易见，《易传》存在"崇阳抑阴"的思想。朱良志以为，在《周易》经传中，阴阳二气不对等表现在"阳尊阴卑""阳正阴邪""阳强阴弱""阳生阴灭""阳实阴虚"五个方面，并且"崇阳抑阴"弥漫在《周易》经传的伦理思想之中，比如"夫尊妻卑""父贵子贱"等。①

"崇阳抑阴"反映在人性上便是性善恶混论。在《易传》看来，天道有阴阳，人有性情。关于性、情的特点，《乾·文言》说："利贞者，性情也。"孔颖达疏曰："'利贞者，性情也者'，所以能利益于物而得正者，由性制于情也。……'不性其情，何能久行其正'者，性者天生之质，正而不邪；情者性之欲也。言若不能以性制情，使其情如性，则不能久行其正。"② 根据孔颖达的疏解，性是天生的材质，情是材质之性的内容，它是性之欲。或者说，性和情的关系是：情出自性，性是根本。然而，"情"是需要被约束的东西。可见，它是不好的。换言之，人性有消极的东西和积极的东西，它们都是天生的材质。其中，积极的东西是性，消极的东西是情欲。又或者说，情（欲）具备致恶的色彩。

情欲是消极的东西。《易传》言："君子以惩忿窒欲。"（《损·象》）在古人看来，"忿"就是气，庄子说："忿滀之气。"（《庄子·达生》）忿气蕴藏消极意味，它是一种不良之气。在《易传》看来，压制忿气就是抵制邪恶、控制欲望。反之，阴气压制了阳气，柔顺超越了刚强，或者说，不良之气占据了人性的大部分，那么就会招致恶果，甚至带来灾难。《坤·文言》指出："阴疑于阳必战。"《归妹·象》说："无攸利，柔乘刚也。"《系辞下》说："爱恶相攻，而吉凶生。"这从侧面反映了《易传》将人性视为由阴阳二气所构

---

　　① 参见朱良志《刚为〈易〉之魂——论〈周易〉崇阳抑阴的哲学倾向》，《周易研究》1992 年第 1 期。

　　② 李学勤主编：《周易正义》，第 21 页。

成的，也就是说，人性本身兼具善恶。正如陈恩林指出，《易传》所言人性是自然赋予的阴阳善恶潜质。[①]

从儒家气性论的历史发展逻辑来看，先秦孟子将"性"看作善气（类似"浩然之气"）并以为，这类气蕴藏仁义，能够引导人向善。性是善气。所以，孟子的性善论是善气论，故孟子宣扬性善论，倡导养气说。[②] 荀子则将"性"视为"邪气""逆气"（《荀子·乐论》），性即邪恶之气或致恶之气。所以，荀子鼓吹性恶论，宣扬"治气"以及"修身说"。（《荀子·修身》）[③] 可见，《易传》以阴阳论证人性，并以为人性兼具善恶两种倾向，这种"性善恶混论"显然是对孟子性善论和荀子性恶的吸收、继承和发展。换言之，《易传》性之善恶相混说是杂糅孟荀二子人性思想的结果。[④] 从此之后，古代儒家人性论便步入了汉儒性善恶混论的阶段。如董仲舒、扬雄、王充等全部坚持性善恶混论，其性善恶混论，说到底便是善气、恶气混杂论。

综上，性是善恶相混的气。这便是性善恶混论。如此，人性自然就需要改造和引导。那么，怎样对人性之气进行改变？

第三节　"神道设教"：《易传》的教化学说

从性善恶混的角度说，修身不仅要存善性（善气），还有抵制恶

①　参见陈恩林《论〈易传〉的人性善恶统一说》，《周易研究》2014 年第 5 期。

②　参见任鹏程、沈顺福《浩然之气即性》，《东岳论丛》2017 年第 12 期。

③　参见任鹏程《试论荀子"以气释性"的思想逻辑》，《管子学刊》2020 年第 2 期。

④　《易传》人性说是综合孟荀二人思想的结果，这种观点的得出与《易传》的成书时间也有关系。比起单独每篇研究《易传》的完成时间，我们更愿意将《易传》视为一个整体来看。有学者以为，《易传》的完整成书应该在孟荀二人之后，它是秦汉之际的儒家作品。例如，刘纲纪说："《周易》中的传……其写成当在《荀子》成书之后……时代的下限约在秦末汉初。"刘纲纪：《〈周易〉美学》，武汉大学出版社 2006 年版，第 2 页。在这里，我们采取此种观点。

性（恶气），以改造人性，这便是教化。为此，《易传》提出"神道设教"①："观天之神道，而四时不忒，圣人以神道设教，而天下服矣。"（《观·象传》）圣人效法天道创制教化。那么，教化的内容有哪些？它们是怎样作用于人性的？

一 "先王以作乐崇德"：《易传》的乐教思想

（一）乐与气

乐是先王教化民众的重要手段。《豫·象》指出："先王以作乐崇德，殷荐之上帝，以配祖考。"《易传》以为，乐最初用来祭祀天地，沟通鬼神和祖先。随着时间变化，后被用作抒发人的情感，先王作乐也是为了成就人的德性。

那么，"乐"产生的哲学基础是什么？《易传》以太极（"太一"）作为宇宙的终极本原。稽考先秦典籍，非常类似的是，关于"乐"的起源，《吕氏春秋·大乐》言："音乐之所由来者远矣：生于度量，本于太一。"《吕氏春秋》以为，音乐本源于太一，而"太一"，《吕氏春秋》以为，"太一出两仪，两仪出阴阳"（《吕氏春秋·大乐》）。可见，太极含气，是一种阴阳未分的混沌之气。所以说，《吕氏春秋》以为，气是音乐产生的最终根源。又或者说，音乐是气的产物。比较《吕氏春秋》《易传》的语言表述，我们发现，《易传》所持的宇宙观与《吕氏春秋》十分相似。《易传》也言"太一"，"太一"在《易传》中或称为"太极"。而太极，是万物的本原并含气。太极即气。换句话说，《易传》和《吕氏春秋》都是立足气化宇宙论的思维角度探讨艺术产生的根源。因此，我们推断：《易传》以为，乐起源于太极，又，太极含气。所以，乐含气。

乐含气。以十二律吕为例，根据《周礼》载，乐律起源于天道，

---

① 根据郑万耕的说法，"神道设教"最初起源于古代祭祀，表现了古人对天地鬼神的尊崇，后来它被用作教化的手段。参见郑万耕《"神道设教"说考释》，《周易研究》2006 年第 2 期。

且与气论有关。气是律的产生泉源。其中，六律的属性是阳气，它们是阳气的产物，六吕的属性是阴气，它们是阴气的产物。① 而阴阳二气，在《易》中又称为乾坤之道。所以，"六律"属于"乾律"，"六吕"属于"坤律"。《汉书·律历志》载"乾律黄钟之一"，"坤吕林钟之长"可为之旁证。《易》中的乾坤二卦与律之阴阳有关。《豫·象》指出："豫。先王以作乐崇德。"其中，"豫"字，《尔雅·释诂》说："豫，乐也。""豫"字有"乐"的含义。乐即快乐。《乾·文言》说："乐则行之，忧则违之。"当人们心情喜悦的时候，会情不自禁地手舞足蹈，反之，人们心存忧虑也会表现在形体上，这便是："鼓之舞之以尽神。"（《易传·系辞上》）先王根据这个原理创作乐舞以安顿人情，这便是艺术之乐。而《易传》倡导将艺术之乐贯穿于人的日常生活之中，它指出："君子以饮食宴乐。"（《需·象》）君子饮食活动也需要乐。那么，乐气与性气如何发生关联？或者说，乐教的原理是什么？

（二）气、感通与乐教

关于教化实施的机制，《咸·象》指出："圣人感人心而天下和平。""感"是圣人施行教化的原理。感的方式便是乐教。正如刘纲纪指出："《周易》'咸'卦中说'圣人感人心而天下和平'……'乐'正是'圣人'用以'感人心'的十分重要的东西。《周易》中的这句话看来是概括荀子《乐论》的思想而提出的。"② 在儒家哲学史上，荀子将"性"视为"邪气""逆气"："凡奸声感人而逆气应之……正声感人而顺气应之。"（《荀子·乐论》）荀子以为，美好的音乐可以压制人们身上的邪气（"逆气"），激发人们身上的善气（"顺气"）。

---

① 如，《周礼》指出："大师掌六律六同，以合阴阳之声。阳声：黄钟、大蔟、姑洗、蕤宾、夷则、无射。阴声：大吕、应钟、南吕、函钟、小吕、夹钟。"（清）孙诒让撰：《周礼正义》，王文锦、陈玉霞点校，中华书局 2013 年版，第 1832 页。由此可见，古人以为，乐是由音律所构成的，而音律则含气。

② 刘纲纪：《〈周易〉美学》，第 182 页。

这种教化理论在《易传》中也有所展现。《豫·象》指出："先王以作乐崇德。"先圣通过作乐使人成德，这便是以乐教实现治情。紧接着，《易传》说："同声相应，同气相求。"（《乾·文言》）同种声音能够相互响应，同种气能够相互迎合，这便是"同类相感"。从气化宇宙论的视角看，《易传》以为，乐气与性气都源于太极之气。乐饱含阴阳之气，人性亦含阴阳之气。因此，通过同气相求（声气相感）的原理，艺术之乐就能够矫治人性。也就是说，乐之阳气招引人之阳气。《易传》以为，先贤通过作乐帮助人们成德，这便是以乐道成就德性。《易传》尤其强调"气"的感应与沟通。[①] 它以为，阳气刚健代表君子，阴气柔顺则象征小人。做人保持性之阳气，远离外部阴气的侵袭，不聆听淫荡之音，久之就具刚健之德，接近君子人格，这便是："内阳而外阴；内健而外顺。内君子而外小人，君子道长，小人道消也。"（《泰·象》）反之，人身上的阴气如果集聚过多，阳气就逐渐削弱，那么就易导致气质柔弱，容易走向小人之道。《否·象》指出："内阴而外阳，内柔而外刚，内小人而外君子。小人道长，君子道消也。"可见，《易传》以为，人的性情有刚正，亦有邪恶。做人不能够任由情欲放肆，而要对其抑制和矫正，让人性中的刚正、仁义逐步占据主导地位，从而使得人性走向正道。而矫正人性的方式便是乐教，乐教以感应的形式作用于人性，在这种感应活动中，主体便是气，即只有气才会产生感应。这再次证明：在《易传》中，养性或变性其实便是涵养或变化气质。

性含气。气有阴阳，性有善恶。或者说，人天生就带着善恶潜质或资质。为此《易传》倡导："君子以遏恶扬善，顺天休命。"（《大有·象》）

---

① 刘耘华以为，《易传》中的感应思想分为两类，即同类相感和异类交感，无论是哪种感应方式，其中，气贯穿天人，它是感应之所以发生的核心依据。参见刘耘华《〈易传〉的"天人感应"论及逻辑依据》，《浙江学刊》2016 年第 3 期。

二 "君子以非礼弗履"：《易传》的礼教思想

《易传》以为，圣人效法天道创制的教化，除了乐教之外还有礼教。

那么，礼是怎么起源的？一方面，《易传》从宇宙万物生成的角度论证了儒家之礼的缘起。《序卦》指出："有天地然后有万物，有万物然后男女，有男女然后有夫妇，有夫妇然后有父子，有父子然后有君臣，有君臣然后有上下，有上下然后礼仪有所错。"天地为礼数创制的最终根源。而"天地"，是与阴阳、乾坤、太极等范畴同义的词，实质即气。《易传》从自然现象中感悟尊卑之道创制礼数。《履·象》说："上天下泽，履，君子以辨上下定民志。"在自然界中，天高高在上，泽水卑微在下。天居高位，所以，它是尊贵的，相比之下，地处于低位，是卑微的。换言之，天地之间存有尊卑之序。《易传》以为，圣人效法天地自然之道，以尊卑之义造就了人文典章制度。然而，无论是站在哪种视角看，礼的最终依据都是天。所以说，"天"是《易传》之礼的理论根基。

从人性论角度看，《损·象》说："山下有泽，损。君子以惩忿窒欲。"孔颖达疏曰："夫人之情也，感物而动，境有顺逆，故情有忿欲。"① 根据孔颖达的注疏，人出生以后，容易受到外界的牵引，这便是"感物而动"。然而，诱发人性的因素有顺、有逆。所以，人便会释放出情欲，忿怒扰乱人的性情。因此，《易传》倡导人们要克制忿怒、约束欲望、拒绝贪欲。具体的办法便是遵循礼教，礼教能够节制人们的欲望，规范人们的道德。换言之，人们欲望的减损就是道德的增益，这便是《损卦》所要表达的道德意蕴。

同时，《易传》将气之阴阳引入伦理价值之中。《易传》以"阳尊阴卑"强调贵贱有序，比如它认为，君为阳义，夫为阳义，臣为阴义，妻为阴义，尊者为阳，卑者为阴。所以，臣要忠君、妻要从

---

① 李学勤主编：《周易正义》，第202页。

夫。换言之，具有物质属性的阴阳之气被《易传》贴上了伦理的标签。① 礼数贵在躬行实践。《大壮·象》曰："君子以非礼弗履。"②不符合礼仪的事情就不要做。《易传》还指出，礼仪的推广要从家庭开始，逐步延展至国家。它说："正家而天下定。"（《家人·彖》）更重要的是，礼仪践履不仅是一种形式化的流程，而且要出自内心的恭敬和谦虚。《易传》指出："礼言恭，谦也者"（《系辞上》），"谦以制礼"（《系辞下》）。做人要操持谦虚的态度。《易传》倡导"人道恶盈而好谦"（《谦·象》）。为人应该谦虚。《易传》敬重谦虚的美德。《谦·象》说："劳谦君子，万民服也。"君子能够始终保持谦虚。所以，他们能够承担教化的重任。

综上，礼就是社会规范、规章制度。《易传》通过礼教约束人们的生活、维系人际关系、安定民众的性情。简言之，礼教使得人们的生活逐步走向制度化。

三 "美在其中而畅于四支"：教化的结果

《易传》以天道创制教化，那么，教化能够达到什么效果？

《易传》以为，气并非僵化的、凝固的，而是流通的、流动的。《易传》将"气"的这种特点称为"通"。《说卦》指出："山泽通气，然后能变化，既成万物也。"气的流通能够生成万物。反之，如果气不通达，则万物不能繁育。这便是"天地不交，而万物不通也"（《否·彖》）。气的流动、通达对于宇宙演化尤为关键。而"通"与

---

① 在《易传》中，我们可以看到大量以天道阴阳强调尊卑贵贱的句子。如，"阴虽有美，含之，以从王事，弗敢成也"（《坤·文言》）。"知崇礼卑，崇效天，卑法地。"（《系辞上》）

② 《周易》中有多个卦和爻辞强调礼仪制度。比如，《序卦》说："《履》者，礼也。"在马王堆帛书《易》之中，"履"字皆写作"礼"。另外，《说文》："履，礼也。"《荀子·礼论》："礼者，人之所履也。"这就说明，在古代，履、礼两者之间相通，甚至履就是礼。《履卦》的含义就是关注礼教。《易传》如此关注礼仪制度，强调尊卑有序，这与儒家伦理的核心精神相通。可见，《易传》是儒家典籍。

"畅"有关。"畅"字，《玉篇》曰："畅，达也，通也。"①"畅"就是通顺、顺达。因此，我们常常将"通""畅"连用，形成"通畅"一词。《易传》尤其关注气的流通、通畅。《坤·文言》指出："美在其中而畅于四支，发于事业。"孔颖达疏曰："有美在于中，必通畅于外。"② 在《易传》看来，天以阴阳二气交合生物，人身上蕴含气。气能够充沛于人的肢体，表现于人的容貌，显现于人的行、事上，这就是人格之美的最高境界。其实，在孟子那里便存在这种思维，即气能充足人的形体，表现在人的容貌上，并且这种现象的呈现是自然的，而非有心和刻意，孟子将其称为"生色"："睟然见于面，盎于背，施于四体。"（《孟子·尽心上》）《易传》"美在其中而畅于四支"的主张显然继承了孟子以气论性的思路，并且《易传》以为，"往来不穷谓之通"（《系辞上》），"物不可以终通"（《序卦》）。意思是说，气的通畅极为重要，并且不能够终止。

《易传》以为，"感而遂通天下之故"（《系辞上》）。人性（气）源自天，与天道相通。其中，既有善的成分，也有恶的成分。但是，通过感应能够扩充人之善性，抑制人之恶性，从而使人性呈现"和"的状态。《乾·彖》指出："保合大和，乃利贞。"《乾·文言》指出："和顺于道德而理于义。""和"又表现为"中正。"《易传》以为，"大人"便是中和之美的人格代表。《乾·文言》指出："刚健中正。"《讼·彖》说："利见大人，尚中正也。""中正"便是和谐。古人以为，"和"是万物的协调及其状态，侧重的是阴阳二气的有序。《易传》以为，教化能够实现天道、地道、人道之间的沟通，最终实现与天地合德的境界。《乾·文言》说："夫大人者，与天地合其德。"气达到和的方式便是感。这种以气贯通天、地、人三者的做法深深影响了后世儒学的发展方向，如，董仲舒说："气畅于天。"（《春秋繁露·执贽》）董仲舒以为，人、气和天是能够相互沟通的，

---

① （梁）顾野王撰：《大广益会玉篇》，吕浩校点，中华书局 2019 年版，第 1010 页。
② 李学勤主编：《周易正义》，第 32 页。

沟通的物质基础便是气。刘向说："畅乎体，形乎动静。"（《说苑·修文》）气不仅源于天，而且充溢人的肢体，在人体内流动，这些说法显然是对《易传》思想的进一步继承和发挥。

概言之，《易传》效仿天道，创制教化，从而使得性之气达到和的状态，最终实现天人合德的理想境界。这就是教化的意义。

第四节　本章小结

通过本章探讨，我们得出四点结论。首先，就人性的起源看，《易传》继承了孔子"性与天道"的致思逻辑，将人性问题统摄于宇宙论视野下进行考察。《易传》以为，"人性"与"天"密切关联，而"生生"，是天道的核心要义，也是天最大的品德。而《易传》以为，天之所以能够生，究其缘由，是气。天含气。气即阴阳之气。阴阳二气交合生物。生生之道即异类之气的交感。换言之，万物在阴阳之气交合中而生。这种生存的发端便是性。由此，《易传》将天道和人性的关系打通。

其次，在《易传》中，作为万物本原的天，与"太极"或"道"等范畴的内涵具有一致性。《易传》认为，它们皆含气，气是构成万物的材料，也是人性形成的基础。性含气。然而，《易传》充满"阳尊阴卑"的思维，《易传》将阳气视为尊贵的、积极的东西，将阴气视为卑贱的、消极的东西，并认为，阳气引发刚健之德，阴气容易逸于情欲。也就是说，气（阴阳）是人性或善或恶的物质基础。所以，《易传》中的气性论是一种善恶兼具说。

再次，人性之气蕴含善恶双重潜质。《易传》为此创制乐教和礼教。就乐教而言，《易传》以为，乐是气的产物。乐含气，即阴阳二气。同时人性之气亦包含阴阳两部分，所以，通过同气相求（同类相感）的机制，乐之阳气能够引发人性之阳气。也就是说，气以感应的方式作用于人性。就礼教而言，《易传》以为，礼教的产生是为了克制人的欲望，换句话说，礼教能够压制人性之中的不善之气。就礼乐之教的效果来说，人们通过接受乐教和礼教的洗礼，人性之气能够达到的状态，和就是气的和谐。《易传》以为，性气之和能贯穿人的躯体，表现在人的容貌上，实现人性与天的沟通。

最后，从气性论的发展历史看，《易传》以气（阴阳）论性至少具有两个方面的意义。一方面，"以气释性"是儒家的历史传统，先师孔子谈性与气挂钩，郭店儒简将"情气"视为性。孟子将性视为善气，提倡性善论。荀子将性视为恶气，宣扬性恶论。到了《易传》时期，《易传》认为，人性源自天道。性是由气（阴阳）相混合而成的，自然兼具善恶之质，这种做法有调和孟荀的意味，影响也是极为深远的，它不仅为《礼记》所承袭和发扬，而且直接开启了汉代从气化宇宙论视角以阴阳二气讨论性情问题的大门。①

———————

① 参见任鹏程《〈易传〉以气论性的人性论探析》，《周易研究》2018 年第 12 期。观察汉代儒家对于人性问题的考察，我们便会发现，汉代儒者普遍站在宇宙论视角下审视人性问题。在他们看来，天赋予人的性，不仅包括人性的善恶，而且包括人的身体，这两者都与气（阴阳）密切相关。又或者说，气（阴阳）不仅是构成人性或善或恶的质料，而且也是构成人的躯体的物理性材质。

第 六 章

《礼记》的气性论思想

　　《礼记》是儒家哲学中的重要典籍①，今本《礼记》是一部"杂凑"之学。②《礼记》谈及人性的语句比较零散，在各个篇章均有所

---

　　①　一般来说，《礼记》分为《大戴礼记》和《小戴礼记》，《大戴礼记》由西汉戴德编撰，而《小戴礼记》则由戴圣编撰。通常而言，我们所说的《礼记》指《小戴礼记》。诸如，冯友兰说："一般所说的《礼记》就是《小戴礼记》。"冯友兰：《中国哲学史新编》（中），第88页。有趣的是，其中，《礼记》中的《大学》《中庸》两篇论文被南宋儒者朱熹单独摘取出来，与《论语》《孟子》合称为"四书"。宋代以后，"四书"成为科举考试的必考范围，伴随着《中庸》《大学》地位的提升，《礼记》的研究也越来越受到儒者们的关注。

　　②　根据龚建平的说法，《礼记》共有49篇学术论文构成。其中，部分文章篇幅较长而被分成两篇。所以说，《礼记》实则共有46篇文章。参见龚建平《意义的生成与实现——〈礼记〉哲学思想》，商务印书馆2005年版，第55页。关于《礼记》所收录46篇论文的作者与年代问题也是学术界的争议话题。尤其以《中庸》《大学》《乐记》等篇章的讨论最为火热。《礼记》所收录论文的作者是谁？它们又具体作于何时？这些问题学界至今仍存在很大分歧和争议。龚建平、王锷已经对此进行过系统梳理。参见龚建平《〈礼记〉的成书年代与思想定位》，载《意义的生成与实现——〈礼记〉哲学思想》，第6—55页；王锷《〈礼记〉成书观点综述》，载《〈礼记〉成书考》，中华书局2007年版，第283—299页。在这里，我们接受学术界较为传统的观点以为，《礼记》是由汉代学者戴圣所编撰汇集而成的，是一本学术论文的汇编集。比如梁启超就说："此书（《礼记》）为战国及西汉之'儒家言'丛编。"梁启超：《读书指南》，中国言实出版社2014年版，第7页。本书在写作的时候，更加倾向将《礼记》收录的论文视为一个整体进行研究，而不对每篇的具体年代进行详细考察。我们认为，《礼记》虽然思想内容较为驳杂，但仍是以儒家思想为主干的。所以，它是一部儒家典籍，这是毫无疑问的。

涉及，并且立足天人视域对性、心、情、欲、气、乐、政（教）等话题进行了广泛讨论。特别是《礼记·礼运》将人视为"五行之秀气"，认为气是构成人的物质材料。那么，人性有哪些特点？性、气、心、情、欲、乐、教等范畴之间的逻辑联系是什么样的？本章讨论这些问题。

第一节　天人视角下的人性说

什么是性？《礼记》言："天命之谓性。"（《礼记·中庸》）性与天有关。那么，"天"有哪些内涵？这是研究《礼记》人性论首先要回答的问题。

一　《礼记》的宇宙论思想

关于"天"，《礼记》以为，天能生物。它说："天之生物。"（《礼记·中庸》）《礼记》谈"天"时常捎带"地"，它说："天地之道，可一言而尽也。"（《礼记·中庸》）"天地合而后万物兴焉。"（《礼记·郊特牲》）我们以为，这段可视为《礼记》宇宙论的纲领，至少包含三层含义。

首先，关于对"天地"的理解。《礼记》说："地气上齐，天气下降。""天"和"地"皆具有物质属性，本身便是气。气即自然之气，阴阳二气便是气的形态。《礼记》说："生气方盛，阳气发泄。"（《礼记·月令》）阳气是一种生气，能使万物生长。相反，"气衰则生物不遂"（《礼记·乐记》），"阳气日衰，水始涸"（《礼记·月令》）。阳气的衰落能够致使万物凋零。同时《礼记》以为："孟秋行冬令，则阴气大胜。"（《礼记·月令》）它还说："春气"（《礼记·月令》），"秋气"（《礼记·月令》），"寒气总至，寇戎来征"（《礼记·月令》），"暖气早来，虫螟为害"（《礼记·月令》）。气有寒气、暖气、春气、秋气等，这些都是自然之气。《礼记》还指出：

"阴阳和而万物得。"(《礼记·郊特牲》)阴阳二气相合即和气。和气生物。如:"笾豆之荐,四时之和气也。"(《礼记·礼器》)简言之,气是构成万物的材料。

其次,关于万物产生的原理和机制,《礼记》说:"地气上齐,天气下降,阴阳相摩,天地相荡,鼓之以雷霆,奋之以风雨,动之以四时,暖之以日月,而百化兴焉。"(《礼记·乐记》)天含阳气,地含阴气,天气下降,地气上升,阴阳之气开始相互磨合,出现雷霆、风雨、四时、日月以及万物。也就是说,天地之气(阴阳二气)交合化生万物。所以,《礼记》得出结论:"天地不合,万物不生。"(《哀公问》)《礼记》还指出,天气和地气的运行是有方向的,通常来讲,地气开始上升,天气开始下降,天地之气便能相互交感,万物方能繁育兴盛。这便是"天气下降,地气上腾,天地和同,草木萌动"(《礼记·月令》)。反之,如果天气开始上升,地气开始下降,则天地之气不能够交通,万物也不能苗壮成长,这便是"天气上腾,地气下降,天地不通"(《礼记·月令》)。可见,物质之天是天生物的基础,天生物彰显了物质之天的意义。

最后,《礼记》以为,天气生物,气也含有道德意味。也就是说,天是伦理之天。它说:"天地严凝之气,始于西南,而盛于西北,此天地之尊严气也,此天地之义气也。天地温厚之气,始于东北,而盛于东南,此天地之盛德气也,此天地之仁气也。"(《礼记·乡饮酒义》)天地有严肃凝重之气、尊严之气、温厚之气、仁义之气、盛德之气等。其中,严凝之气开始于西南,兴盛于西北,体现了天地的尊严和道义,可以被称为天地尊严之气、天地之义气。天地温厚之气开始于东北,兴盛于东南,彰显了天地的厚德,可以被称为天地之仁气,并且《礼记》以为,这些气还与方位和四时相关。它说:"阳气之发于东方也。……东方者春……产万物者圣也。南方者夏……养之、长之、假之,仁也。西方者秋,秋之为言愁也……守义者也。北方者冬,冬之言中也,中者藏也。"(《礼记·乡饮酒义》)阳气位于东方,属于四时之春季,春季生养万物,所以阳气具有圣的品质，南方含有仁气，属于四时之夏季，夏季养长万物。义气位于西方，西方属于四时之秋季，秋季收获万物。简言之，在《礼记》中，四时之气含有伦理属性。

二 性出自天

关于"性"，《礼记》说："天命之谓性。"（《礼记·中庸》）天道在人便是性。换言之，"《礼记》中以'天'为'性命根源'。……就人而言，人处于天道运行之中，禀受人性而成为其人；就'天道'而言，天道著落于人，显现为人的性命本质，故人性即是天道在人之呈现；就'天道'与'人性'关系而言，'天道'为人的性命根源，而'人性'体现了'天道'"①。天是人性的根源。而"天"，《礼记》说："诚者，天之道也"，"自诚明，谓之性"。（《礼记·中庸》）诚即天道。性便是诚。

源自天的人性是一种材质。《礼记》载："天之生物，必因材而笃焉。"（《礼记·中庸》）性是材质。比如："中国、戎夷五方之民，皆有性也。"（《礼记·王制》）《礼记集解》注曰："性，质也。各有性，若北方刚劲，南方柔弱是也。"②《礼记》以为，天性便是材质，材质具有不同特点，比如北方的人比较刚劲，南方的人比较柔弱。性具有材质义。然而，《礼记》又说："凡居民材，必因天地寒暖燥湿。广谷大川异制，民生其间者异俗。"（《礼记·王制》）居住在不同地域环境的人，会受到环境影响，以致人性形成不同的特点。由此可见，人之材性容易受外部环境的影响。

《礼记》指出，人性不仅是材，且与气有关。材质含气。《礼记》将人视为"五行之秀气"，并将人视为"天地之心"。它说："故人者，其天地之德，阴阳之交，鬼神之会，五行之秀气也。"

---

① 傅玲玲：《由〈礼记〉之'天'观念论其中人文精神》，《哲学与文化》2007年第10期。

② （清）孙希旦撰：《礼记集解》，沈啸寰、王星贤点校，中华书局1989年版，第359页。

"人者，天地之心也。"（《礼记·礼运》）《礼记》以为，与其他物类相比，人身上含五行之秀气。"五行之秀气"，孔颖达疏曰："仁义礼智信，是五行之秀气也。"① 这意味着，人身上含有善的潜质或资质。《礼记》进一步指出，人身上所含的气会通过人的形体表现出来。比如："目者气之清明者也。"（《礼记·郊特牲》）人的眼睛本来含有清明之气。反之，如果人身上的气发生变化，那么人眼睛的颜色也会发生改变。比如："黄目，郁气之上尊也。"（《礼记·郊特牲》）人亦有和气。"孝子之有深爱者，必有和气。"（《礼记·祭义》）人之和气与情感有关。总的来说，《礼记》以为，气是构成万物的材料。人也由气构成，构成人的气源于天，故二者有相同的本质。天与人皆由气成，这便是天人同气说。

概言之，《礼记》以为，天以气化生万物，人亦是天的产物。所以，人身上自然含气。那么，人身上所含的气与善恶有何关系？

第二节　善恶之性与气

一　性与善恶

人性有哪些特点？或者说，人性包含哪些内容？《礼记》指出："人生而静，天之性也。感于物而动，性之欲也。物至知知，然后好恶形焉。好恶无节于内，知诱于外，不能反躬，天理灭矣。"（《礼记·乐记》）从这段看，《礼记》以为，人性生来的状态是"静"的，这是人的天性。人出生之后，人性便会受到外物的诱导，进而呈现不同的形式，如好恶喜怒等，《礼记》将它们称为"性之欲"，并认为，欲要受到一定程度的节制，否则的话，会导致天性的毁伤。

《礼记》以为，人性是"静"的。而"静"，学界解读各异，有两种观点比较有代表性。

---

① 李学勤主编：《礼记正义》，北京大学出版社 1999 年版，第 690 页。

其一，以朱熹为代表的理学家普遍把"静"理解为具有本体意味的"理"。《朱子语类》载："'人生而静'，此'生'字已自带气质了。'生而静以上'，便只是理，不容说；'才说性时'，便只说得气质，不是理也。"① 在朱熹看来，人生而静便是"理"的状态。"理"是超越的，相比较而言，"气"是有形的。两者的关系是："才有天命，便有气质，不能相离。……既有天命，须是有此气，方能承当得此理。"② 也就是说，理在气之中，或者说，气之中含理。同时，朱熹以体用论的思维模式将"性"视为"理"，将情欲视为气的产物。他说："才说人欲，便是气也。"③ 人的私欲有碍理的呈现。"做到私欲净尽，天理流行，便是仁。"④ 因此，在朱熹看来，《礼记》以人生而静为性，实则是以理为性，性即理，理即仁义，所以，《礼记》所持的是一种性善论。

其二，"静"是相对于"动"而言的一种未发的状态，孔颖达《礼记正义》疏曰："言人初生，未有情欲，是其静禀于自然，是天性也。……其心本虽静，感于外物，而心遂动，是性之所贪欲也。自然谓之性，贪欲谓之情。是情、性别矣。"⑤ 按照孔颖达的解说，人初生的时候并没有情欲，这是人性的自然状态。人性未发的时候，人的情欲并没有外化出来，当人心受到外物诱导，内在之性便外化为情，也就是说，人情即人性。在孔颖达看来，人情有善亦有恶。所以，人性便有善，亦有恶。换言之，人性是善恶兼具的。另外，《中庸》说："变则化。"《礼记正义》疏曰："变，改恶为善也。变而既久，遂至于化。"⑥ 意思是说，人性之中蕴藏恶的潜质，要对其施加后天的教化。

① （宋）黎靖德编：《朱子语类》，王星贤点校，第 2431 页。
② （宋）黎靖德编：《朱子语类》，王星贤点校，第 64 页。
③ （宋）黎靖德编：《朱子语类》，王星贤点校，第 68 页。
④ （宋）黎靖德编：《朱子语类》，王星贤点校，第 117 页。
⑤ 李学勤主编：《礼记正义》，第 1084 页。
⑥ 李学勤主编：《礼记正义》，第 1449 页。

我们以为，将"理"视为事物之所以然者，并且在本体论意义上使用，两汉儒家学人或许未有此种观念。从文字学角度看，"理"字，《说文》曰："理，治玉也。"①"理"的本义是玉石的纹理。后来，人们将"理"引申为道德规范。如，黄宛峰说："《乐记》所谓的'天理'就是'人道之正'，即做人的规范。"②可见，"理"本身并不含有什么形而上的思辨意味。因而，理学家们以体用思维解读《礼记》人性论，或许并不能符合《礼记》原义。那么，是什么导致"性"由"静"变为"动"的？

二　心与性情

在古人看来，"心"和性情密切相关。郭店儒简《性自命出》指出："四海之内，其性一也"，"人之虽有性，心弗取不出"，"心亡奠志"。儒简以为，人天生之性都是相同的，人性表现出来便是情，情的展现有赖于心的发动。而心的发动又有赖于外物的诱导，但是人心并没有固定的志向，因此人情也不尽是相同的。心、性、情、物便这样关联起来。

针对心、物、性、情之间的关系，《礼记》指出："人心之动，物使之然也。"（《礼记·乐记》）又说："感于物而动，性之欲也。"（《礼记·乐记》）《礼记》以为，外物诱导人心发生变化，人心变化引起人性变化。换言之，"心"是人的性情表现出来的枢纽。然而，《礼记》接着指出："夫物之感人无穷，而人之好恶无节，则是物至而人化物也。人化物也者，灭天理而穷人欲者也。"（《礼记·乐记》）对比两段文字，《礼记》的观点与《性自命出》非常相似，它们都以为，人性源于天，外物诱导人心，性表现于外便是情。所以说，性实际上指的是人情。可见，《礼记》的性情说继承了郭店儒简

---

① （汉）许慎撰：《说文解字》，（宋）徐铉校订，第12页。
② 黄宛峰：《礼乐渊薮：〈礼记〉与中国文化》，河南大学出版社1997年版，第144页。

的性情论。①

　　然而，《礼记》以为，"心"有不同的表现形式，有积极的和消极的两类。就积极方面而言，《礼记》指出："有祷祠之心"（《礼记·檀弓下》），"有哀素之心"（《礼记·檀弓下》），"有敬心"（《礼记·檀弓下》），"孝心"（《礼记·檀弓下》），"礼义忠信诚悫之心"（《礼记·檀弓下》），"怵惕之心"（《礼记·祭义》），"凄怆之心"（《礼记·祭义》），"肃敬之心"（《礼记·礼器》）等。《礼记》或许受到孟子"存心说"②的影响，针对这类心，它强调要"存心"（《礼记·学记》）③，意思是说，要对善心加以存养。另外，就消极方面而言，《礼记》指出："悖逆诈伪之心"（《礼记·乐记》），"鄙心"（《礼记·缁衣》），"心志嗜欲不忘乎心"（《礼记·祭义》）等。《礼记》或许是受到荀子"治气养心说"④的影响，针对这类心，《礼记》倡导，用礼来改造它们，这便是"礼节民心"（《礼记·乐记》）。所以，《礼记》最终指出，"美恶皆在其心"（《礼记·礼运》），意思是说，人之好恶集结于心。

　　因为心有不同的表现形式，并能决定人之性情的展现，所以，在《礼记》看来，人情也有不同的内容。那么，在《礼记》之中，人情具有哪些特点？

　　《礼记》对"情"作出了明确定义，它指出："何谓人情？喜、怒、哀、惧、爱、恶、欲，七者弗学而能。"（《礼记·礼运》）人情有七种，分别是喜、怒、哀、惧、爱、恶、欲，此即"七情"，并且

———————————

　　①　针对《礼记》和郭店儒简两者之间的关系，相关研究成果可以参见李学勤《郭店简与〈礼记〉》，《中国哲学史》1998年第4期；龚建平《郭店简与〈礼记〉二题》，《武汉大学学报》（哲学社会科学版）1999年第5期。

　　②　孟子以为，君子异于常人之处便是存养心，他说："君子所以异于人者，以其存心也。"（《孟子·离娄下》）

　　③　《礼记》指出："存其心也。"（《礼记·学记》）可见，《礼记》号召人们要存养具有积极意义的善心。

　　④　荀子的"治气养心之术"出自《荀子·修身》篇章，另外在《荀子·解蔽》篇中，荀子也强调"治心"。由此可见，在荀子看来，人心蕴藏消极的内容。

七情是天生固有者，并非后天学习所获。事实上，《礼记》的"七情说"十分类似荀子的观点。在荀子看来，性出自天，情源自性，并且情有七种，它们是自发的。然而，欲是情的核心内容。他说："性者，天之就也；情者，性之质也；欲者，情之应也。"（《荀子·正名》）性、情、欲三者是统一的。具体来说，人欲表现为眼睛喜欢美色，耳朵喜欢美声，嘴巴喜欢美味，心灵爱好利益，肢体喜爱舒适等。荀子以为，人的情欲都是天生的，但是毫无节制顺从它们，便会引起祸患和灾害。所以，荀子将它们视为恶端，进而提出性恶说。《礼记》接续了荀子的逻辑思路，它指出："夫民有血气心知之性，而无哀乐喜怒之常。"（《礼记·乐记》）七情的表现是无常态的，并没有固定的形式可以循，顺从人情就是满足人的大欲。《礼记》说："饮食男女，人之大欲存焉；死亡贫苦，人之大恶存焉。"（《礼记·礼运》）《礼记》将情欲视为人性的恶端，并且强调："变则化。"（《礼记·中庸》）"人之大欲""人之大恶"可以变化。《礼记正义》疏曰："变，改恶为善也。"① 意思是说，人性之中蕴藏恶的潜质，要对其进行教化和规范。

仍需注意的是，在《礼记》看来，"恶端"并不是人性的全部内容。《礼记·乐记》指出："德者，性之端也。""端"就是开始、初始。《礼记》将道德视为人性的开端。我们知道，就人性而言，孟子最讲求"端"，他以为，人性天生有四个端，这便是仁之端、义之端、礼之端与智之端。而端又具体表现在心，端有四个，因此心也有四种。孟子以为，人天生具有四种心，它们是恻隐之心、羞恶之心、辞让之心以及是非之心，它们分别可以长出仁义礼智。所以，这四种心是仁义礼智的基础（《孟子·公孙丑上》）。《礼记》将道德视为人性的开端，这些道德便是人义。它说："凡人之所以为人者，礼义也。"（《礼记·冠义》）"故礼义也者，人之大端也。"（《礼记·礼运》）人之所以为成为人，最根本的原因在于人有礼义，这是人区别于禽兽的

---

① 李学勤主编：《礼记正义》，第 1449 页。

标志。人义是人性的开端。那么，什么是人义？《礼记》接着说："何谓人义？父慈、子孝、兄良、弟弟、夫义、妇听、长惠、幼顺、君仁、臣忠，十者谓之人义。"（《礼记·礼运》）可见，人义的内容比较丰富，有十种之多。《礼记》进一步指出："无别无义，禽兽之道也。"（《礼记·郊特牲》）"人以有礼，知自别于禽兽。"（《礼记·曲礼上》）《礼记》更是将人伦视为人与禽兽的区别，这种人禽之辨的思维路线，显然是对孟子性善论的观点有所继承。然而，与孟子所不同的是，在《礼记》看来，人义由十个方面的内容构成，涉及家庭、族群以及君臣等各方面的内容，是人性的发端。换言之，《礼记》以为，人身上天然地含有正面的、为善的资质。

总的来说，《礼记》以为，天授人以性，心诱导性外化，性的外化便是情。这就是说，情由性定。同时心有积极和消极两方面内容，所以，人情就自然兼具善恶之质。其中，《礼记》将善的部分称为"人利"（《礼记·礼运》），将恶的部分称为"人患"（《礼记·礼运》）。换言之，《礼记》持有人性善恶兼具说。

三 性情含气

在《礼记》看来，"气"与"性"具有密切联系。需要指出的是，在儒家人性思想发展史中，古代思想家们尤其关注血气，并形成了极具特色的儒家血气说。早在孔子时期，孔子就汲取《左传》《国语》等资料中的血气理论，将血气与道德相挂钩，并且开创"戒"的方式试图通过后天修为把血气转化为具有道德义理的物质。后来，郭店儒简提出"情气说"，它将"情气"视为人性，并且将血气看作情气的来源。到了荀子那里，荀子明确将血气与仁爱相挂钩，他说："凡生天地之间者，有血气之属必有知，有知之属莫不爱其类。"（《礼记·礼论》）有血气的生物都具备知的属性，知晓事物便懂得爱护族类。这便是传统儒家的血气说。

《礼记》继承了儒家血气说理论资源，明确指出血气与人的性情密切相关。它说："凡有血气者，莫不尊亲，故曰配天。"（《礼记·

中庸》）有血气的生物都知晓伦理，这是与天道相契合的。换句话说，在《礼记》看来，物质性的血气是人类道德的根源。《礼记》指出："凡生天地之间者，有血气之属必有知，有知之属莫不知爱其类。今是大鸟兽则失丧其群匹，越月逾时焉，则必反巡，过其故乡翔回焉，鸣号焉，蹢躅焉，踟蹰焉，然后乃能去之。小者至于燕雀，犹有啁噍之顷焉，然后乃能去之。故有血气之属者，莫知于人，故人于其亲也，至死不穷。"（《礼记·三年问》）天地之间有血气的生物就有知觉，有知觉便懂得爱护其族类，就像大鸟，丧失了自己的同伴，过几个月之后，都会返回同伴死去的地方巡视，经过它们的故乡上空就飞翔盘旋，大声鸣叫哀号，徘徊很久才离去。又如燕雀之类的小鸟，当它们的同伴死去之后，它们要大声哀号好久才离去。《礼记》以为，在有血气的生物之中，其中，人是最有知觉的。人的知觉表现为对亲人的爱念之情，比如人对于自己父母的思念之情到死也不穷尽。由此可见，气是人情的物质基础。

就人性和血气的关系而言，《礼记》指出："夫民有血气心知之性，而无哀乐喜怒之常，应感起物而动，然后心术形焉。"（《礼记·乐记》）血气和心会受外物的刺激，从而引发人情的变化。既然物质性的血气是人性的根源。那么，性便自然带有质料性的意味。另外，古人有时立足于天人宇宙论的立场，将血气视为天之阴阳之气在人身上的体现。朱熹说："血气，形之所待以生者，血阴而气阳也。"[①]《礼记》明确指出："以阴阳为端，故情可睹也。"（《礼记·礼运》）孙希旦注曰："人情不出乎阴阳二端，故以阴阳为端而人情可睹也。"[②] 可见，《礼记》以为，人之性情即阴阳之气。性含气。《礼记》以为，人性之气可以分为四种。它说："先王本之情性，稽之度数，制之礼义。合生气之和，道五常之行，使之阳而不散，阴而不密，刚气不怒，柔气不慑，四畅交于中而发作于外，皆安其位

[①] （宋）朱熹撰：《四书章句集注》，第149页。

[②] （清）孙希旦撰：《礼记集解》，沈啸寰、王星贤点校，第613页。

而不相夺也。"(《礼记·乐记》）孔颖达疏曰："生气，阴阳气也。……四畅，谓阴阳刚柔也。四者通畅，交在身中，而发见动作于身外也。"① 在人身上存在着四种气，即刚气、柔气、逆气、顺气，这些气能够在人体内流通，并能表现在人的形体上，呈现出某种行为或举止。换言之，《礼记》以为，人情即天道的体现，天有阴阳二气，人情便体现阴阳变化。

人之性情之气能够表现于外，展现在人的面色、容貌和形体上。《礼记》将它们统称为"色"。这便是"颜色称其情。"(《礼记·杂记下》）人的脸色能够反映内在之情。《礼记》指出："临丧则必有哀色"(《礼记·曲礼上》），"世子乃有喜色"(《礼记·文王世子》），"世子色忧不满容"(《礼记·文王世子》），"父母有过，下气怡色，柔声以谏"(《礼记·内则》），"端冕则有敬色"（《礼记·表记》）。哀色、忧色、喜色、怡色、敬色，等等，都是人之内在情感的真实表达。不仅如此，《礼记》以为，"夫悲哀在中，故形变于外也"(《礼记·问丧》），"诚于中，形于外"(《礼记·大学》），"诚则形，形则著"(《礼记·中庸》）。意思是说，人之性情是由气充实的，而气又贯通人之形体，所以，它自然能够外化出来。比如："孝子之有深爱者必有和气，有和气者必有愉色，有愉色者必有婉容。"(《礼记·祭义》）在《礼记》看来，孝子对父母的爱是由内在和气充实的，和气能够在人体内流通，进而可以表现于人的脸色，形成愉悦的面色，愉悦的面色又能够带来柔顺的容貌。

四 心气互动

《礼记》以为，人身上所含的气表现出来，与心、志等范畴密切相关。首先，就"心"和"志"的关系看，《礼记》以为，"心"的表现就是"志"。然而，《礼记》以为，"心"有积极和消极两类。

① 李学勤主编：《礼记正义》，第 1105—1106 页。

针对积极之类的心，《礼记》强调要存心，而就消极之心而言，《礼记》倡导用礼克制。既然心有两种类型，那么作为心之表现的"志"自然亦有两种，它有消极和积极之分，一方面，志与欲望有关。《礼记》说："欲不可从，志不可满"（《礼记·曲礼上》），"观民之所好恶，志淫好辟"（《礼记·王制》），"达其志，通其欲"（《礼记·王制》）。追求利欲的志向不能够充分满足，人欲的饱满容易招致恶果。同时，《礼记》指出："贫贱而知好礼，则志不慑"（《礼记·曲礼上》），"志义之臣"（《礼记·乐记》），"夫义者，所以济志也"（《礼记·祭统》）。可见，志也与仁义有关，或者说，仁义能够充实志。概而言之，志兼具善、恶二者。

其次，就"心"和"气"的关系看，《礼记》以为，心是气之主宰，心动气亦随之动。它说："诗言其志也，歌咏其声也，舞动其容也，三者本于心，然后乐器从之。是故情深而文明，气盛而化神。"（《礼记·乐记》）① 诗、歌、舞蹈都是人情的表达方式，都出自人心，乐器能够配合它们演奏，从而达到至深的情感，使得气达到鼎盛以至于神妙的境界。② 《礼记》又指出："恻怛之心，痛疾之意，悲哀志懑气盛，故袒而踊之，所以动体安心下气也。"（《礼记·问丧》）人之内心充满凄惨，便会感到十分痛苦，就会致使悲哀之气充满全身。由此，便会呈现出某种动作，比如做出裸露臂膀的动作，并且上下跳跃，以此活动人的身体，安定凄惨的心情，宣泄人身上的气。这些都是心动气的典型例子。心能够影响气，同时气亦能够对心产生影响。或者说，气亦可动心。《礼记》指出："淫巧以荡上心"（《礼记·月令》），饱含淫荡之气的东西能够动摇人心。这种东西便是乐，乐是气的产物。《礼记》说："感条畅之气而灭平和之德。"（《礼记·乐记》）根据杨天宇

---

① 这段的"乐器"，亦有文本写作"乐气"。司马迁《史记·乐书》中有相同的文字表述，然而，《史记·乐书》作"乐气"。

② 神就是气。《礼记·祭义》："气也者，神之盛也。"

的解说，"条畅，读为'涤荡'。条畅之气，谓逆气"①。这句话是说，外在的乐曲能够挑逗人的情欲，激发人性之中逆乱之气。类似乐曲悲哀而缺少庄重，欢快而不安稳，调子散漫而节奏紊乱等，它们都能够对人性之气产生消极诱导作用。此谓气可动心。所以，《礼记》倡导："惰慢邪辟之气不设于身体"，"不使放心邪气得接焉"（《礼记·乐记》）。人要避免散漫之气、邪恶之气之浸染，防止它们对人心产生消极影响。

再次，就"心"和"人"的关系看，《礼记》以为，心能够控制形体。它说："心庄则体舒，心肃则容敬。心好之，身必安之。……心以体全，亦以体伤。"（《礼记·缁衣》）心灵主宰形体，人之形体服从于心。心灵喜欢什么，身体就追随什么。反之，人心有问题的话，人之形体也会有危险。比如《礼记》说："心不在焉，视而不见，听而不闻，食而不知其味。"（《礼记·大学》）另外，从物理层面上看，心灵能够对人的形体造成影响，比如："心庄则体舒，心肃则容敬。心好之，身必安之。"（《礼记·缁衣》）同时形体的健康与否会对心灵产生影响。《礼记》以为，"身有所忿懥，则不得其正；有所恐惧，则不得其正；有所好乐，则不得其正；有所忧患，则不得其正"（《礼记·大学》）。可见，心和形体是相互影响的，在两者之中，心占据主导地位，而形体占据次要地位。

最后，就"气"和"人"的关系看，《礼记》以为，性情是气的产物。性情之气需要释放出来，这是一件自然而然的事情，并非刻意地有为之举。然而人之气的释放包括两种情况，即"中和"与"不中"。它说："喜怒哀乐之未发谓之中，发而皆中节谓之和。"（《礼记·中庸》）"情气"恰到好处便是"中"，反之，"情气"过度泛滥便是"失中"。《礼记》以为，气能够通畅于人之全身，气能够形于人之感官，以被人感知的方式呈现。

---

① 杨天宇撰：《礼记译注》，上海古籍出版社 2004 年版，第 484 页。

比如："君子之容舒迟，见所尊者齐邀，足容重，手容恭，目容端，口容止，声容静，头容直，气容肃，立容德，色容庄，坐如尸，燕居告温温。"（《礼记·玉藻》）君子见到尊者举止合乎礼义，比如眼睛不斜视，嘴巴不乱讲，声音不粗狂，头不偏斜摇摆，呼吸平静释然，站立的时候表现得很悠闲，面色表现得很严肃，待人接物态度温和可亲，《礼记》以为，这都是情气发于中和的表现。

综上，在《礼记》中，天授人以性，外物诱导人心，性表现于外便是情。另外，气充实人之性情，并能表现在人的形体上。气的外化有中和与否之分，中和状态的人性之气可以与天沟通。否则的话，便需要对其施以引导和教化。

第三节   《礼记》的教化学说

人性兼具善恶之质。《礼记》提出以礼乐管治人性。它说："乐统同，礼辨异，礼乐之说贯乎人情矣。"（《礼记·乐记》）乐用来和同人心，礼用来规范尊卑。换言之，礼乐兼备是教化的内容。① 那么，礼乐制作的理论基础是什么？又是如何作用于性（气）的？礼乐之教能使性之气达到什么状态？

一 气、天与礼乐：宇宙论视角下的礼乐观

礼乐制作的哲学基础是什么？这是教化实施首先要回答的问题。首先，《礼记》从宇宙生成论的角度论证了礼乐的起源。它说："乐由天作，礼以地制。"（《礼记·乐论》）"乐"是模仿

---

① 在《礼记》看来，礼乐双管齐下才是教化人性的完备渠道，缺失其中任何一者都不可以。《礼记》将乐的缺失、礼的完备称为"素"，将礼的缺失、乐的完备称为"偏"（《礼记·仲尼燕居》）。

"天"制作的，"礼"是模仿"地"制作的。换言之，礼乐都是天地的产物。① 而天地，实质即气。《礼记》记载："地气上齐，天气下降。"天气即阴阳二气。既然礼乐根源于天地，那么，它们自然含气。《礼记》指出："乐由阳来者也，礼由阴作者也。"(《礼记·郊特牲》) 乐含阳气，礼含阴气。或者说，礼乐即气。

其次，就礼乐的关系来看，礼乐根源于天，与仁义之道相关。《礼记》指出："仁近于乐，义近于礼。乐者敦和，率神而从天，礼者别宜，居鬼而从地。故圣人作乐以应天，制礼以配地。礼乐明备，天地官矣。"(《礼记·乐记》)《礼记》以为，乐接近于仁，义接近于礼。乐追求万物之和，礼区别万物之异。先圣制作礼乐正是顺天地的要求，用乐和天相匹配，用礼和地相匹配，礼乐完备天地万物就各得其所。要言之，礼乐即天之自然。由此可见，《礼记》之中礼乐是涉及天、人以及气的活动。

二 气与感应：乐教的原理及应用

《易传》曰："同声相应，同气相求。"(《乾·文言》)《礼记》将这种"同类相动"的原理引入了乐教之中。②

从气化宇宙论的视角看，《礼记》以为，乐源于天地之气，人亦是天地之气所生出，所以，从本质上来说，人和乐源自同一本原，或者说，"天人同气"。《礼记》指出，乐气可以治理性气。它说："凡奸声感人，而逆气应之，逆气成象，而淫乐兴焉。正声感人，而

---

① 正如张汝伦说："宇宙自有其礼乐。"张汝伦：《论"乐"》，《复旦学报》（社会科学版）2018 年第 1 期。

② 就《乐记》和《周易》的关系而言，李学勤指出："《易传》，特别是《系辞》的理论观点，已为《乐记》的音乐学说所吸收应用。"李学勤：《周易溯源》，巴蜀书社 2006 年版，第 109 页。事实上，如果我们仔细对比《乐记》和《周易》文本就会发现，《乐记》的确是对《周易》的思想有所承袭和弘扬，甚至部分语句抄自或摘自《周易》，已经有学者对这个问题进行了详细的梳理和研究。参见黄晓萍《〈乐记〉袭〈易〉考》，《现代哲学》2013 年第 6 期。

顺气应之，顺气成象，而和乐兴焉。"（《礼记·乐记》）①《礼记》以为，声有奸邪和正义之分，它们饱含不同的气，其中，奸邪之声蕴含奸邪之气，正义之声蕴含仁义之气。另外，人性之气亦包含逆气和顺气两部分②，并具有不同特点，逆气是致恶之气，顺气是致善之气。根据"同类相感"的原则指出，聆听不同的声乐能够激发人身上不同的气。奸邪之声饱含邪恶之气，人聆听它们，身上的逆气便会与之迎合，由此便会形成逆乱的现象。反之，聆听饱含道义的声音，人身上的顺气会与之迎合，由此便会形成和顺的现象。为了成就人的道德品性，《礼记》提倡："奸声乱色不留聪明；淫乐慝礼不接心术；惰慢邪辟之气不设于身体，使耳目鼻口心知百体，皆由顺正以行其义。"（《礼记·乐记》）这就告诫人们：做人应该拒绝聆听奸邪之声。只有这样，违背礼义的东西才不能侵入人心，惰慢之气、邪辟之气等消极之气难以接近人的形体。长此以往，人之形体就会呈现和顺的状态，以便能够与道义相契合。

　　《礼记》进一步辨析了道义之声和淫乱之声对人的影响。它说："先王耻其乱，故制《雅》《颂》之声以道之，使其声足乐而不流，使其文足论而不息，使其曲直、繁瘠廉肉、节奏，足以感动人之善心而已矣，不使放心邪气得接焉。"（《礼记·乐记》）雅颂之声使人回味悠长，它的曲调或大或小，它的节奏变化温和。如果人们聆听雅颂的乐曲，那么，它足以感动人之善心，能够使人们愉悦而不淫邪，不会致使人心过度放纵，也能够抑制外部邪气引诱人性之恶。与之反之，淫乐则是另一幅景象，《礼记》指出："声哀而不庄，乐而不安，慢易以犯节，流湎以忘本，广则容奸，狭则思欲，感条畅之气，而灭平和之德，是以君子贱之也。"（《礼记·乐记》）淫荡的

---

　　①　根据孔颖达的解说，"逆气，谓违逆之气，既奸邪之气也"。李学勤主编：《礼记正义》，第1109页。这也就是说，人性之气蕴含消极的部分，这种消极的部分就是奸邪之气，也就是不善之气。

　　②　根据董仲舒的解读，"逆气"和"顺气"又可以称为"阴气"和"阳气"。其中，"逆气"是"阴气"，"顺气"则是"阳气"（参见《春秋繁露·阴阳出入上下》）。

乐曲声调悲哀而不庄重，它的节奏散漫又多变，扰乱了正常的秩序，它的内容缓慢复杂，而又充斥着邪恶，如果人们聆听此类乐曲，那么，人的情绪就会变得不安定，极其容易激发人性之中的逆气，使人们沉溺情欲而忘了德性操持。可见，淫乱之声应是人轻视的东西。概言之，《礼记》以气的感应和沟通实现乐教治性。

三　气、性与礼教：《礼记》的祭礼教化说

除了乐教之外，《礼记》也尤为关注礼教。其中，在《礼记》看来，祭礼是礼教之中最为重要的手段。①

首先，在《礼记》看来，祭祀之礼有深厚的阴阳学说基础。《礼记》指出："故祭，求诸阴阳之义也。"（《礼记·郊特牲》）"凡祭有四时：春祭曰礿，夏祭曰禘，秋祭曰尝，冬祭曰烝。礿、禘，阳义也。尝、烝，阴义也。禘者阳之盛也，尝者阴之盛也。"（《礼记·祭统》）这就是说，祭祀之礼与四季更迭相互配合。在《礼记》看来，一年中有四次祭祀，分别为春祭（"礿"）、夏祭（"禘"）、秋祭（"尝"）和冬祭（"烝"），其中，"春祭"和"夏祭"是从属于阳气的，"秋祭"和"冬祭"则是归属于阴气的。相比较而言，《礼记》较为重视"夏祭"和"冬祭"，因为，在它看来，夏祭阳气最盛，冬祭阴气最盛。换言之，阴阳之气贯通祭祀的原理。更为甚者，《礼记》指出，人们通过参加不同季节的祭祀活动，人之情也会随之得到不同教化。比如："君子合诸天道：春禘秋尝。霜露既降，君子履之，必有凄怆之心，非其寒之谓也。春，雨露既濡，君子履之，必有怵惕之心，如将见之。"（《礼记·祭义》）《礼记》以为，特别是在"春祭"和"秋祭"的时候，自然之天时常会降下霜露，君子踩着天降下的霜露，内心必然会感到凄怆。而到了春祭的时候，天降下雨露普洒大地，大地得到雨露滋润，君子踩着地上的春雨，

---

① 《礼记》以为，"君子礼以饰情"（《礼记·曾子问》），"祭者，教之本也已"（《礼记·祭统》）。意思是说，祭祀是礼乐教化之本，它是用来整饬人情的。

怵惕之心便油然而生。由此可见，外物（霜露、春雨等）能够使得人情发生改变，这便是"以物感人"。换言之，《礼记》将自然现象之变化与人之伦理道德相挂钩。

其次，在《礼记》看来，凡是具有血气的生物都具有知觉，有知觉便知晓仁爱，仁爱体现于对族类的爱，其中，最为典型的是人对于自己亲人的爱意。《礼记》指出："凡生天地之间者，有血气之属必有知，有知之属莫不知爱其类……有血气之属者，莫知于人，故人于其亲也，至死不穷。"（《礼记·三年问》）血气是人情的物质来源。《礼记》以为，孝最能反映个人对自己亲人的爱，它能够切实反映人的真实情感，并且孝子的情感是由气所充盈的。《礼记》指出："孝子之有深爱者必有和气，有和气者必有愉色，有愉色者必有婉容。"（《礼记·祭义》）和气是孝子爱意的来源，和气可以表现在孝子的容貌上。《礼记》又指出："丧容累累，色容颠颠，视容瞿瞿梅梅，言容茧茧。"（《礼记·玉藻》）人在服丧的时候，神情呈现疲惫，脸上充满忧思，目光模糊不清，说话的声音很小。《礼记》如此推崇孝子的爱意，所以，当亲人去世后，自然尤为关注祭礼，祭礼表达的是对逝去亲人的哀思。《礼记》以为："凡祭，容貌颜色，如见所祭者。"（《礼记·玉藻》）祭礼能抒发人之情感。

再次，从气化宇宙论的视角看，《礼记》以为，人是气的产物。同时人是由"神"和"魄"构成的。《礼记》说："气也者，神之盛也；魄也者，鬼之盛也；合鬼与神，教之至也。"（《礼记·祭义》）"神"在人体内的充实便是"气"，"鬼"在人体内的充实便是"魄"，人死后二者就会分离，为了表达对逝者的哀思之情，人们会将"鬼"和"神"两者合起来祭祀，圣人根据这个原则创制教化。鬼神即气。关于它们的特点，《礼记》说："众生必死，死必归土：此之谓鬼。骨肉毙于下，阴为野土；其气发扬于上，为昭明，焄蒿，凄怆，此百物之精也，神之著也。"（《礼记·祭义》）《礼记》以为，人必然会死亡，死亡之后，人之形体归于土，这便是鬼，人的躯体会腐烂，掩埋在泥土里。然而，存在于人形体之中的气则会上扬，并且呈现一定的形象和形状，发出些许光亮，散发出某种气味，进而能够触动人的感情，这种气（精气）就是"神"。同时《礼记》用"昭明""焄蒿""凄怆"等词语形容人死后的情境，而这三个词的描述对象都是自然之气。因此表明，在《礼记》看来，气是一种可以感知的事物。也就是说，人死后的气是一种物质性的东西。换言之，《礼记》试图说明：鬼神就是物质性的气，是能够被人感知和察觉的东西。

最后，既然鬼神具有经验的物质属性，人死之后，它还能够被人们察知。那么，民众见到它们自然便会心生畏惧。这便是"百众以畏，万民以服"（《礼记·祭义》）。由此，人的不善之气便被抑制。同时，在《礼记》看来，祭礼能够"行乎阴阳而通乎鬼神"（《礼记·乐记》），"降上神与其先祖"（《礼记·礼运》）。人们通过参加祭祀活动，凭借人身上所含有的气，通过气化感应，实现与神明沟通，实现与祖先的交流和对话。① 所以《礼记》以为，祭祀的时候，人的情感是虔诚的。比如："孝子之祭，可知也：其立之也敬以诎，其进之也敬以愉，其荐之也敬以欲；退而立，如将受命；已彻而退，敬齐之色不绝于面。"（《礼记·祭义》）举办祭礼这一过程中，孝子站立的时候心怀恭敬，身体保持微屈的姿态，前进的时候心怀恭敬，面色呈现愉悦之态，敬献供品的时候怀有恭敬柔顺之心，后退站立的时候，犹如在亲自聆听亲人的命令，撤去祭品退下的时候，心怀恭敬面色呈现出严肃。可见，在《礼记》视域中，礼贯穿祭祀的整个过程，不仅是表达哀思的渠道，使人的情感之气得以宣泄，同时又能够抑制不良人情之气的释放，更是一种培养人们遵循礼仪制度的有效方式。由此可见，祭祀已然成为情感陶冶的手段。

四 和序与人性之美：礼乐教化的结果

《礼记》认为，礼乐能够达成人性之气的和谐及其有序。首先，

---

① 甚至有学者指出："中国古代礼治政治实际上乃为一种'感应政治'。"张再林：《作为身体哲学的中国古代哲学》，中国书籍出版社2018年版，第178页。

就人和气的关系来说，人性之气必然要宣泄出来，《礼记》倡导疏导人们的情感，让情感的抒发中节，这便是人性之气最好的状态。《礼记》说："喜怒哀乐之未发，谓之中；发而皆中节，谓之和。"（《礼记·中庸》）令人遗憾的是，《礼记》以为，圣人能够做到人性之气发之中和。它说："从容中道，圣人也。"（《礼记·中庸》）就常人而言，人性之气会表现出"过"与"不及"的两种状态。这便需要礼乐之教化。圣人创制礼乐就是为了实现人性之气的和谐及其有序。《礼记》认为，"故乐也者，动于内者也；礼也者，动于外者也。乐极和，礼极顺，内和而外顺"（《礼记·乐记》）。乐是能够影响人内在的东西，礼则是规范人之外在的东西。乐使得人的内心平和安稳，礼使得人的外貌恭敬顺从。又或者说，饱含道义的乐能激发人性之中具有积极意味的气，而外在的礼义则能抑制人性之中具有消极意味的气。最终，《礼记》指出："耳目聪明，血气和平。"（《礼记·乐记》）通过礼乐之教，人的耳目能够变得聪慧，人的性情之气能够变得平和。由此可见，礼乐是规范人性之气的手段。

其次，就国家和气的关系来说，《礼记》以为，礼乐不仅能够实现人性之气的平和，也能够达成国家治安的和谐有序。《礼记》指出："乐者，天地之和也。礼者，天地之序也。和，故百物皆化；序，故群物皆别。"（《礼记·乐记》）礼乐都是气的产物，"乐"表现天地之气的和谐，"礼"表现天地之气的有序。圣王制定礼乐使天地之气、人性之气能够通顺、和畅。和谐之气能够使得万物繁育，有序之气能够使得万物各自有别。正如刘纲纪以为，在《礼记》中，"人与物具有一体同气的关系……音乐的和谐是指贯通天人的'一团和气'"①。《礼记》还指出："乐至则无怨，礼至则不争。"（《礼记·乐记》）意思是说，乐教实施得当则人没有怨恨，礼教实施恰当则没有争乱。总之，礼乐不仅能够使得人们相互谦让，而且能够很好地治理天下。特别是《礼记》提出的"修齐治平"的策略逐渐成

---

① 刘纲纪：《先秦两汉艺术观念史》，人民出版社 2017 年版，第 266 页。

为儒家修身哲学的口号。

最后，就人、气、礼乐和天地的关系来看，《礼记》以为，通过礼乐教化能够通达天道，实现与天意的沟通。它说："赞天地之化育，与天地参。"（《礼记·中庸》）礼乐能协助天地化育万物，从而实现人与天地之德相匹配。《礼记》进一步说道："大人举礼乐，则天地将为昭焉。天地欣合，阴阳相得，煦妪覆育万物，然后莫木茂，区萌达，羽翼奋，角觡生，蛰虫昭苏，羽者妪伏，毛者孕鬻，胎生者不殰，而卵生者不殈，则乐之道归焉耳。"（《礼记·乐记》）根据杨天宇的解说："此谓乐感动天地之气。"① 也就是说，礼乐实施之后，天地都光明起来了，天地之气相互磨合，阴阳之气相辅相成，万物逐渐繁荣成长，草木逐渐旺盛，树木的种子开始发芽，禽类开始展翅高飞，兽类开始繁衍生长，蛰虫都开始苏醒，鸟类都开始怀孕，动物都能很好地生长。由此可见，气贯通天地、人与自然。或者说，《礼记》以为，礼乐不仅能够实现人性之气的和谐，而且也能够实现天地万物的化育，这显然是将气之自然与人文伦理相结合。②

综上，礼乐教化不仅能够实现人性之气的和谐有序，同时能够实现人与天地的沟通，这就是《礼记》礼乐之道所追求的目标。

第四节 本章小结

本章通过探讨，我们得出以下三点结论。首先，《礼记》立足于气化宇宙论视域讨论人性议题。在《礼记》看来，天以阴阳二气交合化生万物，人也由天所生出，其中，不仅人的形体是气化的有形之物，而且人性也是气的产物。也就是说，人形、人性皆源于天，

---

① 杨天宇撰：《礼记译注》，第490页。

② 冯兵称之为："自然哲学与人文理性有机统一。"冯兵：《论礼乐的自然哲学基础——以〈礼记〉之气论为中心的探讨》，《哲学研究》2019 年第 12 期。

天与人皆由气构成，而人之气又源于天。这便是"天人一气说"。

其次，就气与性之间的关系来说，《礼记》以为，天授人以性，外物诱导人心，性表现于外便是情。然而，心有积极的和消极的两类，并且能够决定人之性情的展现。人情自然便有积极和消极两面，这便是"人利"和"人患"。（《礼记·礼运》）人情是人性的表现，人情兼具善恶之质。所以，《礼记》人性持"善恶兼具说"。另外，在《礼记》看来，性情甚至就是气。性情之气能够表现为不同的形式，一方面，血气是人类道德的根源。血气和心会受外物的刺激，引发人情的变化。另一方面，气之于人有四种，它们分别是刚气、柔气、逆气、顺气，都能够在人体内流通，并且表现在人的面色、容貌和形体上。换言之，《礼记》以为，气充实人之性情，又贯通人之形体，能够外化出来。气的外化有中和与否之分，中和状态的气可以与天沟通。否则的话，便需要对它们施以教化。

最后，就人性之气与教化的关系来说，《礼记》提出以礼乐之道管治人性。从宇宙生成论的视角看，礼乐根源于天地之气，是气的产物。同时，人（性）亦是天地之气所生出的，所以，从本质上来说，礼乐（气）和人性（气）是可以相通的。《礼记》将"同类相感"的原理引入了乐教之中，它以为，乐气可以治理人性之气。具体表现为：奸邪之声感饱含邪恶，能够激发人性之中的逆气，带来逆乱的现象。反之，道义之乐能够激发人性之中的顺气，带来和顺的现象。不同的乐能够激发不同的人性之气。所以，人们要避免奸佞之声入耳，以防情欲之气的释放。同时《礼记》以为，祭礼是礼教之中最为重要的，祭礼有四种，与四季有关，从属于阴阳二气。人们参加不同季节的祭祀活动，人性会得到不同感化。也就是说，祭祀成为情感陶冶的手段。更为甚者，礼乐不仅能够实现人性之美，而且能实现人与天地万物的化育。换言之，气之自然与人文伦理有机结合，就是《礼记》礼乐之道所追求的目标。

总的来说，《礼记》中"以气论性"（性中含气）的思维模式立足气化宇宙论体系之下，《礼记》汲取了《易传》《荀子》等儒家学者的理论资源，将人、阴阳之气（逆乱之气）和礼乐等放置在宇宙论图式下进行系统性考察，提出"以阴阳为端，故情可睹也"（《礼记·礼运》）的命题，反映了在秦汉之际，儒家人性论与宇宙论结合的趋势逐步紧密，并且这种思潮进一步推动了汉代儒学性情阴阳说的兴起。

下　篇

两汉儒家的气性论思想

第 七 章

"天两有阴阳之施，身亦两有贪仁之性"：董仲舒的气性论思想

董仲舒是西汉儒学的领袖人物。就人性问题来说，他提出"天两有阴阳之施，身亦两有贪仁之性"（《春秋繁露·深察名号》）的命题，直接将阴阳之气与贪仁之性相提并论。那么，在董氏哲学中，性与气是何种关系？性是否含气？如果含气，含有什么样的气？这种气是善的？还是恶的？还是善恶兼具的？本章探讨此类的问题。

第一节　宇宙论视域下的人性说

"董仲舒的哲学，与《易传》一样，属于宇宙生成论。"[①] 而董氏关于人性问题的考察也是在宇宙论视角下进行的，他说："万物非天不生"（《春秋繁露·顺命》），"天两有阴阳之施，身亦两有贪仁之性"（《春秋繁露·深察名号》）。天是万物的根源，同时是人性的来源。那么，天是如何生出万物的？或者说，天生万物的逻辑过程是什么？这便涉及对董仲舒宇宙论的探讨。

---

① 冯达文：《早期中国哲学略论》，巴蜀书社 2016 年版，第 198 页。

一 董氏的气化宇宙论思想

董仲舒指出："天地之气，合而为一，分为阴阳，判为四时，列为五行。"（《春秋繁露·五行相生》）这段是董仲舒气化宇宙论的纲领，可以分为四层解读。

第一层是关于"一"与"天地之气"关系的探讨，董仲舒说："天地之气，合而为一。"天地皆含有气，这两者可以合并为一种气，这种气是天地之气的开端，它含有本原的意味。而具有初始意味的东西，董仲舒有时将其称为"元"，他说："元犹原也，其义以随天地终始也。……故元者为万物之本。"[1]"谓一元者，大始也。"（《春秋繁露·玉英》）"元者，始也。"（《春秋繁露·王道》）在董仲舒那里，"元"，是事物的发端，而且是有内容的。或者说，"元不仅是事物的开始，而且是事物所据以开始的东西"[2]。董仲舒以为，元含气，元即元气。他说："王正则元气和顺"（《春秋繁露·王道》），"元气之流皮毛腠理"（《春秋繁露·天地之行》）。天地之气起源于元气。[3] 董氏又将"天"视为万物之本。他说："天者万物之祖，万物非天不生。"（《春秋繁露·顺命》）既然万物同出于一个本原。那么，"元"和"天"的内涵便自然具有一致性。或者说，"天的实体是气"[4]。"董仲舒所说的'元'可能就是他所说的'天'。"[5] 可见，

---

① 出自《重政》，此段话《玉英》篇亦有之。

② 冯友兰：《中国哲学史新编》（中），第62页。

③ 事实上，学界已经有学者将董仲舒哲学中的"元"视为"元气"。研究成果诸如，金春峰认为，"作为万物或宇宙本原的'元'，就是指元气"。金春峰：《汉代思想史》，中国社会科学出版社2006年版，第124页。徐复观说："在仲舒心目中元年的元，实际是视为元气之元。"徐复观：《两汉思想史》（二），第329页。罗光说："天地万物的根源和开始，在于一气，这种气称为元气。"罗光：《中国哲学思想史（两汉、南北朝篇)》，台北：台湾学生书局1978年版，第170—172页。

④ 徐复观：《两汉思想史》（二），第370页。

⑤ 冯友兰：《中国哲学史新编》（中），第63页。韦政通也指出："元气与天是同质同位的。"韦政通：《董仲舒》，台北：东大图书股份有限公司1986年版，第72页。

在董仲舒的思想中，元气，或者说，天是万物之本。

第二层是关于"天"与"阴阳之气"关系的探讨，在董仲舒看来，源于天的"气"有两种表现形态，即阴阳二气。换言之，阴气和阳气同时发端于元气，是同一种气的两个方面。董仲舒说："天地之常，一阴一阳"（《春秋繁露·阴阳义》），"阳，天气也；阴，地气也"（《春秋繁露·人副天数》），"天地之间，有阴阳二气"（《春秋繁露·天地阴阳》）。天地之气就是阴阳二气，阴阳二气交合生物。"独阴不生，独阳不生。"（《春秋繁露·顺命》）董氏还有言："天地之气，阴阳相半，和气周回，朝夕不息。……运动抑扬，更相动薄，则熏篙歊蒸，而风、雨、云、雾、电、雷、雪、雹生焉。"（《雨雹对》）① 风、雨、雪、雹等，都是阴阳二气变化的结果。可见，董氏之"天"具有自然物质的属性。

第三层是关于"阴阳二气"和"四时"关系的探讨，董仲舒说："分为阴阳，判为四时"，"天地之化如四时。"（《春秋繁露·王道通三》）四时就是春夏秋冬四季。董仲舒将阴阳与四时相配，并且把阴阳分为少阳、太阳、少阴、太阴四种类别。② 他说："春者少阳之选也，夏者太阳之选也，秋者少阴之选也，冬者太阴之选也。"（《春秋繁露·官制象天》）四时便是四种气。其中，春季是少阳之气，夏季是太阳之气，秋季是太阴之气，冬季是太阴之气。四气具有不同的功能和属性。董仲舒说："春阳气微，万物柔易……夏阳气始盛，万物兆长……秋气始杀……冬阴气始盛，草木必死。"（《春秋繁露·五行五事》）春季阳气微弱，夏季阳气旺盛，秋季阴气初显，冬季阴气盛行。阴阳之气或多或少，或强或弱，由此导致四时

---

① 其中，"和气"，董天工注曰："阳气与阴气交合而成之气"，"周回"意为"循环往复"，"熏篙"意为"气蒸腾貌"，"歊"（xiāo）意为"升腾"。参见（清）董天工笺注，黄江军整理《春秋繁露笺注》，华东师范大学出版社2017年版，第231—232页。

② 徐复观以为，将阴阳之气划分为四种类别，这种做法起始于董仲舒。参见徐复观《两汉思想史》（二），第355页。

之气交替呈现。他又特别指出:"春分者,阴阳相半也"(《春秋繁露·阴阳出入上下》),"秋分者,阴阳相半也"(《春秋繁露·阴阳出入上下》)。春分和秋分尤为特殊,二者是阴气和阳气各占据一半。概言之,四季交替就是阴阳二气的运动,也就是物质之天的运动。

第四层是"四时"和"五行"关系的探讨。董仲舒说:"判为四时,列为五行。"四时之气能够形成五行,关于"五行",他说:"天有五行,木、火、土、金、水是也。"(《春秋繁露·五行对》)"五行"指的是金、木、水、火、土。董氏以为,这五种元素构成了物质之天。他说:"木,五行之始也;水,五行之终也;土,五行之中也。此其天次之序也。"(《春秋繁露·五行之义》)五种物质的演变是有顺序的,五行开始于木,终结于水,这种顺序是与天道变化相符的。董氏还以为,五行含气。① 他说:"木居东方而主春气,火居南方而主夏气,金居西方而主秋气,水居北方而主冬气。……土居中央,为之天润。土者,天之股肱也。"(《春秋繁露·五行之义》)董氏将四时之气与五行相挂钩,并以四时更迭配合五行的变化,具体来说,木居住在东方,与春气相关,火居住在南方,与夏气相关,金居住在西方,与秋气相关,水居住在北方,与冬气相关,土居住在中央,兼具以上四种气质。另外,五行相互之间可以衍生。他说:"木生火,火生土,土生金,金生水。"(《春秋繁露·五行对》)董氏将五行之间的这种相生关系称为"父子关系"(《春秋繁露·五行之义》)。

总而言之,董仲舒以"气"为核心范畴建构了一套宇宙论体系,并认为,与"元"具有相同义,天有阴阳二气,两气统称为元气,阴阳之气的运转造就四季的更迭,四时之气变化又衍生出五行之气。董仲舒就这样将气、天地、阴阳、四时、五行等相互关联起来,说

---

① 徐复观以为,在董仲舒哲学中,五行亦是气,然而,董氏并未明确将五行之气划分为阴阳之气,换言之,五行之气并不存在于阴阳之气的逻辑架构之中。参见徐复观《两汉思想史》(二),第346页。

明了宇宙万物的生成机制和过程，为我们构造了一幅气论视域下宇宙演化的图景。

二　性情源自天

天能生物。所以，天是人性的最终根源。董仲舒说："生之自然之资谓之性。"（《春秋繁露·深察名号》）性是人初生所具备的自然材质。换言之，董仲舒将"性与情安放在宇宙论"① 视野下考察。那么，天给人的性有哪些特点？这便是涉及董仲舒哲学中的两个命题，即"天人相副"和"天人同质"。②

首先，从人构成的内容上来说，董仲舒指出："察身以知天。"（《春秋繁露·为人者天》）天是什么模样，人也应该是什么模样，这便是"天人相副"，而它包括两方面内容，即"副数"和"副类"。③ 其中，"副数"指的是天人构造雷同，形体比附于天，人体构造和天相似。"副类"指的是人的性情、道德等方面类似于天，与天相似。这两种论证方法共同论证了天人是同类的，这便是："以类合之，天人一也。"（《春秋繁露·阴阳义》）

第一，董氏指出，从"副数"的视角来看，人类的骨头、骨骼、骨架等形体构造的数目都是与天的构造相契合的。他说："求天数之微，莫若于人。"（《春秋繁露·官制象天》）通过观察人便可知晓天。比如："从之身有四肢，每肢有三节，三四十二，十二节相持而

---

① 余治平：《以阴阳释性情——董仲舒对儒学性情形而上学的独特建构》，《上海交通大学学报》（哲学社会科学版）2003 年第 4 期。

② 曾振宇以为，以天人关系为视角审视董仲舒哲学，可以得出天人同构、天人同质和天人互渗三个命题。参见曾振宇《中国气论哲学研究》，山东大学出版社 2001 年版，第 69—79 页。具体来说，天人同构表现为天、人在结构上是相同的，天人同质表现为天、人都是泛道德的生命存在，天人互渗表现为天、人可以互相感应。我们以为，天人互渗实则是天人同质的一种表现。所以，三个命题实则是"天人相副"和"天人同质"两个。

③ 董仲舒说："于其可数也，副数；不可数者，副类。"（《春秋繁露·人副天数》）

形体立矣。"（《春秋繁露·官制象天》）天有四季更迭，人有四肢，四肢每个都有三节骨头，共计十二，这种构造源于天有十二个月份。又如："人之身，首妾而员，象天容也；发，象星辰也；耳目戾戾，象日月也；鼻口呼吸，象风气也；胸中达知，象神明也，腹胞实虚，象百物也。"（《春秋繁露·人副天数》）人的容貌长相、骨骼的数目、毛发的形状、器官的模样等，都是模仿天的容貌而生的。比如，人的头是圆形的是模拟天的容貌，头发是星辰的体现，耳目象征日月，口鼻象征大风，人有知虑象征天有神明等。这便是"身犹天也"（《春秋繁露·人副天数》）。人源自天、模拟天。

第二，董氏指出，从"副类"的视角来看，天是有情感的，人也是有情感的。也就是说，人的性情与天相同。他说："喜怒之祸，哀乐之义，不独在人，亦在于天。"（《春秋繁露·天辨在人》）比如："人生有喜怒哀乐之答，春秋冬夏之类也。喜，春之答也；怒，秋之答也；乐，夏之答也；哀，冬之答也。天之副在乎人。人之情性有由天者矣。"（《春秋繁露·为人者天》）董仲舒站在气化宇宙论的视角，把天的情感分配给四季，春夏秋冬分别属于不同的情感，比如喜春、怒秋、哀冬、乐夏。天有喜怒哀乐等情感，天的性情体现在四季，人作为天的产物，自然也有情感。人的喜怒等情感得之于天，这就是天人性情同类。

其次，从构成材料上说，董仲舒以为，天以气生物，人作为天的产物，自然含气，并且天气与人气是同种类型的气，这就是所谓"天人同质"。而人身上所含的气表现在两方面，一方面，人的形体就是气的产物，比如："阴阳之气，在上天，亦在人。"（《春秋繁露·如天之为》）阴阳之气是组成人身体的质料。这便是"人气"。但是人身上的气有厚薄之异。董仲舒说："人生于天而体天之节，故亦有大小厚薄之变，人之气也。"（《春秋繁露·官制象天》）"气之清者为精，人之清者为贤。"（《春秋繁露·通国身》）气中最为清明的部分成为精气，它是组成圣贤之躯的材料。另一方面，天是有情感的，它的情感体现在四时之气，天以气生物，性作为天的产物，自然含四时之气。董仲舒说："人有喜怒哀乐，犹天之有春夏秋冬也。……皆天气之然也。"(《春秋繁露·如天之为》)"人无春气，何以博爱而容众？人无秋气，何以立严而成功？人无夏气，何以盛养而乐生？人无冬气，何以哀死而恤丧？"(《春秋繁露·天辨在人》)"春，喜气也……秋，怒气也……夏，乐气也……冬，哀气也……四者天人同有之。"(《春秋繁露·阴阳义》)四时之气具有不同的情感，人禀有四时之气故有喜怒哀乐。或者说，人的喜怒哀乐源自气，即春夏秋冬自然之气。

综上，在董仲舒视野中，天以气生物，人作为天的产物，自然含气，而气，不仅是构成人身体的材质，而且是人性情的来源。换言之，人之性情含气。那么，性情之气有何特点？

第二节 阴阳之气与贪仁之性

一 性情与阴阳

(一)"阳尊阴卑"与"贪仁之性"

董仲舒说："独阴不生，独阳不生，阴阳与天地参然后生。"(《春秋繁露·顺命》)阴阳二气交合生物。

就阴阳二气的运行状况看，董仲舒指出："阳气出于东北，入于西北，发于孟春，毕于孟冬，而物莫不应是。阳始出，物亦始出；阳方盛，物亦方盛；阳初衰，物亦初衰。"(《春秋繁露·阳尊阴卑》)意思是说，阴阳二气与四时和方位有关，阳气的属性是刚强的，开始于东北，终结于西北，发生于春季，没落于冬季。当阳气开始盛行时，万物开始生长繁育，当阳气走向衰落时，万物出现凋零萧条。概言之，阳气是主导万物生存和生长的物质。

关于阴阳二气的特点，董氏进一步指出："阳气暖而阴气寒，阳气予而阴气夺，阳气仁而阴气戾，阳气宽而阴气急，阳气爱而阴气恶，阳气生而阴气杀。"(《春秋繁露·阳尊阴卑》)在他看来，阳气具备温暖、给予、仁义、宽厚、喜爱、生生等特点，与之相反，阴气具备寒冷、争夺、恶戾、急躁、恶毒、杀戮等特点。可见，在董仲舒的思想中，阳气是积极的东西，而阴气是消极的东西。他甚至持有"贵阳贱阴"（《春秋繁露·阳尊阴卑》）的立场，比如他以阴阳二气论证儒家伦理规范存在的合理性。董仲舒说："天下之尊卑随阳而序位。幼者居阳之所少，老者居阳之所老，贵者居阳之所盛，贱者居阳之所衰，藏者，言其不得当阳。不当阳者臣子是也。当阳者君父是也。故人主南面，以阳为位也，阳贵而阴贱，天之制也。"（《春秋繁露·天辨在人》）意思是说，高贵者、人君、父亲等，是处在阳气之位的人，低贱者、臣子、儿女等，是处在阴气之位的人，处于阳气之位的人身份高贵，处于阴气之位的人身份卑微。阴阳二气之间存在尊卑之分，表现上下、大小、强弱、尊卑等秩序。换言之，董仲舒将阴阳二气与伦理秩序挂钩。

董仲舒还将阴阳二气的这种特点引入了对人性问题的探讨，他指出："天两有阴阳之施，身亦两有贪仁之性。"（《春秋繁露·深察名号》）阴阳二气在于人身便是贪、仁之性。而"贪"，是具有消极含义的东西，比如董氏指出："贪暴"（《春秋繁露·王道》），"贪财"（《春秋繁露·王道》），"贪利"（《春秋繁露·度制》），"贪城邑之赂"（《春秋繁露·五行逆顺》）。相反，"仁"则是具有积极意味的东西，比如："为仁者自然而美"（《春秋繁露·竹林》），"苟志于仁无恶"（《春秋繁露·玉英》），"好仁厚而恶浅薄"（《春秋繁露·为人者天》）。董仲舒有时候将贪、仁之性视为善与恶。他说："恶之属尽为阴，善之属尽为阳。"（《春秋繁露·阳尊阴卑》）阴气具备贪性，或者说恶性，阳气具备仁性，或者说善性。换言之，人性同时含有积极和消极的东西。

然而，相比之下，董仲舒较为欣赏阳气。他说："仁，天心。"（《春秋繁露·俞序》）"天志仁，其道也义。"（《春秋繁露·天地阴阳》）天喜好阳气，偏爱仁义，但并不代表它没有邪恶。就人性而言，董仲舒以为，邪恶的东西称为"情"。他说："情者，人之

欲也。"（《贤良对策·第一策》）情是欲望的来源。比如："大富
则骄，大贫则忧。忧则为盗，骄则为暴，此众人之情也。"（《春秋
繁露·度制》）在董仲舒看来，富贵容易骄逸，贫困容易忧虑，忧
虑便会盗窃，骄逸招致暴戾，这些都是人情的真实反映。可见，
情是一种不好的东西。董仲舒以为，情和仁义两者共同构成了人
性。所以，董氏指出："身之有性情也，若天之有阴阳也，言人之
质而无其情，犹言天之阳而无其阴也。"（《春秋繁露·深察名
号》）性情同时具存于人身上，就像天有阴阳二气。讨论人性问题
不能只谈论其中善的部分，而忽视了恶的部分。[①] 既然阴阳之气存
在人身，那么，性中的阴气可以被压制，但却不能将其彻底拔除。
同时，阳气能够致善，而阴气能够致恶，所以说，董仲舒的人性
是"性善情恶说"[②]。

　　综上，董仲舒以为，人性含阴阳二气，同时认为，"阳尊阴
卑"，从这个角度看，他的人性说可称作"性仁情贪说"，或"性
阳情阴说"。

　　（二）"性仁情贪"与"性情无别"

　　董仲舒又提出"情亦性也"（《春秋繁露·深察名号》）的命题。
那么，"情亦性也"与"性善情恶"两者是否相矛盾？对此，冯友
兰指出，在董仲舒哲学中，"性"有狭义和广义之分。他说："就其
广义言，则'如其生之自然之资谓之性；性者，质也'。依此义，则
情亦系人之'生之自然之资'，亦在人之'质'中。……就其狭义
言，则性与情对，为人'质'中之阳；情与性相对，为人'质'中

---

　　① 比如徐复观说："董氏对性的基本认定，是善的而不是恶的。……与孟子性善
之说，并无大差异。"徐复观：《两汉思想史》（二），第 376 页。这种观点只看到人性
之中一方面，而忽视了阴气，或贪性，显然不能准确理解董氏之性的真实内涵。

　　② 有学者将董仲舒的这种人性论称为"善恶二元论"。参见任蜜林《董仲舒王道
视野下的人性善恶论》，《哲学动态》2016 年第 6 期；陈升《董仲舒人性论发微》，《中
国青年政治学院学报》2011 年第 5 期。

之阴。"① 我们以为，冯先生的这种观点十分中肯。就性、情的来源看，董氏以为，"性"和"情"皆天所生。他说："天地之所生谓之性情，性与情相为一瞑，情亦性也。"（《春秋繁露·洞察名号》）性和情是人生而具有的材质，它们皆是天地所生。更为重要的是，性情皆含有天之气。董氏说："天地之气，合而为一。"（《春秋繁露·五行相生》）可见，"情和性，乃是气的阴阳，阳为性，阴为情，阴阳为一气之分两，情和性也是一分之两……性由气而成，性中有阴阳"②。人性和人情含有阴阳二气，而阴阳二气源自元气，所以说，性情一体。也就是说，在董仲舒那里，性包含了情，情亦属于性。或者说，"性中包含性与情"③。进一步言之，性情之气皆源自天，性情皆是气化的产物，所以，两者没有根本性的差异。

另外，董氏以天之阴阳二气论述性情问题，他说："生之有性情也，若天之有阴阳也。"（《春秋繁露·洞察名号》）天所含阴阳二气不可割裂。同时天又有阴阳之别，天"贵阳而贱阴"（《春秋繁露·阳尊阴卑》）。所以，就会造成性情之别，形成善恶之分。董仲舒认为，情欲的过度就是恶。他说："情者，人之欲也。"（《汉书·董仲舒传》）因此，情欲是需要节制的东西，即阴气是需要压制的气。董仲舒说："人欲之谓情，情非度制不节"（《汉书·董仲舒传》），"节之而顺，止之而乱"（《春秋繁露·王道通三》）。情欲之气需要节制和寡淡。若从狭义的角度而言，源于天的性包含性情两者，性情分别属于不同的气，阳气能够致善，而阴气能够致恶。所以，"性与情又是有区别的。盖性一个字单独讲，则为天生的资质之全名。性与情并用，则性为天生的资质之仁作用名，而情为天生的资质之贪作用名"④。这便是董氏讨论性、情范畴的微弱区别。

---

① 冯友兰：《中国哲学史》，第 19 页。
② 罗光：《中国哲学思想史（两汉、南北朝篇）》，第 205 页。
③ 姜国柱、朱奎菊：《中国历史上的人性论》，中国社会科学出版社 1989 年版，第 56 页。
④ 姚舜钦：《秦汉哲学史》，河南人民出版社 2016 年版，第 140 页。

综上可见，"情亦性也"侧重从气的来源讨论人性，而"性善情恶"侧重从气的不同特点审视人性话题。换言之，"情亦性也"与"性善情恶"两者并非矛盾的，只是论说的侧重点不同而已。

二 "性混善恶说"与"性三品说"

关于人性善恶问题的探讨，董仲舒还以阴阳二气为工具，点评了孟子等人的人性说，在汲取前人思想的基础上，更加坚定了"性善恶混说"，并且协调了"性三品说"与"性混善恶说"之间看似存在的矛盾。

（一）与孟子人性之异

董仲舒之所以对孟子性善说进行点评，想必孟子性善说在当时已经有一定的学术市场，否则他就不会如此劳苦费力地批判孟子。换言之，董氏对孟子人性说的评判是为了能更好地表达自己的观点。而董氏对孟子性说的点评①，我们以为，主要基于两个视角，即正名的机制和天道的权威。

首先，就命名的机制（"正名"）来说，董仲舒考察了"民"和"心"等字的含义，进而说明人性仅含有"善端"或"善材"，属于"未成之物"。

其一，关于"民"的字义。董仲舒说："民之号，取之瞑也。"（《春秋繁露·深察名号》）"民"的称号来自"瞑"，瞑，《说文》曰："翕目。"②"瞑"的本义是眼睛闭上，亦引申为尚未觉醒的状态。董氏用"瞑"指称民，兼及论"性"。他说："使性而已善，则何故以瞑为号？以覽者言，弗扶将，则颠陷猖狂，安能善？"（《春秋繁露·深察名号》）在他看来，倘若民众性已善，民就不能

---

① 在周桂钿看来，董仲舒主要是从三个角度批判了孟子性善说，即正名、天道的权威、圣人之言。参见周桂钿《董学探微》，北京师范大学出版社1989年版，第81—87页。在此处，我们引用周桂钿的观点，但与周教授不同的是，我们以为，综合来看，董仲舒批判依据的侧重点聚焦前两者，即正名、天道的权威。所以，我们主要站在这两种立场上来分析董氏是如何坚持"以气论性"的纲领批判孟子性善说的。

② （汉）许慎撰：《说文解字》，（宋）徐铉校订，第72页。

被称作"瞑"了。既然民众被称作"瞑",说明他们需要帮扶才能走向正道。这显然是对性善说的质疑。另外,董氏将"性"比作眼睛,视觉比作"善性"。他说:"性有似目,目卧幽而瞑,待觉而后见。当其未觉,可谓有见质,而不可谓见。今万民之性,有其质而未能觉,譬如瞑者待觉,教之然后善。当其未觉,可谓有善质,而不可谓善,与目之瞑而觉,一概之比也。……性而瞑之未觉;天所为也。"(《春秋繁露·深察名号》)他以为,犹如人在黑暗的地方睡觉,等醒来的时候才能看见,如果人没有醒来,只能说是有看见外物的潜质,并不能说眼睛已经看见外物了。人性也是如此,人之所以被称为"瞑",仅是因为性中只有善的潜质,然而,这般善的潜质并没有展现出来,仍然需要后天启发和引导,而教化犹如让人从睡眠之中觉醒。换言之,没有教化,人性是不能被称为善的,孟子将人性视为善的,显然忽视了教化和学习的意义,这是董仲舒所要批判的。

其二,关于"心"的字义。董仲舒说:"栣众恶于内,弗使得发于外者,心也。"(《春秋繁露·深察名号》)"心"能够"栣"。而"栣",苏舆释曰:"栣即禁也。"[1]"栣"就是禁止的意思。换言之,心能够将恶抑制住,并且不放纵恶。在董仲舒看来,"人之受气苟无恶者,心何哉?"(《春秋繁露·深察名号》)"心是把众恶封闭在里面不让散发出来。这样就可以推出:人性中是有众恶的,并非全善。……人性中有仁气(善质)和贪气(恶质),心是限制贪气外化的。"[2] 由此,董仲舒认为,孟子只认为心有善端,便说性善,这是不合理的。紧接着,他指出:"吾以心之名,得人之诚。"(《春秋繁露·深察名号》)也就是说,"心"字的含义凸显了人性的内涵,即"人之诚,有贪有仁。仁贪之气,两在于身"(《春秋繁露·深察名号》)。人有仁性,亦有贪性,贪仁二性即贪仁二气,它们共

---

① (清)苏舆撰:《春秋繁露义证》,钟哲点校,中华书局1992年版,第293页。
② 周桂钿:《秦汉哲学》,武汉出版社2006年版,第103页。

同存在于人身上，由心操纵。换言之，善恶之潜质受制于人心，这是董仲舒与孟子的迥异之处。

其三，在命名的原则下，董氏制定了"性善"的不同标准、不同等次，他将"性善"分为"孟子之善"和"圣人之善"两类。他说："性有善端，动之爱父母，善于禽兽，则谓之善。此孟子之善。循三纲五纪，通八端之理，忠信而博爱，敦厚而好礼，乃可谓善。此圣人之善也。"（《春秋繁露·深察名号》）可见，"孟子之善"和"圣人之善"二者存在很大的差异，一个属于"已成"，一个属于"未成"。其中，"孟子之善"将人与禽兽区别开来，凸显的是人禽之异，比如人天生爱护父母等，属于"未成"；而"圣人之善"指的是人能够遵循三纲五常，通晓道德义理、忠信并博爱、敦厚并好礼，属于"已成"。董氏认同孟子将性视为人禽之异，并将其看作仁义之本，但是将其定义为性善则是不同意的。他说："万民之性善于禽兽者许之，圣人之所谓善者弗许，吾质之命性者异孟子。"（《春秋繁露·深察名号》）"性善"应该是"已成"，并非"未成"。或者说，性乃"中民之性"或曰"万民之性"，即"性未善"。而"圣人之善"或曰"性已善"，在现实社会中难以寻觅。董氏说："圣人之所谓善，未易当也，非善于禽兽则谓之善也。……质于禽兽之性，则万民之性善矣；质于人道之善，则民性弗及也。……孟子下质于禽兽之所为，故曰性已善；吾上质于圣人之所为，故谓性未善。"（《春秋繁露·深察名号》）孟子看到了人禽之差异，将性中存有"善质"断定为"性已善"欠妥当，这也是董氏不同意孟子的地方。

其次，董氏依靠"天"的权威，立足"天人同类"角度，以阴阳二气批判孟子性善说之局限。他说："天有阴阳禁，身有情欲栊，与天道一也。……情亦性也。谓性已善，奈其情何？……身之有性情也，若天之有阴阳也。言人之质而无其情，犹言天之阳而无其阴也。"（《春秋繁露·深察名号》）从这段话可以看出，董仲舒从气化宇宙论的视角定义人之性情，将性情问题和阴阳二气相结合，这是他批判孟子的重要手段。在他看来，天是万物的本原，天有阴阳二气，人是天的产物，人身上自然含阴阳二气，"阴阳二气"在人身上便是"贪仁之气"。加之，董仲舒持有"贵阳贱阴"（《春秋繁露·阳尊阴卑》）立场，其中，贪气能够致恶，仁气能够致善，或者说，人性既有善的材质，也含有恶的资质。董仲舒以"养育形体"为例说："人受命于天，有善善恶恶之性，可养而不可改，可豫而不可去，若形体之可肥䐃，而不可得革也。"（《春秋繁露·玉杯》）天以阴阳之气给人以性，就像人的形体有肥瘦一样，本性中有善的部分，亦有坏的东西。其中，善端加以培育则善增加，这就类似人形体养得好则肥胖，恶端不加节制则恶增加，这就像人形体养得不好便消瘦。但是，善恶两者不能完全从人的本性中根除掉。而如果按照孟子的思想逻辑，倘若说人性已经是善的，这便等于说是刨除了人性中的情欲，也就是说人性只有阳气，而缺失阴气，这犹如说天只有阳气而缺失阴气，显然是不符合天道的真实情况。① 总而言之，站在气化宇宙论立场上，董仲舒以天有阴阳论证性兼善恶，得出"未善之性"蕴含恶的潜质，这是孟子不及董仲舒的地方。

（二）与其他诸子性说之异

1. 与告子人性之异

如我们所知，告子所持有的人性观点是性无善无恶。《孟子·告子上》记载，告子的主要观点就是"生之谓性"，就是说，人性是人类出生后的本来面貌，比如："食色，性也。"（《孟子·告子上》）同时告子将人性看作天生材质。他曾经说："犹杞柳也""性犹湍水也"（《孟子·告子上》）等。

仔细考究董氏的言论，事实上，董氏与告子的见解颇为近似。他说："性者，天质之朴也。"（《春秋繁露·实性》）董氏以为，性就是天然生成的质朴之材。而对告子来说，"性无善无不善"（《孟

---

① 比如董仲舒说："独阴不生，独阳不生。"（《春秋繁露·顺命》）在他看来，人的本性既然源自天，天以阴阳之气化生万物，气在人便是性，那么便必然蕴藏善恶两端，人以善恶之质成就人性。

子·告子上》）。人性本身并没有任何善恶之分。换言之，人性是中性的。在《孟子·告子上》中，告子还以流水譬喻人性，他以为，人性本身就像流水一样，流水并没有固定的流向，而人性向善的方向发展就会走向善，人性被向恶的方向引导就会变为恶。换言之，人性之材没有善和不善，与告子所不同的是，董氏则说："性者，天质之朴也；善者，王教之化也。无其质，则王教不能化；无其王教，则质朴不能善。"（《春秋繁露·实性》）按照董氏的意思，性是天生资质，材质源于天，天有阴阳之异，所以，禀赋于天的性，是由阴气和阳气两方面构成的，自然也就蕴含为善和为恶的潜质。善则是在天生材质的基础上，发扬性中之仁，经过教化而形成的。缺少了教化，天生的材质不能成善。董仲舒进一步说："圣人者，贵除天下之患。"（《春秋繁露·盟会要》）恶的材质是人性之患，它需要逐渐地被剔除，即所谓教"然后能善"（《春秋繁露·为人者天》）。所以，与告子以质朴之材论性相比较，董氏更加凸显人性中的善恶两者并存的因素，并倡导后天教化，诱发人性之善，抑制人性之恶，这是董氏之性与告子之性的巨大异处。

　　2. 与荀子人性之异

　　如我们所知，荀子以性恶而闻名，他曾经撰写了《性恶》《荣辱》《正名》《礼论》等篇章阐述性恶说。比如他说："今人之性，生而有好利焉。"（《荀子·性恶》）人性天生就是好利的，如果一味地顺从人的天性而不加以节制，便会产生不良的后果。他说："从人之性，顺人之情，必出于争夺，合于犯分乱理，而归于暴。"（《荀子·性恶》）顺从人的性情必然引发争夺、混乱。这无论是对人而言，还是对社会而言，都是没有任何好处的。在此基础上，荀子强调了人性中恶的一面，并且将其放大，认为人性恶，进而提出要改造人性，劝导民众学习，听从圣王的教导，这便是"伪"："人之性恶明矣，其善者伪也。"（《荀子·性恶》）从某种程度上而言，教化成了荀子哲学的基本问题。

　　与荀子相同，董氏以为，性有恶端，他说："身亦两有贪仁之性。"（《春秋繁露·深察名号》）董氏所言贪性便是致恶之端。然而，与荀子所不同的是，董氏不像荀子那样仅仅把人性之中的恶视为人性，董氏以为，性中也有善端，并且是人性的组成部分。换言之，人性同时蕴含善恶两层面，这恰如一枚硬币的两个方面，荀子只看到了硬币的反面认为性恶，董氏将这正面和反面两个方面统称为人性。他说："天生民性有善质，而未能善，于是为之立王以善之。"（《春秋繁露·深察名号》）天生之性蕴含善端，也就具备了为善的潜质。然而，"善端"要经过后天培育才能够成善。所以，董氏尤其强调后天学习以及对人性的教导。善的果实必须依赖后天修为，这是董氏与荀子论性相同的地方。

综上，依照董仲舒的视角来看，孟子的性善论、告子的性无善恶说与荀子的性恶论等，皆不能真正把握人性的真实含义。他说："或曰性善，或曰性未善，则所谓善者各异意也。"（《春秋繁露·深察名号》）为了说明自己的性说与前人之不同，向人们传达"性"的真实含义是饱含善恶双重潜质，董仲舒还列举了大量的例子，比如他以为，性和善恶的关系如同"禾和米""卵与小鸡""蚕与丝""麻与布""璞与玉""米与饭"等①，都是将事物"未成形"的状态，与事物"已成形"的状态相比较，从而认为不能把两者相互等同起来。这比如说，人性中蕴含善的潜质，也蕴含恶的潜质，两者混存于人性之中，并不能说人性已经是善的，或者说人性已经是恶的。在董氏看来，人性之恶纵容了恶质的萌发，人性之善是后天教化的结果。所以，董仲舒的人性说是中和了孟子人性善和荀子人性恶的学说。正如冯友兰说："董仲舒之论性，盖就孔、孟、荀之说而融合之。"②

（三）心与性三品说的形成

董仲舒曾在《春秋繁露·实性》篇中谈到人性的三种情况，即

---

① 这些比喻多数出自《春秋繁露》中的《洞察名号》《实性》等篇章。
② 冯友兰：《中国哲学史》，第 21 页。

圣人之性、斗筲之性、中民之性。据此，有学者以为，董氏的人性说实质上是性三品说。①

问题在于：董氏自己明确说过："名性，不以上，不以下，以其中名之。"(《春秋繁露·深察名号》)又言："圣人之性不可以名性，斗筲之性又不可以名性，中民之性如茧如卵。"(《春秋繁露·实性》)根据这些章句看，董仲舒以为，圣人之性和斗筲之性都不能称为严格意义上的"性"，而只有中民之性才能称为"性"。因此，有学者以为，董仲舒的人性论并非性三品说，而是中民之性说。比如陆建华在《"中民之性"：论董仲舒的人性学说》中提出，董仲舒之性指的是中民之性，中民之性兼具善恶两者。然而，他又以为，董氏的中民之性排除了圣人和斗筲。② 曾春海在《中国哲学史纲》中说："董氏论人性与善的关系，是撇开人口素质中最上层的'圣人之性'与最下层的'斗筲之性'，只就占高比例的'中民之性而言'。"③ 陈维浩在《董仲舒天论研究》中说："圣人之性与斗筲之性是董仲舒思考人性理论内部细致问题时所做的假设……所思考推理出的两种人性极端状态，并非真的肯定有这两种人性存在。……因此严格来说董仲舒的人性论不能定名为性三品说，因为圣人之性与斗筲之性只是假设而不存在，真正存在的只有中民之性这一个品级。"④ 虽然这些学者表述不同，却都向我们传达了一个意思：斗筲之性和圣人之性这两者并不能称为人性，真实存在的只是中民之性。概言之，董氏人性只有一种，即"中民之性"，"圣人之性"和"斗筲之性"都不能称为严格意义上的人性。

---

① 持有这种观点的研究成果如李存山《董仲舒对先秦儒学的继承和损益》，《衡水学院学报》2015年第3期。另外，关于董仲舒人性论的研究进展，王永祥有所归纳，参见王永祥《董仲舒评传》，南京大学出版社2004年版，第243页。

② 参见陆建华《"中民之性"：论董仲舒的人性学说》，《哲学研究》2010年第10期。

③ 曾春海：《中国哲学史纲》，华东师范大学出版社2013年版，第189页。

④ 陈维浩：《董仲舒天论研究》，博士学位论文，台湾大学，2013年，第414—416页。

　　"性三品说"和"中民之性说"两种观点相比较，看似是矛盾的。那么，两者是不是不可调和的？或者说，究竟哪种观点更为合理？我们的观点是：董仲舒的人性只有一种，这种人性就是中民之性。中民之性具有普遍性。然而，我们的观点又稍微与上述持"中民之性说"的学者们略有不同。我们以为，圣人之性和斗筲之性都是真实存在的，但是它们皆出自中民之性。换言之，中民之性是圣人之性和斗筲之性的产生的基础，圣人之性和斗筲之性是中民之性发展的结果。之所以这么说，主要两点理由。

　　首先，就人性的来源看，无论是圣人，还是斗筲之人，抑或中民，董仲舒以为，他们都是人，既然都是人。那么，按照董仲舒的看法："人之人本于天。……人之情性有由天者矣。"（《春秋繁露·为人者天》）"人生于天，而取化于天。"（《春秋繁露·王道通三》）人性的来源只有一个，就是天。圣人、斗筲、中民之性都是天所给予的。所以在本质上，三者的人性都是一样的，即善气和恶气（阴阳二气）相混合的。如果说，"性三品说"成立，而"性善恶混说"偏颇的话，那么，按照这种逻辑思路，圣人之性便是纯阳之性，斗筲之性便是纯阴之性，从宇宙论视角来看，这就等于说是，天只有阳气，或天只有阴气，显而易见，这是不符合天兼有阴阳二气之意的。又，董仲舒明确说过："察身以知天也。"（《春秋繁露·郊语》）比如："人之情性有由天者矣"（《春秋繁露·为人者天》），"身之有性情也，若天之有阴阳也"（《春秋繁露·深察名号》），"恶之属尽为阴，善之属尽为阳"（《春秋繁露·阳尊阴卑》）。源于天的性兼具阴阳二气。推而论之，圣人、斗筲和中民之性都必然兼具阴阳二气。而阴阳二气各自拥有不同的属性，阳气是善的标识，阴气是恶的象征，性蕴含阴阳二气，那么，它就必定兼具善恶。所以，斗筲之人并非生来仅具备恶质，本性全部就是恶的，他们的性也蕴含善的潜质。同理而论，圣人之性也非天生仅有善质，他们的性中也包含恶的因素。或者说，圣人、斗筲以及中民三者的性都是一样的，即"性混善恶"。

其次，既然中民之性具有普遍性，人皆有"善善恶恶之性"（《春秋繁露·深察名号》）。那么，为什么还会形成三种不同的人性？我们以为，探究董氏之"性"的专家学者们忽视了一个重要的问题，即"心"。在董氏那里，性之所以呈现三种状态，是"心"的缘故。董仲舒说："凡气从心。心，气之君也，何为而气不随也。"（《春秋繁露·循天之道》）也就是说，"天创生人物，是通过气来实现的，而这气不仅是构成人体的质料，也是构成人的物质基础。故气中的清浊之气皆集于人心，而形成人的仁贪气质，产生人的探知心。然而，气是受到心的支配的，心可以抑制阴浊之气，扩充清阳之气，使羞恶得禁制而使美善得到发展，故心为气的主宰，气随心而改变"①。心是气之君，气顺心而发，董氏说："栣众恶于内，弗使得发于外者，心也。"（《春秋繁露·深察名号》）情感之气皆聚集于心。董氏明确说："人生于天，而取化于天。喜气取诸春，乐气取诸夏，怒气取诸秋，哀气取诸冬，四气之心也。"（《春秋繁露·王道通三》）心聚集了喜怒哀乐等情感之气，这便是"四气之心"。而从气化宇宙论的视角看，四时之气就是阴阳二气。心能够控制气的释放，亦可以抑制气的宣泄。因此，"心"成了情感发动的源泉和枢纽。这表明董仲舒之"心"具有理智力，而"智"，董氏说："何谓之智？先言而后当。凡人欲舍行为，皆以其智先规而后为之。"（《春秋繁露·必仁且知》）董氏以为，人们在采取某项行动之前，总要先进行谋划和取舍，比较哪种方案比较合理，心灵的这般功能便是"智"，即"心有计虑"（《春秋繁露·人副天数》）。

心虽然有理智力。然而，它有两方面的内容。一方面，人心有好善的倾向，董氏指出："仁，天心"（《春秋繁露·俞序》），"无伤恶之心"（《春秋繁露·必仁且知》），"行仁义而羞可耻"（《春秋繁露·竹林》），"好荣憎辱"（《春秋繁露·竹林》）等，可见，

---

①　罗光：《中国哲学思想史（两汉、南北朝篇）》，第202—203页。

人心具有道德仁义，有积极的内容。所以，董仲舒说："性有善端，心有善质。"（《春秋繁露·洞察名号》）心有为善的潜质，然而这并不等同于心是善的。另一方面，董仲舒说："邪狂之心"（《春秋繁露·必仁且知》），"夫万民之从利也，如水之走下"（《汉书·董仲舒传》）。人天生好利，这便是好利之心，董氏将其称为"否心"（《春秋繁露·必仁且知》），也就是祸患之源，他说："天下者无患，然后性可善。"（《春秋繁露·盟会要》）利心是祸患之源，能够带来恶果。比如："忘义而殉利，去理而走邪。"（《春秋繁露·身之养重于义》）董仲舒将忘义取利归结为"知之所不能明"（《春秋繁露·身之养重于义》），即心的理智力被蒙蔽。换言之，心的功能难以值得充分信任。所以，董氏说："天性不乘于教，终不能枉。"（《春秋繁露·深察名号》）"心枉"想要发挥还需后天教化。所以，董仲舒指出："身以心为本"（《春秋繁露·通国身》），"义以养其心"（《春秋繁露·身之养重于义》）。如此，"可谓仁圣矣"（《春秋繁露·对胶西王越大夫不得为仁》）。简言之，"义"是涵养人心的根本。这类似孟子号召的以仁义养心，但与孟子所不同，董氏以为，"义"是外在于人心的东西，而孟子将"义"视为人心天生所固有的。[1]

然而，对圣人来说，董氏以为，圣人也是有心的。他说："蝒蜕浊秽之中，含得命施之理，与万物迁徙而不自失者，圣人之心也。"（《春秋繁露·天道施》）圣人之心与众人之心并无二异，具备禁制纵恶的功能。与常人所不同的是，圣人虽处于污浊之气中，仍然能够不迷失自己，心的理智力不会出现失效的状态。换言之，圣人之所以性善，迥异于斗筲与中民，完全是后天修养所致。正如曾春海说："遏恶的力量，董氏诉之于'心'。"[2] 圣人的心，大多数情况下是："无

---

　　[1]　正如徐复观以为，孟子将"义"视为由"心"而出，而董氏则以为"义"非"心"所固有。参见徐复观《两汉思想史》（二），第372—373页。

　　[2]　曾春海：《中国哲学史纲》，第189页。

伤恶之心"（《春秋繁露·必仁且知》），"故其心舒"（《春秋繁露·必仁且知》），"将以其材能以辅其邪狂之心"（《春秋繁露·必仁且知》）。圣人能够很好地发挥心的抉择作用抑恶气，扬善气。而按照董氏自己的话来说："吾以心之名，得人之诚。"（《春秋繁露·深察名号》）可见，圣人之性绝非仅是纯阳之气，而是仁气和贪气共同构成的。通过对"心"的考察，最终认清了人性的真实面貌，这便是："人之诚，有贪有仁。"（《春秋繁露·深察名号》）"心"是禁止性中之恶发散的关键。董仲舒在继承先贤思想的基础上指出："性者，天质之朴也；善者，王教之化也"（《春秋繁露·实性》），"性待渐于教训而后能为善"（《春秋繁露·实性》）。这告诉我们：圣人之性也兼具善恶，只是圣人善性积累得极多，斗筲之性也兼具善恶，只是斗筲之人恶性积累得较多。换言之，善性是仁气积累而成的结果，恶性则是阴气积累而成的结果，或善或恶依赖后天对性中之气的取舍。可见，性三品说的出现取决于后天驯化和教导，并非天生禀赋的人性有本质差异，所以，董仲舒并不将其称作具有普遍意义的人性。

总而言之，我们以为，在董仲舒那里，中民之性是具有普遍意义的人性，它是天生材质，含有"善质"与"恶质"，这些材质实乃阴阳（贪仁）二气。换言之，人性是善气和恶气的混合者，董仲舒持有"性混善恶说"。① 而心是气的主导者，它可以引导人性中善气或恶气的走向。或者说，圣人之性和斗筲之性都是在中民之性的基础上演变而来的，而演变的核心在于后天教化修为的得失。修为得好，中民之性可以变为圣人之性，反之亦然，斗筲之性源于教化的缺失。正如苏舆说："人生皆中民也，已教则性胜情，谓之圣人；失教则情胜性，谓之斗筲。非性有三等。"② 进一步说，性三品说的

---

① 沈顺福：《三本论与董仲舒思想的历史地位》，《衡水学院学报》2018 年第 4 期。

② （清）苏舆撰：《春秋繁露义证》，钟哲点校，第 309 页。陈静以为，董仲舒人性论是"性有善质恶质说"。参见陈静《如何理解董仲舒的人性思想》，《中国哲学史》1997 年第 3 期。曾振宇将董仲舒的人性论概括为"天赋善恶论"。参见曾振宇《董仲舒人性论再认识》，《史学月刊》2002 年第 3 期。

存在印证了人性是善气混恶气，凸显了后天人为教化的重要。那么，性是如何接受教化的？教化的哲学机制是什么样的？

第三节　气感与教化

董仲舒说："人成之以礼乐。"（《春秋繁露·立元神》）礼乐能够引导人走向道德之境。那么，教化的哲学基础是什么？

一　礼乐刑罚与阴阳二气

关于礼乐的来源，在董氏看来，乐源于天。他说："（乐）为应天改之，乐为应人作之。"（《春秋繁露·楚庄王》）董仲舒从阴阳角度论证了具有等级规范的礼。他说："礼者，继天地，体阴阳，而慎主客，序尊卑、贵贱、大小之位，而差外内、远近、新故之级者也"（《春秋繁露·奉本》），又说："天下之尊卑随阳而序位。……阳贵而阴贱，天之制也。"（《春秋繁露·天辨在人》）礼蕴藏了阴阳二气的尊卑之意，作为一种制度，能够使得人们的生活呈现尊卑有序、贵贱分明、大小差异、内外有别的状态。比如他说："君臣、父子、夫妇之义，皆取诸阴阳之道。君为阳，臣为阴；父为阳，子为阴；夫为阳，妻为阴。"（《春秋繁露·基义》）意思是说，"三纲"是效仿阴阳二气而来的，其中，君、父、夫取义于阳，臣、子、妇取义于阴。然而，天以阳气为贵，以阴气为贱，阴阳两者地位并不对等，所以能够产生尊卑和秩序。换言之，在董仲舒看来，儒家伦理规范之所以能够存在，最终的依据是天。

除了礼乐之外，董仲舒也倡导刑罚，他将刑罚的本质归结为阴气。由于他持有"贵阳贱阴"的立场。所以，刑罚在教化手段中并不是首要的选择。董仲舒这样说："阳天之德，阴天之刑也。"（《春秋繁露·阳尊阴卑》）相比于礼乐之教的"经"的地位，董仲舒将刑罚视为"权"。他说："刑反德而顺于德，亦权之类也"（《春秋繁露·阳尊阴卑》），"天之任阳不任阴，好德不好刑"（《春秋繁露·天道无二》），"刑主杀而德主生"（《汉书·董仲舒传》），"天之亲阳而疏阴，任德而不任刑也。……德教之与刑罚犹此也。……厚其德而简其刑，以此配天"（《春秋繁露·基义》）。在董仲舒看来，阳气能使万物生长，阴气能使万物衰亡，阳气彰显了天的恩德，阴气体现了天的惩罚。阴阳二气之中，阴气从属于阳气，能辅佐阳气。阳气代表德教，阴气代表刑罚，所以，董仲舒倡导治国以德教为主，并辅以刑罚威慑。德教是本，刑罚是末，这是顺从天意。那么，教化能够起效的原理又是什么？

二 同气相感与教化的原理

《易传》曰："同声相应，同气相求。"（《乾·文言》）董仲舒汲取了《易传》同类相感的思想，从气化宇宙论视角看，万物都源自天之阴阳二气，而同种物类之间是可以相感的。他说："气同则会。"（《春秋繁露·同类相动》）在董氏看来，人体内的阴阳之气与天地间的阴阳之气是同种类型的，既然属于同种类型的气，所以，天地之气与人体之气可以相互感应。具体来说，发动人身上的阴气可以招致天地间的阴气，释放体内的阳气能够引发天地间的阳气。同样的道理，反过来说，利用外部的天地之阴气可以感召人体内的阴气，利用外部的天地之阳气能够引发人体内的阳气。比如："天将阴雨，人之病故为之先动，是阴相应而起也。天将欲阴雨，又使人欲睡卧者，阴气也。有忧亦使人卧者，是阴相求也；有喜者，使人不欲卧者，是阴相索也。"（《春秋繁露·同类相动》）天将要下雨的时候，阴气聚集，这时天气容易感召人身上的阴气，表现为人想要瞌睡，老病的复发等。最终，董氏得出结论说："天地之阴气起，而人之阴气应之而起，人之阴气起，而天地之阴气亦宜应之而起。"（《春秋繁露·同类相动》）天和人是可以感通的，而气是天人相感的核心。或者说，同类相感即同气相感。

董氏将同类相感的机制运用到了教化之中。董仲舒以为，人性源于天且含阴阳二气，其中，性属于阳气，可以致善；情则属于阴气，可以致恶。换言之，人天生具有阴阳二气便兼具善恶两性。而"阴阳二气"，又被董仲舒称为"顺逆之气"，它们是施行乐教的物质基础。在儒学史上，就乐施与人性而言，荀子曾指出："凡奸声感人而逆气应之，逆气成象而乱生焉；正声感人而顺气应之，顺气成象而治生焉。"（《荀子·乐论》）荀子以为，奸邪之声能够感召人之逆气，不良之气应和奸邪之声，导致"人之心淫"（《荀子·乐论》），混乱争夺的现象就会顺之产生。道义之声能够激发人之顺气，引发顺气的便是"善民心"（《荀子·乐论》），善良之气迎合道义之声，和顺稳定的秩序随之而来。董仲舒继承了荀子的这种乐教原理。他说："天之道，出阳为暖以生之，出阴为清以成之。"（《春秋繁露·暖燠常多》）"逆气左上，顺气右下，故下暖而上寒。"（《春秋繁露·阴阳出入上下》）天含有阴阳二气，阴阳二气具有不同特点，其中，阳气富有温暖义，它能够生育万物，阴气表现清冷义，它能够造就万物，这两类气表现在乐曲之中便是顺逆之气。其中，董仲舒以为，逆气就是阴气，顺气就是阳气，它们凝聚在乐曲中便是高雅、低俗之乐。董仲舒说："声有顺逆，必有清浊，形有善恶，必有曲直。"（《春秋繁露·保位权》）正如天之气有阴阳之差异，声亦含阴阳二气，并呈现出顺逆、清浊、善恶、曲直之分。

紧接着，董仲舒指出了乐教的操作方式，他以为，乐教要通过感的方式作用于人性。他说："感以礼乐，所以奉人本也。"（《春秋繁露·立元神》）乐感的过程就是治心的阶段。董氏说："心，气之君也。"（《春秋繁露·循天之道》）心含气并有好恶。所以，人心必须感知先王之乐（正乐）才能够向善。董氏说："虽有知心，不览先王，不能平天下。"（《春秋繁露·楚庄王》）又说："故声发于和而本于情，接于肌肤，臧于骨髓。"（《汉书·董仲舒列传》）"正乐"符合仁义之道，作用于人情，侵入人的肌肤，深入人的骨肉，足以"感动其心"（《春秋繁露·保位权》）。人心待乐教的感动能够为善。董仲舒说："心不得义不能乐……体莫贵于心，故养莫重于义。"

（《春秋繁露·身之养重于义》）这便是"作乐成德"。所以，董仲舒倡导要施以高雅之乐，避免低俗之乐。

就刑罚的施行而言，董仲舒以为，刑罚的施行要顺从天意。他说："阴阳理，人之法也。阴，刑气也；阳，德气也。"（《春秋繁露·王道通三》）刑罚与天气之间存在着相互感应的关系，如果刑罚施行过度，则会招致天之阴气，阴气凝聚便会带来灾难。"为政而任刑，谓之逆天，非王道也"（《春秋繁露·阳尊阴卑》），"天之任阳不任阴，好德不好刑"（《春秋繁露·阴阳位》）。如果治国以刑罚为主导，这便是违背天意而行。所以，董仲舒以为，刑罚使用要慎重。他又指出，刑罚施行得当就出现"风雨时、景星见、黄龙下"（《春秋繁露·王道》），否则就会出现"阴阳错缪，氛气充塞，群生寡遂"（《汉书·董仲舒传》），以致"贼气并见"（《春秋繁露·王道》），"天地之化伤，气生灾害起"（《春秋繁露·天地阴阳》）。可见，刑罚得当与否可以通过国家治乱状况显现。

概言之，"同气相感"是董仲舒教化的原理。乐教以感应的方式作用于人性，这再次表明：人性含气。

三 性命与养气说

在董仲舒哲学中，性也是一种命。从气化宇宙论视角来看，董氏指出："人之受命，化天之四时"（《春秋繁露·为人者天》），"四时不同气，气各有所宜"（《春秋繁露·循天之道》）。"命"就是四时之气，这便是"命若从天气者"（《春秋繁露·五行对》）。而四时之气也是人之性情的来源，董仲舒说："人有喜怒哀乐，犹天之有春夏秋冬也。……皆天气之然也。"（《春秋繁露·如天之为》）性也是一种命。董仲舒有时将性、命两者并称，他说："天之所为人性命者"（《春秋繁露·如天之为》），"天之为人性命"（《春秋繁露·竹林》）。在他看来，"性"和"命"含有同种类别的气，有时候两者可以等同。

性也是一种命。而"命"，董仲舒说："人始生有大命，是其体也。"(《春秋繁露·正贯》) 在他看来，大命便是人的形体。但是董氏以为，"气尽而立终"(《春秋繁露·循天之道》)，这种命便是人的寿命。董仲舒以为，它有损有益，即"命有损益"。他说："天命之所损益。"(《春秋繁露·循天之道》) 所以，董仲舒尤其强调养护寿命。他说："寿有短长，养有得失"(《春秋繁露·循天之道》)，"能以养其身者，其寿极命"(《春秋繁露·循天之道》)。命之损益关键在于养之与否。为此他提出："凡养生者，莫精于气。"(《春秋繁露·循天之道》) 养生就是养气。要言之，气的存养关系到人之夭寿。

关于"养气"，根据《春秋繁露》记载，董仲舒引用先秦养气大家公孙尼子之言曰："裹藏泰实则气不通，泰虚则气不足，热胜则气□，寒胜则气□，泰劳则气不入，泰佚则气宛至，怒则气高，喜则气散，忧则气狂，惧则气慑。凡此十者，缺之害也，而皆生于不中和。"(《春秋繁露·循天之道》) 气是构成人形体的材料。气有不同的状态，它们能够充实人的形体。气存在于人体之中贵在流通，如果人的内脏太实则气就不通畅，内脏太虚则气就不充足，炎热容易导致气的消耗，寒冷容易导致气的郁积，形体太劳累则气就难以进入体内，形体太安逸则气的流通会受到阻碍。更为重要的是，气的状态与人的性情密切相关。举例来说，当人愤怒的时候，人身上的气就会高扬；当人欢喜的时候，人身上的气就会散逸；当人忧虑的时候，人身上的气就会狂躁；当人畏惧的时候，人身上的气便变得沮丧等。公孙尼子认为，这都是由于人身之气不符合中和状态所导致的，它们不仅能够影响人的性情，而且有损于人形体的健康。在此基础上，公孙尼子提出："君子怒则反中而自说以和，喜则反中而收之以正，忧则反中而舒之以意，惧则反中而实之以精。"(《春秋繁露·循天之道》) 在公孙尼子看来，中和之道是养气的准则，坚持以中和之道养气，人身上的气就能够得到很好的控制，比如说，中和可以使得愤怒变为愉悦，可以使得忧虑变为舒缓，可以使得畏惧变为踏实，等等。换言之，中和能够实现人身之气的秩序及稳定。

董仲舒赞成公孙尼子养气说，同时倡导人们要"爱气"。他说：

"故养生之大者,乃在爱气。"(《春秋繁露·循天之道》)而"爱气"表现在两个方面,从生物性角度来说,人们的性生活要得到合理的约束和节制,他说:"君子甚爱气而游于房,以体天也。"(《春秋繁露·循天之道》)从道德意义的视角看,董氏以为,"爱气"便是实现心、意、神关系之间的和谐有序,他说:"气从神而成,神从意而出。心之所之谓意,意劳者神扰,神扰者气少,气少者难久矣。故君子闲欲止恶以平意,平意以静神,静神以养气。"(《春秋繁露·循天之道》)气出自神,神源自意,而意源自心。所以,心是气的最终根据。用心过度则形神疲惫,形神疲惫则气郁结,气郁结则难以贯通形体,气不充足寿命便难以长久。气是受制于心的,同时又贯穿人的形体,心能够决定气的散发。从某种程度上说,养生的秘诀就是养心,董氏倡导寡欲实现治心,治心能够实现意志平和,意志平和能够保养精神,精神安定则气能够顺,气顺便足以充实形体,从而能够实现延长寿命的目标。比如:"仁人之所以多寿者,外无贪而内清净,心平和而不失中正,取天地之美,以养其身,是其且多且治。"(《春秋繁露·循天之道》)董氏以为,具有仁德之人不迷恋于外部的贪欲,他们内心气平和而不失中正,所以仁者都是寿命比较长的人。换言之,董氏以为,道德修养与生理养护密切相关,这是董仲舒对儒家伦理思想发展的巨大贡献。

四 "和者,天之正":教化的结果

董氏以为,教化能使气达到中和。中和便是阴阳之气达到和谐。而气的和谐又分为人性之气的和谐和治世之气的和谐。

一方面,就人性之气而言,董仲舒以为,教化的结果就是通过感应原理,使得人体内的气达到"中和"的状态,这便是和气。他说:"和者,天之正也,阴阳之平也,其气最良,物之所生也。"(《春秋繁露·循天之道》)和气就是阴阳二气处在一种协调的状态。和气是善良的气,它能使万物生长。圣人正是保持人身上气的和谐状态,所以才能够成为仁人。董氏说:"圣人者,纯仁淳粹。"(《春秋繁露·执贽》）圣人通过道德修为让人性之中的仁气达到了纯粹的境界，所以圣人自然能够通达天意，获得与天沟通的资格。正如董氏说："气畅于天。"（《春秋繁露·执贽》）可见，气是人与天沟通的物质。

另一方面，气也与天、政治有关。董仲舒以为，人性之气和治世之气本质是一致的，它们都是同种气，这种气的来源只有一个，那就是天。所以，人气、治气与天之间可以相互贯通。董氏说："天地之间，有阴阳之气，常渐人者，若水常渐鱼也。……而以治乱之气，与之流通相也。"（《春秋繁露·天地阴阳》）这具体表现在："世治而民和，志平而气正，则天地之化精，而万物之美起。世乱而民乖，志僻而气逆，则天地之化伤，气生灾害起。"（《春秋繁露·天地阴阳》）人气可以影响治乱，治乱亦可以影响人气。董氏以为，治世之气与乱世之气具备不同的特点，倘若国家治理得好，民众的性情就平和，世间便多出现祥物。反之，身处乱世的民众，他们的性情就乖戾，世间也多出现灾害。或者说，天气之和能够影响人，人气之和亦能够影响天。由此可见，在董仲舒的思想中，人性、形体、情感、教化与国治可以相互感应，它们是一个"互相反馈的系统"[1]，而气的流动和感通是它们沟通的核心。

最终，董仲舒说："故人气调和，而天地之化美。"（《春秋繁露·如天为之》）人气和谐可以成就天地之美。换言之，人性便与天道贯通起来。

第四节　本章小结

西汉以董仲舒的人性论最具代表性。通过本章讨论，我们得出以下三点结论。

---

[1]　袁济喜：《和：审美理想之维》，百花洲文艺出版社 2017 年版，第 54 页。

其一，董仲舒立足气化宇宙论视域之下考察人性问题。他以为，万物皆由天而生，天是万物的发端，并含有气，董氏将它称为元气。以此为基础，董仲舒建构起了"气—阴阳—四时—五行—万物"的宇宙演化体系。在董仲舒那里，天以气生物，人自然也是天的产物。而"性"，董氏以为，是人天生的自然材质，它包括两种材质，即性情与形体，并且它们的构造和内容与天相似，这便是"天人相副"。董仲舒又进一步指出，人的性情和形体与气有关并含气。也就是说，气是构成人形体以及性情的材料，并且天和人皆含有相同的气①，这便是"天人同质"。

其二，董仲舒以为，天以阴阳二气生物，性亦是天所生出的，所以，人性自然含阴阳二气。同时他持有"贵阳贱阴"（《春秋繁露·阳尊阴卑》）的立场，董氏将性视为阳气，将情视为阴气，并以为阳气能致善，阴气能致恶。人性由此具备了善恶之质。换言之，人性混善恶。同时，董氏用正名的机制和天道的权威，考察了"民"和"心"等字义，并站在气化宇宙论视角下，批判了孟子性善说之局限，他以为，犹如天有阴阳之分，作为天的产物，性自然兼具阴阳二气，并且缺一不可，继而认为孟子性善说是不完整的，同时更加坚定了具有普遍意义的人性是善恶混杂的。性是善气混恶气。然而，董仲舒以为，心可决定气，气顺心而发。而心兼具善恶之义，同时天然具备好利之倾向。所以，心的好恶直接导致了现实之中人性善恶的走向，并出现了圣人之性、斗筲之性和中民之性。换言之，性三品是在中民之性（性善恶混）的基础上发展而来的，并非人性天生禀气差异所导致的，而是人们后天修为的结果。

其三，性是善气混恶气。所以，董仲舒以为，要对它进行锻造和教化。教化就是人道，人道源于天。比如，阳气代表德教，德教

---

① 在李申看来，与先前的学人相比较，董仲舒更加明显地以"人的身体质料说明人的本性"。参见李申《道与气的哲学：中国哲学的内容提纯和逻辑进程》，中华书局2012年版，第100页。

就是乐教。阴气代表刑罚，刑罚就是礼教。礼乐属于阳气，刑罚属于阴气。由于董仲舒推崇"阴卑阳尊"，所以，在礼乐刑罚等举措中，董氏倡导礼乐之道，并辅以刑罚威慑。同时认为，天气和人气之间可以相互感通。比如，乐教能够激发人性之阳气，这就等同于，人性之阴气被抑制住。同时在他看来，性是一种命，并含气。而"命"，有时等同于人的形体和寿命。所以，他倡导养气说，而养气就是养命，就是养性。换言之，将道德修养和人的寿命相结合，是董氏对儒家人性修养说的贡献。董仲舒又以为，教化能使人性之气达到中和的状态，人性的中和之气又能与天地中和之气相沟通。换言之，天地之气的中和就是人性之和。性与天道就这样通达起来。

概言之，"董所谓性，专就气质而言"①。以"阴阳二气来说明人的德性依据及其善恶根源"②，最终成功地、完整地将儒家性情论纳入天人之学的体系之中，这种做法影响是极为深远的，特别是他以气之阴阳论证性之善恶的做法为汉代以后多数学者所承袭，甚至奠定了汉代儒家人性论的基调。③

---

① （清）苏舆撰：《春秋繁露义证》，钟哲点校，第292页。
② 丁为祥：《董仲舒天人关系的思想史意义》，《北京大学学报》（哲学社会科学版）2010年第6期。
③ 参见何善蒙《情性与教化：以董仲舒为中心的考察》，《衡水学院学报》2017年第6期。

第八章

晦明之气与性善恶混：
扬雄的气性论思想

扬雄是西汉晚期的著名儒者。徐复观指出："讲汉代思想史而不及扬雄，我觉得便没有掌握到两汉思想演变的大关键。"[1] 关于人性问题的探讨，扬雄在《法言·修身》中明确提出："人之性也善恶混。修其善则为善人，修其恶则为恶人。气也者，所以适善恶之马也与？"扬雄认为，性、善恶、气及修等范畴之间存在关联。然而，学界多以善，或者是以恶探究扬雄人性说，相对忽视了"气"在扬雄人性论中的地位和意义。[2] 那么，扬雄之性是否含气？若是，气与善恶有何关系？人性又是如何修的？本章集中讨论这些问题。

---

① 徐复观：《两汉思想史》（二），第400页。

② 学界有关的研究状况大体可以分为三类。其一，按照学术界通常的观点，扬雄是性混善恶者，即人性包含善的方面，同时蕴含恶的方面。其二，扬雄是性恶论者。参见郑文《扬雄的性"善恶混"论实际是荀况的性恶论》，《西北师大学报》（社会科学版）1997年第4期。其三，扬雄的思想蕴含着性善论。参见问永宁《从〈太玄〉看扬雄的人性论思想》，《周易研究》2002年第4期。

第一节　"一生一死，性命莹矣"

扬雄指出："夫玄也者，天道也，地道也，人道也。"（《太玄·玄图》）又说："通天地之人曰儒。"（《法言·君子》）那么，"玄"和"人"有何关联？"玄"与"性"是何种关系？"玄"的特点是什么？"玄"是不是物质的？本节讨论这些议题。

一　性与太玄

扬雄之"玄"源于《太玄》，《太玄》模仿《周易》而作。所以，"玄"的内涵必然与《周易》有关系。《周易》在探讨人性问题的时候，将其置于宇宙论的背景下考察，扬雄也是如此。[①] 在《周易》看来，万物衍化的基础是太极，而在扬雄看来，"玄"是万物存在的最终依据。扬雄指出："玄者，幽攡万类而不见形者也。资陶虚无而生乎规，揆神明而定摹，通同古今以开类，攡措阴阳而发气。一判一合，天地备矣。天日回行，刚柔接矣。还复其所，终始定矣。一生一死，性命莹矣。"（《太玄·玄攡》）这段可视为扬雄宇宙论思想的纲领，揭示了扬雄之"玄"的几层含义。

其一，"玄"是真实存在，没有形迹。扬雄形容"玄"时说："仰而视之在乎上，俯而窥之在乎下，企而望之在乎前，弃而忘之在乎后，欲违则不能，默而得其所者，玄也。"（《太玄·玄攡》）玄没有形状，无迹可循，是不可见的，有时似乎在上，有时似乎在下，有时似乎在前，有时似乎在后。扬雄对于"玄"的这种描述与《老子》文本中对"道"的描述"迎之不见其首，随之不见其后。执古之道，以御今之有。能知古始，是谓道纪"（《老子》第14章）十

---

① 王青以为，《太玄》最大的特点是推天道明人事，并且他将这种思维模式视为道家学者们的通俗做法。参见王青《扬雄评传》，南京大学出版社2000年版，第172页。

分相似，甚至可以说，很大程度上是相同的。老子以为，作为万物本原的"道"没有行迹，然而又无处不在。可见，扬雄论"玄"汲取了老子的思想。

其二，"玄"通达古今并含气。一方面，扬雄指出，玄为万物本原，同时他以为，气亦为万物之本。他说："自今推古，至于元气始化。"（《核灵赋·预览一》）从古至今的变化都是元气在起作用。既然两者都是宇宙万物的原始基础，所以说，玄和气的内涵有一致性。"玄"甚至就是气。正如郑万耕说："'玄'，是一种物质性的实体，实际上是汉代流行的'元气说'的一种。"① 换言之，玄是万物的本原并以气化生万物。那么，玄如何化生万物？扬雄以为，作为万物本原的气，能分化出阴阳二气，《太玄》载："阴阳杂厕，有男有女"（《太玄·玄图》），"一阳乘一统，万物资形"（《太玄·玄首都序》），"一阴一阳，然后生万物"（《太玄·玄图》）。扬雄将阳气视为天，阴气视为地，天气和地气交合能生物。或者说，天地交合也就是阴阳判合。《法言》载："天地交，万物生"（《法言·修身》），"无天何生？无地何形？"（《法言·孝至》）阴阳之气判合生物，这就是扬雄所倡导的宇宙生成论。

其三，"玄"是人之性命的最终来源。② 玄化生万物，人亦包括

① 郑万耕：《扬雄及其太玄》，北京师范大学出版社2009年版，第93页。事实上，将扬雄之"玄"解读为具有物质意义的元气已经获得学术界很多学者的认同。如，冯友兰说："'玄'是一种物质性的实体，实际上是汉代流行的元气说的一种。"冯友兰：《中国哲学史新编》（中），第215页。张立文说："'玄'是阴阳未分的混沌融合体。"张立文：《扬雄的太玄哲学》，《孔子研究》2013年第6期。周桂钿、李祥俊以为："'玄'就是两汉时代流行的'元气'观念。"张立文主编，周桂钿、李祥俊：《中国学术通史·秦汉卷》，人民出版社2004年版，第279页。从学术史的发展视角来看，根据《汉书》的记载，扬雄师从严遵。严遵是汉代著名的学者，撰有《老子指略》。在《老子指归·不出户章》中，严遵说："天地人物，皆同元气，共一宗祖。"严遵以"气"解读老子之道，认为万物本源于气，气是万物的根源。作为弟子的扬雄不免受到这种观点的影响。

② 比如蔡元培指出，在扬雄的思想中，"人性者，一小玄也"。蔡元培：《中国伦理学史》，崇文书局2015年版，第62页。

在内。他以为，有生命必然有死亡，这是自然之道。他说："有生者必有死，有始者必有终，自然之道也。"（《法言·君子》）天生育万物，在这其中，人最为高贵。他说："天地之所贵曰生，物之所尊曰人。"（《太玄·玄文》）人禀阴阳之气而生，阳气禀赋得越多，万物生长就越繁荣。他说："阳气蓄息，物则益增，日宣而殖。"（《太玄·增》）与之相反，"阴气章强，阳气潜退，万物将亡。"（《太玄·逃》）阴气禀赋得越多，万物就逐渐走向萧条。因此，扬雄以为，通过观察阴阳之气的消长就能够知晓万物兴盛衰落，甚至懂得性命之道，这便是："一生一死，性命莹矣"（《太玄·玄攡》），"察性知命，原始见终"（《太玄·玄攡》）。扬雄又将"玄"等同于"天"，他说："玄，浑行无穷正象天"（《太玄·玄首都序》），"天精天粹，万物作类"（《法言·问神》）。扬雄还以为，"天之肇降生民，使其目见耳闻，是以视之礼，听之乐"（《法言·问道》）。天能生育万民，使人们耳朵能够听，眼睛能够见，扬雄以为，这便是性。简而言之，"玄"主宰人物之生死，与道德性命有关。因此，他以为，"史以天占人，圣人以人占天"（《法言·五百》）。圣人通过人事推究天道，他们侧重的是，天所蕴含的道德义理。

二 玄与自然

董仲舒奠定了西汉儒学的主流观点，他以为，天化生万物，然而天是有意志的，比如人的形体和情感都是按照天的模样和喜好所生。所以，通过观察人，便可以通晓天，这便是"察身以知天"（《春秋繁露·郊语》）。扬雄则与之不同，他以为，"或问'天'。曰：'吾于天与，见无为之为矣！'"（《法言·问道》）天的最大特点就是无为。人们向他反问："雕刻众形者匪天与？"他回答说："以其不雕刻也。如物刻而雕之，焉得力而给诸？"（《法言·问道》）可见，"天是无为的，天创生万物，天乃造化万物之根本，万物器形皆自然而然，无假造作。《法言》中对天的论述是综合儒、道两家思想而有的观念，人由天地所生成，天生人，地成人形"①。在扬雄哲学之中，玄以阴阳之气化生万物，整个过程没有添加个人的主观意志，这是一种富有人文主义的理性的精神，而不是顺从权威学说迷恋汉代普遍流行的灾异迷信观点。

扬雄的"玄"汲取道家思想赋予"玄"自然的特点，然而，与道家思想所不同的是，他以为，"玄"富有仁义的色彩，他说："或曰：'《玄》何为？'曰：'为仁义。'"（《法言·问神》）又说："老子之言道德，吾有取焉；及搥提仁义，绝灭礼学，吾无取焉耳。"（《法言·问道》）意思是说，他自己仅将自然精神延伸到人事伦理领域，但是老子鼓吹和号召排挤仁义，废弃礼仪纲常，丢掉学问的主张，扬雄是绝对不赞成的。更为甚者，扬雄也以阴阳之气论证儒家伦理纲常的合法性。他说："阴以知臣，阳以知辟，君臣之道，万世不易。"（《太玄·常》）阴气代表臣民，阳气代表君主，这是万世不变的道理。又如："一昼一夜，阴阳分索。……君臣、父子、夫妇之道辩矣。"（《太玄·玄攡》）昼夜的更替、阴阳的变化都蕴含了君臣父子之道。从这些来看，扬雄也是维护儒家礼仪制度的，他的做法显然是儒道互补。

性源于何？扬雄提出"玄"的哲学范畴，建构起比较完善的宇宙生成论体系，将儒家仁义之道注入"玄"，进而沟通了天道和人道，由此为儒家人性论提供了哲学意义上的依据。扬雄以为，"玄"以气化生万物，人性自然含气。或者说，"在扬雄这里，气论，更彻底地成了人性论的基础"②。性含气。那么，气是善？是恶？还是善恶兼有？

第二节　晦明之气与善恶之性

扬雄在研究人性问题的时候，常涉及心、神、志等范畴。这些

---

① 陈福滨：《扬雄》，台北：东大图书股份有限公司1993年版，第49页。
② 李申：《万法归宗：气范畴通论》，第239页。

概念不仅与人性有关，而且揭示了人性所含之气的属性和特点。

一　晦明与质性

扬雄以为，天生人性。性含气。那么，这种气有何特点？扬雄在《法言·修身》中明确提出："人之性也善恶混。修其善则为善人，修其恶则为恶人。气也者，所以适善恶之马也与？""善恶混"是扬雄对人性之气的具体解释。事实上，针对扬雄所言的"人之性也善恶混"的哲学命题，学术界存在两种不同的解读，最主要的差异是围绕"混"字如何解读。有些学者以为，"混"是混沌不分、无善无恶的意思，这跟《庄子》中"混沌"（《庄子·应帝王》）的形象十分相似，所以，扬雄的"善恶混"就是无分善恶。换言之，扬雄之性无所谓善，也无所谓恶。持有此种观点的有吴则虞、张兵等学者。[①] 还有些学者将"玄"解读为具有本体论意义的哲学范畴，得出人性在本体界（"玄"）无所谓善恶，在现象界有善有恶。如，姚舜钦说："此处所谓'气'，即元气，亦即玄。人之性，即得之于玄的气质。这气质在本体界原无所谓善恶，故曰：'人之性也善恶混。'"[②] 这种解读显然是有理学的意味。

另一种观点以为，"混"是混合的意思，晋朝李轨说："混，杂也。荀子以为人性恶，孟子以为人性善，而扬子以为人性杂。……

[①]　如，吴则虞说："'人之性善恶混'……是性无所谓善也无所谓恶。"吴则虞：《扬雄思想评议》，《哲学研究》1957 年第 6 期。张兵说："'性善恶混'就是善恶无别，无善无恶。"张兵：《儒主道辅，本道兼儒——论扬雄〈法言〉的思想特征》，《管子学刊》2005 年第 1 期。

[②]　姚舜钦：《秦汉哲学史》，河南人民出版社 2016 年版，第 235 页。持类似的观点还有闫利春、李沈阳等，闫利春以为，"玄"是具有本体意味的哲学范畴，它是善恶混的本体设定，而对于扬雄性善恶混的哲学命题应该从本体和流行两个层面来理解。参见闫利春《从玄、气、心看扬雄的性善恶混论》，《周易研究》2012 年第 4 期。李沈阳以为，源于本体之玄的人性是善的，而禀气（阴阳）而生的人性善恶兼具。参见李沈阳《扬雄人性论辨析》，《兰州学刊》2006 年第 8 期。

扬子之言，备极两家，反复之喻，于是俱畅。所谓混也。御气为人，若御马涉道，由通衢则迅利，适恶路则驽蹇。"① "混"就是异物混杂，孟子持有人性善说，荀子倡导人性恶，扬雄则调和折衷了孟子和荀子人性说，进而提出人性善恶混杂说。气就是构成人性的材料，气的释放犹如马的奔腾，如果道路平坦，善气容易宣泄，如果道路曲折，恶气容易流露。而"善恶混"的真实含义是性有善有恶，也就是说，人性既包含善的成分，也包含恶的成分。如，蒙培元说："所谓'善恶混'就是人性中同时具有正面和负面。"② 王青以为，"'善恶混'，即善恶同在"③。梁宗华以为，"人之性都是善恶两方面"④。这表明：在扬雄那里，人性是善恶相混杂的。换言之。扬雄持有善恶兼具说。

　　以上两种学说的解读各有其缘由。在这里，我们更加认同第二种观点，即以为扬雄之"性"是善恶相混的，善恶两者共同构成人性。主要有两点理由。其一，从扬雄本人的论述来看，他以为人性是可以修的，修决定性之善恶的呈现，这足以说明，人性自身就蕴藏积极和消极两个方面，好的坏的统统是人天生就有的东西。其二，扬雄论"性"与气化宇宙论思想是分不开的。⑤ 在《太玄》中，扬雄指出："立天之经曰阴与阳，形地之纬曰从与横，表人之行曰晦与明。阴阳曰合其判，从横曰纬其经，晦明曰别其材。阴阳，该极也。经纬，所遇也。晦明，质性也。"(《太玄·玄莹》)"玄"沟通了天、地、人，并含气。扬雄以为，玄之在天便是阴阳之气，阴阳之气构成了物质之天；玄之在地便是从横之气，从横之气构成了形体之地；

---

① 汪荣宝撰：《法言义疏》，陈仲夫点校，中华书局1987年版，第85页。
② 蒙培元：《中国心性论》，台北：台湾学生书局1990年版，第164页。
③ 王青：《扬雄评传》，南京大学出版社2000年版，第188页。
④ 梁宗华：《论扬雄对儒学的改造和发展》，《东岳论丛》2016年第12期。
⑤ 将《太玄》中的气化宇宙论思想与人性问题相结合已经有学者这样做。正如郑万耕指出，在扬雄思想中，"玄"是宇宙万物的本原，而"人之性即得之于'玄'的气质"。郑万耕：《扬雄及其太玄》，第128页。

玄之在人就是晦明之气，晦明之气构成了人之性。

关于"晦"，扬雄在《太玄》中制作《晦卦》说："阴登于阳，阳降于阴，物咸丧明。"（《太玄·晦》）此句意为：阴气处于阳气之上，阳气受制于阴气，万物的光明不能呈现，这就是《晦卦》的基本含义。《太玄集注》又引注王氏之言："万物恃阳以为明，阳降则物丧其明。"① 万物禀赋了阳气才能够光明，阳气衰弱则万物就逐渐丧失光明。由此可见，阴气和阳气两者相比较而言，扬雄对阳气尤为推崇，对阴气不太喜好。事实上，扬雄以阴阳之气解释《晦卦》，"晦"就是阴气，"明"就是阳气。换言之，晦明之气就是阴阳之气。扬雄指出："莹天功、明万物之谓阳也，幽无形、深不测之谓阴也。阳知阳而不知阴，阴知阴而不知阳，知阴知阳、知止知行、知晦知明者，其唯玄乎！"（《太玄·玄攡》）又说："阳道常饶，阴道常乏，阴阳之道也。"（《太玄·玄告》）阴阳之气各自具有不同特点。扬雄以为，阳气明莹，彰显天的功劳，养育万物，阴气幽深，形不可测，无形无际。换言之，扬雄推崇阳气，贬低阴气。也就是说，阳气含有正面的价值，阴气包含负面的意味。比如他说，"阳气方良"（《太玄·毅》），阳气是一种好的气。然而，"玄"（"气"）是阴阳混而非未分的状态，包含晦、明两个方面。在汉代儒学史上，就阴阳之气和善恶之间的关系，董仲舒曾指出："天两有阴阳之施，身亦两有贪仁之性。"（《春秋繁露·洞察名号》）天有阴阳二气，阴阳二气在人便是人性。其中，阳气主善，阴气主恶。换言之，阳气是仁义之性，阴气是贪戾之性。而在扬雄看来，"宇宙万物由'玄'而来，'玄'由阴阳结合而生万物；人便也由阴阳结合而生。阴为恶，阳为善……因此由阴阳而成的人，便含有善和恶"②。由此可见，扬雄

---

① （汉）扬雄撰，（宋）司马光集注：《太玄集注》，刘韶军点校，中华书局2013年版，第163页。

② 罗光：《中国哲学思想史（两汉、南北朝篇）》，第246页。

以气论性的"善恶混说"实则是继承董仲舒思想而来。[①] 然而，与董氏所不同的是，扬雄将阴阳之气称为晦明之气，并以为它们是构成人性的物质基础。

另外，扬雄还将阴阳、五行、方位、季节、五脏以及五德之间相互关联。他说："木，为东方，为春……藏脾，侟志，性仁，情喜……金，为西方，为秋……藏肝，侟魄，性谊，情怒……火，为南方，为夏……藏肺，侟魂，性礼，情乐……水，为北方，为冬……藏肾，侟精，性智，情悲……土，为中央，为四维……藏心，侟神，性信，情恐惧。"（《太玄·玄数》）可见，扬雄将太玄、阴阳、四时、五行、五脏、五德等范畴结合起来，建构了一套系统的气化宇宙演化体系，伴随阴阳二气的变化，产生了五德（仁义礼智信），以及喜怒哀乐惧之情感，它们都是不同的气。那么，性怎样向善或向恶？

二　心驾驭气

扬雄以为："气也者，所以适善恶之马也与。"（《法言·修身》）人性之气就像一匹马，它能够引导人从善，能够致使人趋向恶。那么，性如何从善和趋恶？

事实上，扬雄以为，作为人性物质基础的太玄（气），它自身是运动的。扬雄明确指出："神战于玄，其陈阴阳。测曰：神战于玄，善恶并也。"（《太玄·中》）"战"字，《说文》曰："战，斗也。"[②]"战"就是战斗、争斗。扬雄以为，"玄"作为物质性的气，是构成人性的材料。人性本身含阴阳之气，阴气主导恶，阳气主导善，所以，人性是善恶兼具的。然而，阴阳之气在人性之中相互搏斗。其

① 参见郑万耕《扬雄伦理思想发微》，《北京师范大学学报》（社会科学版）1990 年第 6 期。张静环以为，扬雄虽然没有像董仲舒一样明确提出"阳善阴恶"的理论架构，但是从他的著作中不难看出，他的思想中存在着"重阳抑阴"以及阴阳二气左右着人性或善或恶之含义。参见张静环《扬雄心性论之探析》，《嘉南学报》（人文类）2008 年总第 34 期。我们以为，这种对扬雄人性的解读是十分恰当的。

② （汉）许慎撰：《说文解字》，（宋）徐铉校订，第 266 页。

中，主导阴阳之气搏斗的便是"神"。"神"能够引导人性之气趋于晦，或者趋于明。又或者说，人性之中晦明之气的走向取决于"神"。在扬雄哲学中，"神"就是"心"。扬雄明言：或问"神"。曰："心。"（《法言·问神》）《太玄集注》曰："'人以心腹为玄'。阴主恶，阳主善，二在思虑之中而当夜，其心不能纯正，见利则欲为恶，顾义则欲为善。"① "心"的作用是十分神妙的，故曰"神"。神就是心的妙用。扬雄认为，阴阳之气（晦明之气）同时存在人性之中，其中，阳气（明气）具备善的特点，阴气（晦气）具备恶的特点。换言之，阴阳二气是人性善恶的决定者。每当人们在用心（思考）的时候，构成人性的阴阳二气就会彼此斗争，假如这时候人们用心不纯正，那么阴气就会占据人性之气的上峰，导致出现追逐利欲为恶的局面。反之，如果这时候人心能以道义为准绳，那么阳气就会占据人性之气的主导，便会出现顾义为善的局面。概而言之，人究竟呈现出善，还是表现出恶，扬雄以为，这是人性之气相互斗争的结果，而控制阴阳之气斗争及其走向的关键是"心"。②

　　扬雄以为，心之妙用之神可以主导人性之气。人心不纯则欲为恶，人心符合道义则欲为善。事实上，扬雄这种对心、性、气的观点是汲取了孟子和荀子有关心、性、气的学说。孟子以为，"气"作为充满人形体的材料而存在，同时是构成人们情感的物质基础。然而，"气"还有一位主导者，这便是"志"。"志"就是仁义之道。孟子说："夫志，气之帅也"便是要以仁义之心管治充实人性的材质之气。也就是说，做人以仁义之道为原则和准绳，性之善气才能释放。另外，孟子以为"操存舍亡"（《孟子·告子上》）是人心的特点。所以，孟子时时刻刻提醒人们"求其放心"（《孟子·告子上》）。扬雄继承了孟子论心气的思想，他以为，"人心其神乎！操

---

① （汉）扬雄撰，（宋）司马光集注：《太玄集注》，刘韶军点校，第6页。
② 李抗美亦有类似观点，参见汪石满主编《中国伦理道德》，安徽教育出版社2003年版，第79—80页。

则存，舍则亡"(《法言·问神》)。意思是说，人心容易遭到戕害，所以，心要把握住，否则的话，心就会跑掉，这很类似孟子的"求其放心"之论。因此，扬雄号召人们"用心要刚"："使见善不明，用心不刚。"(《法言·修身》)用心不刚毅，善性难以彰显。晋朝李轨注曰："用心刚者，勇也。""用心要刚"便是"勇"。《法言》载："或问'勇'。曰：'轲也。'……'请问孟轲之勇。'"(《法言·渊骞》)勇就是孟子之勇。这便是："勇于义而果于德，不以贫富、贵贱、死生动其心。"(《法言·渊骞》)扬雄认为，用心之刚便是勇，这实质是以道义养育人心，不以利欲动摇人性之气。由此可见，"用心刚"很类似孟子的尽心之术。

另一方面，荀子曾经将"心"是视为形体和精神的统帅。他以为，人心是喜欢利欲的，并且人心好利源自人的性情，同时，人的性情是天生的，不可除去的。正是因为此等利心的存在，所以，人性时刻面临走向性恶的困境。扬雄论"心"汲取了荀子的心论。他指出："虚既邪，心有倾。测曰：虚邪心倾，怀不正也。"(《太玄·戾》)他以为，人心是有倾斜的，这种倾斜之心是邪恶的。因此，怀有邪恶之心也是不正义的。他将这类邪心视为"小人之心"，《太玄》载："小人之心杂。"(《太玄·玄文》)小人之心是不纯的。比如："小人在玄则邪，在福则骄，在祸则穷。"(《太玄·玄文》)扬雄以为，神是玄的主导，也就是说，神是气的统帅。小人容易沦落情欲，顺从情欲是恶的来源，这很类似荀子的性恶论。但与荀子不同的是，扬雄仅仅强调心的抉择，没有类似荀子"虚壹而静"(《荀子·解蔽》)的主张，正如张静环说："扬雄与荀子一样，皆肯定心在学习中的重要性，但扬雄不像荀子强调心的'虚壹而静'的特质，他只是强力彰显心的认知作用。"① 这也是扬雄不及荀子之处。

综上，扬雄论"心"综合孟荀二人的观点。特别是他以为，人

———————

① 张静环：《扬雄、王充自然说之人性论》，《嘉南学报》(人文类)2003 年总第 29 期。

心既有积极的一面，又有消极的一面，而作为人性来源的气，其主导便是"心"。李轨说："杨子以为人之性善恶混。混者，善恶杂处于心之谓也，顾人所择而修之何如耳。"① 与孟子和荀子不同的是，扬雄认为人性包含善恶两方面，并且"扬雄承荀子心之灵明能知及为人身的主宰义，他以心为神明，且以心所发的神明作用言心"②。或者说，扬雄是以"人以心去驾驭气"③。这也反映他思想的经验性，即试图为现实人性的善恶问题找到圆满的答案。

三　人格三说与性善恶混说

虽然，扬雄提出人性善恶相混的观点。然而他也将人的道德品格分为三类。他说："鸟兽触其情者也，众人则异乎！贤人则异众人矣，圣人则异贤人矣。礼义之作，有以矣夫。人而不学，虽无忧，如禽何？"（《法言·学行》）扬雄将人的道德品格划分为圣人、贤人和众人，这便是人格三说。既然人性都源于相同的玄，人性都是善恶混杂的。那么，为何还有如此差异？究其缘由，扬雄以为，是人心能够引导性（气）走向或善或恶。由于心的作用不同，便导致善恶相混的人性呈现出三种状态，这便是扬雄的人性三品说。

根据我们以上论述，扬雄以为，人心决定人性之气的走向。所以，为了强调人心的抉择，扬雄还特别重视"智"，"智"是心之喜好抉择的表现。他说："由于情欲，入自禽门；由于礼义，入自人门；由于独智，入自圣门。"（《法言·修身》）只顾及情欲就是禽兽，礼义是做人的根本，独智是成为圣人的条件，智是心灵理智力的表现。扬雄接着说："智也者，知也"（《法言·问道》），"或问：'人何尚？'曰：'尚智。'（《法言·问明》）做人就是崇尚理智、推崇智谋。那么，心的理智力如何呈现？有人问他："焉用智？"扬雄

① 汪荣宝撰：《法言义疏》，陈仲夫点校，第 85 页。
② 曾春海：《中国哲学史纲》，第 203 页。
③ 罗光：《中国哲学思想史（两汉、南北朝篇）》，第 247 页。

说："用智于未奔沈。大寒而后索衣裘，不亦晚乎?"(《法言·寡见》)扬雄以驾驶航船和战车为例子说，为了防止航船沉没和战车的倾覆，势必要在事故之前作谋划、作考虑。又如，天气非常寒冷才想起寻求棉衣，这已经太晚了。换言之，"用智"就是在事情尚未发生之前作打算、作安排。他甚至以为，人之所以能够思虑也是因气。他说："人奥思虑，含至精也。"(《太玄·玄告》)精气使人能够思考，或者说，思含气，这种观点在西汉儒家哲学家之中尤为特别。

　　在此基础上，扬雄以为，由于人心之智的不同导致了圣人、贤人和众人的差异。扬雄以为，圣人是聪明睿智的，他们能够将心神妙用发挥殆尽。扬雄说："圣人存神索至，成天下之大顺，致天下之大利，和同天人之际，使之无间也。"(《法言·问神》)贤人君子也能够将心靠近圣人。他指出："好尽其心于圣人之道者，君子也。"(《法言·寡见》)比如："仲尼潜心于文王矣，达之。颜渊亦潜心于仲尼矣，未达一间耳。神在所潜而已矣。"(《法言·问神》)在扬雄看来，做人要发挥心的作用，孔子将心深入周文王，便达到了文王的境界，颜渊将心深入孔子，但是还有所差距，这是用心(神)的程度不同。就常人而言，扬雄指出："天降生民，倥侗颛蒙，恣乎情性，聪明不开"(《法言·法言序》)，"人亦有好尽其心矣，未必圣人之道也"(《法言·寡见》)。人初生之时，是愚昧无知的，常常放纵自己的情欲，心智也没有得到启迪。所以，扬雄以为，要用圣人的道义进行引导。他还比较了圣人、贤人和众人，他说："圣人耳不顺乎非，口不肆乎善。贤者耳择口择，众人无择焉。或问'众人'。曰：'富贵生。''贤者'? 曰：'义。''圣人'? 曰：'神。'观乎贤人，则见众人；观乎圣人，则见贤人；观乎天地，则见圣人。"(《法言·修身》)扬雄以为，圣人能够排斥邪恶之言，能讲出善辞，能够将心的理智力运用自如。然而，对于常人而言，这就很难做到，常人辨别之力难以得以展现，常人追求的是财富、地位和生命，贤人追求的是正义，圣人则是将人心的妙用("神")发挥得淋漓尽致，而且能够沟通天地。这是他们与常人的不同之处。

按照扬雄的理解，心之运用的好坏直接导向人性之气的不同特点。人天生是无差别的，人人皆有善恶之气，然而，由于人们对人性之气的取舍不同，便会在后天呈现出不同的状态。正如司马光论曰："夫性者，人之所受于天以生者也，善与恶必兼有之，犹阴之与阳也。是故虽圣人不能无恶，虽愚人不能无善，其所受多少之间则殊矣。善至多而恶至少，则为圣人；恶至多而善至少，则为愚人；善恶相半，则为中人。"① 在扬雄看来，圣人、贤人和众人，他们生来所具有的本性是共同的，即"善恶混"。性是善气混恶气，人的道德品格之所以出现三种各不相同的状态，最根本的原因是心对本性中善恶之气的取舍程度不同。众人追求富贵导致情欲放纵，贤人遵循礼义约束情欲，圣人运用心之理智力出神入化，所以能够去恶向善。扬雄以为，由气构成的人性譬如材质。他以玉石的打磨为例子说，玉石之所以能够成为美玉，矿石之所以能够成为刀器，是因为它们本身具备成为美玉和器具的材质。只有历经锻造和加工，它们才能够成为美玉和利器。（《法言·学行》）人性之气也是如此。扬雄以为，性（气）犹如玉石，犹如铁块，它必须经过雕琢、历经锻造才能成为有用之材。他说："圣人之材，天地也；次，山陵川泉也；次，鸟鲁草木也。"（《法言·五百》）言下之意是，圣人通过后天修为将性中的善气发扬出来，能够与天道契合，其次性犹如山川，再次性犹如草木。材质有区别，所以人就有差异。为善或为恶取决于实践，善恶相混之性必须历经改造。所以，"修性"成为扬雄的教化口号。那么，人性之气如何接受教化？

第三节　修性与学习

性是善气混恶气。所以，需要雕饰和加工。扬雄以为，锻造人

---

① 汪荣宝撰：《法言义疏》，陈仲夫点校，第85页。

性的过程便是学习。他指出："学者，所以修性也。"（《法言·学行》）学习是用来整饬人性的，学习是克服气质之弊的途径，更是成为君子的基本渠道。① 扬雄批评了轻视学习的观点，他说："人而不学，虽无忧，如禽何！"（《法言·学行》）做人如果不学习文化知识，虽然没有什么忧虑，但是与禽兽没有什么差异。

一　研读儒家经典

（一）书为心画

在儒家美学哲学史上，扬雄提出了一个极为重要的命题：书为心画。书不仅指书法艺术，而且还指书籍作品。扬雄以为，"言不能达其心，书不能达其言，难矣哉。惟圣人得言之解，得书之体"（《法言·问神》）。在扬雄看来，语言虽然是疏泄情感的工具，文字作品虽然是语言的表达。然而，一般来讲，通过语言完全表达人的思想，通过文字完全表达人的语言，这对于常人来说是很难做到的。但是扬雄以为，这对于圣人而言却是另一番情境，圣人能够完全掌握语言的意义，能够将文字的体裁运用自如，能够很好地运用语言和文字表达自己的情感，这是圣人之所以高明之处。

扬雄接着说："辞相适，捈中心之所欲，通诸人之嚊嚊者，莫如言。弥纶天下之事，记久明远，著古昔之唔唔，传千里之忞忞者，莫如书。故言，心声也。书，心画也。"（《法言·问神》）言下之意是，语言能够抒发人们内心的想法，或者说，语言能够打破人们之间的隔阂，而书籍则能够将事情的道理向人们讲明白。所以，在扬雄看来，语言是思想的声音，文字作品是思想的图画。或者说，言辞和文章是人的思想情感的表达。这便是扬雄"书为心画"的哲学命题。扬雄以为，书籍作品就是语言的结晶，他将书籍作品分为两类，即经典和非经典。他说："书不经，非书也。言不经，非言也。"

---

① 改造人性的任务又可以称为"治己""铸人"。比如，扬雄说："治己以仲尼"（《法言·修身》），"孔子铸颜渊矣"（《法言·学行》）。

（《法言·问神》）书籍和言语规范就是合格的、合适的，不规范就是不合格的、多余的东西。

那么，什么是衡量作品合格的标准？扬雄说："群言之长，德言也。"（《法言·孝至》）言论的统帅是道义之言，道义之言便是圣人的言辞。他说："圣人之辞，浑浑若川。顺则便，逆则否者。"（《法言·问神》）圣人之言犹如江河大川，浩浩荡荡，顺着它就会安适，逆着它就会失败。扬雄以为，圣人的言论符合天意。"圣人之言，天也。"（《法言·五百》）更为甚者，扬雄明言："众言淆乱则折诸圣"（《法言·吾子》），"大哉圣人，言之至也"（《法言·问道》）。圣人之言是衡量各种言辞混乱清浊的标准。扬雄以为，圣人将自己的言辞凝聚成文本，便是儒家经典作品。他说："圣人矢口而成言，肆笔而成书。"（《法言·五百》）"舍五经而济乎道者，末矣。"（《法言·吾子》）丢弃了五经便失去了进入道义的门户。正如天地是生育万物的本原，儒家的五经是各种学说的源头。"天地之为万物郭，五经之为众说郭。"（《法言·问神》）圣人的经典即天地的产物。

同时，扬雄反对文章华而不实，因为这些东西在扬雄看来，它们不符合道义，破坏了圣人之道。这便是书有"色"："女有色，书亦有色乎？"曰："有。女恶华丹之乱窈窕也，书恶淫辞之淈法度也。"（《法言·吾子》）在扬雄看来，犹如女人有美和丑的分别，书籍作品也有美丑之异。对女人而言，令人厌恶的是，利用脂粉装扮自身，以冒充天生丽质。而对书籍来说，书籍作品创作所厌恶的是，利用华丽辞藻搅乱言辞所蕴含的仁义之道。换言之，过度华丽的语言修饰会减少书籍仁义之道的阐释。所以说，儒家经典是衡量一切书籍作品的准绳，而符合圣人之道的只有儒家的典籍。

综上，圣人将自身的情感表达于语言，凝结于书册形成作品。人们诵读儒家经典可以进入圣人之境。所以，扬雄倡导读圣人之书，以儒家学说作为言行的向导和标准。

（二）气、感通与学习

儒家典籍作为一种的物质载体。如何与人性发生关系？扬雄以为，书籍作品中的文字蕴含了创作者的情感。他说："文以见乎质，辞以睹乎情，观其施辞，则其心之所欲者见矣。"（《太玄·玄莹》）言下之意是，人们通过阅读书籍，体味言辞就能够与创作者的心灵进行沟通。

这是为什么？扬雄指出，书籍作品作为言辞，实质即气。他说："玄之赞辞也，或以气，或以类，或以事之觳卒。"（《太玄·玄棿》）也就是说，艺术作品的创作不仅是人们情感的表达，同时是宇宙之气的再现。换言之，扬雄有初步将"气"引入文学作品的创作领域的苗头。文学作品是创作者人性之气的凝结。事实上，扬雄的这种观点是汲取孟子思想而来的，他说："孟子知言之要"（《法言·君子》），"窃自比于孟子"（《法言·吾子》）。扬雄推崇孟子的知言之术。孟子明言："我知言，我善养吾浩然之气。"（《孟子·公孙丑上》）孟子以为，言辞与浩然之气有关，浩然之气是仁义之本。仁义之本便是性。也就是说，符合道义的言辞根源于人性。道义之言可以断定各类言辞的不足，在孟子看来，诐辞有弊端，淫辞有陷溺，邪辞有偏离，遁辞有怠慢等（《孟子·公孙丑上》），它们都能够被由浩然之气凝结而成的言辞判断出来，这种观点对扬雄的影响很大。扬雄以为，圣人之言是各种言论的标准，究其根源，圣人之言是由善性之气充实的，而五经典籍皆是凝聚圣人之气的产物。①

另外，从气化宇宙论的角度看，扬雄以为，天地间的万物都源于玄，玄的实质就是元气。他说："自今推古，至于元气始化。"（《核灵赋·预览一》）以气作为主体，同种物类之间可以相互感应。扬雄汲取《周易》的思想，将感应分为两种。一种是，阴阳之气的异类交

---

① 圣人之言是道义之气的产物。如，黄嘉琳指出："圣人是阴阳二气顺畅调和者，圣人之心所发的言语与文章也合于气化之常道。"黄嘉琳：《扬雄〈太玄〉〈法言〉之气论思想研究》，新北：花木兰文化出版社 2011 年版，第 165 页。

感。他说："阴感阳也"（《太玄·迎》），"上下相应"（《太玄·应》），"一阴一阳，然后生万物"（《太玄图》）。阴阳之气交感交合化生万物。另一种是，同类之气的相互感应。扬雄说："玄黄相迎，其意感感。测曰：玄黄相迎，以类应也。"（《太玄·迎》）扬雄以为，玄、黄两者之所以能够相迎，是因为它们是同类的，这就如，阴气和阴气之间可以相互感应，阳气和阳气之间可以相互感应。换言之，"同类相应"指的是属性相同的气之间相互感应，即"同气相求"。

扬雄将这种感应机制（"同气相求"）运用到学习之中。他以为，"声画形，君子小人见矣！声画者，君子小人之所以动情乎！"（《法言·问神》）由于君子和小人的品性不同，所以就有不同的文章。从文章和言论也可以看出作者的品德。由于圣人能够通达天意，作为圣人创制的经典，不仅是圣人思想的表达，而且本身便蕴含了圣人之性，这便是善性之气。换言之，扬雄将文学之美与气联系起来。后来的魏国曹丕便说得明白，他讲道："文以气为主，气之清浊有体。"（《典论·论文》）作家的气质和品德能够在他们创制的作品中得以表现，这便是文章气势。或者说是，文气。扬雄以为，气在宇宙之间能够流通，《太玄》载："南北定位，东西通气"（《太玄·玄告》），"天地奠位，神明通气"（《太玄·玄攡》）。通即气质活动。扬雄以为，人体外界的气能够激荡人体之气，从而致使人们的性情散发出来。对经典文本来说，好的作品蕴含了创作者的道德品性，也是创作者自身道德之气的凝结，圣人之言和典籍都蕴含道德义，都是气所充实的产物。也就是说，作品即气质之物。凭借气的感应原理，读者诵读经典便可以激发自身的善气。或者说，阅读即气的感应活动。人们通过研读圣人之书，就可以接受道德熏陶，成为圣贤，这就是扬雄的追求。①

---

① 在中国文学史上，古人以为，好的作品能够打动人心，亦如钟嵘说："气之动物，物之感人，故摇荡性情，形诸舞咏。"（《诗品序》）意思是说，文学作品是气的载体，它们凝聚了作者的才气。换言之，文艺之美的魅力在于气，同时，文章更是作者性情的表达，读者通过阅读它们便能够感受到作者的人性之美。

俗话说："腹有诗书气自华。"（苏轼：《和董传留别》）读书可以改变人的气质，气质的变化能够表现在容貌上（"身体"）。诵读经典可以养气。华而不实的淫荡之词引发人性之恶气，符合道义的书籍招引人性之善气。正如杨儒宾指出："重要著作（尤其经书）所以能流传久远，根本的原因是它的物质基础（纸、字）和原作者的创作意图的合一。……由于原作者的旨义——其中即包含其结构面的心力因素——已凝聚在作品中，所以读者如果合适的话，他即可从作者业已写出，甚至作者业已逝世的作品中，读出丰盈的意义来。……古人虽死，其气不爽，因此，后儒如果心诚气正，自可感通一切。……后人理解先圣，其基本预设乃是志气之交流。"① 也就是说，气的感通和交流是儒家经典之所以能够教化人性的理论密钥。源于此故，扬雄鼓励人们通过阅读儒家典籍，感知圣人之言，体味其中的道德意蕴，便可以接受道德熏陶进入圣人之域。

综上，人们要成为善人，避免成为恶人，就要阅读圣人之书，学习五经经典。或者说，通过圣人之气感召人性之善气，以此便能够明辨事理、掌握义理。这便是扬雄极为强调气质变化和学习之道的思维逻辑。

二　"取重"与"去轻"

关于"性"，扬雄又特别指出，视、听、言、动是人与生俱来的，属于"性"。他说："视听言貌思，性所有也。"（《法言·学行》）人们容貌可以变动，嘴巴可以说话，眼睛可以观物，耳朵可以倾听，心灵可以思考，这些功能都是天生具备的，非由外面而来，它们都是人性。但是人性"有法则成，无法则不成"（《太玄·玄棿》）。这说明：耳目感官的表现不尽如人意，人性需要约束和管治。所以，扬雄首创"取重去轻"的教化策略。他说："取四重，去四

① 杨儒宾：《儒家身体观》，台北："中央研究院"中国文哲研究所筹备处1999年版，第198—199页。

轻，则可谓之人。……重言，重行，重貌，重好。言重则有法，行重则有德，貌重则有威，好重则有观。……言轻则招忧，行轻则招辜，貌轻则招辱，好轻则招淫。"（《法言·修身》）"取重去轻"指的是人们的言语、行为、容貌、嗜好这四个方面合不合乎礼义。合乎礼义便是"重"，反之便是"轻"。或者说，扬雄以为，儒家礼义是轻重的判断标准。

事实上，"取重去轻"作为教化的策略，它的核心在"治心"。他提出："四海为远，治之在心。"（《法言·孝至》）扬雄以为，人心能够思虑，它具备智的特点。治心就是修性，也就是充分发挥心的理智能力。扬雄指出："学则正，否则邪。"（《法言·学行》）学即修心。正如姚舜钦说："由'修'所成的驾驭者，即为习于人事的人心。人心确是向人之行动发号施令的指挥官。所以他极言人心的驾驭力之伟大。"[1] 修心注重的是心思的功能。它包括两方面内容，其一是听从老师的教导；其二是遵循儒家礼仪规章。

（一）服从人师的指导

扬雄以为，之所以寻求良师，是因为人心是有所倾斜的，他指出："虚既邪，心有倾。"（《太玄·戾》）倾斜之心是邪恶的，也是不合乎道义的。由此，很难确定人们学习的时候是否将心用在正道上，他将人们问学分为大人之学和小人之学。他说："大人之学也为道，小人之学也为利。"（《法言·学行》）大人之学是为了道义而学，小人之学是为了利欲而学，可见，大人和小人完全是两种不同的学习道路。对导师而言就不同了，扬雄以为，导师之所以能够指导众人，难能可贵就在于他们能够"知大知"。"师之贵也，知大知也。"（《法言·问明》）"知"就是心的理智力。"智也者，知也。"（《法言·问道》）导师能够凭借心的辨别力以圣人之道为准绳。所以，扬雄指出："师哉！师哉！桐子之命也。"（《法言·学行》）言

_____

① 姚舜钦：《秦汉哲学史》，第 235 页。

下之意是，导师能够决定儿童的命运，学习知识务必要寻求良师。在扬雄看来，良师是做人的楷模，他们能够纠正人身上的不正之处。这种导师便是儒家所塑造的圣人。扬雄指出："惟圣人为可以开明"（《法言·问道》），"仰圣人而知众说之小"（《法言·学行》）。可见，圣人是典型的人格代表，他们的言论必然正确，只有听从圣人的教导，人们才能走入道义之路。

（二）遵从儒家伦理纲常

除了要听从导师的话以外，扬雄以为，人们还要遵循儒家的纲常伦理。他说："仁，宅也；义，路也；礼，服也，智，烛也；信，符也。"（《法言·修身》）对人而言，"仁"就像住宅，"义"就像道路，"礼"就像衣服，"智"就像灯烛，"信"就像符节，拥有了这些东西，人们做事情就能够成功。他甚至将道德仁义与人的身体相比附，他说："道德仁义礼，譬诸身乎……一人而兼统四体者，其身全乎！"（《法言·问道》）犹如一个人具备四肢才是完整的身体，人具备了道德仁义才是完整的人。同时扬雄还用阴阳学说来论证儒家伦理道德规范，如我们所知，在儒家人伦关系中有五种特别重要的，它们是关于夫妇、父子、君臣、兄弟、朋友之间的规范，俗称"五伦"。扬雄对"五伦"作了宇宙论意义上的论证，在他看来，"五伦"皆是气化的产物，类似自然之物："昼夜相承，夫妇系也；终始相生，父子继也；日月合离，君臣义也；孟季有序，长幼际也；两两相阖，朋友会也。"（《太玄·玄图》）扬雄将五伦关系比作自然物，五伦犹如昼夜、犹如日月、犹如四时等，这显然是一种自然哲学的类比思维。

总而言之，通过为学，一方面将人性之气向善的方向牵引，激发人性中的善气；另一方面锤炼人心的理智力，以打磨掉人性中的戾气，最终成为君子、成为圣人[①]，这便是扬雄所向往的学习效果。

---

① 如，扬雄说："学者，所以求为君子也。"（《法言·学行》）

第四节　本章小结

作为西汉晚期的儒家学者，扬雄在两汉思想史上占据要席。通过以上论述，我们以为，扬雄的气性论含有以下三层内容。

其一，人性源于何？扬雄给出的答案是"玄"。玄是化生万物的本原。玄释放阴阳之气，阴阳之气相互作用，形成宇宙万物。在扬雄看来，"太玄—阴阳—万物（人）"是宇宙生成的基本逻辑。性源于玄。扬雄吸收了道家自然无为的思想，兼及儒家仁义道德伦理资源，指出"玄"（或"天"）生万物是自然的，没有目的。这种对权威学术的否定，反映了西汉晚期儒家哲学发展的新方向。换言之，天也是没有意志的。玄虽然具备道家之道无为的性质，然而，又与道家有着本质区别，扬雄以为，玄是仁义之本。简言之，扬雄借助"玄"的哲学范畴，沟通了天道和人道，为儒家人性学说提供了理论依据。

其二，与汉代多数学者一样，在宇宙生成论的视角下，扬雄持有"以气释性"的立场，他将气视为构成人性的物质，这种材便是晦明之气（阴阳之气）。所以，人性具有物质属性，晦明之气具有不同特点，晦气（阴气）能够致恶，明气（阳气）可以趋善，相比之下，扬雄推崇阳气而贬低阴气，所以，在人性善恶问题上，扬雄提出"善恶混杂"的人性论。意思是说，人性之气是善恶兼具的，这就是具有普遍意义的人性。然而，他又以为，人性之中的晦明之气（阴阳之气）之间能够相互搏斗，而控制阴阳之气相互斗争的枢纽是心。心的妙用便是神。扬雄汲取了孟子和荀子有关心、性、气的学说，进而指出，人心能够决定人性之气的走向。这便是心的理智力（"智"），人心不纯则容易为恶，人心合道义则趋向善。这便出现了圣人、贤人和众人的差异。所以，"修性"成为扬雄的教化口号。

其三，修性的方式和方法主要有两种。第一种是诵读儒家典籍。扬雄以为，语言是疏泄情感的工具，文字作品是语言的表达。圣人将言辞凝聚成文本形成作品。同时，他汲取孟子有关"言气关系"的思想，提出艺术作品创作不仅是人们情感的表达，同时是创作者自身人性之气的凝结。作为圣人创制的经典，不仅是圣人思想的表达，而且本身蕴含了圣人之性，这便是善性之气。紧接着，扬雄将物类相感（感通）的机制运用到学习之中，他以为，人体外界的气能够激荡人体之气，儒家经典本身蕴含了圣人之气，因此，阅读经典可以与圣人身上的气沟通，可以接受圣人之性的道德熏陶，进而可以进入圣人之境。第二种便是"取重去轻"之术。扬雄以为，人心能够思虑，具备智的特点。心思即气的活动。然而，人们常常难以将心的理智力充分发挥，所以，扬雄提出"取重去轻"的教化策略，主要内容包括听从导师教导和遵循儒家礼仪规章两方面内容。而"取重去轻"之术的核心就是治心，也就是注重心思的功能，充分发挥心的理智能力，以便逐渐打磨掉人性之晦气、阴气，或者说不善之气。最终，成为君子，成为圣人。

　　总的说来，扬雄的人性论是具有创造性的。正如韦政通指出："（扬雄）实象征着时代学风将变的一个新趋向。"[1] 不依附于当时学术界的权威，汲取道家无为、自然的精神，通过对气、玄、性、心、神等范畴的讨论，以为源自玄（天）的人性是自然形成的，并"以气说人的实然之性"[2]，明确指出性乃善气混恶气，这是扬雄对儒家气性论的贡献。

---

① 韦政通：《中国思想史》，吉林出版集团 2009 年版，第 346 页。

② 曾春海：《中国哲学史纲》，第 202 页。

第 九 章

阴阳与五性六情：《白虎通义》 的气性论思想

　　东汉汉章帝建初四年（79），国家为了统一和规范学术观点，掌握学术和思想的话语权，皇帝召集各地知名儒者和学人，相聚于洛阳白虎观，共同讨论和阐发儒学的基本要义。根据史料记载，本次会议由汉章帝亲自主持，会后皇帝命令班固等人将会议的结果记录下来，编辑成《白虎通义》。《白虎通义》作为汉代官方编撰的文件①，它可以反映儒学界的主流观点。而关于人性问题的研究，《白虎通义·情性》篇指出："性情者，何谓也？性者阳之施，情者阴之化也。"性情源自阴阳之气。显然，《白虎通义》持有以气论性的思

---

　　① 仅就这次会议记录的成果书名来说，它又被称为《白虎通义》《白虎议奏》《白虎通德论》等多种名称。诸如，《后汉书·章帝纪》载：《白虎议奏》。《后汉书·儒林传》载：《通义》。《后汉书·班固传》载：《白虎通德论》。《后汉书·孝章皇帝》载：《白虎通》。关于《白虎通》在汉代的地位，根据《后汉书》记载："永为后世则"（《后汉书·杨终传》），"国宪"（《后汉书·曹褒传论》）。朱汉民将它视为士大夫与皇权之间的"文化共识与政治盟约"。朱汉民：《〈白虎通义〉：帝国政典和儒家经典的结合》，《北京大学学报》（哲学社会科学版）2017 年第 4 期。李申将它视为东汉儒家代表人物集体讨论而成的"决议"。参见李申《中国儒教史》，江苏人民出版社 2018 年版，第 476 页。在这里，我们采取较为通俗的观点以为，班固是此书的整理者和编撰者，书中记录的观点得到东汉皇家的支持，也是当时儒学界的共识。

想。本章写作旨在揭示《白虎通义》气性论的内涵，并指出它与以往学者以气论性之不同。

第一节　宇宙论视域下的人性说

汉代学者讨论性情问题，普遍将其统摄在气化宇宙论视角之下。《白虎通义》也是这样做的，它以气化宇宙论为起点，试图为人性找到最终的理论基础。

一　《白虎通义》的宇宙论思想

关于万物的起源，《白虎通义·天地》指出："始起先有太初，然后有太始，形兆既成，名曰太素。混沌相连，视之不见，听之不闻，然后剖判清浊，既分，精曜出布，庶物施生，精者为三光，号者为五行。五行生情性，情性生汁中，汁中生神明，神明生道德，道德生文章。故《乾凿度》云:'太初者，气之始也。太始者，形之始也;太素者，质之始也。阳唱阴和，男行女随也。'"这段可谓《白虎通义》宇宙论的纲领，可分为四层解读。① 第一层指的是太初、太始、太素三者，在《白虎通义》看来，万物的形成历经了三个阶段，万物源于太初，形于太始，成于太素;第二层从"混沌相连"到"号者为五行";第三层从"五行生情性"到"道德生文章";第四层是《白虎通义》援引《乾凿度》证明自己的观点。

第一层主要概括了宇宙演变的三个阶段。在《白虎通义》中，万物本源于太初，太初即万物之本。而万物的本原，能够生的东西，《白虎通义》以为是"天"。它说:"人皆天地所生也"(《白虎通义·诛伐》)，"天行气之义也"(《白虎通义·五行》)，"天地交通，万物始生"(《白虎通义·嫁娶》)。天是万物的本原，与气有关。于

---

① 参见陈礼彰《〈白虎通义〉的人性观》，《澎技学报》2002 年第 5 期。

是，关于万物的本原，《白虎通义》便有了两种说法，或者说是"太初"，或者说是"天"。因此可以推断："太初"和"天"两者的内涵具有一致性。或者说，太初即天，天即太初。天生出万物，同时也生出人。然而，《白虎通义》以为，天生万物是有意志的，这便是"镇"。它说："天之为言镇也。"（《白虎通义·天地》）显然，"天"是有情感的。

第二层便开始详细介绍宇宙万物演化的程序，《白虎通义》以为，万物由混沌之气，变为清浊之气，然后变为三光，再演变成五行。从思想观点上看，这种关于宇宙万物的生成机制，非常类似董仲舒的思维方式，董仲舒说："天地之气，合而为一，分为阴阳，判为四时，列为五行。"（《春秋繁露·五行相生》）董氏以为，阴阳二气统称为元气，阴阳之气即天地之气，阴阳二气相互磨合产生四时，四时相互作用产生五行，这便是元气演变的步骤。《白虎通义》中的"混沌相连"类似《春秋繁露》中的"天地之气，合而为一"，"剖判清浊"类似"分为阴阳"，"号者为五"类似"列为五行"，这表明《白虎通义》受董仲舒的影响很大。另外从文字表述上看，《白虎通义》中对于"气"的描述"视之不见，听之不闻"，这种文字表达风格类似《老子》第14章关于"道"的描述："视之不见，名曰夷；听之不闻，名曰希。"由此表明，《白虎通义》或许是汲取道家思想，同时杂糅儒家学说，混合而成的产物。

第三层便开始由自然世界推广到人文领域，《白虎通义》以五行为开端，将情性、汁中、神明、道德、文章等议题关联起来，沟通了自然宇宙论与人文世界两个层面，同时自然宇宙兼具了道德意义。①

第四层在于《白虎通义》以当时的学术权威资料《乾凿度》证明自己气化宇宙论的合理性。气的开始状态称为太初，太初即气，是万物未分化的状态，太始是万物将要形成的状态，而太素则是万物形成的状态。

---

① 这部分将在第二节详细论述，此处暂略。

总的来说,《白虎通义》的宇宙论是以气论为起点而建构起来的。相比之前的学者,它的宇宙论体系显得更加精致。

二　性源自天

在《白虎通义》看来,天以气化生万物。人性作为天的产物,自然含气。这种思想主要表现在两个方面。

首先,从物理性角度来说,气是构成人形体的材料。《白虎通义》说:"人所禀天气所以生者也。"(《白虎通义·姓名》)天生人以气,人是气的产物。气即阴阳之气。《白虎通义》说:"人禀阴阳气而生。"(《白虎通义·性情》)阴阳之气凝聚而成人。此外,它以为,人也是由魂、魄、精、神构成的。它说:"魂……少阳之气……魄者……此少阴之气","精者……太阴施化之气也。……神者,太阳之气也"(《白虎通义·性情》)。在它看来,魂是少阳之气,魄是少阴之气,精是太阴之气,神是太阳之气。可见,魂、魄、精、神即气。作为气的产物,人能够与天相通,《白虎通义》以为,这种人便是"天子":"天子立明堂者,所以通神灵,感天地"(《白虎通义·辟雍》),"承天地,顺阴阳"(《白虎通义·三正》),"阴阳和,万物序"(《白虎通义·封禅》)。天子是能够与天打交道的人,灵台和明堂是天子与天沟通的场所。天子的职责是,理顺阴阳之气,阴阳之气和顺,万物便繁育生长。可见,气沟通了天、人。

其次,从人性论视角说,"天"不仅以气生出人,而且赋予人以性。或者说,天生人性以气。《白虎通义》提出:"人者,天之贵物也"(《白虎通义·三军》),"天地之性,人为贵"(《白虎通义·诛伐》)。人是天之贵物。物即气的产物。气之在人便是性。性含气,关于人性之气,来源有两个,从物理性角度说,人之气是从父母那里禀赋的。它说:"人皆天所生也,托父母气而生耳。"(《白虎通义·诛伐》)从哲学角度说,人之气是天所给予的,性是天气。《白虎通义》说:"人所禀天气所以生者也。……人含五常而生。"(《白虎通义·姓名》)天之气便是五常之气。"人无不含天地之气,有五常之性者。"(《白虎通义·情性》)天给人以五常之气，五常之气在人便是性。因为人性天生含五常之性。所以，较之其他生物，人是万物之中最为高贵者。《白虎通义》又以为，人的物理性躯体具有道德意义。它说："人本含六律五行气而生，故内有五藏六府，此情性之所由出入也。"(《白虎通义·情性》)在它看来，五常之气能够蕴藏在五脏之中，五脏显然是属于人的物理性躯体，五脏是人性情归宿的物质场所，人情可以凭借五脏表现出来。[①]显然，人性被形态化，或者说具有物质属性。

综上，在《白虎通义》中，万物本源于太初，太初即天。天是万物之本并以气生物。天含气。气之在人便是性。所以，性含气。那么，这种气具有哪些特点？或者说，性之善恶与气有何关系？

第二节　阴阳之气与性情善恶

一　性阳与情阴

自从董仲舒以后，汉代学者普遍将性情和阴阳相挂钩，《白虎通义》亦不例外，它的性情说受董仲舒的影响较大。对于性情的探讨，《白虎通义·性情》指出："性情者，何谓也？性者阳之施，情者阴之化也。"它又引用纬书《孝经·钩命诀》说："阳气者仁，阴气者贪，故情有利欲，性有仁也。"这段向我们揭示了《白虎通义》持有的性情观。就性情的哲学基础而言，性情是由天地决定的。我们认为，它至少具备三层含义。

首先，《白虎通义》以为，气是人生存的物质基础。阴阳之气不仅构成了人的形体之躯，而且决定了人的本质，这种本质便是性。而人性表现为性情两个方面，它们都是与生俱来的，是气化的产物。性情含气。其中，人之性是阳气所给予的，人之情是阴气所化施的。

---

① 后文将对五脏、五常以及性情等范畴之间的关系详细论述。

早在董仲舒看来,天之阴阳二气在人便是性。其中,阳气施化仁义之性,阴气施化贪戾之性。人天生禀有二气,所以,性善恶兼具。《白虎通义》以阳气定义性,以阴气定义情,并将利欲视为情,将仁义视为性,这种以气之阴阳论性情之善恶的思路显然受到了董仲舒阴阳性情说的影响。换言之,性情含气。这是《白虎通义》性情说的基本立场。

其次,《白虎通义》持有"阳尊阴卑"的观点。比如他说:"阴卑无外事"(《白虎通义·爵》),"阴卑不能自成也"(《白虎通义·五行》),"阴卑不得自专"(《白虎通义·嫁娶》),阴气是卑微的。与之相反,阳气则是高贵的。它说:"阳犹明也,道德高明也"(《白虎通义·号》),"阳德之盛者"(《白虎通义·封公侯》),"阳尊"(《白虎通义·文质》)等。最终,《白虎通义》说:"阴阳相对之义。"(《白虎通义·天地》)可见,阴气和阳气两者具有相互对立的意味。《白虎通义》进一步指出,阴阳之气在人便是性情。其中,人之性是阳气所施与的,阳气是高贵的,所以,人性具备仁义,人性拥有善的潜质。与之相反,人情则源于阴气,阴气是卑微的,所以,人情含有利欲,情的趋向是恶的。换言之,在《白虎通义》中,人性是善恶相混的。

最后,与汉代学者以阴阳论性情不同的是,《白虎通义》以气论性时,还将魂、魄、精、神与性情关联起来。它说:"魂……少阳之气,故动不息,于人为外,主于情也。魄者……少阴之气,像金石著人不移,主于性也。魂者,芸也。情以除秽。魄者,白也。性以治内。精神者,何谓也?精者静也,太阴施化之气也。象水之化,须待任生也。神者恍惚,太阳之气也,出入无间。"(《白虎通义·情性》)"情者,静也,性者,生也。"(《白虎通义·情性》)在《白虎通义》中,魂、魄、精、神即阴阳二气。就"魂魄说"看,魂是少阳之气,属于人情。魄是少阴之气,属于人性。就"精神说"看,"精"是太阴之气的产物,所以很类似"情"。"神"是太阳之气的产物,所以很类似"性"。与董仲舒简单地以阴阳论性情相比较，在《白虎通义》中，阳气还有少阳、太阳，阴气有少阴、太阴之分，且"魂"属于少阳之气，"神"属于太阳之气，"魄"属于少阴之气，"精"则属于太阴之气，并与性情相匹配，这无疑是一种更加详细、完备的学说。

《白虎通义》虽然以魂魄和精神论证性情阴阳，然而，就魂魄说看，少阳之气是情，少阴之气是性。就精神说看，太阴之气是情，太阳之气是性。可见，在语言表述上，两者是截然相反的。但是，这并不意味着《白虎通义》思想存在自相矛盾，相反，《白虎通义》的这种做法其实另有深意。从人性角度来说，《白虎通义》以为，人性是人生来就有的，具有相对的固定性，比如类似金石一样，坚硬而稳固，所以它是静止的，是难以改变的。故《白虎通义》以少阴之气论人性。但是从另一方面看，少阳之气能够运动，并且表现于外，具有正面的价值和意义。所以，《白虎通义》有时候以阳气论人情。从人情的角度来论，人情具有消极的负面价值，能够引发人的贪欲，因此《白虎通义》将人情视为阴气的产物。从另一方面看，情有时像流水洗涤脏物，能够消除人性的污秽，成就人性的道德意义。所以《白虎通义》又将它视为运动的、有正面价值的产物。换言之，在《白虎通义》中，情具有动静的特点，性亦有动静的特点，性情两者能够相互扶持、相互转化、相互成就。①

综上，《白虎通义》从动静角度以气说性情，以阴阳作为情性论的基础，并将性情与少阴、少阳、太阴、太阳等范畴相互匹配，使得汉代阴阳性情说的配置更为完善。这是《白虎通义》讨论性情问题与同时代学者的不同之处，也是《白虎通义》对儒家阴阳性情说的贡献。

二　五常（性）与六情

《白虎通义》以阴阳论性情，基本上是对董仲舒气性论的继承。

---

① 参见肖航《〈白虎通义〉政治思想研究》，博士学位论文，武汉大学，2010年，第65—67页。

然而，与董仲舒以阴阳论性情相比较，它在某些方面又有所修正。

（一）五常与六情

与汉代其他学者不同的是，《白虎通义·性情》明言："人禀阴阳气而生，故内怀五性六情。"在其看来，阴阳二气在人能够化作"五性六情"。

"五性"，在汉代被普遍称作"五常"，关于"五常"，《白虎通义·性情》记载："仁义礼智信也。""五性"即仁、义、礼、智、信。《白虎通义·性情》又指出："仁者，不忍也，施生爱人也；义者，宜也，断决得中也；礼者，履也，履道成文也；智者，知也，独见前闻，不惑于事，见微知著也；信者，诚也，专一不移也。"①可见，《白虎通义》将"五常"进行了重新定义，它以为，"仁"就是不忍，表现为仁爱，"义"就是适宜，表现为刚毅果断，"礼"就是践履，表现为践行礼义，"智"就是明智，表现为聪明睿达，"信"就是专一，表现为坚定不移。并且《白虎通义·性情》以为，"（人）得五气以为常，仁义礼智信是也"。五常是人的本性，是人初生所具备的。人禀五气而生便有五性，所以，五性就是气，这便是"得五气以为常"。事实上，董仲舒就曾经提出五常之道，他说："夫仁、义、礼、智、信五常之道。"（《汉书·董仲舒传》）按照董仲舒的观点，五常是用来约束人情的工具。而在《白虎通义》看来，五常是人天生所具备的东西，这就意味着：《白虎通义》把外在的伦理规则内化为人性。五常即人性。这是《白虎通义》与以前学者不同的地方。

关于"情"，《白虎通义·性情》将"情"划分为六类，它说："六情者，何谓也？喜怒哀乐爱恶谓六情。""六情"即喜、怒、哀、乐、爱、恶，这便是"六情说"。事实上，荀子早就这样做过，他说："好恶喜怒哀乐臧焉，夫是之谓天情。"（《荀子·天论》）虽然两者论"情"的内容略有差异，然而将"情"划分为六类的做法却

---

① "五常"或作"五性"。

相同。与荀子不同的是,《白虎通义》将"六情"的来源视为"汁中"。它说:"情性生汁中。"(《白虎通义·天地》)① 情性是由汁中所派生的。"汁中",刘师培释曰:"中和。"② 而"中和",古人常把它理解为阴阳二气。比如《淮南子·泛论训》载:"阴阳相接,乃能成和。""和"是阴阳二气的综合。《白虎通义》亦有此种立场,从其文本来看,它说:"阳唱阴和"(《白虎通义·天地》),"阴阳中和之气"(《白虎通义·社稷》)。中和即气,气即阴阳二气。《白虎通义》以为,汁中即中和,中和即气。所以,汁中即气。又,情性生于汁中,所以说,情性即气。

在《白虎通义》中,"五常"便是"五气",它说:"得五气以为常。"(《白虎通义·情性》)而"五气"则是"五行之气"。关于"五行"的来源,《白虎通义》接着指出:"五行生情性"(《白虎通义·天地》)③,五行是由情性所派生的,而根据上文的论述,情性实则是阴阳二气的产物。因此,五行亦与阴阳二气有关。根据徐复观的说法,在《白虎通义》中,"言五行即是言阴阳"④。五行之气即阴阳之气。换言之,《白虎通义》将"五行"纳入"阴阳"二元模式,并且开创出"二阳三阴"⑤ 的理论说法。根据《白虎通义·五行》载:"五行者何谓也? 谓金木水火土也","五行所以二阳三阴何? 尊者配天,金木水火,阴阳自偶"。比如:"火者,阳也。尊,

---

① 我们以为,将"情性生汁中"理解为"情性生于汁中"比较恰当,而非"汁中生出情性"。因为根据刘师培的解说,"汁中"意为"中和",而"中和",古人普遍以为是阴阳二气。按照这种逻辑思路,"情性生于汁中"的意思是说,情性是由阴阳二气所生的。情性即气。这也更加符合《白虎通义》以阴阳论性情的立场。

② (清)陈立撰:《白虎通疏证》,吴则虞点校,中华书局 1994 年版,第 805 页。

③ 我们以为,将"五行生情性"理解为"五行生于情性"比较恰当,而非"五行生出情性"。理由是在《白虎通义》中,情性的来源是阴阳二气(参见以上"情性生汁中"注释)。另外,从气化宇宙论的视角来看,由阴阳二气化生五行,是从简单到烦琐的演变,相比五行生出阴阳说,显得更加顺畅易懂,更加符合思维发展的逻辑。

④ 徐复观:《两汉思想史》(二),第 358 页。

⑤ "二阳三阴"出自《白虎通义·五行》。有学者专门对此作过论述,参见肖航《〈白虎通义〉宇宙论及其意义》,《哲学与文化》2017 年第 6 期。

故上。水者，阴也。卑，故下。木者少阳，金者少阴。"《白虎通义》以为，阳气高贵，阴气卑贱。而"土"则被划为阴气。它说："地之承天……其位卑。……地，土别名也。"(《白虎通义·五行》)《白虎通义》将五行中的火、木两者划归为阳，而将水、金、土三者划归为阴，这是《白虎通义》不同于董仲舒的地方，也是《白虎通义》对古代阴阳五行说的历史贡献。

至于"五常（性）"与"六情"两者之间的关系，《白虎通义》认为，"六情"能够"扶成五性。"(《白虎通义·情性》) 也就是说，"六情"并不完全是消极的，它们能够帮扶人性，成就人之道德。

（二）"五藏六府"与性情

那么，为什么人们能禀"五性六情"? 或者说，"五性六情"生成的理论依据是什么?《白虎通义》指出："性所以五，情所以六者何? 人本含六律五行气而生，故内有五藏六府，此情性之所由出入也。"(《白虎通义·情性》)"气"是生成"五性六情"的最终依据。"气"即"六律五行之气"，《白虎通义》以为，它还能够生出"五藏六府"，"五藏六府"是性情存在的场所，而"五藏六府"显然属于人的形体，人的形体具备物理属性。性情存在于人的躯体。所以说，性情具备物理属性。

"五藏六府"蕴藏性情。这种命题实则源自"纬书"。《孝经纬·援神契》说："五脏象五行……肝仁，肺义，肾智、心礼、脾信。"这便是"五脏含五常"的命题。《白虎通义》汲取了这种思想，它指出："五藏者何也? 谓肝、心、肺、肾、脾也。……所以积精禀气也。五藏，肝仁，肺义，心礼，肾智，脾信也。"(《白虎通义·性情》)"五藏"即肝、心、肺、肾、脾五种器官。《白虎通义》将性情与形体器官相比附，进一步指出："五藏"是人禀气而有的，气蕴含在"五藏"之中，分别主导着仁、义、礼、智、信。换言之，"五藏"蕴含人的性情，是人们性情存在的物质。

　　《白虎通义》又将"五藏"与人的性情、五行相匹配。它指出："肝，木之精也；仁者，好生。东方者阳也，万物始生。"（《白虎通义·情性》）"肺者，金之精；义者，断决。西方亦金，成万物也。"（《白虎通义·情性》）"心，火之精也。南方尊阳在上，卑阴在下，礼有尊卑。"（《白虎通义·情性》）"肾者，水之精。智者，进而止无所疑惑。"（《白虎通义·情性》）"脾者，土之精也。土尚任养万物为之象，生物无所私，信之至也。"（《白虎通义·情性》）由此可见，在《白虎通义》中，"肝"具备木的属性，是阳气的产物，位于东方，具备"仁"的特点，喜欢生物；"肺"具有金的属性，位于西方，具备"义"的特点，能够成就物；"心"具有火的属性，位于南方，具有"礼"的特点，象征着尊卑有序；"肾"具有水的属性，位于北方，具有"智"的特点，能够果断决定；"脾"具备土的属性，存在于四方之中，具有"信"的特点，能够生物而无私。"五藏"就这样与"五常之性"匹配在一起。毫无疑问，"五藏"显然属于人的躯体，躯体是有形之物。因此，人的五常之性也变成了某种物质。五常之性即物。

　　而"六府"，《白虎通义》说："六府者，何谓也？谓大肠、小肠、胃、膀胱、三焦、胆也。"（《白虎通义·情性》）"六府"指的是人的六种器官，分别是大肠、小肠、胃、膀胱、三焦、胆。同时《白虎通义》以为，"府者，谓五藏宫府也"（《白虎通义·情性》）。"六府"（六种器官）蕴藏了五常之性，所以它们被视为"五藏"的宫府。仔细考究品味，《白虎通义》将性情发源归属于人的物质性器官，得出人的性情亦是物质的实体，此种论证颇有中医哲学的味道。《黄帝内经·素问·阴阳应象大论》说："人有五藏，化五气，以生喜怒悲忧恐。""五藏"是气的产物，是情感的来源。《黄帝内经·素问·阴阳应象大论》又说："怒伤肝……喜伤心……思伤脾……忧伤肺……恐伤肾。"可见，人的情感源自人的"五藏"，而情感又能影响"五藏"。至于"五藏"和"六府"之间的关系，则是气之阴阳在人身上的体现。《黄帝内经·素问·金匮真言论》说："藏者为阴,府者为阳。"天有阴阳二气,人有"五藏六府"。"五藏"是天之阴气,"六府"是天之阳气。而"六府"之胃是连接"五藏"和"六府"的关键器官。《黄帝内经》载:"人之所受气者,谷也"(《黄帝内经·灵枢·玉版》),"五谷为养……以补精益气"(《黄帝内经·素问·藏气法时论》),"五藏六府,皆禀气于胃"(《黄帝内经·灵枢·五味》)。中医医学理论以为,人的生存离不开对饭料等食物的摄取,作为饭料的五谷,实质乃气。人通过吃饭等饮食活动,"六府"之胃消化五谷食物,可以将谷气(外部之气)转化为血气(内在之气),从而为"五藏六府"提供物质能量,这是人之生存的基本原理。按照这种观点看,在《白虎通义》中,人天生具备"五藏"和"六府",便犹如天有阴阳二气。同时,"六府"又能够将外部之气转化为充实人身之气,并为"五藏"提供充实的物质基础,所以被视为"五藏"的宫府。综上,气充实人之"五藏六府",能影响甚至决定人的性情。

(三) 阴阳、四时、五行、五方与性情

阴阳说是汉代儒者讨论性情问题的重要手段。此外,《白虎通义》谈论性情问题的时候,还常常将性情与阴阳、四时、五行、五方等范畴挂钩。

从阴阳、五行的关系来说,汉代儒者普遍以阴阳论性情,比如董仲舒以为①,天有阴阳二气,阴阳二气化生万物,天之气在人便是性情,人之性情出自阴阳二气。性为阳气所生,情为阴气所化,然而董氏持有"阳尊阴卑"的立场,所以性是善的,情则是恶的。这是他的"性善情恶说"。与董仲舒相较而言,《白虎通义》的贡献在于,它明确将五行纳入阴阳的逻辑体系之中,又或者说,它将五行之气纳入阴阳之气的逻辑架构之中。正如徐复观说:"《白虎通》只有《五行》篇,而不另立阴阳篇。因为言五行即是言阴阳,而较言

---

① 董仲舒"以阴阳论性情"的做法可参见《春秋繁露》中的《深察名号》等篇章。

阴阳更为详备。"① 根据《白虎通义》记载："五行者，何谓也？谓金木水火土也。"(《白虎通义·五行》) "五行"就是金、木、水、火、土五种材质。这五种物质便是气。《白虎通义》说："天行气"(《白虎通义·五行》)，"火者，阳也。尊，故上。水者，阴也。卑，故下。木者少阳，金者少阴"，"地之承天……其位卑。……地，土别名也"(《白虎通义·五行》)。五行即气。在五行之中，火是阳气，水是阴气，木是少阳，金是少阴，而土则被划成阴气。《白虎通义》将五行之气划分为阴阳之气，这便是"二阳三阴说"。五行既然被视为阴阳二气，而性情又源自阴阳二气，由此，五行与性情的关系便被打通。五行即性之材质，与气有关。这是《白虎通义》与其他汉代儒者以阴阳讨论性情问题所不同的地方。

就阴阳和四时的关系看，《白虎通义》以为，四时是阴阳二气相互作用的结果。它说："春夏秋冬。……阴阳消息之期也。"(《白虎通义·四时》) 从四时、五方、五行、五音和阴阳的关系来说，《白虎通义》载："春之为言蠢蠢动也。位在东方。……其音角，角者，气动耀也"(《白虎通义·五行》)，"东方者，少阳易化"(《白虎通义·礼乐》)，"东方少阳，农事始起"(《白虎通义·耕桑》)，"木少阳"(《白虎通义·五行》)，"木在东方。东方者，阴阳气始动，万物始生"(《白虎通义·五行》)。五行中的木是少阳之气，少阳之气是阳气开始萌发的时候，它位于五方之东方，属于四时之春季，春季万物开始生长发育，这时候适合农耕种植，它的声音以角音为主。五行中的火是太阳之气，太阳之气是阳气最为旺盛的时候，它处于五方之南方，属于四时之夏季。"阳气用事，万物变化"(《白虎通义·五行》)，"夏之言大也。位在南方。……其音徵，徵，止也，阳度极也。……太阳也"(《白虎通义·五行》)，"火在南方，南方者，阳在上，万物垂枝"(《白虎通义·五行》)。夏季是万物生长最为迅速的季节，它的声

---

① 徐复观：《两汉思想史》(二)，第357—358页。

音以徵为主。与此同时，"阴气始起"（《白虎通义·五行》）。阴气开始复苏，这便是少阴之气。"秋之为言愁亡也。其位西方。……其音商，商者，强也。……金少阴"（《白虎通义·五行》），"金在西方，西方者，阴始起，万物禁止。金之为言禁也"（《白虎通义·五行》）。五行中的金是少阴之气，它位于五方之西方，属于四时之秋季，声音以商音为主。秋季是万物成熟的时候，阴气逐渐占据主导地位，万物逐步走向凋落。而太阴之气逐渐盛行，这便是冬季的初始。"水太阴也"（《白虎通义·五行》），"位在北方，北阴极而阳始起，故象半阴。阳气始施"（《白虎通义·文质》），"其音羽，羽之为言舒，言万物始孳"（《白虎通义·五行》）。五行中的水是太阴之气，它位于五方之北方，属于四时之冬季，声音以羽为主。冬季阴气最为盛行，万物都隐藏起来。同时阳气开始复苏，新一轮的阴阳交替便由此开始。

从性情与阴阳、四时、五行、五方的关系来说，《白虎通义》指出，"天"是有意志的，它的意志不仅体现在生物，而且是有情感的。它说："西方万物之成，故喜；东方万物之生，故怒；北方阳气始施，故好；南方阴气始起，故恶。"（《白虎通义·情性》）天之感情与阴阳、四时、五行、五方有关。具体来说，西方万物生成，体现天的乐观心情。东方万物生长，体现天的愤怒心情。北方阳气复苏，体现天的欢喜心情。南方阴气开始萌发，体现天的厌恶心情等。可见，天的情感表现为阴阳的交替以及方位的变化。天之气在人便是性。按照这种思维路线推断，人作为天的产物自然要顺从天。《白虎通义》载："顺天成其道"（《白虎通义·封公侯》），"顺气"（《白虎通义·礼乐》），"顺阴阳"（《白虎通义·三正》），"顺五行也"（《白虎通义·五祀》），"承顺天地，序迎万物"（《白虎通义·礼乐》）等。也就是说，性情之气的释放，而应该像四时交替一样，合乎时宜而有所约束。

综上，《白虎通义》明确将阴阳、五行、四时、五方、五音、"五藏"、"六府"与性情相互关联，建构了一套比较精致的理论体系，并将人的性情与自然之气相挂钩，阐发了人们性情变化的物质依据，性情含气。又，身体是性情的物质载体，故性情即物，这可谓它的独特之处。

三　气禀成命说

传统儒家的习惯是，谈及人性必言之命。《白虎通义》亦对"命"有所探讨，并在论"命"时兼及"气"，即"以气论命"。

首先，关于"命"，《白虎通义》说："命者，何谓也？人之寿也，天命己使生者也。"（《白虎通义·寿命》）"俱命于天。"（《白虎通义·爵》）① 在它看来，"命"即人的寿命。寿命是人生存的根本，它是天所给予人的，这便是"天命"。而"天"，《白虎通义》载："天行气"（《白虎通义·五行》），"人皆天地所生"（《白虎通义·诛伐》），"人所禀天气所以生"（《白虎通义·姓名》），"人禀阴阳气而生"（《白虎通义·性情》）等。天是万物之本。天生物以气。人亦是气的产物。而命是禀气而成的。因此，命含气。

其次，在《白虎通义》中，"命"被划分为三种，即寿命、遭命和随命，这便是"命有三科"。它指出："寿命者，上命也。……随命者，随行为命，若言怠弃三正，天用剿绝其命矣。……遭命者，逢世残贼，若上逢乱君，下必灾变，暴至，夭绝人命，沙鹿崩于受邑是也。"（《白虎通义·寿命》）《白虎通义》以为，"寿命"指的是人的自然正常存活年限，是自然发生的结果，"随命"指的人做了与仁义不相符的事情，遭到了天的惩罚，而丢掉了生命。"遭命"指的是遇到外部偶然事件（如灾害、战乱等）而被剥夺了生命。由此可见，"命"是关于人生存的自然状态，与人性有关，《白虎通义》将其合称为"性命"，并强调："重性命也。"（《白虎通义·嫁娶》）

---

① 当然，在《白虎通义》中，"命"还有其他含义。比如："王者受命而起"（《白虎通义·诛伐》），"始受命之时，改制应天"（《白虎通义·封禅》），"尧遭洪水，汤遭大旱，命运时然"（《白虎通义·灾变》）。可见，"命"有命令、命运等含义。

而"乐"便是成就性命的方式:"(乐)成其性命。"(《白虎通义·礼乐》)可见,命与气有关,并且可以养长。

概而言之,《白虎通义》塑造了一个庞大的理论系统,它将五性(仁、义、礼、智、信)、六情(喜、怒、哀、乐、爱、恶)、"五藏"(肝、心、肺、肾、脾)、"六府"(大肠、小肠、胃、膀胱、三焦、胆)、五行(金、木、水、火、土)、五方(东、西、南、北、中)、阴阳(少阳、少阴、太阳、太阴)等相互关联,这种关联性思维目的在于强调整个宇宙的整体性和互动性,《白虎通义》试图将人类社会和自然界之间架起一座可以沟通的桥梁,这是早期儒家自然主义思维的体现。它又将人的情感具体化,需要指出的是,它以为人的性情蕴含在躯体器官之中。同时,性情的变化与阴阳的消长、四季的变化也有关系,甚至将命视为气,命是气的产物,这丰富了汉代儒家性情论。(详细的关系参考表 9–1)

表9–1 　　　　　　《白虎通义》中的比附关系表

阴阳	少阳	太阳	(中和)	少阴	太阴
四时	春	夏	六月	秋	冬
五行	木	火	土	金	水
五方	东	南	中	西	北
五声	角	徵	宫	商	羽
五味	酸	苦	甘	辛	碱
五性	仁	礼	信	义	智
五脏	肝	心	脾	肺	肾
五候	目	耳	口	鼻	窍
六腑	胆	小肠	胃	大肠	膀胱、三焦

(本表截取自陈礼彰《〈白虎通义〉的人性观》,《澎技学报》2002 年第 5 期)

第三节　气性与治性

性情含阴阳二气,如果不相协调便出现"失其性而乖"(《白虎通义·五经》）的局面。所以，《白虎通义》提出，圣人"教人成其德"（《白虎通义·五经》）。人性需要后天养成，这便是"学以治性"（《白虎通义·辟雍》）。那么，学习作用于性（气）的逻辑是什么？学习之方有哪些内容？

一　气性与礼乐

（一）礼乐含气

传统儒家一直注重礼乐教化之道。礼乐不仅单纯地是情感娱乐的工具，也是涵养性情的重要手段。《白虎通义》对儒家礼乐作了详细的哲学论证。

首先，就礼乐存在的意义看，《白虎通义》以为，人禀赋阴阳五行之气，拥有五常之性。它说："人无不含天地之气，有五常之性者"（《白虎通义·礼乐》），然而，五常之性并不能完全呈现出来。"人情有五性，怀五常，不能自成。"（《白虎通义·五经》）所以，圣王制作礼乐制约人的情感，礼的存在是为了正人伦。它说："夫礼者，阴阳之际也……序上下、正人道也。"（《白虎通义·礼乐》）而乐教能够涤荡污弊，制止邪恶乱象。"乐所以荡涤，反其邪恶也，礼所以防淫佚，节其侈靡也。"（《白虎通义·礼乐》）人性必待礼乐两者共同矫治，才能走向正途，防止沦落邪恶。紧接着，《白虎通义》对礼、乐两者的含义进行了哲学化解释。它说："乐者，阳也……礼者，阴也。"（《白虎通义·礼乐》）礼乐的制作起源于阴阳二气。乐效仿阳气而作，礼效仿阴气而制。要言之，礼乐皆是气的产物，或者说，礼乐含气。

其次，就乐的内容来说，《白虎通义》以为，乐由声、音、舞等部分构成。它以为，声有五种，音有八种。它说："声五音八何？声为本，出于五行；音为末，像八风。"（《白虎通义·礼乐》）"五声"是什么？《白虎通义·礼乐》指出："五声者，宫商角徵羽。""八音"又是什么？《白虎通义》引用《礼记·乐记》解释道："土曰埙，竹曰管，皮曰鼓，匏曰笙，丝曰弦，石曰磬，金曰钟，木曰柷

敬。"（《白虎通义·礼乐》）八音就是八种乐器所发出的声音。八种
乐器分别为埙、管、鼓、笙、弦、磬、钟、柷敔，它们分别能够发
出土、竹、皮、匏、丝、石、金、木声。五声和八音共同构成了声
音。《白虎通义》又以为，乐是伴随着歌声的。它说："乐所以必歌
者何？夫歌者，口言之也。中心喜乐，口欲歌之，手欲舞之，足欲
蹈之。"（《白虎通义·礼乐》）语言发于内心，表现人的喜怒情感，
通过嘴巴传送出来，手足情不自禁地伴随着，通过歌曲、舞蹈等方
式，人们能够表达内心的情感，这便是艺术之乐。由此可见，《白虎
通义》以为，"乐"具有丰富的形式，是人们抒发情感的手段。

综上，礼乐兼具两义。从气论的角度说，礼乐是气的产物。从
人性的角度说，礼乐源自人情，又能够治理人情。换言之，礼乐兼
具气之自然与人文伦理。

（二）教化的原理：五常之性、八卦之体与感通

《白虎通义》提出"人生而应八卦之体"的哲学命题，事实上，
这个命题源自《易纬·乾凿度》。《易纬·乾凿度》认为，"人生而
应八卦之体，得五气以为五常，仁义礼智信是也"。人的物理性躯体
中天生蕴藏五常之性，这显然是将人性作了物质化解释。它又以为，
五常是气的产物，它与八卦相互匹配，而八卦则象征不同的气。比
如："万物始出于震，震东方之卦也，阳气始生，受形之道也，故东
方为仁。成于离，离南方之卦也，阳得正于上，阴得正于下，尊卑
之象定，礼之序也，故南方为礼。入于兑，兑西方之卦也，阴用事
而万物得其宜，义之理也，故西方为义。渐于坎，坎北方之卦也，
阴气形，盛阴阳气含闭，信之类也，故北方为信。夫四方之义，皆
统于中央，故乾坤艮巽位在四维，中央所以绳四方行也，智之决也，
故中央为智。"（《易纬·乾凿度》）这段话所揭示的道理是，仁、
义、礼、智、信（五常）与卦象是相互配合的。《白虎通义》赞同
《易纬》的观点，它以卦气说明五常源于五行之气。它认为，《震
卦》代表东方，此时阳气始生，万物开始繁育，这是"仁"。《离
卦》代表南方，此时阳气处于上方，阴气则处于下方，犹如有尊卑

之象，礼节之序，所以南方代表"礼"。《兑卦》代表西方，此时阴气大行其道，万物各得其宜，这是"义"的特点。《坎卦》代表北方，此时阴气最盛，阴阳之气闭合，犹如信符契合之类，所以，北方代表"信"。不同的方位具备不同道德属性的气。然而，四方的道德都由中央的"智"所统摄。要言之，五性内在于人身，且与气有关，而由气所构成的人，身上包含五行之德。

需要特别注意的是，《白虎通义》以为，人出生禀赋五常，同时五音内在于人身。它说："人含五常而生，身有五音，宫商角徵羽。"（《白虎通义·姓名》）五常之气（五性）与声能够相互匹配。比如："土谓宫，金谓商，木谓角，火谓徵，水谓羽。"并引《月令》之言说："角者，跃也。阳气动跃。徵者，止也，阳气止。商者，张也，阴气开张，阳气始降也。羽者，纡也，阴气在上，阳气在下。宫者，容也，含也，含容四时者也。"（《白虎通义·礼乐》）在《白虎通义》看来，五音（宫、商、角、徵、羽）与五行（土、金、木、火、水）分别对应，并引用《月令》的观点指出，五音的实质就是气。气即阴阳二气。其中，角音是阳气的悦动；徵音是阳气的停滞；商音是阴气的萌发；羽音是阴气的活跃；宫音无所不包，它能够涵盖以上四种音。五常之性是气，五音亦是气，并且它们源自同种气。由此，气、五音与五常关联起来。

而"气"，《白虎通义》以为，同气之间可以相互感通，它以鼓（乐器）为例说道："万物愤懑震而出。雷以动之，温以煖之，风以散之，雨以濡之。奋至德之声，感和平之气也。同声相应，同气相求，神明报应，天地佑之，其本乃在万物之始耶？故谓之鼓也。"（《白虎通义·礼乐》）鼓演奏出的声音能够激荡人身上的烦躁之气，烦躁之气从人身内释放出来，然后又用风吹散它，同时根据同声相应（同气相求）的原理，以温暖之气，饱含道义的声音感化人，由此便能够启发人性之中的善气，这便是鼓声的价值和意义。换言之，蕴含在歌曲和舞蹈中的"五常之道"能够引起人的情感变化。这种逻辑思路为《白虎通义》乐教的施行奠定了理论基础。根据同气相感的原理，声之气与性之气之间可以相互沟通。《白虎通义》指出:"闻角声,莫不恻隐而慈者;闻徵声,莫不喜养而好施者;闻商声,莫不刚断而立事者;闻羽声,莫不深思而远虑者;闻宫声,莫不温润而宽和者也。"(《白虎通义·礼乐》)声(乐)能够改变人的性情,而五声是与五常相配的。具体来说,比如人们听到角声,都会萌发恻隐而慈悲之情,这便是"仁";人们听到徵声,都会表现得欢喜而好施,这便是"礼";人们听到商声,都会变得刚断而果敢,这便是"义";人们听到羽声,都会变得深思而远虑,这便是"智";人们听到宫声,都会表现得温润而宽和,这便是"信"。最终,《白虎通义》得出结论:"乐所以顺气。"(《白虎通义·礼乐》)换言之,乐之气能够感应人之气,人之性情因"乐"而改变。

所以,《白虎通义》推崇人们聆听饱含道义的高雅之声,抵制和远离淫荡和奸邪之音。它说:"雅者,古正也,所以远郑声也","听其雅颂之声,志意得广焉。执干戚,习俯仰屈信,容貌得齐焉。行其缀兆,要其节奏,行列得正焉,进退得齐焉"①。(《白虎通义·礼乐》)艺术之乐崇尚高雅贬斥邪恶,高雅之声使得人们的意志得以舒缓,使得人们的形体和容貌合乎礼仪的要求,从而实现气之和的状态。气之和在不同的场合呈现不同的特点。例如在宗庙之中,乐教能够促成君臣之间的和敬;在族长乡里之中,乐教能够促成长幼之间的和顺;在闺门之中,乐教能够促成父子兄弟之间的和亲。(《白虎通义·礼乐》)换言之,和敬、和顺、和亲等都是和气的不同表现形式,乐教能够使性情达到和谐状态。

二　"三纲六纪"与气之阴阳

在汉代哲学中,董仲舒已经将儒家伦理和阴阳相互匹配。他说:"王道之三纲可求于天","君臣、父子、夫妇之义,皆取诸阴阳之

---

①　这段与《荀子·乐论》《礼记·乐记》等相关文献十分相似。因此可见,《白虎通义》对《荀子》《礼记》思想有所继承。

道"。(《春秋繁露·基义》) 人伦关系是效法天道而来的，天道具体表现为阴阳之道。在阴阳两者之中，董仲舒又持有"贵阳而贱阴"(《春秋繁露·阳尊阴卑》) 的立场，所以，有关人伦关系的尊卑，他指出："君为阳，臣为阴；父为阳，子为阴；夫为阳，妻为阴。"(《春秋繁露·基义》)《白虎通义》继承了董仲舒以阴阳谈伦理的逻辑思路，它说："三纲者，何谓也? 谓君臣、父子、夫妇也。六纪者，谓诸父、兄弟、族人、诸舅、师长、朋友也。"(《白虎通义·三纲六纪》) 由此可见，《白虎通义》将君臣父子夫妇之道的范围作了延伸和扩展，并将其与天地阴阳相互配合，这便是"三纲六纪"的伦理制度。①

《白虎通义》以为，"三纲六纪"的纲常伦理制度并非空穴来风，它们是效法天地而生的，其文曰："一阴一阳谓之道，阳得阴而成，阴得阳而序，刚柔相配，故六人为三纲。三纲法天地人，六纪法六合。"(《白虎通义·三纲六纪》)"三纲六纪"是由阴阳之气所决定的。《白虎通义》以人伦关系为例说明："君臣法天，取象日月屈信，归功天也。父子法地，取象五行，转相生也。夫妇法人，取象人合阴阳，有施化端也。"(《白虎通义·三纲六纪》) 在它看来，君、父、夫等是属于阳性的，而臣、子、妻等是属于阴性的。进一步说，伦理制度 (阴阳二气) 便是天道的呈现。然而，《白虎通义》又以为，阴气和阳气的地位并不是平等的，它鼓吹"阳尊阴卑"的逻辑思维。所以说，人间制度也是有尊卑等级之分的。换言之，《白虎通义》以阴阳之气的尊卑说明人伦关系，以伦理观念加强天人之间的联系。此外，它还以五行论证伦理关系，比如："父死子继何法? 法木终火王也。"(《白虎通义·五行》) 子承父业犹如木之生火。从气化宇宙论视角看，《白虎通义》以为，情性出自阴阳二气，

---

① 陈福滨以为，与以往儒家学者相比较，"《白虎通义》的贡献在于将它们 (三纲六纪) 融为一体，形成关于人伦关系的完整思想体系"。陈福滨：《〈白虎通义〉的伦理价值观及其现代意义》，《辅仁大学哲学论集》1995 年第 28 期。

伦理制度亦是阴阳二气的产物。所以，典章制度必然与性情密不可分。可以说，典章制度含气。

人生来身上就含有五常之气。五常之气扩充必然形成善性。然而，现实的情况并不如此。《白虎通义》指出："人情有五性，怀五常不能自成。"（《白虎通义·五经》）常人情欲之气放纵无度，这容易招致德性的损伤，这时候就需要导师的帮扶。《白虎通义》明确提出："虽有自然之性，必立师傅焉"（《白虎通义·辟雍》），"（圣人）教人成其德"（《白虎通义·五经》）。可见，《白虎通义》以为，人们性情的涵养、成圣的道路离不开导师。导师是人们做人所模仿的对象和楷模。他们便是圣人，而圣人之所以能够做人的导师。从气化宇宙论的角度看，人性皆是气化所生，然而，气之于人会形成不同的德性，这便是："德有优劣。"（《白虎通义·爵》）意思是说，人性是略微有差异的。比如："德合天地者称帝，仁义合者称王，别优劣也。"（《白虎通义·号》）也有"贤才美质知学者"，亦有"顽钝之民"，它们皆能"别于禽兽，而知人伦"（《白虎通义·辟雍》）。人之气有不同，故有品德优劣。其中，圣人之气是与天之气相符的。《白虎通义》载："（圣人）与天地合德，日月合明，四时合序，鬼神合吉凶。……盖皆天所生也。"（《白虎通义·五行》）圣人感天之气而生，而与天之气相符的便是中和之气。圣人禀赋中和之气便有中和之性。"得阴阳中和之气"（《白虎通义·社稷》），"有中和之性"（《白虎通义·五行》）。圣人是善良之气的产物，常人接受圣人的教诲，便能够激发人性中的善气。这便是："以承天地，顺阴阳。"（《白虎通义·三正》）换言之，气之感应也是常人接受导师教育的原理，接受导师的教导便是感应人之善气。

圣人能够教化众人成就道德，教化的内容则是儒家典籍，在《白虎通义》看来，儒家的五经蕴含五常之道，《乐》《书》《礼》《易》《诗》分别蕴含仁、义、礼、智、信。《乐》能教人以"仁"，《书》能教人以义，《礼》能教人以礼，《易》能教人以智，《诗》能教人以信等。（《白虎通义·五经》）《白虎通义》以为，人伦道德皆从阴阳所生，阴阳二气源自天，它能够生出五行之气，而儒家典籍是模仿五常之道而制定的，五常之道即五性，五性源自五行之气，所以说，儒家经典能够和人们的性情相互匹配，并且对人们的品德具有引导作用，而圣人通过五经典籍的教导，最终让人们发挥五常应有之德，这便是"道德生于文章"。

三 性、政与气之中和：治性的结果

那么，通过礼乐教化能够达到什么效果？首先，从性论与气论之间的关系角度来看，《白虎通义》以为，人之性情就是气的产物。它说："人禀阴阳气而生"（《白虎通义·情性》），"性者阳之施，情者阴之化也"（《白虎通义·情性》）。人性皆气化所生，性由阳气施化，情由阴气施化。天有阴阳二气，人有性情之义。然而，"毕竟每人所禀有多寡之分，所怀有强弱之别"①，所以，气之于人会形成不同的德性，这便是"德有优劣"（《白虎通义·爵》）。比如圣人是"与天地合德"（《白虎通义·圣人》）之人，贤才是"美质"（《白虎通义·辟雍》）之人，亦有"顽钝之民"（《白虎通义·辟雍》），亦有"夷狄之人"（《白虎通义·礼乐》）②，人之气有不同，故有品德优劣。换言之，气造成了人性之别，同时形成了人之善恶。

其次，从性论与教化之间的关系角度看，性情源自天地之气，教化亦是出自天之气。比如，礼乐作为教化的手段便是阴阳二气所生。礼乐是气的产物，而"气"，主要特点便是"感通"。所以，《白虎通义》以为，通过礼乐之气能够感通性之气。乐作为阳气的产物能够激发人之仁义，礼作为阴气的产物能够抑制情欲，加之，常人皆能够"别于禽兽，而知人伦"（《白虎通义·辟雍》）。所以，通过礼乐之气的疏导和宣泄，人身上的气能够呈现出一种和谐的状态，

---

① 陈礼彰：《〈白虎通义〉的人性观》，《漳技学报》2002年第5期。

② 需要注意的是，在《白虎通义》看来，夷狄之人是不能够接受礼义教化的。它说："非中和气所生，非礼义所能化，故不臣也。"（《白虎通义·王者不臣》）

这便是"中和",而由"中和之气"所形成的人性必然是中和之性。这便是《白虎通义》教化论所追求的目标。

最后,中和之气不但与性有关,还能在不同的场合呈现不同的特点。《白虎通义》载:"乐在宗庙之中,君臣上下同听之,则莫不和敬;族长乡里之中,长幼同听之,则莫不和顺;在闺门之内,父子兄弟同听之,则莫不和亲。"(《白虎通义·辟雍》)在《白虎通义》看来,乐教在宗庙之中,能够促成君臣之间的和敬;乐教在族长乡里之中,能够促成长幼之间的和顺;乐教在闺门之中,能够促成父子兄弟之间的和亲等。换言之,和敬、和顺、和亲等都是和气在不同场合的表现形式。此外,《白虎通义》以为,气之和还与政治治理有关。它说:"阴阳和,万物序,休气充塞,故符瑞并臻,皆应德而至。"(《白虎通义·封禅》)反之,"《援神契》曰:'行有玷缺,气逆于天,情感变出,以戒人也'"(《白虎通义·灾变》)。阴阳之气达到调和,便是一种美善之气,美善之气能够感召祥瑞。反之,天地之气不协调,便是一种致恶之气,致恶之气能够引发灾害混乱。由此可见,气之中和能够起到有效维护政治、社会与宗族稳定的作用。

综上,《白虎通义》将阴阳之气运用到教化领域,进而提出礼乐之教和人道伦常。天以阴阳之气化施人之情性,所以,教化要以阴阳二气为依据。具体说来,乐教以感应的机制激发人之善气,而遵循"三纲六纪"制度的约束是为了抑制人之恶气。最终,通过制度陶冶人的性情,改变人的气质,实现沟通天人以及秩序的规范。可见,气是天、人以及政治沟通的关键。

第四节 本章小结

《白虎通义》持有以气论性的立场。通过以上论述,我们得出以下两点结论。

　　首先，《白虎通义》沿袭了汉代儒家传统的立场，提出万物都是由天所造就的，天生万物。天生万物凭借气。气是构成万物的材料。天以阴阳之气化生万物，然而，《白虎通义》以为，天是具备人格意志的主宰者，有意生物。于人而言，人也是由气所构成的。人禀阴阳之气而生，气不仅是构成人体之躯的材质，它反映在人身上便是性。或者说，性情是气化的产物，都是与生俱来的。加之，《白虎通义》持有"阳尊阴卑"的观点并以为，人之性是阳气所施与的，人之情是阴气所化施的。所以，人性就拥有善的潜质，即仁义，与之相反，人情则是恶的素材，即贪戾。人情含有利欲，也就是说，情的趋向是恶的。换言之，人性是善恶相混的。《白虎通义》不仅将阴阳作为性情论基础，而且从动静角度以气说性情，以阴阳作为性情论的基础，并将性情与少阴、少阳、太阴、太阳等范畴相互匹配，使汉代阴阳性情说的配置更为完善。与此同时，它将五常视为内在的人性，将五行与性情的关系打通，并明确将五行纳入阴阳的逻辑架构之中，进而提出"二阳三阴说"，又明确将阴阳、五行、四时、五方、五音、"五藏"、"六府"与性情等范畴相互关联，建构了一套比较精致的理论体系，将人的性情与自然之气相挂钩，并阐发了人们性情变化的依据，甚至将性情发源归属于人的物质性器官，得出人的性情是物质实体的结论，又以为，人命含气，命是气的产物，这是《白虎通义》对儒家阴阳性情说的历史贡献。

　　其次，人的性情是禀赋气而成的。人性兼具阴阳之气，饱含情欲和仁义。但是，人性之气容易受到外界影响而产生各种变化，如果人性之气不相协调便导致混乱。也就是说，人们虽然天生具备五常之性，但是不能够将它们完全地发挥出来。《白虎通义》认为，人性需要后天养成，这便是"学以治性"。为此，它提出礼乐教化，将气论思想贯注在礼乐制度中，指出礼乐的制作起源于阴阳二气。其中，乐效仿阳气而作，礼效仿阴气而制，礼乐能够与阴阳二气相互沟通。另外它以为，人出生禀赋五常之性，同时五音内在于人身，它们都是气化的产物，故而能够相互关联和配合。《白虎通义》又将

"同气相感"的原理引入乐教之中，提出道义之声能够感召人之善气，奸邪之声能够激发人之恶气。换言之，气是乐教与人性沟通的渠道。除此之外，《白虎通义》将伦理道德与天地阴阳相挂钩，提出"三纲六纪"的伦理制度，并倡导常人要听从圣人的教诲引导，通过研习五经典籍知识规范性情，发挥人们五常应有之德，激发人之善良之气。这便是圣王的价值和意义。

　　总的来说，《白虎通义》更多是对董仲舒哲学的继承和发扬，作为得到东汉皇家支持的观点，它可以堪称古典哲学领域里程碑式的著作。相对于前人以阴阳之气论性情，《白虎通义》的论证更加精巧和细致，更具有系统性与完整性，特别是它将阴阳、五性、五方、"五藏"、五音等范畴之间相互挂钩。甚至以为，"五藏六府"是蕴含人之性情的物质实体。或者说，性情具有物质属性。人的血肉躯体与五常、八卦、五音等相互匹配，这些观点荒诞离奇，由此引起了一批学者的不满和批判，在这其中，以后汉王充最为典型。

第 十 章

"用气为性，性成命定"： 王充的气性论思想

"王充是东汉儒家最重要的一个人。"[1] 关于人性问题的研究，他特别提出"用气为性，性成命定"（《论衡·无形》）的命题，甚至明确将人性称为"气性"[2]。人性禀气而成。性含气。那么，王充的气性论有哪些内涵？较之前人，他的气性说有哪些创新？王充以气论性有何价值和意义？本章探讨这些问题。

第一节　王充自然主义的天道观

"王充的哲学思考，也是围绕着天人关系问题而展开的。"[3] 占

---

① 梁启超：《儒家哲学》，北京大学出版社 2010 年版，第 60 页。关于王充思想派别归属问题，学界存在不同看法，对此，周桂钿作了总结归纳并认为有儒家说、道家说、杂家说、法家说等。参见周桂钿《王充究竟属于哪一家?》，《浙江学刊》1982年第 4 期。我们采取儒家说，即认为王充是儒家阵营里的人物。

② 在《论衡》中，王充明确将"性"称为"气性"。比如："气性不均，则于体不同"（《论衡·无形》），"气性刚强"（《论衡·初禀》），"气性异殊，不能相感动也"（《论衡·乱龙》）等。

③ 宋志明：《批判思潮中的天人学——王充哲学话题刍议》，《徐州师范大学学报》（哲学社会科学版）2011 年第 6 期。

据当时学界的主流观点以为，"天"能刻意生出人的形体、情感、寿命、德性等，并能对人们进行赏善和罚恶。王充对这种学术思潮很是不满，他说："疾心伤之，安能不论？"（《论衡·对作》）为此，他撰写了大量文章，致力于肃清和洗刷古今学说之中的虚言谬说和不实论调。《论衡》曰："疾虚妄"（《论衡·佚文》），"立真伪之平"（《论衡·对作》）。可见，王充的学说流露出很强的现实主义批判精神，这可以说是其立论的最大特色。从某种程度上而言，王充哲学的立论起点建立在解构意志之天的基础之上。

一 天道自然，而非有为

关于"天"的特点，《论衡·物势》载："儒者论曰：'天地故生人。'"占据当时学界的通俗的看法，"天"有意志并能刻意、有目的地生人，这便是"故生"。针对此种状况，王充说："此言妄也。"（《论衡·物势》）他以为，那些倡导天刻意生物的学说都是荒谬之言。紧接着他说："天道无为，人道有为"（《论衡·说日》），"天道自然，非为人也"（《论衡·卜筮》），"夫天道，自然也，无为"（《论衡·谴告》）。自然和无为是天道的特色。关于"自然"和"无为"，王充说："天动不欲以生物而物自生，此则自然也。施气不欲为物，而物自为，此则无为也。"（《论衡·自然》）简单来说，"自然"是指万物自己化生，而非"天"有目的地生成万物。"无为"是指万物自己自然地生长，或者说，"天"并没有刻意主宰万物成长。可见，无论是自然，还是无为，两者皆杜绝刻意。如果有目的、有意识地对万物施加改造则是"有为"。① 换言之，凡是人为的东西都不是"天"的属性。那么，王充如何论证"天"的特点是自然的？

（一）基于经验事实的论证

基于经验知识基础之上，王充认为，之所以说天是自然的，是

---

① 王充思想很大程度上受到道家的启发，这种观点学界已经有所涉及。参见王雪《王充道家思想探析》，《安徽大学学报》（哲学社会科学版）2003 年第 4 期。

因为天没有像人一样的耳目口鼻等感官。他说："何以〔知〕天之自然也？以天无口目也。案有为者，口目之类也。口欲食而目欲视，有嗜欲于内，发之于外，口目求之，得以为利，欲之为也。今无口目之欲，于物无所求索，夫何为乎？何以知天无口目也？以地知之。地以土为体，土本无口目。天地，夫妇也，地体无口目，亦知天无口目也。"（《论衡·自然》）"有为"就是指有口目之类的生理感官，有生理感官就会产生欲望，有欲望就会表现出来，比如，眼睛想要看，嘴巴想要吃等，反之，没有生理感官就没有欲求。王充以为，"天"就是没有耳目感官的，而之所以知道天无口目，是因为"天"和"地"是一对夫妇，"地"以土为主要材质，土没有耳目。所以推知："天"没有耳目感官等，更谈不上有所欲求和有为。

他进一步说："春观万物之生，秋观其成，天地为之乎？物自然也？如谓天地为之，为之宜用手，天地安得万万千千手，并为万万千千物乎？"（《论衡·自然》）按照天有意生物的观点，如果说万物都是由天所创造的，天下的万物如此之多，那么，"天"创造万物就要凭借千千万万只手。但是，现实的情况是，"天"有那么多只手吗？由此看来，万物并不是"天"亲自创造的，类似春天万物复苏，秋天万物成熟，这些现象都是自然的，并非"天"有意为之。所以，王充以为，"天"以自然为特色，"天"没有主宰的意味。

（二）气论思想的提出及意义

王充还从气论的角度论证"天"的自然无为。他以为，"天"之所以自然无为，最根本的原因在于"气"。他说："谓天自然无为者何？气也。"（《论衡·自然》）"（气）恬淡无欲，无为无事者。"（《论衡·自然》）"气"本身不受制于任何有意志者的操控。同时"气"发生变化的状态是"自变"（《论衡·自然》），即自我变更，不受他者支配。比如："阳气自出，物自生长；阴气自起，物自成藏。"（《论衡·自然》）阳气萌发万物生长，阴气释放万物收获，这些现象都是自然的。又如："阴阳不和，灾变发起，或时先世遗咎，或时气自然。"（《论衡·感类》）自然灾害就是阴阳之气不协调所导致的。所以，"气"是本身没有任何意志的，更非受神秘力量的驱使。有学人因此将王充视为"气自然论者"①。

除此之外，关于王充气说还有以下几个特点。② 其一，从宇宙万物的本原意义来看，"气"是万物存在的物质基础。王充说："气降而生物。"（《论衡·订鬼》）气是构成万物的材质，万物都是由气所构成的。"王充认为，万物是由'气'构成的。……因此，在'气'的本原性这个意义上，'气'又称为'元气'。……在王充那里，'气'与'元气'往往是等同的。"③ 比如："元气荒忽，人气在其中。"（《论衡·论死》）"人禀元气于天"（《论衡·无形》）。王充又以为，元气具有物质性的特点。他说："气若云烟"（《论衡·自然》），"气若云雾"（《论衡·卜筮》）。"气"具有物理属性。正如有学人指出："王充所说的元气是具有不带任何意志、目的和道德属性的纯物质和纯质料，它含有能创造和赋予生命的含义，也有意味着其能量像蒸汽一样喷出的物理形态。"④ 气是构成万物的物质，同时是云、雨、风等自然现象产生的根本原因。王充说："雨气阴暗，安得明？"（《论衡·说日》）"夫风者，气也"（《论衡·感虚》），"岁气调和，灾害不生"（《论衡·明雩》），"雨凝而为雪，皆由云气发于丘山"（《论衡·虚感》），"风雨暴至，是阴阳乱也"（《论衡·感虚》）。王充甚至以为，"阴阳气终，竟复为一岁"（《论衡·难

---

① 将王充视为元气自然论者，已经得到多数学者的认同。比如，金春峰认为，在王充思想的核心是"元气自然论"。参见金春峰《汉代思想史》，第433页。魏义霞以为，王充是"元气自然论者"。参见魏义霞《"万物之生，皆禀元气"——王充元气自然论探析》，《孝感学院学报》2015年第3期。我们采取这种观点。

② 学界已有学者对此进行过整理和研究，相关研究成果如，林丽雪梳理了王充之气的类别，参见林丽雪《王充》，台北：东大图书股份有限公司1991年版，第205—242页；曾振宇论及了王充气论哲学的性质，参见曾振宇《中国气论哲学研究》，第98—177页；李维武讲述了王充气论与古代气论的发展，参见李维武《王充与中国文化》，贵州人民出版社2000年版，第39—91页。

③ 李维武：《王充与中国文化》，第44页。

④ ［韩］金钟美：《天、人和王充文学思想——以王充文学思想同天人关系思想的联系为中心》，社会科学文献出版社1994年版，第82页。

岁》）。意思是说，阴阳之气是推动时间变化的根本力量。

其二，王充以为，作为构成万物的材料，气能够呈现出不同的状态。比如，气有阳气和阴气之分，他说："阴阳之气，天地之气也"（《论衡·讲瑞》），"阴阳不和，灾变发起"（《论衡·感类》）。如果阴阳二气不和，自然灾害便顺之产生。通常来说，古人都有"重阳抑阴"的倾向，阳气一般被视为好的东西，《易传》《春秋繁露》都有记载。然而，王充却将阳气视为不好的东西，他说："夫毒，阳气也"（《论衡·言毒》），"含太阳气而生者，皆有毒螫"（《论衡·言毒》）。蕴含阳气的事物是不好的，更是对人有害的。相比较而言，王充更加关注阴阳二气的和谐，他说："阴阳不和，灾变发起"（《论衡·感类》），反之，"阴阳和，则万物育"（《论衡·宣汉》）。比如："瑞物皆起和气而生。"（《论衡·讲瑞》）嘉禾、醴泉等祥瑞之物皆是和气所生。同时，气中还存在着不良的部分。王充说："妖气生美好"（《论衡·言毒》），"占危睹祸气"（《论衡·感虚》），"遇邪气也，其病不愈"（《论衡·治期》），"灾气加人"（《论衡·幸偶》）。妖气是邪恶之源，祸气是祸患之根，邪气容易致病，灾气引发灾害等，可见，不良之气能够招致不良的后果。

综上，对王充来说，"气"在很大程度上与经验相关，更加贴近现实生活，还不完全是一个纯粹的、抽象的、彻底的思辨性概念。

二　天含有气并能生物

王充虽然批判汉代普遍流行的天人感应说。但是，他的致思路线仍然没有跳脱出汉儒"万物受于天"的思考模式。换言之，他不否认"天生万物说"。

关于"天"，首先，王充以为，"天"是有形体的，或者说，"天"具有物理属性。他提出："天有形体"（《论衡·谈天》），"天乃玉石之类也"（《论衡·谈天》）。"天"是类似玉石之类的物质实体。王充多次论证说："夫天者，体也，与地同"（《论衡·祀义》），

"天之与地，皆体也"（《论衡·道虚》）。天是有形体的。比如："天有列宿，地有宅舍，宅舍附地之体，列宿著天之形。"（《论衡·祀义》）天上有众多繁星，地上有很多房屋，繁星和房屋都是有形的，推而论之，天地都是自然物质而已，都是有形体的实体。王充以为，有形体的"天"含气。他说："天主施气，地主产物"（《论衡·感虚》），"天地，含气之自然也"（《论衡·谈天》），"天者，普施气万物之中"（《论衡·自然》）。可见，天"是由元气构成的有形物质实体"①，或者说，在王充那里，"作为哲学概念的'天'也是物质之天"②。"天"是蕴含气的物质实体。有些时候，王充将"元气"说成"天气"。比如他说："元气者，天地之精微也。"（《论衡·四讳》）"上世之天，下世之天也，天不变易，气不改更。……元气纯和，古今不异……气之薄渥，万世若一。"（《论衡·齐世》）古代的天跟现在的天是相同的，并没有什么实质性的差异，天所含的气也不会随时间发生改变，这表明："天"所含的气具备恒久性。

其次，王充以为，"天"具有造物的功能，能够自然而然生物。他说："天之行也，施气自然也，施气则物自生，非故施气以生物也。"（《论衡·说日》）"天"以气生物是自然而然的，并非有什么特殊目的。关于万物化生的机制和步骤，王充指出："夫天覆于上，地偃于下。下气烝上，上气降下，万物自生其中间矣。"（《论衡·自然》）"夫天地合气，人偶自生也；犹夫妇合气，子则自生也。夫妇合气，非当时欲得子，情欲动而合，合而生子矣。且夫妇不故生子，以知天地不故生人也。"（《论衡·物势》）天气下降，地气上升，二气交合，物便从中产生。天地之气交合生物，就像夫妇交合

---

① 黄开国：《论王充的天人观》，《山西师大学报》（社会科学版）1993 年第 4 期。另外，吴则虞亦以为，在王充思想之中，"天地，不过是含阴阳之气的物质"。吴则虞：《〈论衡〉的构成及其唯物主义的特点》，《哲学研究》1962 年第 4 期。李申以为，在王充那里，"天，是个有形的、含气的物"。李申：《中国儒教史》，第 531 页。以此可见，王充之"天"具备气的属性已取得很多学者的认同。

② 冯友兰：《中国哲学史新编》（中），第 235 页。

生孩子一样，是很自然的。天以气生物，人亦是天的产物。王充说：
"人生于天，何嫌天无气？"（《论衡·谈天》）"生于天，含天之
气。"（《论衡·变动》）人身上含气。王充以为，天气反映在人身上
称为"人气"，而"人气"具有很多的样式，比如："含血气物之生
也"（《论衡·状留》），"人因神气生，其死复归神气"（《论衡·论
死》）。人含气。有些气能够主导人的寿命。比如："圣人禀和气，
故年命得正数"（《论衡·气寿》），"厉气所中，必加命短之人"
（《论衡·偶会》）。可见，气是人生存的物质基础。

　　立足气化宇宙论的立场，王充进一步指出，人之形体由气凝聚
而成，而构成人的气便是阴阳二气。他说："夫人〔之〕所以生者，
阴、阳气也。阴气主为骨肉，阳气主为精神。人之生也，阴、阳气
具，故骨肉坚，精气盛。"（《论衡·订鬼》）气是构成人的物质材
料，其中，阴气形成人的骨肉（形体），阳气形成人的精神。换言
之，人之所以能够生存，完全凭借阴阳二气。或者说，阴阳之气是
人生存的物质基础。在《论衡》中，阴阳二气或作"精气"。王充
说："人之所以生者，精气也，死而精气灭。"（《论衡·论死》）精
气能够主导人的生存，人死后精气就逐渐消亡。关于精气的来源，
王充却作了生理性的解释，他指出："能为精气者，血脉也。"（《论
衡·论死》）"人死血脉竭，竭而精气灭，灭而形体朽，朽而成灰
土，何用为鬼？"（《论衡·论死》）精气由血脉产生，人死后血脉枯
竭，形体会腐朽，变成灰土。因此，人死后成为鬼的言论不可信。
这是王充对鬼神观念的批判。人身上含气。那么，人性与气有何
关系？

第二节　性命皆由气禀

　　关于性命问题的讨论，王充指出："性命在本。"（《论衡·命
义》）性命发于本。"本"是什么？王充说："人禀元气于天，各受

寿夭之命，以立长短之形，犹陶者用土为簋廉，冶者用铜为柈杅矣。器形已成，不可小大；人体已定，不可减增。用气为性，性成命定。"（《论衡·无形》）本即气。人禀气而成的形体不能够随意减增，人性是由气禀所决定的，性形成之后命也就注定，这便是"用气为性，性成命定"。那么，由气所构成的性命有哪些内涵？

一　气禀人性说

（一）气是人性之材

从天以气生物的角度看，王充以为，性乃天之所予，人性和物性都是气的产物。但是，人性是万物之中最为高贵的。他说："天地之性，唯人为贵，则物贱矣。"（《论衡·奇怪》）人之所以高贵，究其缘由，是人有知，这便是"贵其识知"（《论衡·别通》）。知源于人身上的五常之气。他说："人之所以聪明智慧者，以含五常之气也。"（《论衡·论死》）知含气。但是，人与物所禀的气略有不同。王充说："天禀元气，人受元精"（《论衡·超奇》），"人受正气，故体不变"（《论衡·无形》）。人禀之气是正气、精气。所以，人比万物高贵。或者说，禀气之异是人与物的决定者。

王充以为，由气所构成的人性具有普遍性。这具体表现在两方面。其一，古代的人和现代的人所具有的人性是相同的。他说："上世之人，所怀五常也；下世之人，亦所怀五常也。俱怀五常之道，共禀一气而生。……性行不异。"（《论衡·齐世》）古代的人和今天的人，人性都是禀五常之气而形成的，所以，古人之性和今人之性没有本质性的差别。其二，小人之性和君子之性都源于同种气，他说："小人君子，禀性异类乎？"（《论衡·率性》）"夫不肖者皆怀五常。"（《论衡·艺增》）只要是人，无论是小人，还是君子，人性都是相同的，都含五常之气。换言之，气是构成人性的材料。这便是气禀人性说。

（二）"性"的内涵

在王充的视野里，人性不仅涉及人之善恶、人之贤愚等，而且还指人之形体和才能等。

1. 性与善恶

人性含气。那么，人的善恶是怎么产生的？王充指出："小人君子，禀性异类乎？譬诸五谷皆为用，实不异而效殊者，禀气有厚泊，故性有善恶也。残则授（受）[不] 仁之气泊，而怒则禀勇渥也。仁泊则戾而少愈，勇渥则猛而无义，而又和气不足，喜怒失时，计虑轻愚。……犹 [酒] 或厚或泊也，非厚与泊殊其酿也，麴蘗多少使之然也。"（《论衡·率性》）气可以决定性之善恶。禀气多寡和厚薄决定人的善恶贤愚，这类似在酿酒过程中，酒曲数量决定酒味、品质好坏一样，残忍的人禀仁气比较薄，愤怒的人禀勇气比较厚，仁气薄的人容易暴戾而缺少慈爱，勇气厚的人容易勇猛而缺少道义。可见，王充是以气之厚薄谈论性之善恶，或者说，王充把禀气的数量视为性之善恶的决定性依据。

至于人受气成性的差异，王充以为，这并不是天故意创造的。他说："天之行也，施气自然也，施气则物自生，非故施气以生物也。"（《论衡·说日》）天施气的过程，没有目的性，不能决定人禀气的数量。换言之，人禀气成性的过程是自然的。这便是"性本自然，善恶有质"（《论衡·本性》）。尤当注意的是，王充以气禀论性也存在理论缺陷。他以为，禀气的多少和厚薄决定了人的善恶贤愚，多寡、厚薄显然是一种量，它们是物质所拥有的属性。但究竟多少是多？多少是少？多少是厚？多少是薄？或者说，气的量如何测定？他自身并没有给出答案。正如有学者指出："王充每以厚薄多寡来量化气，故其气为物质之气。他又以含气之厚薄来衡量性之善恶，却没有说明是多少才算厚，或是多少才算薄，此则有落于抽象之意义。"①

2. 性与形体

王充以为，性还指人的形体、面色、容貌等，并且这些东西一

---

① 张静环：《扬雄、王充自然说之人性论》，《嘉南学报》（人文类）2003 年总第 29 期。

旦禀气形成，便不可变化。他说："禀性受气，形体殊别也。"（《论衡·道虚》）"人禀天地之性，怀五常之气，或仁或义，性术乖也；动作趋翔，或重或轻，性识诡也。面色或白或黑，身形或长或短，至老极死，不可变易，天性然也。"（《论衡·本性》）人禀五常之气，或表现为仁义，或表现为怪异，肢体动作有快有慢，形体有轻有重，面色有黑有白，身体有长有短，王充认为，这些都是人初生的原始状态，可统称为"天性"。性是形体。形体是天然之物。性即物。显然，这种对"性"的理解已经突破了善恶层面上的意义。

3. 性与才能

人人都有五常之性，有的人能表现出来，有的人却不能表现出来。这是为什么？王充援引"才"解决这一问题。他以为："操行有常贤，仕宦无常遇。贤不贤，才也。"（《论衡·逢遇》）才就是才能。在王充看来，人性包含某种实践能力，并且人的才能是有差异的。比如："人才高下，不能钧同"（《论衡·累害》），"以才高当为将相，能下者宜为农商"（《论衡·命禄》）。王充甚至认为："夫不肖者皆怀五常，才劣不逮，不成纯贤，非狂妄顽嚣身中无一知也。"（《论衡·艺增》）不肖之人皆禀五常之性，但是无法表现出像贤人那样的行为，王充认为，这是才（能）没有得以展现的缘故，与之相反，有才者能行仁义知礼。可见，才是成就贤愚的关键。

（三）气性三说

气禀成性。王充以为，禀气而成的性有三种类型。他说："三性：有正，有随，有遭。"（《论衡·命义》）这便是王充的"气性三说"。

"正性"指五常之性。王充说："正者，禀五常之性也。"（《论衡·命义》）"五常之气所以在人者，以五藏在形中也。五藏不伤，则人智慧；五藏有病，则人荒忽，荒忽则愚痴矣。"（《论衡·论死》）五常之性是人禀受五常之气而形成的，五常之气存在于人身上，蕴含在人的"五藏"之中，"五藏"如果没有受到损伤，人就会聪明发达，反之，"五藏"生了疾病，人就容易变得精神恍惚。王充甚至说："人死，五藏腐朽，腐朽则五常无所托矣……形须气而成，气须形而知。"（《论衡·论死》）人死后，"五藏"就会腐朽，形体会毁灭。这样的话，五常之气便没有了寄托之处，人身上所含的五常之性也就随之丧失。换言之，物理性的身躯是五常之性的载体，也就是说，五常之性具有物质属性。正如李申以为，王充将五行之气与人的形体相挂钩，这是从"人体的质料构成讨论人性问题"[1]。

"随性"是指人从父母那里遗传所获得的性。王充说："随者，随父母之性也。"（《论衡·命义》）"父母合气，子则自生"（《论衡·自然》），"含血之类，相与为牝牡，牝牡之会，皆见同类之物，精感欲动，乃能授施"（《论衡·奇怪》）。父母之气交合是人产生的物理来源。王充以为，人的躯体由气构成，并且人性能够遗传。至于人性的具体遗传方式，他说："子在身时，席不正不坐，割不正不食，非正色目不视，非正声耳不听。……受气时，母不谨慎，心妄虑邪，则子长大，狂悖不善，形体丑恶。"（《论衡·命义》）意思是说，当幼儿在孕妇身体中的时候，便是幼儿之性形成阶段，这时候孕妇的言行举止会直接影响幼儿之性的形成。因此，王充以为，孕妇要极其注意自身言行举止，比如坐姿要端正而稳重，切割得不整齐的食物就不要吃，不是正色的东西眼睛就不要看，耳朵要听一些高雅之声等。反之，如果孕妇不注重自身言行，内心存有邪恶的念头，那么，她所生出的孩子形体就会丑陋，性格急躁狂乱，长大之后也会变得邪恶。换言之，王充以为，父母之性善则儿女性善，父母之性恶则儿女性恶。

关于"遭性"，王充以为，从人的物理性来源看，人们均是从母体中生出来的。然而，胎儿在母体中孕育成形之际，也是人性受气之际，这时候不免会遭受外部不良状况的影响，导致人们初生禀气的差异，这就是"遭性"。他说："遭者，遭得恶物象之故也。"（《论衡·命义》）外部邪恶的物象会干扰人性。对此，王充

---

[1]　李申：《道与气的哲学：中国哲学的内容提纯和逻辑进程》，第 101 页。

列举了形成"遭性"的四种情况。第一，他说："妊妇食兔，子生缺唇。"（《论衡·命义》）怀孕的女子吃兔子有可能生出豁嘴的孩子。第二，王充引用《月令》之言曰："是月也，雷将发声，有不戒其容者，生子不备，必有大凶。"（《论衡·命义》）在打雷的时候，男女交合生育儿女，必然会使儿女遭受恶性。第三，身体有缺陷的人都是在胎儿时期人性受到了损伤，比如："瘖聋跛盲，气遭胎伤，故受性狂悖。"（《论衡·命义》）哑巴、聋子、瘸子、瞎子等都是禀气之际遇到恶物所致。第四，王充以羊舌食我、丹朱和商均等人为例子说："羊舌食我初生之时，声似豺狼，长大性恶，被祸而死。在母身时，遭受此性，丹朱、商均之类是也。"（《论衡·命义》）王充以为，羊舌食我在初生的时候，他的声音犹如豺狼之声，等到他长大之后，品性极为恶劣，最终遭到杀身之祸。又如，尧、舜是古时贤明帝王，然而，他们的儿子丹朱和商均品质都比较恶劣，这是因为母亲怀孕时遭遇恶物所致。这些表明，父母能够影响儿女之性。

综上，无论是正性，还是随性，抑或遭性，王充以为，它们的形成都与气禀有关。换言之，气禀决定人性之异。

二 命由气禀说

与"性"相关联的概念是"命"。王充有时将"性"视为一种"命"，并将其合称为"性命"。比如他说："性命在本"（《论衡·命义》），"人生性命"（《论衡·初禀》），"人禀性命"（《论衡·刺孟》）等。性是一种命。那么，这种"命"有哪些内涵？

（一）"命"的含义

考究《论衡》，我们以为，王充论"命"至少有以下几层含义。首先，"命"能够主导人的吉凶福祸，人的遭遇皆属于命。王充说："命，吉凶之主也"（《论衡·偶会》），"凡人遇偶及遭累害，皆由命也"（《论衡·命禄》）。对于这种"命"，王充认为，它在人们出生的时候就已经注定。王充说："凡人受命，在父母施气之时，已得吉凶矣。"(《论衡·气寿》)父母施气之际，正是人禀命之时，这表明，命含气。

其次，"命"指代人的富贵贫贱。王充说："人生性命当富贵者，初禀自然之气，养育长大，富贵之命效矣。"(《论衡·初禀》)贫富贵贱取决于气禀，人初生禀富贵之气，长大之后自然能呈现出来。王充认为，富贵之气源自星气。他说："天施气而众星布精，天所施气，众星之气在其中矣。人禀气而生，舍气而长，得贵则贵，得贱则贱。"(《论衡·命义》)星气"包含于天气之中"①。人们因为所禀星气的不同，造成了富贵贫贱之别，禀得较好的星气，人的身份就高贵，禀得恶劣的星气，人的身份就卑贱。或者说，气禀不同造成命之差异。

最后，"命"指人们的生命以及寿命。王充说："人禀元气于天，各受寿夭之命"(《论衡·无形》)，"人以气为寿"(《论衡·无形》)。寿命含天气而成。王充进一步指出："人之禀气，或充实而坚强，或虚劣而软弱。充实坚强，其年寿；虚劣软弱，失弃其身。"(《论衡·气寿》)人的寿命长短是禀气厚薄强弱决定的，禀气厚者，身体强健寿命就长；反之，禀气薄者，身体衰弱寿命就短。这也就意味着：生存是气的活动。

通过探讨王充之"命"，我们发现，无论是人的吉凶福祸，还是富贵贫贱，抑或生死夭寿，王充认为，都属于"命"，并与气密切相关，正如王充说："受命于天，禀气于元"(《论衡·辨祟》)，"人受气命于天"(《论衡·气寿》)。天是命的根源并含有气。或者说，"'命'这个范畴不像儒家所说的那样，是什么超自然的东西，而是物质的气。"② 人禀气成命。命含气。所以，从某种程度上说，王充的命论可称为"气命"③，至于人禀气形成命的过程，则完全是自然

① 周桂钿：《秦汉哲学》，第154页。
② 徐敏：《王充哲学思想探索》，生活·读书·新知三联书店1979年版，第141页。
③ 陈福滨：《王充"命"论思想之研究》，《哲学与文化》2011年第11期。

的。王充说："自然之道，适偶之数。"（《论衡·偶会》）人的吉凶祸福、富贵贫贱、寿命长短并非天有意为之，而是偶然形成的。

（二）气命的种类

王充以为，由气所构成的命，分为两种，一是人命，二是国命。两者的关系是"国命胜人命"。

1. 气与人命

就人命问题来说，王充将"气命"分为"三命说"和"两命说"。首先，王充针对传统的"三命说"进行了分析。《论衡·命义》载："《传》曰：'说命有三：一曰正命，二曰随命，三曰遭命。'"传统的观点以为，人有三种命，即正命、随命和遭命，关于"正命"，王充指出："正命，谓本禀之自得吉也。性然骨善，故不假操行以求福而吉自至，故曰正命。"（《论衡·命义》）"正命"就是人天生禀赋吉相，拥有正命的人不用通过努力，好的事情就会自然到来。关于"随命"，王充说："随命者，戮力操行而吉福至，纵情施欲而凶祸到，故曰随命。"（《论衡·命义》）有些人通过辛勤操持，好的事情就随之而来，如果放纵自身情欲，就容易招致祸患上身，王充认为，这就是"随命"。"遭命"是最不幸的一种，王充说："遭命者，行善得恶，非所冀望，逢遭于外而得凶祸，故曰遭命。"（《论衡·命义》）具备遭命的人，即便做善事也招致恶果，比如逢遭外界的凶祸而死亡，这并非人们所希望的。在此基础上，王充认为，随命和遭命两者是相互矛盾的，比如他说："颜渊、伯牛，行善者也，当得随命，福佑随至，何故遭凶？"（《论衡·命义》）为此，他对传统"三命说"作了改造。他说："正命者，至百而死。随命者，五十而死。遭命者，初禀气时遭凶恶也，谓妊娠之时遭得恶〔物〕也，或遭雷雨之变，长大夭死。"（《论衡·命义》）王充以为，具有正命的人能够活到百岁，有随命的人能够活到五十，有些人由于在幼儿阶段，特别是在母体之中，禀气形成的时候，遭受类似雷雨等外部凶险之物的影响，他们长大后就会容易夭折，这就是人禀的"遭命"。可见，王充将传统"三命说"改造为"寿命说"

并以为，这三种不同的"命"是气禀所致。

其次，王充指出，就人命在现实社会中的真实情况而言，"命"又可以分为"所当触值之命"和"强弱寿夭之命"。他说："凡人禀命有二品，一曰所当触值之命，二曰强弱寿夭之命。"（《论衡·气寿》）其中，"所当触值之命"是指"兵烧压溺"，也就是说，人们遭受意外的状况，比如兵、烧、压、溺等情形所导致的命，这种"命"，人们难以估计和预料，它非常类似"遭命"。而"强弱寿夭之命"是指"禀气渥薄"，即人们禀气不同形成的寿命长短。在王充看来，"禀气渥则其体强，体强则其命长；气薄则其体弱，体弱则命短，命短则多病寿短"（《论衡·气寿》）。禀得的气充足身体就强壮，身体强壮寿命就长，禀得的气不足身体就微弱，身体微弱则寿命短暂。王充还说："圣人禀和气，故年命得正数。……百岁之寿。"（《论衡·气寿》）圣人因为禀有和气，寿命能够长达百岁。可见，禀气厚薄决定了人的寿命长短。或者说，气是人之寿命的决定者。

2. 气与国命

王充以为，国家也有命，这就是"国命"，它有两层内容。其一，古人以为，天象与人事密切相关，人们可以通过观察天象变化窥见人事更迭、判定吉凶祸福、洞察命运流转等①，反过来，人事的各种变化也会体现在天象上。② 或者说，天象和人事是可以相互感应的，这便是中国古代占星学的原理。王充也持有这种观点。他以为，国家之命是由天上的星星所维系的。他说："国命系于众星，列宿吉凶，国有祸福。"（《论衡·命义》）而星星含气。"所

---

① 比如《周易·系辞上》指出："天垂象，见吉凶。"意思是说，从天象即可以窥知天意，辨别吉凶。

② 比如《春秋纬·元命苞》指出："凡天象之变异，皆本于人事之所感，故逆气成象，而妖星见焉。"意思是说，人事的变化必然会引起天象的变化，换言之，人事和星象之间可以相互感应。比如天空之中怪异的妖星就是人不和所导致的，事实上，这就是古代天人感应说的另一种表现。

禀之气，得众星之精。"（《论衡·命义》）也就是说，国命含气，气便是星气。

其二，王充认为，"国命"是人所不能改变的，他说："教之行废，国之安危，皆在命时，非人力也。"（《论衡·治期》）国家治理得好坏与否，与国家治理者的才能、贤德、勤奋等并无实质关系，国命是由时数（"数"）所决定的。人有人命，国有国命，两者的关系是"国命胜人命"。王充说："历阳之都，男女俱没；长平之坑，老少并陷，万数之中，必有长命未当死之人，遭时衰微，兵革并起，不得终其寿。人命有长短，时有盛衰，衰则疾病，被灾蒙祸之验也。宋、卫、陈、郑同日并灾，四国之民，必有禄盛未当衰之人，然而俱灾，国祸陵之也。故国命胜人命。"（《论衡·命义》）在王充看来，历阳之都沉到湖泊，长平之战坑杀万人，在这两起事件中，必然有长命和富贵之人，他们之所以损命，是因为他们遭逢乱世，战乱纷纷而起，国家祸患不间断。与国家之命相比，个人之命就显得微不足道，即便是个人命运再好，遇到的国命不好也会遭殃，反之，即便是个人命运平平淡淡，但是遇到的国命较好，那么，个人之命也会发生流转，走向较好的方向。可见，国家之命要大于个人之命。① 那么，王充以气论命有何意义？

（三）气命的意义和局限

命含气。王充以为，无论是人命，还是国命，一旦禀气而成命，那么，命就是不可以更改的，比如："人禀元气于天，各受寿夭之命……人体已定，不可减增。……形不可变化，命不可减加。"（《论衡·无形》）人们的性命、夭寿、形体都是禀气而成的，任何操行贤能都不可以改变，这便是："从生至死，未尝变更者，天性然

---

① 尤为值得注意的是，王充以为，汉朝是禀赋气质最好的时代。他说："汉家所禀厚也。"（《论衡·恢国》）《论衡》书中充满着对汉代王朝的赞扬，他批判了人们厚古薄今的行为。他在《论衡》中甚至撰写了《齐世》《宣汉》《恢国》《验符》等多篇文章颂扬汉代的伟大。

也。"(《论衡·无形》)命从初生之时就已注定。

命不可改变。事实上，王充的这种看法是对当时社会流行的神学命论的有力驳斥。《论衡·无形》记载，当时的人们普遍以为，人的寿命是可以增加的，比如："宋景公出三善言""延年二十一载"，又如："秦缪公有明德，上帝赐之十九年"，再如："好道为仙，度世不死。"王充认为，这些都是"虚妄之言"(《论衡·超奇》)。真正的情况是："人禀气于天"(《论衡·无形》)，"命有衰盛"(《论衡·命义》)，"命不可减加"(《论衡·无形》)。言下之意是，"命"自从人出生之后就已经固定，或者说，面对命，人是无能无力的。可见，王充虽然以"命不可变"的观点批判当时流行的神学命定论思潮，然而，从另一方面看，人出生之后，命便不可变更，这种观点本身却又陷入了宿命论的境地。

三　"性"与"命"的关系

王充以为，人性和人命都是自然生成的，都是天生的。但是，王充关于性命的探讨也存在两种截然相反的观点。

王充认为，"命"与"性"的内涵是一致的，有些时候"命"就是"性"。比如他说："禀得坚强之性，则气渥厚而体坚强，坚强则寿命长，寿命长则不夭死。禀性软弱者，气少泊而性赢窳，赢窳则寿命短，短则蚤死。故言'有命'，命则性也。"(《论衡·命义》)这段话可从两方面理解，一方面，从命、性两者的来源看，性和命都是禀气而成的，气是构成性与命的材质，或者说，性、命皆含气。所以，命与性的内涵在本质上是一致的，这便是"命则性也"。另一方面，王充明言："人生受性，则受命矣。性命俱禀，同时并得，非先禀性，后乃受命也"(《论衡·初禀》)，"命、谓初所禀得而生"(《论衡·初禀》)。"命"的确定并非晚于"性"，"性""命"是同时禀气而成的，并非有时间上的先后顺序。换言之，性、命都是人初生的原始状态。所以说，命也是一种性。

除了持有"命则性也"的观点外，王充又说："性与命异，或性善而命凶，或性恶而命吉。操行善恶者，性也；祸福吉凶者，命也。或行善而得祸，是性善而命凶；或行恶而得福，是性恶而命吉也。"（《论衡·命义》）在他看来，"命"与"性"有时是互不干涉的，性善的人或禀有凶命，性恶的人或禀有吉命。王充以为，人的操行善恶是"性"，祸福吉凶则是"命"。有些人做了许多好事，却引来很多祸患，这是"性善而命凶"。有些人虽然做了一些坏事，然而却照样有福，这是"性恶而命吉"。换句话说，"性的气有另一种成效，乃是人的寿命，寿命长短由于所禀气的厚薄，好比人的善恶来自所禀气的多少。若是这样，则性善的人，寿命必长，性恶的人，寿命必短。但是实际上不是这样，王充乃说：'性与命异。'"① 或者说，性、命两者往往是不统一的，甚至有时是矛盾的。

那么，如何解读王充这两种看似矛盾的性命观？周桂钿指出："王充在讲性命关系时，把人的自然属性和社会属性作了明确的区分。对于人的自然属性，强调性命是统一的，对于人的社会属性，则强调性命的不统一性。"② 周教授以为，王充将"性""命"划分了自然属性和社会属性两层意思来谈。从自然属性来说，性和命都是天所赋予人的，它们的本质就是物质性的气，或者说，性、命都兼具材质义，从这个角度看，性、命两者是相互统一的，性也就是命，命也就是性。但是，从社会生活的实际状况来看，除了人禀气以外，性、命的形成还要受到各种因素的影响，这便是"遭""遇""幸""偶"。比如王充说："人有命，有禄，有遭遇，有幸偶"，"遭、遇、幸、偶，或与命禄并，或与命离"（《论衡·命义》）。按照王充的视角，性、命二者的表现形式往往又是矛盾的，性善之人未必命吉，性恶之人未必命凶，人生处处充满了变数和偶然。

---

① 罗光：《中国哲学思想史（两汉、南北朝篇）》，第287—288页。
② 周桂钿：《王充性命论探讨》，《北京师范大学学报》（社会科学版）1984年第3期。

为了让读者更为清晰地了解"性""命"互不干涉的真实内涵，王充不辞劳苦地收集整理材料，并列举了大量鲜活生动的例子。比如："颜渊、伯牛，行善者也，当得随命，福佑随至，何故遭凶？"（《论衡·命义》）又如："盗跖、庄蹻横行天下，聚党数千，攻夺人物，断斩人身，无道甚矣，宜遇其祸，乃以寿终。"（《论衡·命义》）可见，性善的人寿命未必长，性恶的人寿命未必短。或者说，"性""命"两者未必一致，这显然是对当时性命关系的颠覆。

第三节　性命与骨相说

性命充满了偶然和不定，王充又希望人能够掌握命运，让难以捉摸的性命变得可知和易知。因此，他提出了"骨相说"。骨相即人的骨头和长相，它们显然具有物质属性。古人认为，通过观察骨相可以得知人类的命运兴衰，这就是古代的"骨相术"。这种方术在汉代甚为流行，王充对此很认同，他撰有《骨相》篇并以为，骨相是性命之气的直接体现，表现在人的体形、面容、音色上等。① 所以，根据骨相能够断定命之吉凶和性之善恶。

一　骨相说的原理

王充之所以对骨相术深信不疑，与他的气论思想有关。王充以为，从气化宇宙论视角看，气是构成人之性命的材料，同时是铸成人形体的材料，气反映在人身上便凝结形成骨相。或者说，骨相含气。既然人的形体和性命两者皆源自同种气，那么，通过观察骨相便能够知晓人之性命。正如牟宗三指出："气之凝聚结构，

---

① 例如，王充说："人之温病而死，先有凶色于面部，其病，遇邪气也。"（《论衡·治期》）意思是说，如果人们患有疾病将要死亡，那么必然有凶色呈现于面部。这种凶色是邪气所导致的。

呈现而为种种征象与形态，此即所谓骨体法相也。简称曰'骨法'。骨体亦曰'性体'，气性定之也。"① 王充指出："人曰命难知。命甚易知。知之何用？用之骨体。人命禀于天，则有表候［见］于体。察表候以知命，犹察斗斛以知容矣。表候者，骨法之谓也。"（《论衡·骨相》）在王充看来，人的性命会表现在人的形体、面貌、骨骼等方面，而这些东西都是有形之物，都是可以感知和触摸的。人们通过形体察知性、命的原理，就像根据斗斛测量容器的容量，这是非常简单易知的，这便是"性命系于形体"（《论衡·骨相》）。换言之，骨相说源于天人统一的思维模式。"骨相之命的终极来源则是元气。"② 骨相即气的形状，因此，王充的骨相说可称为"气论骨相术"。

那么，王充的"骨相说"有哪些内容？它们与性命有什么关系？

二　"案骨节之法，审人之性命"

王充撰写了《骨相》篇，详细阐发性命和骨相关系。关于"骨相术"的主要内容，我们以为，主要有三个方面。

其一，骨相与"命"有关。王充以为，人的贫富贵贱等情况可以通过观察骨体得知。他说："故知命之工，察骨体之证，睹富贵贫贱，犹人见盘盂之器，知所设用也。善器必用贵人，恶器必施贱者，尊鼎不在陪厕之侧，匏瓜不在堂殿之上，明矣。"（《论衡·骨相》）在王充看来，相士通过观察人的骨体就能知晓人的富贵贫贱，这其中的原理十分简单，就像人们看见器皿就知道它们所运用的场合，知晓器皿所代表的贵贱和尊卑。比如，高贵的器皿必然被尊贵的人享用，它们会被放置在庄严的宫殿这样隆重的场所；反之，粗陋的器皿是给身份卑微的人使用的，它们通常被放置在像茅草屋之类简陋的地方，难以登上高贵华丽的大雅之堂。所以，相士相人也就自

---

① 牟宗三：《才性与玄理》，第 33 页。
② 王晓毅：《王充的命理学体系》，《孔子研究》2001 年第 6 期。

然变得可信了。

王充列举了王者权贵和富贵人家两个例子试图说明，权贵和富豪都天生拥有富骨或贵相。就富贵人家而言，王充说："富家之翁，资累千金。生有富骨，治生积货，至于年老，成为富翁矣。"（《论衡·骨相》）富贵人家之所以能够家财万贯，是因为他们天生拥有富贵骨相，逐年囤积货物，等到年老自然成了富翁。就王者权贵而言，王充说："夫王者，天下之翁也，禀命定于身中，犹鸟之别雄雌于卵壳之中也。卵壳孕而雌雄生，日月至而骨节强，强则雄，自率将雌。雄非生长之后，或教使为雄，然后乃敢将雌，此气性刚强自为之矣。"（《论衡·骨相》）在王充看来，王者权贵天生禀富贵之命，并且贵命表现在身体之中，流露在外表长相，是十分容易辨别的，这就如从鸟蛋中就能够断定幼鸟的雌雄，小鸟雌雄是天生的而非后天的养长，雄性的小鸟骨节强硬，雌性的小鸟筋骨软弱，这是因为它们天生禀气不同。对人而言亦是如此，王者权贵们从胎儿阶段就呈现出富贵之命，这源于他们天生气禀与常人不同："王命定于怀妊，犹富贵骨生"，"王者禀气而生，亦犹此也"（《论衡·初禀》）。在王充看来，王者权贵天生禀富贵之气，并且气体现在他们的形体上，比如："高祖隆准龙颜美须，左股有七十二黑子。……君相贵不可言也。"（《论衡·骨相》）便是很好的例子。

人的寿命长短也可以通过人的长相观察得知。王充论曰："人禀元气于天，各受寿夭之命。"（《论衡·无形》）人的寿命长短是由气所决定的，每个人禀气不同，造就不同骨体。比如："命讫时衰，光气去身，视肉犹尸也，故虎食之"（《论衡·遭虎》），"厉气所中，必加命短之人"（《论衡·偶会》）。光气、厉气都是不善之气，它们是有形状、有气味的，是可以被人的经验认知的。因此，通过察看气的形状便可以知道人之寿夭。正是在这个意义上，他指出："故寿命修短皆禀于天，骨法善恶皆见于体。"（《论衡·命义》）也就是说，形体即命。王充甚至以为，骨相与人的婚姻状况有关。他明确提出，只有性命相同的人才可以相互结合和婚配。比如："富贵之男娶得富贵之妻，女亦得富贵之男。"（《论衡·骨相》）反之，"夫二相不钧而相遇，则有立死；若未相适，有豫亡之祸也"（《论衡·骨相》）。由此可见，人的婚姻状况也是注定的。

其二，骨相与"性"有关。王充以为，骨相与人性之善恶有关，人性之善恶都可以通过骨相察知。他说："非徒命有骨法，性亦有骨法。"（《论衡·骨相》）性之善恶能够表现在形体上。比如："范蠡去越，自齐遗大夫种书曰：'飞鸟尽，良弓藏，狡兔死，走犬烹。越王为人，长颈鸟喙，可与共患难，不可与共容乐。子何不去？'大夫种不能去，称疾不朝，赐剑而死。"（《论衡·骨相》）又如："大梁人尉缭，说秦始皇以并天下之计，始皇从其册，与之亢礼，衣服饮食与之齐同。缭曰：'秦王为人，隆准长目，鸷膺豺声，少恩，虎视狼心，居约，易以下人；得志，亦轻视人。我布衣也，然见我，常身自下我。诚使秦王须得志，天下皆为虏矣。不可与交游。'"（《论衡·骨相》）范蠡认为，越王"长颈鸟喙"，便断定他"可与共患难，不可与共容乐"，尉缭认为，秦王"隆准长目""鸷膺豺声"，便认定他"少恩""虎视狼心"。王充列举"范蠡相越王"和"尉缭相秦皇"两个典故，旨在说明人性善恶可以通过观察人的长相或形体得知，这便是"知性有骨法"。

其三，骨相的内容十分丰富，不局限于人的长相，还有其他内容。王充以为，有些时候，人的骨相隐藏在体内难以观察，所以，相术也要结合辨别祯祥、光气、声气等其他内容。王充指出："凡人禀贵命于天，必有吉验见于地，见于地，故有天命也。验见非一，或以人物，或以祯祥，或以光气。"（《论衡·吉验》）比如："秦始皇帝常曰：'东南有天子气。'于是东游以厌当之。高祖之气也，与吕后隐于芒、山泽间。吕后与人求之，见其上常有气直起，往求，辄得其处。"（《论衡·吉验》）又如："羊舌食我初生之时，叔姬视之，及堂，闻其啼声而还，曰：'其声，豺狼之声也，野心无亲。非是莫灭羊舌氏。'随不肯见。"（《论衡·本性》）再如："占危睹祸气。祸气见于面，犹白虹、太白见于天。"（《论衡·感虚》）最终，王充得出结论："案骨节之法……审人之性命……相或在内，或在外，或在形体，或在声气。察外者，遗其内；在形体者，亡其声气。"（《论衡·骨相》）可见，王充的"骨相术"涵盖内容比较广泛，人之善恶、人之贤愚、人之贫富、人之贵贱、人之夭寿、人之命运等，都可以通过观察人的骨相、面色、形体、声音等方式得知。

三　骨相说的意义

王充将人的道德品质与骨相相互关联并认为，人的品德、命运可以通过观察骨相得知，其后的王符、荀悦都继承了这种观察人的方式，比如王符《潜夫论》就专门有《相列》篇提出："故人身体形貌皆有象类，骨法角肉各有分部，以著性命之期，显贵贱之表。"（《潜夫论·相列》）人的形体和样貌都有表现，骨相代表了人的性命和贵贱。比如："人之相法，或在面部，或在手足，或在行步，或在声响。"（《潜夫论·相列》）相士相人的内容包括观察人的面部、手足、行步、声响等。

王充的"骨相术"甚至影响了魏晋时期《人物志》中的观人法。刘劭认为："凡有血气者，莫不含元一以为质，禀阴阳以立性，体五行而著形。"（《人物志·九征》）也就是说，人性是由阴阳二气所决定的，人的形体是由五行所决定的。至于情，刘劭认为，有两方面的内容，一方面，他说："夫爱善疾恶，人情所常。"（《人物志·七缪》）比如："盖人道之极，莫过爱敬。"（《人物志·八观》）另一方面，他说："夫人情莫不趣名利、避损害。"（《人物志·七缪》）比如："夫人之情有六机：杼其所欲则喜，不杼其所欲则恶，以自代历则恶，以谦损下之则悦，犯其所乏则媢，以恶犯媢则妒；此人性之六机也。夫人情莫不欲遂其志……人情莫不欲处前……人情皆欲求胜……人情皆欲掩其所短……人情陵上者也……凡此六机，其归皆欲处上。"（《人物志·八观》）也就是说，人情既含有爱敬等积极内容，也包含追求名利等消极内容。或者说，人情是一分为二的。而刘劭所推崇的是中和之质之人，他说："凡人之质量，中和最贵矣。中和之质，必平淡无味；故能调成五材，变化应节。"（《人物志·九征》）意思是说，人的品质以平淡无味的中和之质最为宝贵。比如："聪明者，阴阳之精。阴阳清和，则中睿外明；圣人淳耀，能兼二美。"（《人物志·九征》）圣人的聪明便是阴阳二气相结合的精华。归根结底，刘劭是以气论人，进而讨论人的气性。

人的生存便是气的活动。更为重要的是，人身上的气能够表现在人外在的形体上。刘劭说："夫色见于貌，所谓征神。征神见貌，则情发于目。故仁，目之精，悫然以端。勇，胆之精，晔然以强。"（《人物志·九征》）通过观察生命体的外形就可以知晓他们的本性，这便是"苟有形，质有可即而求之"（《人物志·九征》）。比如："其在体也，木骨、金筋、火气、土肌、水血五物之象也。五物之实，各有所济。是故骨植而柔者谓之弘毅；弘毅也者，仁之质也。气清而朗者谓之文理；文理也者，礼之本也。体端而实者谓之贞固；贞固也者，信之基也。筋劲而精者谓之勇敢；勇敢也者，义之决也。色平而畅者谓之通微；通微也者，智之原也。五质恒性，故谓之五常。"（《人物志·九征》）在这里，刘劭将"五行之气"（金、木、水、火、土）、"人之肌体"（骨、筋、气、肌、血）、"五种品德"（弘毅、文理、贞固、勇敢、通微）与"五常"（仁、义、礼、智、信）相互匹配，进而对人的品质进行划分，这是他对儒家相人术的贡献。

与此同时，刘邵认为，人性可以用"九征"来概括。他说："性之所尽，九质之征也。"（《人物志·九征》）"九征"即人的九种表现，具体来说便是："平陂之质在于神，明暗之实在于精，勇怯之势在于筋，强弱之植在于骨，躁静之决在于气，惨怿之情在于色，衰正之形在于仪，态度之动在于容，缓急之状在于言。其为人也，质素平淡，中睿外朗，筋劲植固，声清色怿，仪正容直，则九征皆至，则纯粹之德也。"（《人物志·九征》）"九征"指神、精、筋、骨、气、色、仪、容、言。刘邵认为，这九种体现在人的形体上，并且分别对应人的平陂、明暗、勇怯、强弱、躁静、惨怿、衰正、态度、缓急九种性格，一个人九种表现都具备了，那么这样的人的道德便近乎完美了。也就是说，通过人的形体构造（外在）可以判断人的道德品质（内在）。但是在现实中，这样的人是非常少的，多数是"九征有违"（《人物志·九征》）的情况，刘邵将这样的人称作"偏杂之材"。然而，在刘邵看来，"人材不同，能各有异"（《人物志·材能》）。人之才不同，作用也各异。比如，对于治理国家来说，"材能既殊，任政亦异"（《人物志·材能》），根据"自任之能，清节之材"，"立法之能，治家之材"，"计策之能，术家之材"，"人事之能，智意之材"，"行事之能，谴让之材"，"权奇之能，伎俩之材"，"司察之能，臧否之材"，"威猛之能，豪杰之材"（《人物志·材能》）等，就产生了"冢宰之任""司寇之任""三孤之任""冢宰之佐""司寇之佐""司空之任""师氏之佐""将帅之任"（《人物志·材能》）等官职。进一步说，刘邵以气论性的创新之处就在于，"乃外循九征以观人之情性，故其论九征之后，即次之以体别，以论各类人之才性之得失"。"此即纯从人之外在的身体上之表现，以观其内具之情性之思路，而遥契于孟子偶言及之由人之眸子，以观人之胸中之正与不正之义。亦略同大戴礼中文王官人篇之观人以官人之论，复与王充之缘骨相以知人性之意，不甚相远者。"[①]

按照今天的观点看，王充的相术理论充满着宿命论的迷信色彩，对中国文化的发展产生了深远的消极影响。而从王充气性论思想本身来看，王充的骨相术更多的是在总结日常生活经验基础之上得出的结论，特别是与他对性命议题的看法是紧密相关的。王充通过对

① 唐君毅：《中国哲学原论·原性篇》，中国社会科学出版社 2005 年版，第 83—84 页。另有相关研究成果参见黄雁鸿《才性论与魏晋思潮》，《中国文化研究》2008 年春之卷；廖其发《魏晋"才性之辩"考论》，《华东师范大学学报》（教育科学版）2009 年第 2 期。

有形之物（形体）的探索，试图挖掘人性、人命、贫贱、福祸、夭寿等背后隐藏的秘密，进而寻找和掌握人类自身命运的钥匙。按照他的思维逻辑，天以气生出人，人的形体含气，骨相自然含气。另外，从生存论的角度看，在王充那里，"性命系于形体""禀气于天，立形于地，察在地之形，以知在天之命"（《论衡·骨相》）。性命含气。由此我们可以推论：在王充那里，人的形体与性命关联。甚至可以说，形体便是一种性命。进一步说，通过观察形体就可知人之性命，这就是王充骨相说的认识论意义。

第四节　评判诸子性说与性气混善恶

王充还对历史上比较有代表性的人性说进行了点评，这些评论主要见于《论衡·本性》篇。在点评前贤人性思想的基础上，他以气论学说为工具，进一步完善了性善恶混说，并大张旗鼓宣扬人性有善有恶。

一　以气论评诸子的人性说

（一）孟子性说的评述

关于孟子的性善说，王充评论说："孟子作《性善》之篇，以为'人性皆善，及其不善，物乱之也'。谓人生于天地，皆禀善性，长大与物交接者，放纵悖乱，不善日以生矣。若孟子之言，人幼小之时，无有不善也。"（《论衡·本性》）王充以为，孟子所谓"性善"是指人从生下来就是善的，人天生皆禀赋善性，比如，幼小的孩童并无争夺之心，在其成长、成熟为大人的过程之中，难免会受到外界各种因素的干扰，从而追逐利欲，引起人性的放纵悖乱。所以说，在孟子的视域里，人性的原初状态无有不善，不善源于后天的习染。

然而，王充结合实际例子，却得出相反的结论。他说："纣为孩子之时，微子睹其不善之性，性恶不出众庶，长大为乱不变。"
（《论衡·本性》）又如："羊舌食我初生之时，叔姬视之，及堂，
闻其啼声而还，曰：'其声，豺狼之声也，野心无亲。非是莫灭羊
舌氏。'随不肯见。及长，祁胜为乱，食我与焉。"（《论衡·本
性》）按照王充的质疑，假如说人初生皆是善的，商朝大臣微子看
到幼小的纣王长相，便知道他长大定是位暴君，叔姬听到羊舌食
我哭泣的声音，就断定他充满野心，容易招致国家祸患。然而，
问题在于：幼小的纣王和初生的羊舌食氏，都还没有与外界接触
的机会，更谈不上受到外部不良环境的影响，怎么可以断定他们
性恶呢？所以，王充批判说："孩子始生，未与物接，谁令悖者？"
（《论衡·本性》）可见，孟子的性善言论必有缺失之处，人性并非
孟子所言的人生来就是善的。人性之恶也并非人们的生长环境因
素所导致的。王充举例子说："丹朱生于唐宫，商均生于虞室，
唐、虞之时，可比屋而封，所与接者，必多善矣，二帝之旁，必
多贤也，然而丹朱傲，商均虐，并失帝统，历世为戒。"（《论衡·
本性》）王充以为，尧、舜的儿子丹朱和商均，分别出生于唐、虞
盛世，朝中必然圣贤群集，必然会受到贤人的影响。然而，丹朱
和商均，一个高傲，一个暴虐，显然环境因素并不是造成人性之
恶的原因。

　　王充欣赏孟子的"以眸子相人"之说，他说："孟子相人以眸
子焉，心清而眸子瞭，心浊而眸子眊。人生目辄眊瞭，眊瞭禀之于
天，不同气也，非幼小之时瞭，长大与人接乃更眊也。性本自然，
善恶有质，孟子之言情性，未为实也。"（《论衡·本性》）孟子以
为，通过观察人的眼睛就能够知晓人心正与不正，人心正眼睛必然
清亮，人心不正则眼睛浑浊。人初生的时候眼睛是明亮的，是因为
还没有受到外部环境的干扰，在人逐渐长大的过程中，通过与外界
环境的接触，人心容易流向不正之道，所以眼睛逐渐变得浑浊。而
在王充看来，人的眼睛有明亮和清浊的差异，是禀气不同的缘故，
有的人禀善气多一些，有的人禀恶气多一些，人所禀之气会透过眼

睛流露出来，所以造成了有的人眼睛明亮，有的人眼睛浑浊。但是，人禀气的过程是自然而然的，并非天刻意让人禀气不同。所以，王充推论：气是构成人性善恶的材质，气有清浊、厚薄之不同，人有善恶、贤愚之差异。换言之，并不是所有的人都天生禀赋善性，孟子性善的说法有待商量。

王充对孟子的性善论也并不是完全否定的，他说："然而性善之论，亦有所缘。"（《论衡·本性》）比如："或仁或义，性术乖也；动作趋翔，性识诡也。面色或白或黑，身形或长或短，至老极死，不可变易，天性然也。"（《论衡·本性》）意思是说，人的肢体、脸色、形体等都是人天生的，它们会伴随人的一生，从出生到死亡都不会改变，这就是人的天性。王充以为，孟子将性视为人初生的一种状态，这一点还是值得称赞的。但是，王充又言："莫知善恶禀之异也。"（《论衡·本性》）孟子不懂得人性善恶是禀气不同的缘故，换言之，孟子只看到了人天生所禀的善气，就因此认定性是善的。这显然欠妥当。

（二）告子性说的评述

与孟子同时代的还有另一位思想家告子。很大程度上，孟子性善的立论是通过和告子的争论而确立的，所以，对于这位思想家，王充也给予了高度重视。

对于人性问题的研究，告子有明确的论断，《孟子·告子上》载："生之谓性"，"食色，性也"。告子以为，人初生所禀的自然材质就是性，表现为人的感官欲望。至于人性的善恶，告子认为，人性犹如湍急的流水一般，流水流向哪里，这取决外力的引导，如果引导水向东流，流水就会流向东，如果引导水向西流，流水就会流向西。换言之，人性是以性无善恶为标识的，并没有什么善和不善之分。对此，王充评价说："告子与孟子同时，其论性无善恶之分。"（《论衡·本性》）王充这种对告子人性的理解可谓准确。

王充对于告子人性说的评价包括两方面。首先，王充以为，告子的言论有一定的依据。告子的"性无善不善之论"并非空穴来风，而是受到传统"习染说"的影响。他引用《诗经》《左传》之言说："夫告子之言，亦有缘也。《诗》曰：'彼姝之子，何以与之。'其《传》曰：'譬犹练丝，染之蓝则青，染之朱则赤。'夫决水使之东西，犹染丝令之青赤也。"（《论衡·本性》）王充认为，告子之言是有理论依据的，告子将人性视为人初生所禀的自然材质，这般材质犹如未曾染色的白丝，如果用蓝色颜料浸染它，就变成青丝，如果用朱红色染料浸染它，就会变成红色。换言之，白丝变成何种颜色，取决于其所受染料的影响。告子想要表达的是，自然材质之性本身并无善与不善，性之善恶依赖外界环境的引导和习染。

其次，王充并不认同告子的人性观点。王充从骨相说的角度指出："人善因善，恶亦因恶，初禀天然之姿，受纯壹之质，故生而兆见，善恶可察。"（《论衡·本性》）王充以为，人性是禀气而来的，而气有厚薄之异，而这种气能够呈现于人的躯体上，这便是"性有骨法"。正如他指出："案骨节之法，察皮肤之理，以审人之性命，无不应者。"（《论衡·骨相》）性含气。气有厚薄之异，凝结成性，表现于人的骨体形体之上便是骨相。骨相即气。人性之善恶是能够通过人的骨相、相貌、皮肤纹理等物理特征察知的，这便是"由相观性"。换言之，王充认为，人性是自然之材，蕴含善恶，而非如告子所言的无善无不善。

最后，王充又引用了孔子关于人性问题的讨论，他以为，孔子并没有明确言及人性的善恶，但他将人性划分成中人、中人以上、中人以下三类，而告子之性即孔子所言的"中人之性"。他说："无分于善恶……夫中人之性，在所习焉，习善而为善，习恶而为恶也。"（《论衡·本性》）中人之性并没有什么善恶之分，习善而为善，习恶而为恶，人性在于后天训导。而告子的"中人之性说"也存在理论缺点，它并未将极善之人和极恶之人包含在内。王充说："不指极善极恶。"（《论衡·本性》）告子的人性说并不包含上贤和下愚这两类人。所以，王充得出结论："知告子之言，未得实也。"

（《论衡·本性》）①

（三）荀子性说的评述

孟子提出性善论之后，荀子作《性恶》一文批评之，进而旗帜鲜明地倡导性恶论，并且认为人性之善是后天改造的结果。王充提出："孙卿有反孟子，作《性恶》之篇，以为'人性恶，其善者，伪也'。性恶者，以为人生皆得恶性也，伪者，长大之后，勉使为善也。"（《论衡·本性》）王充以为，荀子的性恶之说以为，人出生以后就是恶的，善是人为的，它属于后天教导的结果。

针对荀子的性恶论，王充提出两点疑问。首先，王充不同意荀子将人性视为天生就是恶的。他以孔子与稷为例子说："若孙卿之言，人幼小无有善也。［后］稷为儿，以种树为戏；孔子能行，以俎豆为弄。石生而坚，兰生而香。［生］禀善气，长大就成，故种树之戏，为唐司马；俎豆之弄，为周圣师。禀兰石之性，故有坚香之验。夫孙卿之言，未为得实。"（《论衡·本性》）按照荀子对人性进行的思考思路，人生来就是恶的，幼小的儿童并没有向善的可能。然而事实是，稷在孩童阶段就以种树为戏，孔子在小的时候能以俎豆为弄。等到他们长大成人之后，一个成为国家的官员司马，一个成为儒家先师，显而易见，荀子的性恶之言有失偏颇。按照王充的视角，稷和孔子之所以能成为人性善良的人，成为道德和做人的楷模，一切都是因为他们天生禀善气所致，王充又以岩石和兰草为例说，岩石的特点是坚硬，兰草的特点是清香，

---

① 我们认为，王充对告子的评价尚欠理论上的圆融。他将告子人性定义为中人之性，并以为告子忽视了人性之中极善和极恶两种状况。同时他指出："至于极善极恶，非复在习。"（《论衡·本性》）至于极善极恶的出现并非习染的缘故。但在《率性》篇中他又以为，"人之性，善可变为恶，恶可变为善"。意思是说，人性之中的善恶是可以变化和改善的。这两种观点显然存在矛盾之处。同时王充本人又是十分关注教化问题的，所以说，唯一的合理解释只能是王充不认同告子的学说，但对告子人性说进行批判的时候在理论上出现了漏洞。事实上，如果仔细阅读《论衡》就会发现，王充思想存在些许自相矛盾之处，比如他不赞同灾害谴告和祥瑞说等，但同时以为汉代是祥瑞出现最多的时代。通过《齐世》《宣汉》《恢国》《验符》等篇章可窥见这一问题。

是两者所禀气质不同的缘故。①在王充看来，"气"是导致人性和物性不同的根本原因。

其次，王充引用汉代刘向的人性观点批评荀子之说。他说："刘子政非之曰：'如此，则天无气也。阴阳善恶不相当，则人之为善，安从生？'"（《论衡·本性》）王充认为，刘向是站在气的角度言性的，他以为，气有阴阳善恶之分，若以气审视荀子性恶说，气有善恶，性应该也有善恶。荀子所言性恶只是以阴气论性，而不存在具有善性特点的阳气，这等同于说天没有气一样。进一步说，如果荀子的性恶说是真实的，人性天生就是恶的，那么，人性从善是怎么来的？荀子的观点难以解释人性所呈现出的善。所以，善性应该是天生禀赋，而并非后天的人为形成，王充以为，荀子并未回答这个问题。他认为，人性皆是天以气赋予人的，然而，气又分为阴气和阳气，他说："阴阳之气，天地之气也"（《论衡·讲瑞》），"阴阳之气，凝而为人"（《论衡·论死》），"夫人所以生者，阴、阳气也"（《论衡·订鬼》）。人性是禀气而来的，气有阴阳之异，因此，当气凝聚成人性的时候，便会有善恶的区别，有的人禀善气较多一点，便成为善人；有的人禀恶气较多一点，便成为恶人。王充以为，荀子所言的性恶恰恰属于禀恶气较多的人，这种人在王充看来是中人以下之人，他说："孙卿言人性恶者，中人以下者也。"（《论衡·本性》）所以，荀子以恶为性，只看到气禀之恶的一面，忽视了气禀之善的一面，所以他的思维不太圆满。

但是，荀子的人性论对王充也有影响，王充采纳了荀子的部分人性观点，他说："然而性恶之言，有缘也。"（《论衡·本性》）比如："一岁婴儿，无推让之心，见食，号欲食之；睹好，啼欲玩之。长大之后，禁情割欲，勉厉为善矣。"（《论衡·本性》）在王充看

---

① 比如，王充以为，"醴泉、朱草，和气所生"（《论衡·指瑞》）。醴泉、朱草等祥瑞之物都是和气所生。相反，有些东西则是恶劣之气所生。比如他说："含太阳气而生者，皆有毒螫。"（《论衡·言毒》）

来，荀子的性恶说也是有经验事实依据的。比如，一岁的幼孩，看见食物和玩具，丝毫没有推让之心，而是嚎啕大哭以求获得，等他们长大之后，通过学习通晓了礼义，便会禁止自身情欲萌发，逐渐走向善的道路。换句话说，人性天生含有致恶之端，人们必须对其施以礼义和师法救治，这种观点正好与荀子的"以伪化性说"相融通。所以说，王充对荀子人性说亦有所继承，至少两人都以为，性情是可以改变和教化的。

（四）陆贾性说的评述

陆贾是汉代有名的思想家、政治家，他著有《新语》等。针对人性问题，陆贾指出："天地生人也，以礼义之性。人能察己所以受命则顺，顺之谓道。"（《论衡·本性》）按照陆贾的观点，"天"是万物存在的最终依据，万物由天而来，人也由是天地所生。天生出人的同时给予人以礼义之性。人们如果意识到（"察"）自己生来就禀礼义之性，并顺着仁义之性而行，就能够合乎道义。反之亦然，做人如果背弃仁义，则最终走向衰亡。①

王充对陆贾的观点颇为质疑，他说："夫陆贾知人礼义为性，人亦能察己所以受命。性善者，不待察而自善，性恶者，虽能察之，犹背礼畔义。义挹于善，不能为也。"（《论衡·本性》）按照陆贾的言论，礼义是天赋予的人性，人们能够知晓自身所禀受的仁义之性，这个过程便是"察"。按照王充对陆贾人性论的理解，人性之善，或者不善，与"察"和"不察"是没有任何内在逻辑关系的。性善的人不用察觉自己所禀的礼义之性自然可以为善，性恶的人即便意识到自身

① 贾谊在《新语·道基》中指出："仁者道之纪，义者圣之学。学之者明，失之者昏，背之者亡。"可见，陆贾的人性观点有些类似孟子。孟子以为，人天生禀赋"四端"，历经后天扩充便可以成就善性。如果忽视了对"四端"的涵养，便容易流于禽兽的危险境地。陆贾以为，人天生拥有仁义之性，或者说，人道源于天道。在《新语·慎微》中，他明确指出："父子之礼，以及君臣之序，乃天地之通道，圣人之所不失也。"仁义之性本于天道。并倡导顺着仁义之性而行，这与孟子号召的扩充工夫思路不谋而合。可以说，陆贾性说是对孟子性论的继承和发扬。

所禀的仁义之性，然而他们仍然违背礼义，做出不合道义的举止。仁义之性仍然不能在他们身上得以展现。王充又列举了两个相反的例子，他说："故贪者能言廉，乱者能言治。盗跖非人之窃也，庄蹻刺人之滥也，明能察己，口能论贤，性恶不为，何益于善？陆贾之言，未能得实。"（《论衡·本性》）贪婪者们嘴巴上能高谈廉洁，悖乱者们言语之中也充满治理之方，这说明他们能够意识到自己的善性，本来应该是性善之人，然而，类似盗跖和庄蹻等人，他们嘴巴上高谈阔论，讨论贤德仁义，事实的情况是，盗跖依然是江洋大盗，庄蹻依然是行凶刺客，他们都言行不符，虽然能够意识到（"察"）自身的仁义之心，然而仍是性恶之人。王充又以为，性是禀气而成的。他说："禀气有厚泊，故性有善有恶。……气有少多，故性有贤愚。"（《论衡·率性》）按照这种逻辑思路，性善之人不需要察觉自然为善，性恶的人就算察觉仍然违背礼义。换言之，性之善恶与气有关，性由气所决定。它根本不是如陆贾说的那样，只有经过察己而能受命。所以，王充以为，陆贾的观点不能与人性实际状况相符合。

（五）董仲舒性说的评述

王充对董仲舒人性的评判立足于两点。首先，就董仲舒人性论的来源和含义说，董仲舒以阴阳之气谈论人性是通过阅读荀子和孟子的书籍，从"天生人成"立场述说的。王充说："董仲舒览孙、孟之书，作《情性》之说曰：'天之大经，一阴一阳；人之大经，一情一性。性生于阳，情生于阴。阴气鄙，阳气仁。曰性善者，是见其阳也；谓恶者，是见其阴者也。'"（《论衡·本性》）天有阴阳之气，性源自天，所以含阴阳之气。其中，人性生于阳气，人情生于阴气，阴阳二气具有不同特点，阴气能够致恶，阳气饱含仁义，所以，人性有善有恶。人之所以为善，是禀有阳气的缘故，人之所以为恶，是禀有阴气的缘故。孟子只看到了人性之中的阳气故曰性善，荀子只看到了人性之中的阴气故曰性恶。而完整的人性必然包括阴气和阳气两部分，其中，阳气归属于性，阴气归属于情，所以，董仲舒持有性阳情阴说。

其次，王充对这位儒学权威进行了批判，他明确指出："若仲舒之言，谓孟子见其阳，孙卿见其阴也。处二家各有见，可也；不处人情性，情性有善有恶，未也。"（《论衡·本性》）王充以为，孟子看到了人性之中的阳气，荀子看到了人性之中的阴气，孟荀两家的看法各有所长，亦各有不足。董仲舒综合孟子性善和荀子性恶两家的观点，以阴阳解释性情，从而提出气禀人性说的做法是值得称赞的。然而，他笔锋一转，紧接着又指出：董氏言论亦有所欠缺。王充以为，董氏并未看到人性中恶的一面，亦没有看到人情中好的一面。他说："夫人情性，同生于阴阳，其生于阴阳，有渥有泊。玉生于石，有纯有驳；情性于阴阳，安能纯善？"（《论衡·本性》）在王充看来，"性与情既然同生于阴阳之气，那么就都不可能是'纯善'或'纯恶'的，性有善有恶，情亦有善有恶，不能只讲性纯是善，情尽是恶"①。换言之，天生万物，施气化生人性。气有阴阳二者，情性固皆兼具阴阳，而不应该是某种对立的状态，所以，董氏将性与情截然分开来谈论，所提出的"性阳情阴"之说并不符合人性事实。②

（六）刘子政性说的评述

刘子政即刘向。汉代学者常常结合阴阳谈性情问题，刘向也是如此。然而，与当时大多数学者不同的是③，刘向指出："性，生而然者也，在于身而不发；情，接于物而然者也，［出］形［出］于外。形外，则谓之阳，不发者，则谓之阴。"（《论衡·本性》）刘向以为，性情两者都是与生俱来的，其中，性存在于人身上没有发动，情则源于人与外物相接而生。刘向还以能否"出形于外"断定性情

---

① 李维武：《王充与中国文化》，第97页。

② 事实上，针对性情两者之间的关系，董仲舒自己曾经明确指出："性情相与为一瞑，情亦性也。"（《春秋繁露·深察名号》）性情两者并非截然相分的，人之情亦包括于性之中。换言之，人情也是人性。董仲舒以阳气解释性，以阴气解释情，就是为了说明性中有善恶材质，从而阐发教化的价值和意义。王充的点评忽略了这点。

③ 自从董仲舒哲学在汉代取得官方意识形态的地位之后，他以阴阳解释性情（性阳情阴说）的观点也成为当时学界的金科玉律。多数汉代学人都沿袭董氏的道路，只是在部分地方各自略有不同。

的阴阳属性。他以为，阴阳的差异在于能否显现于外，形外者为阳，不发者为阴。人性没有表现出来（未发），所以称为阴气，与之相反，人情则能够表现出来（已发），所以称之为阳气。换言之，刘向持有"性阴情阳"之说。①

　　针对刘向"性阴情阳"的人性观点，王充点评有两点。其一，他分析了刘向"性阴情阳"之说的内容，进而指出情性两物乃同出而异名。他说："夫子政之言，谓性在身而不发。情接于物，形出于外，故谓之阳；性不发，不与物接，故谓之阴。夫如子政之言，乃谓情为阳，性为阴也。不据本所生起，苟以形出与不发见定阴阳也。必以形出为阳，性亦与物接，造次必于是，颠沛必于是。"（《论衡·本性》）按照王充的思维逻辑，刘向将"性"视为内在于身而不发的气，将"情"视为与外物接触而发的气，它们的根本区别在于是否显现于外。事实上，这种论断是很难站住脚的，王充以为，刘向以阴阳论性情缺少从禀受本原的角度谈论性，并未指明性情之气（阴阳）的最终来源，而且如果单纯地依据形出和不发定义性情，将阴阳的属性划给它们，这种辨析性情的做法是较为困难的。因为性情都是天给予人的，它们皆出自天。因此，如果从性情的来源看，性和情两者同出异名，它们并非两个不同的事物，刘向的"性阴情阳说"并没有触及这点。

　　其二，他以"卑谦辞让"为例驳斥刘向的人性观点，他说："恻隐不忍，［不忍］仁之气也；卑谦辞让，性之发也，有与接会，故恻隐卑谦，形出于外。谓性在内，不与物接，恐非其实。"（《论衡·本性》）王充不认同刘向"性阴情阳"的言论，他以为，恻隐不忍、谦卑辞让等品质都是天生的，都是属于人性的东西，然而它们要通过与外物接触之后，才能够表现于外。如果按照这种思维逻辑，刘向所倡导的性是内在与人身，而没有表现于外的说法便不成

---

① 林丽雪认为，王充此处所引刘向之言或是源自《礼记·乐记》。参见林丽雪《王充》，第 299 页。

立，更不与经验事实相符合，这便是："不论性之善恶，徒议外内阴阳，理难以知。"（《论衡·本性》）仅以形内和形外议论性情，从道理上难以说清楚。另外，王充以为，刘向的"性阴情阳说"并没有触及人性善恶差异的问题，他说："从子政之言，以性为阴，情为阳，夫人禀情，竟有善恶不也?"（《论衡·本性》）可见，王充以为，刘向"性阴情阳说"没有点明性情的最终来源，更没有涉及禀气而成的性，究竟还有没有善恶之分。刘向仅以能否形出而定阴阳，这是王充所不同意的。①

二 性气混善恶和性三品说

王充通过分析儒学史上著名儒者的人性观点，考究他们的利弊，点评他们的得失。最后得出结论："自孟子以下，至刘子政，鸿儒博生，闻见多矣，然而论情性竟无定是。"（《论衡·本性》）王充以为，从孟子到刘向诸位儒学专家虽然博览群书，见多识广。然而他们在性情问题上却没有达成共识，甚至没有明确性情的真实内涵，这是学术史上的缺憾。但是，他紧接着说："唯世硕儒、公孙尼子之徒，颇得其正。"（《论衡·本性》）儒家之中的世硕、公孙尼子等人抓住性情的真实含义。换言之，他们的学说也是王充人性论的直接理论渊源。

根据仅有的历史文献资料记载，世硕是孔子的弟子，生卒年已

---

① 王充究竟是怎样理解刘向的"性阴情阳说"的? 如果我们仔细考察这个问题就会发现，王充对刘向人性论的解读也存在自相矛盾处。按照他对刘向"性阴情阳说"的解读，刘向人性论的主要的理论缺陷是没有点名人性善恶的问题，而只是依靠形外定义阴阳。那么，针对人性善恶的问题，刘向究竟有没有谈及过? 按照《论衡》的记载，王充在批评荀子人性恶的理论时曾经引刘向非荀卿性恶之言说："阴阳善恶不相当，则人之为善，安从生?"从这句话的字面意思看，刘向以为，荀子以恶为性的缺憾在于忽视了人性没有善端，带来的后果是，人之向善的可能路径被堵塞。显而易见，刘向以为，人性是存有善端的。另外，根据后汉荀悦《申鉴·杂言下》记载："刘向曰性情相应，性不独善，情不独恶。"根据荀悦的说法，在刘向看来，性情不独善，也不独恶，换言之，性情善恶是并存于人性的。所以，刘向谈道："勤于学问，以修其性。"（《说苑·建本》）王充以为，刘向"性阴情阳说"没有点明人性善恶，同时他又认同刘向认为人性是存有善端的。这显然在逻辑上是说不通的。

经不可考。他曾经撰有《世子》一书①，并且他的学术观点对汉代儒者影响深远，董仲舒在《春秋繁露·俞序》中曾经引用过他的言论。② 王充自己也说世硕提倡"人性有善有恶"的学说。另外，按照王充的记载，"宓子贱、漆雕开、公孙尼子之徒，亦论情性，与世子相出入，皆言性有善有恶"（《论衡·本性》）。王充既然称赞这些人的人性学说，他的人性论必然受其影响。在王充看来，宓子贱、漆雕开及公孙尼子等人都是儒家先师孔子的弟子③，他们的人性学说虽然与世硕有些许不同，然而却有一定的相同之处，都倡导"性有善有恶"，故可以将他们归属为同一个派系。

关于"人性有善有恶"，王充指出："周人世硕以为人性有善有恶，举人之善性，养而致之则善长；性恶，养而致之则恶长。如此，则性各有阴阳，善恶在所养焉。故世子作《养书》一篇。"（《论衡·本性》）这里的"人性有善有恶"意思是，从人性展现出的端绪上看，人性既可以表现为善，也可以表现为恶。或者说，人性含有向善或向恶的潜质。世硕以为，取其中的善性加以栽培，则人性逐步变为善，与之相反，取其中的恶性加以操持，则人性逐步趋于恶。这就说明，世硕所谓"性有善有恶"更加侧重人生命的原始状态，而非将善恶二者视为人性的属性。换言之，人性或善或恶，关键在于后天操持，至于人性本身则是善恶不固定的。而王充为了印证自己的观点，将世硕的"性有善有恶"解读为"性善恶混说"，事实上这误读了世硕的观点。王充进一步指出："实者，人性有善有恶，犹人才有高有下也，高不可下，下不可高。谓性无善恶，是谓人才无高下也。"（《论衡·本性》）人性的真实情况是有善有恶的，

---

① 根据《汉书·艺文志》记载："《世子》二十一篇。"

② 董仲舒曾经引用世子之言曰："功及子孙，光辉百世，圣人之德，莫美于恕。"（《春秋繁露·俞序》）卢文弨以为，此处的世子指的是儒者世硕，亦即《汉书·艺文志》所载世子。参见（清）苏舆撰《春秋繁露义证》，钟哲点校，第161页。

③ 这些人的生卒年都已经不可考，他们的著作也已经遗失，只有只言片语见于各类典籍中。

这就像人的才能有高低之分，如果说人性没有善恶的差异，这就像是说人的才能没有高低之分，显然是与经验事实不相符的。反而论之，人性是善性和恶性相混的。

而"公孙尼子"则是先秦养气之大家，在《春秋繁露》中，董仲舒引用了他的养气之法。根据文献载："裹藏泰实则气不通，泰虚则气不足，热胜则气□，寒胜则气□，泰劳则气不入，泰佚则气宛至，怒则气高，喜则气散，忧则气狂，惧则气慑。凡此十者，缺之害也，而皆生于不中和。"（《春秋繁露·循天之道》）在公孙尼子看来，气有不同的状态，能够充实人的形体。气存在于人体之中贵在流通，如果人的内脏太实则气就不通畅，内脏太虚则气就不充足，炎热容易导致气的消耗，寒冷容易导致气的郁积，形体太劳累则气难以进入体内，形体太安逸则气的流通会受到阻碍。更为重要的是，气的状态与人的性情密切相关。举例来说，当人们愤怒的时候，人身上的气就会高扬；当人们欢喜的时候，人身上的气就会散逸；当人们忧虑的时候，人身上的气就会狂躁；当人们畏惧的时候，人身上的气就会沮丧，等等。公孙尼子以为，这些情况都是由于气不符合中和状态所导致的，它们有损于气的秩序稳定。在此基础上，公孙尼子提出："君子怒则反中而自说以和，喜则反中而收之以正，忧则反中而舒之以意，惧则反中而实之以精。"（《春秋繁露·循天之道》）公孙尼子以为，人们要以中和之道处理身上的气，中和可以使得人由愤怒变为愉悦，可以使得忧虑变为舒缓，可以使得畏惧变为踏实，等等。换言之，中和之道是养气的准则和要诀。

王充继承并吸收了公孙尼子的养气说。在他看来，万物皆出自天，而天以气化生万物，万物在气化的过程中便禀气成性。换言之，性亦出自天。就人来说，王充提出，根据所禀元气的多寡，人性便形成了善恶不同的状态，他说："禀气有厚泊，故性有善恶也。"（《论衡·率性》）比如："残则授不仁之气泊，而怒则禀勇渥也。仁泊则戾而少愈，勇渥则猛而无义，而又和气不足，喜怒失时，计虑轻愚。妄行之人，罪故为恶"（《论衡·率性》）。王充以为，人禀气成性，人性便是气质，而气的种类和数量能够影响甚至决定人性，比如，残忍的人所受仁义之气之气比较薄，愤怒的人所受勇气比较厚，仁义之气薄，人便性情贪戾，勇气厚会勇猛而缺少仁义。王充以为，这些都是和气不足的表现。

然而，王充又根据人性善恶的不同，明确将人性分为上、中、下三等。他说："余固以孟轲言人性善者，中人以上者也；孙卿言人性恶者，中人以下者也；扬雄言人性善恶混者，中人也。若反经合道，则可以为教；尽性之理，则未也。"（《论衡·本性》）他以为，孟子以善定义性，所说的性是中人以上之性，荀子以恶定义性，所说的性是中人以下之性，扬雄以善恶相混为性，所说的性是中人之性。中人之性是能够通过教化使之合乎礼义的。关于儒家性三品说的源头，王充以为，它肇始于先师孔子。他将孔子视为儒家的道德祖师，他以为，在《论语》中，孔子虽然没有谈论人性的不同状态，然而，针对人的道德品质，孔子有言："中人以上""中人以下""惟上智与下愚不移"等。王充以此断定：先师早就明确告诉人们，人性是存在不同状态的，或者说，人性是有等级之异的。而他自己所倡导的人性三品说只是传承了孔子的学说而已。

然而，问题在于：王充既认同"性有善有恶说"，又明确指出人性三品说。兼具两种观点是否自相矛盾？我们以为，答案是否定的。

王充以为，性是禀气而成的，有的人禀元气厚，有的人禀元气薄，虽然由此形成了善恶贤愚的不同状态。然而，他并不否认善性之人具备些许不良品性，他以为，"人之生也，阴、阳气具"（《论衡·订鬼》）。人是由不同的气所构成的。对人性来说，人性亦含不善之气，比如："妖气生美好，故美好之人多邪恶"（《论衡·言毒》），"遭时变化，非天之正气"（《论衡·无形》），"含太阳气而生者，皆有毒螫。……小人皆怀毒气"（《论衡·言毒》），等等。另外，王充以为，人天生具备生理感官欲望。他说："夫人之生也，禀食饮之性，故形上有口齿，形下有孔窍。口齿以噍食，孔窍以注泻。顺此性者，为得天正道；逆此性者，为违所禀受。"（《论衡·道虚》）人的形体是天给予的，人天生长有牙齿、嘴巴以及鼻子，牙齿用来咀嚼东西，鼻子用来享受芬芳等。他以为，类似的欲望之性是天生的，是人所不可缺少的，他甚至以为，情欲的满足是礼义推行的基础。王充说："谷足食多，礼义之心生；礼丰义重，平安之基立矣。"（《论衡·治期》）可见，人性之中并不包含礼仪之道。王充将天生的情欲视为人性。他说："一岁婴儿，无推让之心，见食，号欲食之；睹好，啼欲玩之。"（《论衡·本性》）婴儿没有礼让之心，争夺食物这是人的本性。又说："人多情欲"（《论衡·道虚》），"人情皆喜贵而恶贱"（《论衡·非韩》），"人情欲厚恶薄"（《论衡·案书》），"富贵、人情所贪"（《论衡·定贤》），"纵情施欲而凶祸到"（《论衡·命义》）等。显而易见，王充以为，人性中有不善的成分。

同时王充承认顽固不化之人具备五常之性。他说："不肖者皆怀五常，才劣不逮，不成纯贤。"（《论衡·艺增》）顽劣之人含有善质。那么，他们为何没有施展出来？王充解释说："富贵皆人所欲也……君子则以礼防情，以义割欲……小人纵贪利之欲……君子与小人，本殊操异行，取舍不同。"（《论衡·答佞》）在王充看来，虽然人天生有情欲，皆存有喜好利欲的心态，但是，有的人选择纵由情欲，有的人选择遵循礼义，所以呈现出的人性状况也是不同的，形成了小人、君子的差别。比如："仕之民，性廉寡欲；好仕之民，性贪多利。"（《论衡·非韩》）王充以为，贪欲、利欲等消极内容都是人性中天生所固有的，它们阻碍了五常之气的呈现。王充为此倡导："利欲不存于心，则视爵禄犹粪土矣。"（《论衡·非韩》）可见，人性的本来面貌是善恶混杂的，这便是"性有善恶"（《论衡·本性》）。进而王充强调："学者所以反情治性，尽材成德。"（《论衡·量知》）意思是说，学习是改变性情的工具和手段。

于"性混善恶"和"性三品说"两者而言，王充以为，君子和小人都具备五常之性，又拥有性情之欲。因此，人性是善恶混杂的。但是，人性之气混杂程度的多少不同，他以此将人性划分为中人之性、中人以上之性、中人以下之性三类。换言之，由于禀气的情况不同，便造成了人性的等级。对此，牟宗三指出："（王充）所谓人性有善有恶，不能就个体人分别地分类说有人的气性是善，有人的气性是恶，有人的气性可善可恶。只能说：有人的气性，善的倾向分数多；有人的气性，善的倾向分数少。而此义进一步，落在个体人身上说，便是每一人的气性皆有善与恶的倾向，或善恶混杂的倾向。并不是有一类人纯是善的倾向，有一类人纯是恶的倾向，有一类人纯是可善可恶的倾向。"[1] 换言之，王充的人性兼具两层含义，"性善恶混"是指人性本身的事实情况而言，人性是善气和恶气的综合，而根据人性中善气和恶气各自所占的分量不同，比如王充说："人禀气不能纯一。"（《论衡·物势》）由此便造成了中人以上之性，中人之性和中人以下之性的"性三品说"。我们认为，这种说法对于理解王充"性混善恶"和"性三品说"之间的关系较有启发意义，也能更好地解决两者之间看似存在的矛盾。

概言之，王充通过评述和批判先秦至汉代较为典型的思想家们的人性学说，[2] 最终，他明确说："论人之性，定有善有恶。其善者，固自善矣；其恶者，故可教告率勉，使之为善。"（《论衡·率性》）言下之意是，性的真实情况是有善有恶的，或者说，人性是善气和恶气的混合物。其中的善性养育长大便可以为善，其中的恶性通过训导劝勉可以为善。换言之，气性是可以改变的。那么，气性如何接受训导？这便是王充的教化学说。

第五节　气性与矫治

性是善恶相混的气。人性怎么接受教化？气与教如何发生关联？

---

① 牟宗三：《才性与玄理》，第9—10页。
② 比如，陈青之说：在王充思想体系中，"王氏底性论，是综合各家的观察而得出的一个比较完满的结论。他说，性是有善有恶的，善的可以变恶，恶的可以变善"。陈青之：《中国教育史》，第97页。

教化的哲学机制是什么？人性的管治有哪些方法？[①]

一 气性与胎教

（一）胎教的起源和意义

"胎教"即胎儿之教的简称。根据现有历史文献记载，中国历史上胎教之术发端于西周。[②]《左传》《战国策》《列女传》《韩诗外传》等资料均记载有关胎教的故事。这说明：春秋战国时期胎教就已经得到人们的普遍关注。到了两汉之际，"胎教"一词普遍出现在各类典籍之中。比如，贾谊撰的《新书》专门辟有《胎教》篇，文中明确说："周妃后妊成王于身，立而不跛，坐而不差，笑而不喧，独处不倨，虽怒不骂，胎教之谓也。"在汉代学者看来，胎儿的性情善恶、形体的健康与孕妇的言行举止存在直接关系。

值得注意的是，两汉时期，中医医学理论得到长足发展，并且日益走向成熟。关于胎儿与孕妇的关系，《黄帝内经·素问·奇病论》载："胎病，此得之在母腹中时，其母有所大惊，气上而不下，精气并居，故令子发为巅疾也。"《黄帝内经》以为，孕妇的状况能够导致胎儿生病，比如母体受到外部环境的惊吓，容易导致人身上的气流通不畅，从而致使腹中的胎儿沾染疾病。或者说，气之不调是胎儿致病的核心要素。这种思想逐渐演变成"外象内感""因感而变"的中医医学理论。在古人看来，胎儿禀气而生，而母亲就是胎儿之气的直接来源。所以，他们之间可以相互感应。气以感应的方式作用于胎儿之性，这就是胎教的奥秘。

---

① 需要注意的是，王充以为，"人之性，善可变为恶，恶可变为善"（《论衡·率性》）。意思是说，人性的善恶可以变化包括两方面内容。其一，禀含恶气多的人历经矫治可以变为善。其二，禀含善气多的人忽略了训导也会走向恶。换言之，人性善恶之间是可以相互变化的，所以，人性教化尤为重要。

② 《大戴礼记·保傅》以为，胎教源于成王之母。《列女传·母仪》以为，胎教源于文王之母。虽然存在两种说法，或是以为文王的母亲，或是以为成王的母亲。然而，古人普遍以为，胎教之术发端于西周时期。

总的来说，胎儿是人初始形成的阶段，早期古人普遍把胎教视为个人教育的开端。先贤以为，在胎儿时期，人的品性、形体等逐渐形成。孕妇的情绪、道德、身体素质等都能够直接影响胎儿生长。如果孕妇怀孕期间仪态端正，那么她所生出的孩子就聪明睿智、品行端正。反之，孕妇怀孕期间存有奸邪之心，那么就容易导致孩子品性恶劣。所以，古代的贤母都能以礼义之道严格要求自己。两汉以后，胎教正式成为儒家教育思想中的重要内容。

（二）气、感应与胎教的原理

为什么胎教能够影响人的性情？或者说，胎教改变性情的原理是什么？王充站在气论思想的立场，分别从哲学和生物性角度给予了圆满解释。

王充以为，气是万物的本原。他说："万物之生，俱得一气。"（《论衡·齐势》）万物同源于气。而"气"，是可以流动的。王充说："气不通者，强壮之人死，荣华之物枯"（《论衡·别通》），"气结阏积，聚为痈"（《论衡·幸偶》）。"气"不通畅就会危及万物的生存。同时王充多次强调："同类通气，性相感动。"（《论衡·偶会》）"气至而类动，天地之性也。"（《论衡·遭虎》）气之间能相互感通，相互感通的气只能是同种类别的气，这便是同气相求。他举例说："天气变于上，人物应于下矣。"（《论衡·变动》）比如："天且雨，蝼蚁徙，丘蚓出，琴弦缓，固疾发。"（《论衡·变动》）在王充看来，天将要下雨的时候，蚂蚁会迁徙，蚯蚓会出洞，琴弦之声缓和，人的旧病会复发，这些现象都是天气招致物气或人气的缘故。或者说，王充以为，自然界中存在着同气相感的现象，并且气的感通是自然而然的。

事实上，王充虽然反对以董仲舒为代表的天人感应说，但是他对董氏的学说也有所部分吸收。王充认为，物类之间是可以相感的，但物感是自然而然的，其基础便是气。正如龚鹏程指出："（王充并不反对瑞应，他主张物类相感）这就可见他对董仲舒之说也确有局部的吸收，且中间很曲折，光说他反对感应或说他主张气化宇宙论，都是粗略不足的。"① 同气之间可以互感，万物又因气而成。所以，天与人、与物之间是可以感通的。或者说，王充"用'物气相感'来揭示事物的联系"②。比如他说："阴阳之气，天地之气也，遭善而为和，遇恶而为变。"（《论衡·讲瑞》）意思是说，善气能够感应善气，恶气能够感应恶气。

气感是万物沟通的基本原理。王充吸收了这种观点，从哲学的角度看，人性是天赋予人的，天是物质性的气，所以，人性含气。而从物理性的角度来说，人性之气是从父母那里获取的。所以，王充多次强调胎儿与孕妇的关系。他说："妇人疏字者子活，数乳者子死。"（《论衡·气寿》）孕妇怀孕时间间隔较长的话，胎儿禀气就相对厚实，孩子就相对比较容易存活；反之，孕妇怀孕时间间隔比较短，则胎儿禀气就相对薄弱，那么孩子就很容易死亡。王充进一步说："十月而产，共一元气"（《论衡·四讳》），"天地之气，在形体之中"（《论衡·卜筮》），"疏而气渥，子坚强；数而气薄，子软弱也。怀子而前已产子死，则谓所怀不活，名之曰怀。其意以为，已产之子死，故感伤之子失其性矣。所产子死，所怀子凶者，字乳亟数，气薄不能成也；虽成人形体，则易感伤，独先疾病，病独不治"（《论衡·气寿》）。王充认为，人在母体之中便开始禀气，而禀气也直接关系到人的健康以及寿命。详细地来说，禀气厚实的人身体强健，寿命也较长，而禀气薄弱者身体衰弱，寿命就较短。特别是那些夭折的婴儿，更是禀气最为薄弱者。而随性和遭性的形成都直接与父母有关。他说："随者，随父母之性；遭者，遭得恶物象之故也。"（《论衡·命义》）随性是儿女遗传父母之性，遭性是人在母体中受气时遭受外物影响所形成的性。换言之，人性与母体有关。那么，王充的胎教理论有哪些内容？

① 龚鹏程：《龚鹏程讲儒》，东方出版社 2015 年版，第 278—279 页。
② 《中国哲学史》编写组编：《中国哲学史（全 2 册）》，人民出版社、高等教育出版社 2012 年版，第 270 页。

（三）胎教的内容

王充的胎教理论从父母的角度关注人性的教化。① 人的性命都是禀气而成，母亲怀孕正是儿女受气的关键之际，王充以为，站在父母的角度，胎儿在母体之中的时候，母亲要严格要求自己的言行，《论衡》载："性命在本……胎教之法：子在身时，席不正不坐；割不正不食；非正色，目不视；非正声，耳不听。……受气时，母不谨慎，心妄虑邪；则子长大，狂悖不善，形体丑恶。"（《论衡·命义》）意思是说，胎儿在母体之中的时候，正是禀气形成人性的关键时机，王充以为，孕妇要时刻以儒家礼义之道严格规范自己。比如，席位不正就不能坐，食物不合礼就不能吃，不符合礼的内容就不能看，不符合礼的声音就不能听。反之，如果孕妇没有恪守礼义之道，行为举止不谨慎，心里存有邪恶的念头，那么，孩子长大之后性格就会狂悖不善，外部的形体也会丑恶。换句话说，孕妇的精神状态和心理活动直接影响儿女性情的形成和体质的好坏。

对于孕妇来说，王充要求她们做到三点。第一，孕妇要注意饮食的习惯。他说："妊妇食兔，子生缺唇。"（《论衡·命义》）怀孕的女子是不能够吃兔子的，吃的话，生出的孩子就有可能豁嘴。第二，男女要注意交合的时间和地点。王充引《月令》之言曰："是月也，雷将发声，有不戒其容者，生子不备，必有大凶。"（《论衡·命义》）在打雷的时候，男女之间不适宜交合，否则的话，这时候交合生育出的儿女必然遭受恶性。第三，孕妇要避免恶物接近人身。身体有缺陷的人都是在胎儿时期人性受到了损伤，比如："瘖聋跛盲，气遭胎伤，故受性狂悖。"（《论衡·命义》）哑巴、聋子、瘸子、瞎子等都是在禀气的时候碰到恶物所致。王充又以羊舌食我、丹朱和商均等人为例说："羊舌食我初生之时，声似豺狼，长大性恶，被祸而死。在母身时，遭受此性，丹朱，商均之类是也。"

---

① 已经有学者对王充胎教思想进行了研究，参见杨中新《王充的胎教思想》，《人口学刊》1982 年第 2 期。

（《论衡·命义》）羊舌食我在初生的时候，他的声音就犹如豺狼，等到他长大之后，果然是品性极为恶劣之人，最终因为引来祸患而遭到杀身之祸。尧、舜是古时候的贤明帝王，然而，他们的儿子丹朱和商均品质都比较恶劣，王充认为，这是因为母亲怀他们时遭遇恶物所导致。与此同时，王充也提出了一些教化举措。

二　自修和他教

教化的内容还包括自修和他教。所谓"自修"是指自我约束，自我教育自己。那么，人为什么可以自我修正？王充以为，这是心的缘故。心与仁义有关，甚至具备仁义、礼义、廉让等品质。他说："仁惠之情，俱发于心"（《论衡·幸偶》），"行义之心"（《论衡·物势》），"廉让之心"（《论衡·书虚》），"仁义之心"（《论衡·祸虚》），"礼义之心"（《论衡·治期》）等，人心这些好的东西统称为"善心"。此等善心是人能够自我修正的基础。王充分别以"西门豹"和"董安"为例说："西门豹急，佩韦以自缓；董安于缓，带弦以自促。急之与缓，俱失中和，然而韦弦附身，成为完具之人。能纳韦弦之教，补接不足，则豹、安於之名可得参也。"（《论衡·率性》）西门豹和董安分别属于两种不同性情类型的人，西门豹的性格比较急躁，董安的性格比较温和，这些都是人性之气失和的表现。然而，在王充看来，类似西门豹这样性情急躁的人，能够佩戴皮带进行自我约束，类似董安这样性情缓慢的人，能够佩戴弓弦以自我提醒。通过采取外在措施便能约束人之性情，就能够成为道德品性较为完美的人。可见，人自身的性情缺陷可以通过后天自我矫治得以克服。

然而，王充以为，像西门豹和董安这样能够进行自我管治性情的人毕竟是少数的，大多数情况下，心容易被邪恶占据。他说："母不谨慎，心妄虑邪"（《论衡·命义》），"狂心悖行"（《论衡·本性》），"豺狼之声也，野心无亲"（《论衡·本性》），"佞人怀贪利之心"（《论衡·答佞》），"刑人杀牲，皆有贼心"（《论衡·寒温》）

等。邪心、狂心、野心、贪利之心、贼心等都是不好的，它们容易导致情欲的泛滥。这类心占据主导必然不能为善。王充坦言："佞人知行道可以得富贵，必以佞取爵禄者，不能禁欲也。知力耕可以得谷，勉贸可以得货，然而必盗窃，情欲不能禁者也。"（《论衡·答佞》）奸佞之人知晓践行道义可以取得富贵，然而还是以奸佞之术取得爵位，是纵由情欲的缘故，人们通过辛勤的耕作能够收获庄稼，然而还是有人偷盗农作物，这是因为人不能约束和管治情欲，王充通过列举"奸佞与贤者""偷盗与田商"两对例子说明，"心情贪欲，志虑乱溺也"（《论衡·答佞》）。意思是说，情欲之心会造成人的志虑陷溺，从而导致"违礼者众，尊义者希"局面。换言之，情欲的存在使人违背礼义，善性难以展现出来。

关于不善之心的来源，王充说："邪心生于无道。无道者、无道术也。"（《论衡·别通》）消极之心源于无道，道就是儒家仁义之道。无道就是心中道术的缺乏。因此，道术要占领人心。王充以为，心具有认知的功能。他说："是非者不徒耳目，必开心意。"（《论衡·薄葬》）"耳目手足系于心矣。心有所为，耳目视听，手足动作。"（《论衡·变动》）"必开心意"指的就是心的理智力，并且理智之心可以控制耳目等感官，是人类知识的来源。凭借心的理智力可以改造人性。他说："人君有善行，善行动于心。"（《论衡·变虚》）善行源于善心。比如："南越王赵他……心觉改悔，奉制称藩，其于椎髻箕坐也，恶之若性。……亦在于教，不独在性。"（《论衡·率性》）这便是以心善成就性善。王充以为，人心兼具道德义与认知义。心可以知晓礼义，并接受圣王的训导和教化。

王充认为，圣贤之言符合天意，更是道义之言。王充说："贤者之言，则天言也。……六经之文，圣人之语，动言天者，欲化无道。"（《论衡·谴告》）因此，做人要学习圣人学说。王充指出："圣贤言行，竹帛所传，练人之心，聪人之知。"（《论衡·别通》）意思是说，圣人会将言语记载于竹帛和书册，这便是儒家典籍。在王充看来，它们能够启迪人之善心，改变人的性情。他进一步说：

"五经以道为务"（《论衡·程材》），"精诚由中，故其文语感动人深"（《论衡·超奇》），"后人观之，见以正邪"（《论衡·佚文》）。儒家经书能够感动人之性情，压制人身上的邪恶。而就教育的场所而言，王充说："庠序之设，自古有之。"（《论衡·非韩》）在王充看来，儒家典籍和圣人之言传授的场所是学校，为此他倡导要注重学校的发展。换言之，人要接受老师的教导和驯化，这便是王充的他教思想。这点与荀子所强调的人性改造思路（"化性起伪"）非常相似，正如萧公权指出："王充思想有貌似荀子之处。"①

综上，在王充那里，人性善恶相混的气是可以改变的，改变的关键在于教习。"教"以感应的方式作用于人性，最终使性气到达中和的状态，这便是圣人。王充说："和气生圣人"（《论衡·指瑞》），"圣人禀和气"（《论衡·气寿》）。圣人是和气的产物，或者说，和气是圣人的人格。成为圣人是王充教化的目标。

第六节　本章小结

王充将人性问题放置在气化宇宙论视域之下进行考察，或者说，"性命论是宇宙论的分支"②。通过本章讨论，我们得出以下几点结论。

第一，王充的思想是通过瓦解意志之天而建立的。当时学界普遍以为，天具备意志并能刻意生物，甚至可以主宰人事和福祸。而王充以为，天是没有意志、没有意识的。一方面，他通过生活中的经验事实深刻反驳这种论调；另一方面，他汲取道家自然无为思想提出了较为完备的气论思想体系，认为天是自然无为的，而天之所以能够自然无为，最根本的原因是"气"。天是含气的物质实体，天能以气自然生物，人亦是由气所构成的。或者说，人身上含气。

---

① 萧公权：《中国政治思想史》，新星出版社 2010 年版，第 233 页。
② 周桂钿：《虚实之辨：王充哲学的宗旨》，人民出版社 1994 年版，第 128 页。

第二，性取决于气，故性可称为气性。王充以为，气性具有普遍性，这表现在古人和今人、小人和君子之性都源于同类气。气性除了与人本性善恶有关外，还指人的形体、面色、容貌、才能等。王充改造了传统的"三性说"，并将它与寿命相关联。或者说，性是一种命。而"命"，王充以为，取决于气。人禀气而获命。含气之命的内容涉及人的吉凶福祸、富贵贫贱、生死寿夭等方面，更为重要的是，王充认为，"气命"分人命和国命两种，两者的关系是，国命胜人命。"性""命"都是禀气自然而成的，王充还提出"性与命同"与"性与命异"以说明人生处处充满了变数、不定和偶然。

第三，为让难以捉摸的性命可知和易知，王充提出了骨相说。骨相说源于天、人、气相统一的思维模式。王充以为，气是构成万物的材料，也是形成人的物质基础。或者说，气在人身上凝结形成骨相。骨相含气。同时性命含气。王充认为，人之性命见于骨相（人的体形、面容、音色等方面），因此，根据骨相便能断定命之吉凶和性之善恶。王充甚至以为，结合祯祥、光气、声气等其他内容，还可以辨别人之贫富程度、贵贱差异、寿命长短、婚姻状况等，看似荒诞的骨相说，体现了王充寻找和掌握人自身命运的努力。

第四，王充以气论为工具，在点评前贤人性思想的基础上，大张旗鼓地宣扬人性乃善气混恶气，这便是性善恶混说。他以为，孟子不懂得人性善恶之异是禀气不同的缘故，他只看到人所禀之善气，就因此认定性是善的，所以性善说有所不足。告子中性说没有说明上贤、下愚这两类人。荀子以恶为性，只看到人所禀之恶气一面，忽视了禀气之善的一面。陆贾以为，人性善恶与察和不察有必然关系，这值得商榷。董仲舒的"性阳情阴说"忽略了性情同禀于阴阳，性情皆有善恶。刘向仅以能否形出而定阴阳、论性情，没有涉及人性善恶的区分。最终，他提出：人性既含有善气（如，五常之气），也含有恶气（如，太阳之气），性之善恶实乃禀气厚薄不同所致，"多寡"是一种数量，以其形容禀气，这就是说，性具有物理属性，有些人禀善气多，有些人禀恶气多，有些人禀善恶之气差不多，由此便形成了性三品说。

第五，人性是可以变化的，禀恶气多的人历经矫治可以变为善，禀善气多的人忽略训导也会走向恶。为此，王充提出教化论。主要内容有两个方面。其一，胎教。从物理性角度来说，人性（气）是从父母那里获取的，母亲怀孕时期正是儿女受气的关键之际，也是气性形成的核心环节，随性和遭性的形成便直接与父母相关。另外，同气之间可以相互感通，并且气的感通是自然而然的，这是教化能够施行的原理。母亲是幼儿的物理来源，母亲和幼儿是同类气，所以，他们之间可以相互感应。王充强调，孕妇的情绪、道德、身体素质等都能直接影响胎儿成长，因此，孕妇要以仁义之道规范自己的言行。其二，教化还包括自修和他教。王充以心阐发自修和他教。他以为，善心是人能够自我修正的基础。大多数情况下，心容易被邪恶占据，导致心中道术缺乏，情欲成为人性主导。于是，王充提出拯救方案：心兼具道德义与认知义，凭借它，道术可以占领人心，进而可以改造气性。他以为，圣人之言可以感化人心，而儒家典籍是圣人之言的物质载体，所以，陶冶性情最简单的方法就是习读儒家书籍。最终，历经教化，气性能够达到和的状态，这便是圣人，成为圣人是王充教化的目的。

总的来说，王充立足气化宇宙论的视野讨论人性。"天"是含气的物质实体并能以气自然生物。受此影响，王充强调禀气成性，并以禀气多寡论性之善恶。性含气。更准确地说，性是善气混恶气。正如李申说："王充可说是彻底的禀气论者。"[1] 而从儒家哲学史的发展看，王充元气自然论的提出是为性论服务的，更是直接影响到魏晋儒学气性论的发展。可以说，王充是汉代儒学向魏晋儒学转型中的关键人物，这标志着汉代儒家人性思想达到了顶峰。[2]

---

① 李申：《万法归宗：气范畴通论》，第 239 页。

② 虽然《论衡》充满着相互矛盾的地方，然而这并不能否认他在儒家哲学史上的地位及其贡献。正如雷宗海指出："王充可说是给全部古代思想一个总清算的人。"雷宗海编著，黄振萍整理：《中国通史选读》，北京大学出版社 2006 年版，第 311 页。

第十一章

魏晋宋明清儒家气性论的
发展、特点及意义

第一节 魏晋儒家气性论发展史：秦汉儒家
气性论的顺承和转变

汉代之后的儒家气性论仍然深受气化宇宙论的影响。因为汉代重视教化，导致对人本身的忽视，引起了魏晋儒学的不满，便出现了以自然为标识的玄学。① 从儒学发展史看，魏晋是汉代儒学向宋明儒学转折的关键时期，受道家和佛学思想的影响，这时期的儒者逐步用本末论的范式讨论人性问题，并呈现出新的时代特征，典型代表有王弼、阮籍、嵇康和郭象等。

一 王弼的气性论

何为性？王弼认为，万物以自然为性。他说："万物以自然为性，故可因而不可为也，可通而不可执也。物有常性，而造为之，

---

① 相关研究可以参见沈顺福、任鹏程《玄学是儒学——从心学的角度来看魏晋玄学的派性》，《人文杂志》2021 年第 3 期。

故必败也。物有往来，而执之，故必失矣。"① 性指自然本性。而自然之性，至少具有两方面含义。一方面它指人的感官欲望等自然属性。王弼指出："夫耳目口心，皆顺其性也。不以顺性命，反以伤自然，故曰聋、盲、爽、狂也。"② 生理欲望等属性人生来就有，违背人的天生欲望，便是伤及自然，便是伤性。另一方面，性与道有关。王弼说："道不违自然，乃得其性，〔法自然者〕。"③ 而道，是万物生存的基础。王弼说："凡物之所以生，功之所以成，皆有所由。有所由焉，则莫不由乎道也。"④ 由此可知，自然之性便是生存之本。王弼说："论太始之原以明自然之性，演幽冥之极以定惑罔之迷。"⑤可以说，自然之性是决定者。

具有决定性或基础性的东西，王弼又称作"本"或"一"。他说："万物万形，其归一也。何由致一？由于无也。"⑥ "守一则清不失，用清则恐裂也。故为功之母不可舍也。是以皆无用其功，恐丧其本也。"⑦ 事实上，"本"或"一"依然离不开气，甚至便是气。王弼说："有言有一，非二如何？有一有二，遂生乎三，从无之有，数尽乎斯，过此以往，非道之流。故万物之生，吾知其主，虽有万形，冲气一焉。"⑧ 可以说，生存的根据或基础离不开气。而从人性论的视角看，人性是生存的根据或基础。那么便可以推知：自然之性与气有关，甚至便是气。王弼说："专，任也。致，极也。言任自然之气。致至柔之和，能若婴儿之无所欲乎？则物全而性得矣。"⑨性乃人生初禀之物，便是气。

---

① （魏）王弼：《王弼集校释》，楼宇烈校释，中华书局 1980 年版，第 77 页。
② （魏）王弼：《王弼集校释》，楼宇烈校释，第 28 页。
③ （魏）王弼：《王弼集校释》，楼宇烈校释，第 65 页。
④ （魏）王弼：《王弼集校释》，楼宇烈校释，第 137 页。
⑤ （魏）王弼：《王弼集校释》，楼宇烈校释，第 196 页。
⑥ （魏）王弼：《王弼集校释》，楼宇烈校释，第 117 页。
⑦ （魏）王弼：《王弼集校释》，楼宇烈校释，第 106 页。
⑧ （魏）王弼：《王弼集校释》，楼宇烈校释，第 117 页。
⑨ （魏）王弼：《王弼集校释》，楼宇烈校释，第 23 页。

性乃自然之气，然而却有厚薄之分。王弼说："孔子曰：性相近也。若全同也，相近之辞不生；若全异也，相近之辞亦不得立。今云近者，有同有异，取其共是。无善无恶则同也，有浓有薄则异也，虽异而未相远，故曰近也。"（《论语释疑·阳货》）① 王弼对孔子"性相近"之说作了新的解释，他认为，"性相近"是说人性并不是完全相同，也不是完全相异，而是既有相同也有相异。从本质上看，性作为人生存之本，是没有善恶之分的，这便是相同；但是禀气厚薄略有不同，这便是相异。通常来说，"厚薄"是一种具有物理属性的量词，在这里，王弼从气之厚薄论性，进一步可以推知：王弼之"性"属于一种物理性实体。

以气之厚薄论性，也就是说，性即天生禀赋的气质。这是王弼对于人性问题的基本看法。然而，在性情关系中，王弼明确主张"性本情末"。他说："若以情近性，故云性其情。情近性者，何妨是有欲。若逐欲迁，故云远也；若欲而不迁，故曰近。但近性者正，而即性非正；虽即性非正，而能使之正。"② 以性为本，以情为末，性居于基础性地位，支配并决定情；反之，如果本末倒置，情放纵过度，那么性便没有了地位，这便是性本论。王弼认为，只要情近似于性，有之又何妨？显而易见，王弼对"情"并不持有完全排斥的态度，他甚至认为，圣人"同于人者五情"，"圣人之情，应物而无累于物者"③，这便是圣人有情论。事实上，"圣人有情说"与王弼的本末论是分不开的。众所周知，王弼提倡"崇本举末"，他说："守母以存其子，崇本以举其末，则形名俱有而邪不生，大美配天而

① 根据楼宇烈的解读，王弼这条关于人性的解读，存在于皇侃的《论语义疏》中。参见（魏）王弼《王弼集校释》，楼宇烈校释，第632页。事实上，王弼的性情说特别是"以气论性"的观点对于皇侃的人性论产生了较大影响，相关研究参见张波《皇侃性情论内涵辨析》，《道德与文明》2014年第4期。

② （魏）王弼：《王弼集校释》，楼宇烈校释，第631—632页。

③ （魏）王弼：《王弼集校释》，楼宇烈校释，第640页。

华不作。故母不可远，本不可失。"① 本是母，末是子，母可以生出子，也就是说，本是决定者，末是被决定者。对于本和末的内容，王弼接着说："仁义，母之所生，非可以为母。……舍其母而用其子，弃其本而适其末，名则有所分，形则有所止。"② 仁义源自母，是末是子。同时关于仁义的来源，王弼指出："仁义发于内，为之犹伪，况务外饰，而可久乎！"③ 仁义内在于人身，也就是说，仁义等名教源于人的自然之性。

　　然而，对于常人来说，王弼以为，天生之性容易受到外物的干扰。对此，王弼提出了一种解决方案，即"性其情"，王弼注"性相近，习相远"曰："不性其情，焉能久行其正，此是情之正也。若心好流荡失真，此是情之邪也。若以情近性，故云性其情。情近性者，何妨是有欲。若逐欲迁，故云远也。若欲而不迁，故曰近。但近性者正，而即性非正，虽即性非正，而能使之正。譬如近火者热，而即火非热，虽即火非热，而能使之热。能使之热者何？气也、热也。能使之正者何？仪也、静也。"④ 可见，情分为正邪两种。情发于合理是"正"，反之是"邪"，或者说是"即性"。"即性"，楼宇烈曰："意为听任，放纵其性。"⑤ 以"性"制"情"则是"情之正"；反之，情意流荡失真，则是"情之邪"。进而，他提出使"邪情"归于正的途径。其一曰"仪"，其二曰"静"。"仪"，楼宇烈曰："礼仪规范"⑥，也就是指儒家的伦理纲常制度，《论语·雍也》曰："约之以礼。"《礼记·礼运》曰："夫礼，先王以承天之道，以治人之情。"显然，王弼这是承袭了传统儒家"以礼制情"的观点，从而约束规范人的行为。与之相对，"静"则一直是道家所倡导的修

---

① （魏）王弼：《王弼集校释》，楼宇烈校释，第95页。
② （魏）王弼：《王弼集校释》，楼宇烈校释，第95页。
③ （魏）王弼：《王弼集校释》，楼宇烈校释，第94页。
④ （魏）王弼：《王弼集校释》，楼宇烈校释，第631—632页。
⑤ （魏）王弼：《王弼集校释》，楼宇烈校释，第637页。
⑥ （魏）王弼：《王弼集校释》，楼宇烈校释，第637页。

养方法，《老子》第 16 章曰："致虚极，守静笃。"王弼注曰："守静，物之真正也。"① 简言之，"静"即安顿身心、抑息欲念。《老子》第 25 章注曰："天地之性，人为贵……人不违地，乃得全安，法地也。地不违天，乃得全载，法天也。天不违道，乃得全覆，法道也。道不违自然，乃得其性，[法自然者]。"② 可见，与老子哲学单纯强调顺其自然相比较，王弼揭示了顺自然即顺应物性，这就是"崇本息末"："崇本以息末，守母以存子；贱夫巧术，为在未有；无责于人，必求诸己；此其大要也。"③ 也就是说，"崇本息末"并不是不要"末"，而是说明"本"比"末"更为本原。这从侧面说明，"本"更加需要"末"，"末"也并非可有可无。王弼曰："圣人达自然之（至）[性]，畅万物之情，故因而不为，顺而不施。除其所以迷，去其所以惑，故心不乱而物性自得之也。"④ 也就是说，圣人以自然作为性之根本，就是"以性正情"。或者说，本末论的表现形式之一便是圣人有情，这是王弼哲学的贡献所在。

二　魏晋其他儒者的气性论

除了王弼以外，"以气论性"依然是魏晋时期其他儒者的基本立场。

立足气化宇宙论的视角，阮籍认为，"太初贞人，惟天之根，专气一志，万物以存"⑤。气是万物存在的根本原因，人也不例外。阮籍说："人生天地之中，体自然之形。身者，阴阳之积气也。性者，五行之正性也；情者，游魂之变欲也；神者，天地之所以驭者也。"⑥ 人是阴阳二气所生，人的性情自然含气。性和情的关系是：

---

① （魏）王弼：《王弼集校释》，楼宇烈校释，第 35 页。
② （魏）王弼：《王弼集校释》，楼宇烈校释，第 64—65 页。
③ （魏）王弼：《王弼集校释》，楼宇烈校释，第 196 页。
④ （魏）王弼：《王弼集校释》，楼宇烈校释，第 77 页。
⑤ （三国魏）阮籍：《阮籍集校注》，陈伯君校注，中华书局 2012 年版，第 173 页。
⑥ （三国魏）阮籍：《阮籍集校注》，陈伯君校注，第 141 页。

"阴阳性生，性故有刚柔；刚柔情生，情故有爱恶。"① "天地开辟，万物并生；大者恬其性，细者静其形；阴藏其气，阳发其精；害无所避，利无所争；放之不失，收之不盈。亡不为夭，存不为寿；福无所得，祸无所咎；各从其命，以度相守。"② 性是本，情是末，性情与阴阳之气有关，这是对汉代儒家阴阳性情观的继承。阮籍又认为，圣人制作乐用来教化人性。他说："圣人之作乐也，将以顺天地之体，成万物之性也，故定天地八方之音，以迎阴阳八风之声，均黄钟中和之律，开群生万物之情气。"③ 这就是说，乐教是圣人效仿天道制作的，可以调和人身上的气质，实现人性与天道相合。至于乐教的效果和作用，阮籍指出："乐者，使人精神和平，衰气不入，天地交泰，远物来集，故谓之乐也。"④ 这就是说，乐教能够避免衰气接近人身，使人心平气定。

稽康认为，性就是人的自然本性，与生俱来，不用学习便有。他说："口之于甘苦，身之于痛痒，感物而动，应事而作，不须学而后能，不待借而后有，此必然之理，吾所不易也。"⑤ 这种自然之性离不开气，甚至便是气。他说："元气陶铄，众生禀焉。赋受有多少，故才性有昏明。唯至人特锺纯美，兼周外内，无不毕备。"⑥ 也就是说，人禀气而生，根据禀气程度不同，造成了人的智力和才性的区别，这里的程度指的是数量。然而，稽康认为，人性具有从欲为欢的特点。他说："民之性，好安而恶危，好逸而恶劳，故不扰则其愿得，不逼则其志从。"⑦ 但是，他对欲持有消极态度。他说："嗜欲虽出于人，而非道之正，犹木之有蝎，虽木之所生，而非木之

---

① （三国魏）阮籍：《阮籍集校注》，陈伯君校注，第84页。
② （三国魏）阮籍：《阮籍集校注》，陈伯君校注，第170页。
③ （三国魏）阮籍：《阮籍集校注》，陈伯君校注，第78页。
④ （三国魏）阮籍：《阮籍集校注》，陈伯君校注，第99页。
⑤ （三国魏）稽康：《稽康集校注》，戴明扬校注，第447页。
⑥ （三国魏）稽康：《稽康集校注》，戴明扬校注，第428页。
⑦ （三国魏）稽康：《稽康集校注》，戴明扬校注，第446页。

宜也。"① 可见，欲是不好或消极的东西。事实上，"欲"仍然与气有关。嵇康说："世人不察，惟五谷是见，声色是耽，目惑玄黄，耳务淫哇。滋味煎其府藏，醴醪鬻其肠胃，香芳腐其骨髓，喜怒悖其正气，思虑销其精神，哀乐殃其平粹。"② 欲含气。

嵇康认为，智、欲伤性。他说："不虑而欲，性之动也；识而后感，智之用也。性动者，遇物而动，足则无余。智用者，从感而求，倦而不已。故世之所患，祸之所由，常在于智用，不在于性动。"③ 也就是说，"人性'从欲'的特性，在'智用'的驱使下会趋向无止境，最终导致破坏人性自然状态的平衡，因为'从欲'并非实现人性或成就人性的'得性'，所以如何保持人性的自然状态，就成了人性实践的最大课题"④。在此基础上，他进一步指出："六经以抑引为主，人性以从欲为欢。抑引则违其愿，从欲则得其自然。然则自然之得，不由抑引之六经；全性之本，不须犯情之礼律。固知仁义务于理伪，非养真之要术；廉让生于争夺，非自然之所出也。"⑤ 这就是说，"六经"并不是人本性的产物，而至于"仁义""廉让"更是违背了自然人性。从这个角度出发，嵇康明确肯定了礼乐存在的合理。他说："古人知情之不可放，故抑其所遁；知欲之不可绝，故因其所自。为可奉之礼，制可导之乐。"⑥ 一方面，嵇康从宇宙论的角度对乐的存在进行了论证，他说："音声有自然之和，而无系于人情。"⑦ "夫天地合德，万物资生；寒暑代往，五行以成。[故]章为五色，发为五声。"⑧ 乐是自然的产物。另一方面，嵇康认为，声具有善恶，这是物之自然。他说："夫五色有好丑，五声有善恶，此

---

① （三国魏）嵇康：《嵇康集校注》，戴明扬校注，第296页。
② （三国魏）嵇康：《嵇康集校注》，戴明扬校注，第254页。
③ （三国魏）嵇康：《嵇康集校注》，戴明扬校注，第298页。
④ 许建良：《魏晋玄学伦理思想》，人民出版社2003年版，第226页。
⑤ （三国魏）嵇康：《嵇康集校注》，戴明扬校注，第447页。
⑥ （三国魏）嵇康：《嵇康集校注》，戴明扬校注，第358页。
⑦ （三国魏）嵇康：《嵇康集校注》，戴明扬校注，第350页。
⑧ （三国魏）嵇康：《嵇康集校注》，戴明扬校注，第346页。

物之自然也。"① 而乐教化人性的原理是感应。嵇康说："同声相应，同气相求，自然之分也。音不和，则比弦不动；声同则远相应。"②比如："和心足于内，和气见于外；故歌以叙志，儛以宣情。然后文之以采章，照之以风雅，播之以八音，感之以太和；导其神气，养而就之；迎其情性，致而明之；使心与理相顺，气与声相应。合乎会通，以济其美。"③ 乐教的目标便是要实现"性动则纠之以和。……性气自和，则无所困于防闲；情志自平，则无鬱而不通"④。总之，"气"之和是人性的最佳状态。

郭象认为，"天地以万物为体，而万物必以自然为正"⑤，"自然耳，故曰性"⑥。人性就是自然。或者说，性的特征是自然。比如："性之不可去者，衣食也；事之不可废者，耕织也；此天下之所同而为本者也。"⑦ 人天生就具备些许生理属性，这是人与生俱来的本性。另一方面，他又说："夫仁义者，人之性也。"⑧ "夫仁义自是人之情性，但当任之耳。"⑨ 仁义也属于人的本性。但是郭象认为，万物存在的终极性依据在于自身。他说："自然已足"⑩，"生生者谁哉？块然而自生耳。自生耳，非我生也。我既不能生物，物亦不能生我，则我自然矣。自己而然，则谓之天然。……故物各自生，而无所出焉，此天道也"⑪。也就是说，性是物的一种规定性，物之所以为物，因其有性。

---

① （三国魏）嵇康：《嵇康集校注》，戴明扬校注，第 349 页。
② （三国魏）嵇康：《嵇康集校注》，戴明扬校注，第 513 页。
③ （三国魏）嵇康：《嵇康集校注》，戴明扬校注，第 357 页。
④ （三国魏）嵇康：《嵇康集校注》，戴明扬校注，第 299 页。
⑤ （清）郭庆藩撰：《庄子集释》，王孝鱼点校，中华书局 2012 年版，第 20 页。
⑥ （清）郭庆藩撰：《庄子集释》，王孝鱼点校，第 694 页。
⑦ （清）郭庆藩撰：《庄子集释》，王孝鱼点校，第 334 页。
⑧ （清）郭庆藩撰：《庄子集释》，王孝鱼点校，第 519 页。
⑨ （清）郭庆藩撰：《庄子集释》，王孝鱼点校，第 318 页。
⑩ （清）郭庆藩撰：《庄子集释》，王孝鱼点校，第 525 页。
⑪ （清）郭庆藩撰：《庄子集释》，王孝鱼点校，第 50 页。

性是物之存在的终极性依据，仍然离不开气。郭象说："谁得先物者乎哉？吾以阴阳为先物，而阴阳者即所谓物耳。谁又先阴阳者乎？吾以自然为先之，而自然即物之自尔耳。吾以至道为先之矣，而至道者乃至无也。既以无矣，又奚为先？然则先物者谁乎哉？而犹有物，无已，明物之自然，非有使然也。"① 性含气。比如圣人便是"受自然之正气"②。与以往学者不同的是，郭象提出"各有定分说"。他说："夫物未尝以大欲小，而必以小羡大，故举小大之殊各有定分，非羡欲所及，则羡欲之累可以绝矣。夫悲生于累，累绝于悲去，悲去而性命不安者，未之有也。"③ 对待"性分"，郭象提出"足性"。他说："苟足于其性，则虽大鹏无以自贵于小鸟，小鸟无羡于天池，而荣愿有余矣。故小大虽殊，逍遥一也。"④ "足性"便是逍遥。

总的来说，在儒家气性论的历史上，王弼的创新之处在于，以本末论的思维讨论性情问题，特别是"崇本举末"和"崇本息末"等主张，表面上看似相互矛盾的命题，实则是为仁义名教寻找终极依据。特别是他以禀气厚薄论性，并以"性静情动"为特色的"道家的自然人性改造儒家的道德人性，把人性提升到'以无为本'的高度，从本末关系说明自然人性为本、礼义道德为用，使之成为'名教出于自然'的理论根据"⑤。阮籍、嵇康和郭象也都是以气论性者，并各具特色。而从气性论的发展历史看，这些都是对秦汉儒家气性论的承接和延续，综合起来看，他们的思维虽然具有本体论的倾向，但是经验性的痕迹还是比较明显，比如王弼的本末论，"依然是经验的"，"离思辨的哲学还有些距离"⑥。不过从另一

---

① （清）郭庆藩撰：《庄子集释》，王孝鱼点校，第764页。

② （清）郭庆藩撰：《庄子集释》，王孝鱼点校，第194页。

③ （清）郭庆藩撰：《庄子集释》，王孝鱼点校，第13页。

④ （清）郭庆藩撰：《庄子集释》，王孝鱼点校，第9页。

⑤ 韩强：《王弼与中国传统文化》，贵州人民出版社2001年版，第154—155页。

⑥ 沈顺福：《本末论与王弼的哲学贡献》，《孔学堂》2017年第3期。

方面看，这种思维对儒家气性论的研究具有创造性的进步，特别是对宋明理学从本体论的视角提出天命之性和气质之性说产生了深远影响。

第二节　宋明清儒家气性论发展史：从本末论到本体论的提升再到回归传统自然主义人性论

如果将孔子至魏晋时期的儒学称为古典儒学，那么，宋明之后的儒学可以称为"新儒学"，之所以"新"，是因为在佛教和道教的影响下，宋明之后儒家的思维方式发生了根本性变革，真正开始以体用论的思维方式思考生活的意义世界，探讨"性与天道"等问题。具体来说，理学家开始用超越的"理"定义人的本性，儒家人性论正式走入形而上领域，同时需要注意的是，理学家用超越的"理"来定义人的本质，但是并未完全抛弃"用气为性"的人性传统。进一步说，气性论发展到宋代，呈现出新的时代和历史特点。

一　北宋儒家的气性论

1. "气以载性"与张载的气性论

性是什么？张载认为："天下凡谓之性者，如言金性刚，火性热，牛之性，马之性也，莫非固有。"① 性是物或人的本质。而人性，张载认为，它有两层含义。一方面，人性指人的生理或自然属性。张载指出："饮食男女皆性也，是乌可灭？"② 饮食男女之类的自然属性，是与生俱来的，也就是说，生物性是人性的重要内容。另一方面，人性指仁义礼智等道德属性。张载称："仁义人道，性之

---

① （宋）张载：《张载集》，章锡琛点校，第374页。
② （宋）张载：《张载集》，章锡琛点校，第63页。

立也。"① "仁义礼智,人之道也;亦可谓性。"② 也就是说,张载以仁义为性,并认为仁义是人物之异的根本原因。

人性的这两层含义,与气有关。张载提出:"合虚与气,有性之名。"③ 性是虚与气相合而成的。④ 虚即太虚,有两层含义。一方面,太虚是天地万物的本原。张载说:"虚者天地之祖,天地从虚中来。"⑤ "气之为物,散入无形,适得吾体;聚为有象,不失吾常。太虚不能无气,气不能不聚而为万物,万物不能不散而为太虚。循是出入,是皆不得已而然也。"⑥ 人也是气的产物。"气于人,生而不离、死而游散者谓魂;聚成形质,虽死而不散者谓魄。"⑦ 气让人获得生机或生命,体现为魂魄之气。其中,魂是生而不离、死而游散之气,魄是聚成形质、死而不散之气。换言之,气是生存的根据。另一方面,虚是气的本然状态。张载说:"太虚无形,气之本体,其聚其散,变化之客形尔"⑧ "太虚即气"⑨,"太虚为清,清则无碍,无碍故神"⑩。而气,张载认为,至少有两层含义。一方面,气具有物理属性。张载说:"气其一物尔"⑪,"气之为物"⑫,"凡可状,皆有也;凡有,皆象也;凡象,皆气也"⑬。气即物。另一方面,气有刚柔、缓速、清浊、阴阳等不同种类。张载说:"天

① (宋)张载:《张载集》,章锡琛点校,第18页。
② (宋)张载:《张载集》,章锡琛点校,第324页。
③ (宋)张载:《张载集》,章锡琛点校,第9页。
④ 向世陵认为,这种"合"是"性为气所内涵的有机构成"。向世陵:《张载"合两"成性义释》,《哲学研究》2005年第2期。
⑤ (宋)张载:《张载集》,章锡琛点校,第326页。
⑥ (宋)张载:《张载集》,章锡琛点校,第7页。
⑦ (宋)张载:《张载集》,章锡琛点校,第19页。
⑧ (宋)张载:《张载集》,章锡琛点校,第7页。
⑨ (宋)张载:《张载集》,章锡琛点校,第8页。
⑩ (宋)张载:《张载集》,章锡琛点校,第9页。
⑪ (宋)张载:《张载集》,章锡琛点校,第64页。
⑫ (宋)张载:《张载集》,章锡琛点校,第7页。
⑬ (宋)张载:《张载集》,章锡琛点校,第63页。

（理）［下］无两物一般"①，"气有刚柔、缓速、清浊之气也"②，这便是"气则有异"。

　　基于对太虚和气的这种认识，张载认为，性乃气所固有。首先，他说："气之性本虚而神，则神与性乃气所固有。"③ 也就是说，性是"气之性"，而非"性之气"。其次，张载将人性划分为天命之性和气质之性两层。他说："形而后有气质之性，善反之则天地之性存焉。"④ 又说："湛一，气之本；攻取，气之欲。"⑤ 一方面，如饮食男女之类的自然属性，比如"口腹于饮食，鼻舌于臭味"⑥，这些都是由气形成的，或者说是"气之欲"，张载将其称作"气质之性"或"攻取之性"，这便是"刚柔缓速，人之气也。亦可谓性"。⑦ 另一方面，源自天地或太虚的本然之性，张载将其称作"天地之性"或"湛一之性"。比如："人生固有天道"⑧，"性即天也"⑨，"天地之性，久大而已矣"⑩。然而，无论是哪种性，张载认为，都是以"虚"与"气"作为存在的根据。对此，杨儒宾说："张载的人性论是双重的构造：表层的气质之性是气落实到人身上所呈现的特殊的私人性的气性，这样的气性人人皆有，但人人不同；底层的性则是作为宇宙本体的天地之性，这样的性不但是人人共享，而且，我们不妨说人与万物在超越的意义下是同一家族，不，当说是同一的。"⑪ 也就是说，张载从本原上论证了人性的根源。

---

① （宋）张载：《张载集》，章锡琛点校，第330页。
② （宋）张载：《张载集》，章锡琛点校，第281页。
③ （宋）张载：《张载集》，章锡琛点校，第63页。
④ （宋）张载：《张载集》，章锡琛点校，第23页。
⑤ （宋）张载：《张载集》，章锡琛点校，第22页。
⑥ （宋）张载：《张载集》，章锡琛点校，第22页。
⑦ （宋）张载：《张载集》，章锡琛点校，第324页。
⑧ （宋）张载：《张载集》，章锡琛点校，第325页。
⑨ （宋）张载：《张载集》，章锡琛点校，第311页。
⑩ （宋）张载：《张载集》，章锡琛点校，第24页。
⑪ 杨儒宾：《从〈五经〉到〈新五经〉》，上海古籍出版社2019年版，第199页。

那么，人性是善的？还是恶的？抑或兼而有之？张载指出："性未成则善恶混。"① 何谓"性未成"？张载说："故气质之性，君子有弗性者焉。"② 君子不以气质之性作为人的本性，可见，未成之性即气质之性。张载认为，"人之性（则）［虽］同，气则［有异］"③。比如："气质犹人言性气，气有刚柔、缓速、清浊之气也，质，才也。气质是一物，若草木之生亦可言气质。"④ 从本原角度来说，张载认为，"性于人无不善，系其善反不善反而已"⑤。也就是说，"天地之性"或"湛一之性"因为没有气质的掺杂，是纯善的，但从现实角度看，"气"对于人性更多的是消极或负面意义，张载认为，"人之刚柔、缓急、有才与不才，气之偏也"⑥。也就是说，"气质之性"有"偏"，由于人禀受的刚柔、清浊、偏正之气不同，形成的气质之性也各不相同，既可以是善的，也可以是恶的，或者是善恶相混的。综合起来看，便是"性同气异"。

从现实层面来看，既然张载认为"性未成"，那么，人性论的归宿最终是要实现"成性"。张载提倡"于其气上成性"⑦。一方面，张载提出养气说。他说："天本参和不偏，养其气，反之本而不偏，则尽性而天矣。"⑧ 所养之气，通常是善气或正面之气，比如"浩然之气"。他说："养浩然之气是集义所生者，集义犹言积善也，义须是常集，勿使有息，故能生浩然道德之气。"⑨ 另一方面，人应该变化气质，克治气质之偏，返回到"天地之性"。张载说："能克己则

---

① （宋）张载：《张载集》，章锡琛点校，第23页。
② （宋）张载：《张载集》，章锡琛点校，第23页。
③ （宋）张载：《张载集》，章锡琛点校，第330页。
④ （宋）张载：《张载集》，章锡琛点校，第281页。
⑤ （宋）张载：《张载集》，章锡琛点校，第22页。
⑥ （宋）张载：《张载集》，章锡琛点校，第23页。
⑦ （宋）张载：《张载集》，章锡琛点校，第318页。
⑧ （宋）张载：《张载集》，章锡琛点校，第23页。
⑨ （宋）张载：《张载集》，章锡琛点校，第281页。

为能变，化却习俗之气性，制得习俗之气。"① 具体的方法便是"学习"。他说："学者先须变化气质"，②"气质恶者学即能移"③，"为学大益在自求变化气质"④。学习的内容便是礼。他说："凡未成性，须礼以持之，能守礼已不畔道矣。"⑤ 比如："不以嗜欲累其心，不以小害大、末丧本焉尔"⑥，这便是"知礼成性"⑦。最终实现"恶尽去则善因以（亡）［成］"⑧，"德胜其气，性命于德"⑨ 的目标追求，这就是"成性"与"变化气质"的工夫。

气为性存在的基础和根据。朱熹称"气质之性"，"极有功于圣门"⑩，然而，张载"以气载性说"也存在些许不足。特别是他将"太虚"与"气"挂钩，认为太虚即气，又将太虚视为本体，这对于形而上哲学的建构有些不彻底，招致了二程和朱熹等后来学者的批评。例如，二程说："气，形而下者。"⑪ "子厚以清虚一大名天道，是以器言，非形而上者。"⑫ 朱熹说："如以太虚太和为道体，却只是说得形而下者。"⑬ 这是其最大的理论问题。

2. "缘气论性"与二程的气性论

二程以"理"为核心概念，建立了理本体论。而"理"，至少具有以下几层含义。"理"为物之所以然。二程曰："凡眼前无非是

---

① （宋）张载：《张载集》，章锡琛点校，第 281 页。
② （宋）张载：《张载集》，章锡琛点校，第 274 页。
③ （宋）张载：《张载集》，章锡琛点校，第 266 页。
④ （宋）张载：《张载集》，章锡琛点校，第 321 页。
⑤ （宋）张载：《张载集》，章锡琛点校，第 264 页。
⑥ （宋）张载：《张载集》，章锡琛点校，第 22 页。
⑦ （宋）张载：《张载集》，章锡琛点校，第 37 页。
⑧ （宋）张载：《张载集》，章锡琛点校，第 23 页。
⑨ （宋）张载：《张载集》，章锡琛点校，第 23 页。
⑩ （宋）黎靖德编：《朱子语类》，王星贤点校，第 70 页。
⑪ （宋）程颢、程颐：《二程集》，王孝鱼点校，第 64 页。
⑫ （宋）程颢、程颐：《二程集》，王孝鱼点校，第 1174 页。
⑬ （宋）黎靖德编：《朱子语类》，王星贤点校，第 2532 页。

物，物物皆有理，如火之所以热，水之所以寒。"① 火之所以热、水之所以寒，都是因为理。所以，二程以为，"穷物理者，穷其所以然也"②。穷理就是穷物之所以然。对人来说，理是人之所以为人者。二程曰："人之所以为人者，以有天理也。天理之不存，则与禽兽何异矣？"③ 天理是人与禽兽的本质区别。二程又说："君子所以异于禽兽者，以有仁义之性也。"④ 在二程看来，人之所以为人，是因为具有仁义。进一步说，仁义是人理和物理之间最大的区别。或者说，形而上之理落到具体的人身上便是性。他们说："仁、义、礼、智、信五者，性也。"⑤ "性即理也，所谓理，性是也。"⑥ 性即理。

什么是气？一方面，二程认为，气是有形之物。二程说："既言气，则已是一段有形体之物。"⑦ 气能生物。"万物之始，皆气化而已"⑧，"地气不上腾，则天气不下降；天气下降至于地中，生育万物者，乃天之气也"⑨。天以气化流行生物。另一方面，二程认为，气有阴阳之气、纯气、浊气等不同的种类。比如："阴阳，气也"⑩，"纯气为人，繁气为虫"⑪。人身上也含气。"人乃五行之秀气，此是天地纯粹气所生也。"⑫ 人气是天地纯粹之气，物气（比如虫）则是繁气。换言之，人物之异是因为气之别。

值得注意的是，对于性气关系的讨论，《二程集》载："论性而

---

① （宋）程颢、程颐：《二程集》，王孝鱼点校，第 247 页。
② （宋）程颢、程颐：《二程集》，王孝鱼点校，第 1272 页。
③ （宋）程颢、程颐：《二程集》，王孝鱼点校，第 1272 页。
④ （宋）程颢、程颐：《二程集》，王孝鱼点校，第 323 页。
⑤ （宋）程颢、程颐：《二程集》，王孝鱼点校，第 14 页。
⑥ （宋）程颢、程颐：《二程集》，王孝鱼点校，第 292 页。
⑦ （宋）程颢、程颐：《二程集》，王孝鱼点校，第 148 页。
⑧ （宋）程颢、程颐：《二程集》，王孝鱼点校，第 79 页。
⑨ （宋）程颢、程颐：《二程集》，王孝鱼点校，第 1226 页。
⑩ （宋）程颢、程颐：《二程集》，王孝鱼点校，第 163 页。
⑪ （宋）程颢、程颐：《二程集》，王孝鱼点校，第 198—199 页。
⑫ （宋）程颢、程颐：《二程集》，王孝鱼点校，第 199 页。

不及气，则不备；论气而不及性，则不明。"① 这句话可以视为二程性气关系的纲领。大意是说，讨论"性"的时候，不讨论"气"便不完备，讨论"气"的时候，不讨论"性"便不明朗。换言之，性和气的关系十分紧密。然而，对于如何理解"气质之性"，或者说性与气的关系，明道和伊川的看法略有不同。

明道指出："'生之谓性'，性即气，气即性，生之谓也。人生气禀，理有善恶，然不是性中元有此两物相对而生也。有自幼而善，有自幼而恶，是气禀有然也。善固性也，然恶亦不可不谓之性也。盖'生之谓性'、'人生而静'以上不容说，才说性时，便已不是性也。凡人说性，只是说'继之者善'也，孟子言人性善是也。夫所谓'继之者善'也者，犹水流而就下也。皆水也，有流而至海，终无所污，此何烦人力之为也？有流而未远，固已渐浊；有出而甚远，方有所浊。有浊之多者，有浊之少者。清浊虽不同，然不可以浊者不为水也。如此，则人不可以不加澄治之功。故用力敏勇则疾清，用力缓怠则迟清，及其清也，则却只是元初水也。亦不是将清水来换却浊，亦不是取出浊来置在一隅也。水之清，则性善之谓也。故不是善与恶在性中为两物相衬，各自出来。此理，天命也。顺而循之，则道也。循此而修之，各得共分，则教也。"② 这段话可谓明道气质之性说的集中体现，我们认为，它至少具备以下几层内涵。一是，明道肯定了"生之谓性"的观点。我们知道，"生之谓性"是先秦学者告子提出的，大意是，性就是人的生理欲望。明道接续此说并把"性"与"气"联系起来，落实到"气禀"而言"性"，进一步提出"性即气，气即性"的论断，但需要注意的是，明道

---

① （宋）程颢、程颐：《二程集》，王孝鱼点校，第1253页。
② （宋）程颢、程颐：《二程集》，王孝鱼点校，第10—11页。书中未标明此段是谁说的，但是《宋元学案》将此段放在《明道学案》中，我们从《宋元学案》说。参见（清）黄宗羲原著，全祖望补修《宋元学案》，陈金生、梁运华点校，中华书局1986年版，第564—565页。

"'性即气，气即性'，是性不离气之意，并不是以气为性"①。二是，明道认为"善"与"恶"二者都属于性。他认为，清水和浊水虽然清浊程度不同，但是它们都属于水，同理"善"和"恶"两者，虽然论说的角度不同，但它们都属于人性，这便是"善固性也，然恶亦不可不谓之性也"。三是，明道从"人生而静"和"才说性"的角度讨论性之善恶。"'人生而静以上不容说'，是指天地之性或本然之性。'不容说'，并不是不存在，只是说，本然之性不离气质而存在，因此，才说性时便已不是那本然之性也。"② 换句话说，明道从本体和发用两个层面论性之善恶，作为本体层面的本然之性（"不容说"之性或"理性"）没有"善"与"恶"的对立，也就是说只善不恶，而作为现实层面的人性之恶源自"气禀"使然，则有善有恶。"天地之性或本然之性，不离气质，那么，气质也就是性。'天地之性'作为天地生生之理，作为形而上的道德本体，本来是善，但是必须通过'气禀'，才能成为现实的人性。离了'气禀'或'气质'，也就无所谓性。"③ 简言之，"性不离气，善恶皆性"④ 是明道人性论的基本立场。

与明道所不同的是，伊川并不认为人性有恶。他说："言性当推其元本。"⑤ 讨论人性问题应该从本原上讨论。那么，什么是性之本？伊川说："性即理也。所谓理，性是也。天下之理，原其所自，未有不善。"⑥ 性之本便是理。这也就意味着，终极性的本原之性绝对是善的。从本原角度看，伊川认为人性没有不善，比如孟子性善便是如此。他说："言人性善，性之本也"⑦，"孟子之言善者，乃极

① 蒙培元：《理学范畴系统》，人民出版社1987年版，第234页。
② 蒙培元：《理学范畴系统》，第234页。
③ 蒙培元：《理学范畴系统》，第234页。
④ 蒙培元：《理学范畴系统》，第234页。
⑤ （宋）程颢、程颐：《二程集》，王孝鱼点校，第313页。
⑥ （宋）程颢、程颐：《二程集》，王孝鱼点校，第292页。
⑦ （宋）程颢、程颐：《二程集》，王孝鱼点校，第207页。

本穷源之性"①。同时伊川对"生之谓性"和"天命之性"两个命题
作了进一步解说，他说："'生之谓性'与'天命之谓性'同乎？性
字不可一概论。'生之谓性'，止训所禀受也。'天命之谓性'，此言
性之理也。今人言天性柔缓，天性刚急，俗言天成，皆生来如此，
此训所禀受也。若性之理也则无不善，曰天者，自然之理也。"② 伊
川认为，"生之谓性"是从禀受角度说的，"天命之性"是从本原角
度说的，他们论说的角度不同。进一步说，"性只是理，只是善。理
既是宇宙本体，又是道德本体，即价值论的最高原则"③。为了将
"性"言说明白，伊川还使用了"才"的概念。他说："才乃人之资
质，循性修之，虽至恶可胜而为善。"④ "才"是人的"资质"。既然
人的本原之性是绝对的善，那么为何有不善或恶？伊川将性恶的原
因归为"才"。《二程集》载："问：'人性本明，因何有蔽？'曰：
'此须索理会也。孟子言人性善是也。虽荀、杨亦不知性。孟子所以
独出诸儒者，以能明性也。性无不善，而有不善者才也。性即是理，
理则自尧、舜至于途人，一也，才禀于气，气有清浊。禀其清者为
贤，禀其浊者为愚'。"⑤ "性出于天，才出于气，气清则才清，气浊
则才浊……才则有善与不善，性则无不善。"⑥ "才"便是气禀。在
伊川看来，包括孔子在内的其他儒者，所讨论的"性"都只是"才"
（"气"）而已，实则乃气质之性。比如："'性相近也，习相远也'，
性一也，何以言相近？曰：'此只是言性（一作气）质之性。如俗言
性急性缓之类，性安有缓急？此言性者，生之谓性也。'"⑦ 总而言
之，伊川以为，"性是普遍性的超越的理性原则，人人皆有，但这是

---

① （宋）程颢、程颐：《二程集》，王孝鱼点校，第63页。
② （宋）程颢、程颐：《二程集》，王孝鱼点校，第313页。
③ 蒙培元：《理学范畴系统》，第235页。
④ （宋）程颢、程颐：《二程集》，王孝鱼点校，第292页。
⑤ （宋）程颢、程颐：《二程集》，王孝鱼点校，第204页。
⑥ （宋）程颢、程颐：《二程集》，王孝鱼点校，第252页。
⑦ （宋）程颢、程颐：《二程集》，王孝鱼点校，第207页。

就本原上说。具体地说，则不能人人皆善，而必有恶，但恶不是来源于性，而是来源于才。才指'才质''质干'，即感性物质一类特质，由形而下之气所成。才质也就是气质。因此，性与气，善与恶是直接对立的"①。可见，在论性领域，伊川以孟子言性之本抬高了孟子的地位，而孔子因为从生（气）论性，地位则被放置得比较低，这也是明清气质人性论者对程朱理学性论不满的原因之一。

从现实角度而言，人性有善或恶，那么做人的工夫便是趋善抑恶。或者说，人身上的不善或消极的气质需要改变。二程认为，改变的方式便是学习。他们说："学至气质变，方是有功。"② 学习的第一等事情是变化气质，而气质变化的基本原理便是感应。二程提出："天地之间，只有一个感与应而已，更有甚事？"③ 至于"感"，在二程的思想中有两种。一是气之感应。气之感应有两层内涵，一层是气之交感。生物的方式便是交感。二程说："物生则气聚，死则散而归尽。"④ "圣人之生，亦天地交感，五行之秀，乃生圣人。"⑤ 气聚生物。另一层是气之相应。比如："人之作恶，有恶气，与天地之恶气相击搏，遂以震死。霹雳，天地之怒气也。如人之怒，固自有正，然怒时必为之作恶，是怒亦恶气也。怒气与恶气相感故尔。"⑥ 人身上的气能够与天地之气相互感召吸引，比如人之怒气（恶气）与天之怒气（恶气）相遇相感便会产生霹雳，其结果便是导致人死。可以说，感与应是万物交流的基本形式。二是理之感通。气感是万物交流的基本形式，而理感则是形而上与形而下互通的方式。在儒家感应史上，二程的贡献在于提出："心所感通者，只是理也。"⑦ 心

---

① 蒙培元：《理学范畴系统》，第 235 页。
② （宋）程颢、程颐：《二程集》，王孝鱼点校，第 190 页。
③ （宋）程颢、程颐：《二程集》，王孝鱼点校，第 152 页。
④ （宋）程颢、程颐：《二程集》，王孝鱼点校，第 56 页。
⑤ （宋）程颢、程颐：《二程集》，王孝鱼点校，第 159 页。
⑥ （宋）程颢、程颐：《二程集》，王孝鱼点校，第 237 页。
⑦ （宋）程颢、程颐：《二程集》，王孝鱼点校，第 56 页。

能够与理相感通，理即天理。而心之所以能够认知理，一方面，从理学本体论的视角看，是因为理与心一，或者说，心通于理。二程说："圣人视亿兆之心犹如一心者，通于理而已。"① 另一方面，是因为人心之虚。二程说："人心虚，故物能感之。"② 心虚所以可以体认内在之理。

与此同时，二程以为，"性之有形者谓之心"③。心既然是有形的性，也就意味着，心必然是气的产物，或者说涉及经验领域。进一步说，心有不善或消极的一面，这便是心的体和用两个层面。二程说："心一也，有指体而言者，寂然不动是也；有指用而言者，感而遂通天下之故是也。"④ 比如："心本善，发于思虑，则有善有不善。若既发，则可谓之情，不可谓之心。"⑤ 心之本体是未发层面，心之用是已发层面，本体层面是善的，发用层面有不善，此即"道心"和"人心"。他们说："'人心'，私欲也；'道心'，正心也。"⑥ 心有体用两层，这便容易导致出现"理与心一，而人不能会之为一"⑦ 的情况。所以，二程提倡"治心"。他们说："学本是治心，岂有反为心害?"⑧ 学习就是治心，就是让道占据人心。"夫心通乎道，然后能辨是非。"⑨ 具体的方式便是"以正相感"。他们说："利贞，相感之道利在于正也。不以正，则入于恶矣，如夫妇之以淫姣，君臣之以媚说，上下之以邪僻，皆相感之不以正也。"⑩ 与之相反，心若不正或有私便不能与理相通。心要感之以正道便要做到诚、

---

① （宋）程颢、程颐：《二程集》，王孝鱼点校，第 764 页。
② （宋）程颢、程颐：《二程集》，王孝鱼点校，第 1010 页。
③ （宋）程颢、程颐：《二程集》，王孝鱼点校，第 318 页。
④ （宋）程颢、程颐：《二程集》，王孝鱼点校，第 1183 页。
⑤ （宋）程颢、程颐：《二程集》，王孝鱼点校，第 204 页。
⑥ （宋）程颢、程颐：《二程集》，王孝鱼点校，第 256 页。
⑦ （宋）程颢、程颐：《二程集》，王孝鱼点校，第 76 页。
⑧ （宋）程颢、程颐：《二程集》，王孝鱼点校，第 156 页。
⑨ （宋）程颢、程颐：《二程集》，王孝鱼点校，第 601 页。
⑩ （宋）程颢、程颐：《二程集》，王孝鱼点校，第 855 页。

做到敬。二程说："人心不能不交感万物，亦难为使之不思虑。若欲免此，唯是心有主。如何为主？敬而已矣。"①"学要在敬也、诚也，中间便有个仁。"② 二程以祭祀为例说："人与人既为类，骨肉又为一家之类。己与尸各既已洁齐，至诚相通，以此求神，宜其飨之。"③ 至诚便能相感相通。又如："至如祭祀之享亦同。鬼神之理在彼，我以此理向之，故享也。不容有二三，只是一理也。"④"感通"即"理感"。可以这么说，形而上之理以心的气化感应打通了人走向美好境地的道路。

总之，二程赋予"理"新的内涵，并建构了理气二元的人性论。但是，天命之性与气质之性是什么关系？或者说，气质之性是否蕴含性之本？二程对此并没有给予妥善的解决，这个任务是由朱熹完成的。

二　南宋儒家的气性论

1. "理气不离"与朱熹的气性论

理学的另外一个问题，就是理气关系的问题，朱熹对此作了详细阐释，并在此基础上建构了以气论性的学说。朱子的理气关系至少包含四层内容。

一是理在气先。在朱子看来，"未有天地之先，毕竟也只是理"⑤。"问：有是理便有是气，似不可分先后？曰：要之，也先有理，只不可说是今日有是理，明日却有是气；也须有先后，且如万一山河大地都陷了，毕竟理却在这里。"⑥ 意思是说，理和气并没有先后可言，如果要追究，理在先，气在后，这里的先后是逻辑意义

---

① （宋）程颢、程颐：《二程集》，王孝鱼点校，第168—169页。
② （宋）程颢、程颐：《二程集》，王孝鱼点校，第141页。
③ （宋）程颢、程颐：《二程集》，王孝鱼点校，第7页。
④ （宋）程颢、程颐：《二程集》，王孝鱼点校，第52页。
⑤ （宋）黎靖德编：《朱子语类》，王星贤点校，第1页。
⑥ （宋）黎靖德编：《朱子语类》，王星贤点校，第4页。

上的先后，而非时间意义上的先后。

二是理生物。理生物并不是直接生出万物，而是要凭借气这一材料。朱熹指出："天地之间，有理有气。理也者，形而上之道也，生物之本也；气也者，形而下之器也，生物之具也。是以人物之生，必禀此理然后有性；必禀此气然后有形。"①万物都是理气的结合。比如："人之所以生，理与气合而已。天理固浩浩不穷，然非是气，则虽有是理而无所凑泊。故必二气交感，凝结生聚，然后是理有所附着。凡人之能言语动作，思虑营为，皆气也，而理存焉。故发而为孝弟忠信仁义礼智，皆理也。"②从生存论的视角看，人的存在是"理与气合"，即"理"与"气"的有机统一，其中，理为生存之本（终极性根源），气为生存之具（物质材料），而人的言语动作，包括仁义礼智的行为都是气化流行的结果，在这一过程中，理也存在于其中。这是朱熹理生物的基本立场。

三是理气不离。朱子认为，理和气的关系是，理和气不能相互分离。他说："天下未有无理之气，亦未有无气之理"③，"气是依傍这理行。及此气之聚，则理亦在焉"④，"无是气，则是理亦无挂搭处"⑤，"言物则气与理皆在其中"⑥，"但有此气，则理便在其中"⑦。也就是说，理气双方相依不离。

在理气关系基础上，朱子进一步展开了对人性问题的讨论。与宋代其他学者一样，朱子以为，人性有两层含义，即气质之性和天命之性。朱熹提出："论天地之性，则专指理言；论气质之性，则以

---

① （宋）朱熹撰：《晦庵先生朱文公文集》（四），徐德明、王铁点校，上海古籍出版社、安徽教育出版社 2002 年版，第 2755 页。

② （宋）黎靖德编：《朱子语类》，王星贤点校，第 65 页。

③ （宋）黎靖德编：《朱子语类》，王星贤点校，第 2 页。

④ （宋）黎靖德编：《朱子语类》，王星贤点校，第 3 页。

⑤ （宋）黎靖德编：《朱子语类》，王星贤点校，第 3 页。

⑥ （宋）黎靖德编：《朱子语类》，王星贤点校，第 1690 页。

⑦ （宋）黎靖德编：《朱子语类》，王星贤点校，第 3 页。

理与气杂而言之。"① 这段话可谓朱熹理气人性说的集中体现，我们
认为，至少具备以下几层内涵。一方面，从形而上的本原角度看，
朱子认为，天地之性即理，也就是说，天地之性与气质毫无瓜葛，
那么如此一来，人性便自然是善的。另一方面，从现实角度看，因
为理和气是不离相依的，因此，天地之性要呈现出来，必然会涉及
气质，所以"天命之性，若无气质，却无安顿处"②。这便是"理气
不离"在人性论上的反映。这与程明道以气论性的观点非常相似。
朱熹还说："性，即理也。天以阴阳五行化生万物，气以成形，而理
亦赋焉，犹命令也。于是人物之生，因各得其所赋之理，以为健顺
五常之德，所谓性也。"③ 在朱熹看来，从本原角度来说，性即理，
所以，性无不善，这就是天命之性，然而，现实中的人又因禀赋气
质的差异，所以形成不同人性，这便是气质之性，而两种人性的关
系是不可分离的。

　　然而，朱熹又进一步指出，现实当中的人性都是气质之性。《朱
子语类》载："人物未生时，只可谓之理，说性未得……才谓之性，
便是人生以后，此理已堕在形气之中，不全是性之本体矣……大抵
人有此形气，则是此理始具于形气之中，而谓之性。才是说性，便
已涉乎有生而兼乎气质，不得为性之本体也。然性之本体，亦未尝
杂。"④ 可见，在朱子那里，"气"与"气质"是两个概念，还略有
不同，其中，"气质是气与质。气与质还有一定区别：气是所禀受的
气，质是形体"⑤。也就是说，质是物，具有物理属性。朱熹还说：
"质并气而言，则是'形质'之'质'"⑥，"气积为质，而性具

① （宋）黎靖德编：《朱子语类》，王星贤点校，第67页。
② （宋）黎靖德编：《朱子语类》，王星贤点校，第66页。
③ （宋）朱熹撰：《四书章句集注》，第19页。
④ （宋）黎靖德编：《朱子语类》，王星贤点校，第2430页。
⑤ 张岱年：《中国古典哲学概念范畴要论》，中华书局2017年版，第212页。
⑥ （宋）黎靖德编：《朱子语类》，王星贤点校，第76页。

焉"①，"性离气禀不得。有气禀，性方存在里面；无气禀，性便无所寄搭了"②。这就表明，气质是天命之性落到现实人性的物质载体，天命之性通过气质得以表现。甚至可以说，"气质之性，便只是天地之性"③。意思是说，天命之性就是理，而气质之性兼具"理"与"气"两个方面，亦即气质之性涉及天命之性和气质。

那么，天命之性和气质之性两者的关系是什么？或者说，于人而言，有天命之性，还有气质之性？或者说两者兼而有之？在朱子看来，"性"只有一个，只有"气质之性"。《朱子语类》载：问"人生而静以上"一段。曰："程先生说性有本然之性，有气质之性。人具此形体，便是气质之性。才说性，此'性'字是杂气质与本来性说，便已不是性。这'性'字却是本然性。才说气质底，便不是本然底也。'人生而静'以下，方有形体可说；以上是未有形体，如何说？"④ 由此可见，对于朱熹来说，"他虽然对照两种性，却不认为这两种性是本体论上的断层，而是后者包含前者，'气质之性'实即'天命之性'加上气。很显然地，他的人性论是他形上学的理气论之翻版。……就人性而言，理气的结合就一变而为性气的结合"⑤。也就是说，"任何人的气质之性都是普遍而同一的义理在特殊的气质里表现出来的不同型态"⑥。正如有学者指出："'性'只有一个，而'理之性'（或'本然之性'）与'气质之性'的区分在于两者是从不同的视角来看而已。"⑦ 这可以说是朱熹对于儒家气性论的历史性贡献。

需要说明的是，关于气禀性说，在朱子看来，至少有四层内涵。

---

①　（宋）黎靖德编：《朱子语类》，王星贤点校，第 2 页。
②　（宋）黎靖德编：《朱子语类》，王星贤点校，第 2381 页。
③　（宋）黎靖德编：《朱子语类》，王星贤点校，第 68 页。
④　（宋）黎靖德编：《朱子语类》，王星贤点校，第 2431 页。
⑤　杨儒宾：《儒家身体观》，第 360 页。
⑥　杨儒宾：《儒家身体观》，第 363 页。
⑦　张锦波：《气质以言性：朱熹"气质之性"概念的哲学分析》，《安徽大学学报》（哲学社会科学版）2015 年第 4 期。

一是气禀的差异造成了人和物的不同。朱熹以气之清浊说明人和物的不同。《朱子语类》载："或说：'人物性同。'曰：'人物性本同，只气禀异。如水无有不清，倾放白碗中是一般色，及放黑碗中又是一般色，放青碗中又是一般色。'"① 二是气禀的差异导致了现实中人的善恶贤愚之不同。朱熹说："天地间只是一个道理。性便是理。人之所以有善有不善，只缘气质之禀各有清浊。"② 比如："日月清明，气候和正之时人生而禀此气，则为清明浑厚之气，须做个好人；若是日月昏暗，寒暑反常，皆是天地之戾气，人若禀此气，则为不好底人。"③ 三是仁义礼智等道德属性与禀气的情况有关。他说："人性虽同，禀气不能无偏重。有得木气重者，则恻隐之心常多，而羞恶、辞逊、是非之心为其所塞而不发；有得金气重者，则羞恶之心常多，而恻隐、辞逊、是非之心为其所塞而不发。水火亦然。唯阴阳合德，五性全备，然后中正而为至人也。"④ "性有偏者，如得木气多者，仁较多；金气多者，义较多。"⑤ 朱熹将"五行"（金木水火土）与"五常"（仁义礼智信）挂钩，认为禀赋五行之气的不同，就会导致人的五常不同，这便是"性有偏"，比如禀赋木气多的人，就会比较仁，恻隐之心就多，其余的羞恶、辞逊、是非之心就相对欠缺；禀赋金气较多的人，就会比较义，羞恶之心就多，恻隐、辞逊，是非之心就会相对欠缺。换言之，人禀赋五行之气的程度不同，造成了人的仁义礼智之差异。四是气禀导致了人的贫富、夭寿、贤愚等之差异。朱熹说："禀得精英之气，便为圣，为贤，便是得理之全，得理之正。禀得清明者，便英爽；禀得敦厚者，便温和；禀得清高者，便贵；禀得丰厚者，便富；禀得久长者，便寿；禀得衰

---

① （宋）黎靖德编：《朱子语类》，王星贤点校，第58页。
② （宋）黎靖德编：《朱子语类》，王星贤点校，第68页。
③ （宋）黎靖德编：《朱子语类》，王星贤点校，第69页。
④ （宋）黎靖德编：《朱子语类》，王星贤点校，第74页。
⑤ （宋）黎靖德编：《朱子语类》，王星贤点校，第75页。

薄颓浊者，便为愚、不肖，为贫，为贱，为夭。"①

　　按照朱熹的思维逻辑，既然"理便是天理，又那得有恶!"② 那么理和气质结合形成气质之性时，为何有善有恶? 一方面，朱子认为，"此理却只是善。既是此理，如何得恶! 所谓恶者，却是气也。孟子之论，尽是说性善。至有不善，说是陷溺，是说其初无不善，后来方有不善耳。若如此，却似'论性不论气'，有些不备。……若荀扬则是'论气而不论性'，故不明"③。"人之性皆善。然而有生下来善底，有生下来便恶底，此是气禀不同。"④ 气禀是导致人性之恶的根本原因。具体来说，人性是理和气合成的产物，在这一合成过程中，气的滚动导致了气禀的差异。朱子曰："二气五行，始何尝不正。只滚来滚去，便有不正。"⑤ 比如："只是一个阴阳五行之气，滚在天地中，精英者为人，渣滓者为物; 精英之中又精英者，为圣，为贤; 精英之中渣滓者，为愚，为不肖。"⑥ 另一方面，朱熹又引进了"心"的概念。他认为："心者，气之精爽。"⑦ "性便是心之所有之理，心便是理之所会之地。"⑧ 可见，朱子之"心"至少具有两层内涵，一是心乃气质之物，具有物质属性; 二是理内含于心，即心"具众理"。在此基础上，朱子进一步完善了"心统性情说"。他认为，"'心统性情'，故言心之体用"⑨，"'心统性情'。心兼体用而言。性是心之理，情是心之用"⑩。性是本体，情是本体发用。心为性情的主宰，但是心有偏有正，所以，发出的情不同，这便是朱熹

① （宋）黎靖德编:《朱子语类》，王星贤点校，第77页。
② （宋）黎靖德编:《朱子语类》，王星贤点校，第2425页。
③ （宋）黎靖德编:《朱子语类》，王星贤点校，第65页。
④ （宋）黎靖德编:《朱子语类》，王星贤点校，第69页。
⑤ （宋）黎靖德编:《朱子语类》，王星贤点校，第68页。
⑥ （宋）黎靖德编:《朱子语类》，王星贤点校，第259页。
⑦ （宋）黎靖德编:《朱子语类》，王星贤点校，第85页。
⑧ （宋）黎靖德编:《朱子语类》，王星贤点校，第88页。
⑨ （宋）黎靖德编:《朱子语类》，王星贤点校，第94页。
⑩ （宋）黎靖德编:《朱子语类》，王星贤点校，第96页。

对于儒家性情说的贡献。

按照朱熹的解说，现实之中人性都是气质之性。所以，做人就是彰显人性，达到天命之性，基本的办法就是读书格物和遵循礼仪。从读书格物的角度看，朱熹认为，因为诗书经典乃圣人所作，是圣人性情的自然呈现，而圣人能够与理为一，所以诗书经典自然含理，读诗书经典便可以穷理。朱熹说："圣人与理为一，是恰好。"①"且如读书：三礼春秋有制度之难明，本末之难见，且放下未要理会，亦得。如书诗，直是不可不先理会。又如诗之名数，书之盘诰，恐难理会。且先读典谟之书，雅颂之诗，何尝一言一句不说道理，何尝深潜谛玩，无有滋味，只是人不曾子细看。若子细看，里面有多少伦序，须是子细参研方得。此便是格物穷理。"② 那么，读诗书经典何以会变化人之气质？或者说，读诗书经典可以穷理的原理是什么？朱熹给出的答案是：气化感应。一方面，朱熹以为，诗书经典含有正气或善气，是性情之正。他说："诗者，得其性情之正，声气之和也。"③ 另一方面，人身上特别是人心乃气质之物并含有理，这是感应发生的基础，朱熹以诗教为例子说："诗者，人心之感物，而形于言之余也。心之所感有邪正，故言之所形有是非。惟圣人在上，则其所感者无不正，而其言皆足以为教。"④ 在读诗书经典这一过程中，气质之心通过气化感应实现了与圣贤气象的相应贯通，具体来说便是，诗书经典内含的"理"理激发了人本身固有的善的潜质，带来的结果便是，人的气质得以改变，人得性情得以教化。朱熹将这一过程称为"玩味"，并认为"玩味"的根本特点是"自得"。他说："看文字，不可恁地看过便道了。须是时复玩味，庶几忽然感悟，到得义理与践履处融会，方是自得。"⑤ 对此，有学者指出：

① （宋）黎靖德编：《朱子语类》，王星贤点校，第 145 页。
② （宋）黎靖德编：《朱子语类》，王星贤点校，第 140—141 页。
③ （宋）朱熹集撰：《诗集传》，赵长征点校，中华书局 2017 年版，第 3 页。
④ （宋）朱熹集撰：《诗集传》，赵长征点校，第 1 页。
⑤ （宋）黎靖德编：《朱子语类》，王星贤点校，第 2631 页。

"'玩味'不仅指认识，更是一种气质交流，即，在阅读中，读者气质与经典中的圣贤气象相结合，从而实现贯通一体。"① 从遵循礼仪的角度看，一方面，朱熹认为，人的气质有厚薄深浅的不同，所以需要用礼仪之道矫正。他说："人之气质有浅深厚薄之不同，故感者不能齐一，必有礼以齐之。"② 礼仪教化的方式有很多，其中，最有效的方式莫过于祭祀之礼。另一方面，朱熹以为，祭祀之礼之所以能够变化人之气质也是因为气化感应。他说："奉祭祀者既是他子孙，必竟只是一气，所以有感通之理。"③ 在施行祭祀之礼这一过程中，参与实践活动的主祭者与被祭祀者，他们之间能够通过气化感应建立起某种联系，祭祀之礼内含的"理"能使人变得严肃慎重，从而改变人身上的气质。或者说，祭祀的原理便是气以感应的方式作用于人性。所以，在朱熹看来，主祭者进行祭祀活动的时候一定要做到诚、敬。他说："'有其诚则有其神，无其诚则无其神'，便是合有底，我若诚则有之，不诚则无之。"④ 只有这样，才能"接续这正气来"⑤。比如："父慈，则感得那子愈孝；子孝，则感得那父愈慈。"⑥ 人的行为和气质在祭祀活动中得到规范和调整，这就是祭祀的伦理学意义。⑦

从宋代气性论发展史看，张载提出气质之性和天命之性说并认为，气质之性乃"气之性"，而非"性之气"。因为气有"偏"，所以做人便是克服气质之偏。二程沿着这条思路对气质之性和天命之性作了进一步解读，他们认为，性即理，理无不善，但是气质有差异。但不论是张载，还是二程（特别是伊川）都不以气质之性为性，

① 沈顺福《理解即感应——论传统儒家诠释原理》，《北京大学学报》（哲学社会科学版）2020 年第 4 期。
② （宋）黎靖德编：《朱子语类》，王星贤点校，第 548 页。
③ （宋）黎靖德编：《朱子语类》，王星贤点校，第 37 页。
④ （宋）黎靖德编：《朱子语类》，王星贤点校，第 2565 页。
⑤ （宋）黎靖德编：《朱子语类》，王星贤点校，第 619 页。
⑥ （宋）黎靖德编：《朱子语类》，王星贤点校，第 1813 页。
⑦ 参见王文娟《朱熹论感应》，《北京社会科学》2014 年第 4 期。

也就是说，他们认为形而上的天命之性（"性之本"）才是真正意义上的性，这也就意味着现实中的人性与天命之性（"性之本"）之间必然存在某种断层。与张载和二程相比较，朱熹对理气关系作了详细阐述，并在此基础上赋予气质之性以新的内涵。朱熹认为，现实生活中只存在一种性，这便是气质之性，而天命之性，自从人出生以后便已经蕴含（"堕"）在气质之性之中。正如陈来指出："一切气质之性都是由本然之性转化而来，所以不可能有与本然之性无关的、完全独立于本然之性的气质之性。"① 对于人来说，人生存或存在的意义就是逐步克服气质之偏，让天命之性在气质之中彰显出来，所以，朱熹提倡两种人性是不离不杂的关系，反对离开其中一项去谈论另一项。究其根源，这与其"理气不离""理在气中""气中含理"的哲学立场是分不开的，而从气性论的发展史看，这也是对二程"论性不论气，不备；论气不论性，不明"观点的继承和创新，正如《朱子语类》载："'论性不论气，不备；论气不论性，不明。'盖本然之性，只是至善。然不以气质而论之，则莫知其有昏明开塞，刚柔强弱，故有所不备。徒论气质之性，而不自本原言之，则虽知有昏明开塞、刚柔强弱之不同，而不知至善之源未尝有异，故其论有所不明。须是合性与气观之，然后尽。"②

2. "气禀论性"与陆九渊的气性论

心学是与理学对峙而产生的，以陆九渊和王阳明为代表，他们将"心"称作"理"，并以气论性，甚至直接提出"性即是气，气即是性"的命题。

南宋时期，从陆九渊开始，逐渐把万物的终极性本原向人自身追溯。陆九渊不满意朱子将"心"和"理"看作两物，况且向外求理颇有支离之感，不是简易工夫，于是将心理合一进行讨论。陆九渊以为，心是本原，是理。他说："人皆有是心，心皆具是理，心即

① 陈来：《朱子哲学研究》，华东师范大学出版社 2000 年版，第 207 页。
② （宋）黎靖德编：《朱子语类》，王星贤点校，第 1387—1388 页。

理也。"① 本心即仁义。"仁即此心也，此理也。"② 此心、此理超越了时空。"宇宙便是吾心，吾心便是宇宙。千万世之前，有圣人出焉，同此心同此理也。千万世之后，有圣人出焉，同此心同此理也。东南西北海有圣人出焉，同此心同此理也。"③ 圣人之心与常人皆同。"心只是一个心，某之心，吾友之心，上而千百载圣贤之心，下而千百载复有一圣贤，其心亦只如此。"④ 意思是说，"'心'与'理'相比，不是'理'最根本，而是'心'最根本……'心'涵括了一切的理，而不是相反，不是'理'涵括了心"⑤。此"心"、此"理"是"普遍而绝对的东西"⑥。同时陆九渊以为，心也有消极或负面的内容。比如："人心有病，须是剥落。"⑦ 人心存在弊病，需要剥落工夫，他甚至明言："事好心却不好。"⑧ 人心是有病的，这便是气质之心。或者说，心是气质之物。可见，"心不仅内含仁、理，而且还包括某些非理的部分"⑨。

之所以出现这种情况，陆九渊认为，是"资禀"和"渐习"的缘故。他说："人之所以病道者：一资禀，二渐习。"⑩ 这是"世人之通病"⑪。一方面，从"资禀"的角度看，陆九渊认为，"资禀好底人阔大，不小家相，不造作，闲引惹他都不起不动，自然与道相近。资禀好底人，须见一面，自然识取，资禀与道相近。资禀不好底人，自与道相远，却去锻炼"⑫。此处，"资禀"即"气禀"，陆氏

---

① （宋）陆九渊：《陆九渊集》，钟哲点校，中华书局1980年版，第149页。
② （宋）陆九渊：《陆九渊集》，钟哲点校，第5页。
③ （宋）陆九渊：《陆九渊集》，钟哲点校，第273页。
④ （宋）陆九渊：《陆九渊集》，钟哲点校，第444页。
⑤ 李之鉴：《陆九渊哲学思想研究》，河南人民出版社1985年版，第31页。
⑥ 张立文：《心学之路——陆九渊思想研究》，人民出版社2008年版，第93页。
⑦ （宋）陆九渊：《陆九渊集》，钟哲点校，第458页。
⑧ （宋）陆九渊：《陆九渊集》，钟哲点校，第469页。
⑨ 沈顺福：《试论陆九渊之心的内涵》，《朱子学刊》2015年第1辑。
⑩ （宋）陆九渊：《陆九渊集》，钟哲点校，第448页。
⑪ （宋）陆九渊：《陆九渊集》，钟哲点校，第404页。
⑫ （宋）陆九渊：《陆九渊集》，钟哲点校，第462页。

以为，它有"好底"，也有"不好底"，其中，"资禀""好底"人与"道"相近，"资禀""不好底"人与"道"相远。"资禀"也称作"资质"。陆九渊说："人资质有美恶。"① 比如："人生天地间，气有清浊，心有智愚，行有贤不肖。必以二涂总之，则宜贤者必智，气必清；不肖者心必愚，气必浊。"② 气的清浊，或者说，气禀之异造成了智者、愚人的不同。又如："气禀益下，其工益劳，此圣人、贤人、众人之辨也。"③ 禀气的程度不同形成了圣人、贤人、众人。另一方面，从"渐习"的角度看，"渐习"即后天的习染，更多是指沉溺欲望。陆九渊指出："此心本灵，此理本明，至其气禀所蒙，习尚所梏，俗论邪说所蔽，则非加剖剥磨切，则灵且明者曾无验矣。"④ "夫所以害吾心者何也？欲也。"⑤ 欲望、陋习等习染使人走向消极之路。

性与气质有关。那么，就落实到具体生活实践来说，陆九渊倡导"变化气质"⑥ 的工夫，即剥离人身上消极或负面的气质。他说："人气禀清浊不同，只自完养，不逐物，即随清明，才一逐物，便昏眩了。……人心有病，须是剥落。剥落得一番，即一番清明，后随起来，又剥落，又清明，须是剥落得净尽方是。"⑦ 人身上的不良气质需要经常剥落，不能有片刻放松。因为稍微有所懈怠，人身上消极的气质便会复苏。那么，如何做到剥落的工夫？陆九渊说："正理在人心，乃所谓固有。易而易知，简而易从，初非甚高难行之事，然自失正者言之，必由正学以克其私，而后可言也。"⑧ 可见，剥落或变化气质的工夫便是"正心"，即"明理"。陆氏说："塞宇宙一

---

① （宋）陆九渊：《陆九渊集》，钟哲点校，第470页。
② （宋）陆九渊：《陆九渊集》，钟哲点校，第80页。
③ （宋）陆九渊：《陆九渊集》，钟哲点校，第171—172页。
④ （宋）陆九渊：《陆九渊集》，钟哲点校，第137页。
⑤ （宋）陆九渊：《陆九渊集》，钟哲点校，第380页。
⑥ （宋）陆九渊：《陆九渊集》，钟哲点校，第462页。
⑦ （宋）陆九渊：《陆九渊集》，钟哲点校，第458页。
⑧ （宋）陆九渊：《陆九渊集》，钟哲点校，第150页。

理耳，学者之所以学，欲明此理耳。"① 学习便是正心。正心即克私，即正理。简言之，正心的工夫就是变化气质。

三　明代儒家的气性论

1."性即是气，气即是性"与王阳明的气性论

明代王阳明进一步深化了陆九渊的心学。而"心"，王阳明曰："这视听言动皆是汝心：汝心之视，发窍于目；汝心之听，发窍于耳；汝心之言，发窍于口；汝心之动，发窍于四肢。若无汝心，便无耳目口鼻。所谓汝心，亦不专是那一团血肉。若是那一团血肉，如今已死的人，那一团血肉还在，缘何不能视听言动？所谓汝心，却是那能视听言动的，这个便是性，便是天理。"② 可以说，在阳明看来，"心"至少有两层含义：一是血肉之心；二是良知本心。其中，"仁义之心"或"良心"便是人的初始之性。

而从气化宇宙论的角度看，王阳明认为，宇宙间是一气流通的。他说："风、雨、露、雷，日、月、星、辰，禽、兽、草、木、山、川、土、石，与人原只一体。故五谷禽兽之类皆可以养人；药石之类，皆可以疗疾：只为同此一气，故能相通耳。"③ 也就是说，万物一体可能的基础便是气。气生物。万物皆含气，人也是如此。他说："婴儿在母腹时，只是纯气，有何知识？出胎后方始能啼，既而后能笑，又既而后能认识其父母兄弟，又既而后能立、能行、能持、能负，卒乃天下之事无不可能。皆是精气日足，则筋力日强，聪明日开，不是出胎日便讲求推寻得来。"④ 人身上含气，气或为纯气，或为精气，并且气能使人言语动作。

另一方面，气是联系万物的纽带，感应则是气活动的基本形式。

---

① （宋）陆九渊：《陆九渊集》，钟哲点校，第 161 页。
② （明）王守仁撰：《王阳明全集》，吴光、钱明、董平、姚延福编校，上海世纪出版股份有限公司、上海古籍出版社 2011 年版，第 41 页。
③ （明）王守仁撰：《王阳明全集》，吴光、钱明、董平、姚延福编校，第 122 页。
④ （明）王守仁撰：《王阳明全集》，吴光、钱明、董平、姚延福编校，第 16 页。

《王阳明全集》载，问："人心与物同体，如吾身原是血气流通的，所以谓之同体。若于人便异体了，禽兽草木益远矣，而何谓之同体?"先生曰："你只在感应之几上看，岂但禽兽草木，虽天地也与我同体的，鬼神也与我同体的。"[①] 气可以流通。万物一体便是气化流行。王阳明认为，这一气化流行与仁有关，甚至便是仁。或者说，仁是气质生生不息。王阳明说："仁是造化生生不息之理，虽弥漫周遍，无处不是，然其流行发生，亦只有个渐，所以生生不息。"[②] 同时站在存在论的视角看，王阳明认为，气化流行便是良知的活动。他说："良知是造化的精灵"[③]，"天地万物，俱在我良知的发用流行中"[④]，又说："夫良知，一也，以其妙用而言谓之神，以其流行而言谓之气，以其凝聚而言谓之精，安可以形象方所求哉?"[⑤] 良知以气化流行生物。正如有学者称："明良知本身即是一气韵生动的灵体，良知作为灵气、精灵之气，弥漫周流于宇宙之间，天地万物都是此精灵所造，这是天道创造的力量与生机。"[⑥] 既然仁是生生不息气化流行，良知的活动也是气化流行。据此，我们可以推论：在王阳明那里，可以用良知界定仁。

而良知、仁义与心有关。王阳明指出："知是心之本体，心自然会知，见父自然知孝，见兄自然知弟，见孺子入自然知恻隐，此便是良知，不假外求。"[⑦] 良知是心之本体，它是人生而固有者，作用于事（如见父、见兄等）之上自然会符合道义。这种心之本体，王阳明又称之为"天理"。他说："心之本体即是天理。天理只是一

---

① （明）王守仁撰：《王阳明全集》，吴光、钱明、董平、姚延福编校，第140—141页。

② （明）王守仁撰：《王阳明全集》，吴光、钱明、董平、姚延福编校，第29页。

③ （明）王守仁撰：《王阳明全集》，吴光、钱明、董平、姚延福编校，第119页。

④ （明）王守仁撰：《王阳明全集》，吴光、钱明、董平、姚延福编校，第121页。

⑤ （明）王守仁撰：《王阳明全集》，吴光、钱明、董平、姚延福编校，第70页。

⑥ 陈立胜：《良知之为"造化的精灵"：王阳明思想中的气的面向》，《社会科学》2018年第8期。

⑦ （明）王守仁撰：《王阳明全集》，吴光、钱明、董平、姚延福编校，第7页。

个，更有何可思虑得？"① 可以说，将外在之理拉回到人本身即心，是王阳明对儒家哲学的基本贡献。从本体层面看，王阳明说："心之体性也，性即理也。"② 比如："见孺子之入井，必有恻隐之理。"③ 性是不动的，超越善恶。但是从现实角度看，王阳明又说："无善无恶是心之体，有善有恶是意之动，知善知恶的是良知，为善去恶是格物。"④ 意之动是有善有恶的。而意之所以有善有恶，完全是气质的原因。王阳明曰："无善无恶者理之静，有善有恶者气之动。不动于气，即无善无恶，是谓至善。"⑤ 意与气有关。"意之动"便是气质的行为。⑥ 既然意是气质的活动，那么，人性便不免会被气质（如"私欲客气"）遮蔽。王阳明说："私欲、客气，性之蔽也。"⑦ 可见，性既有超越义，也兼具自然气质。

王阳明还明确提出"性即是气，气即是性"的命题。他说："'生之谓性'，'生'字即是'气'字，犹言'气即是性'也。气即是性，'人生而静以上不容说'，才说'气即是性'，即已落在一边，不是性之本源矣。孟子'性善'，是从本源上说。然性善之端须在气上始见得，若无气亦无可见矣。恻隐、羞恶、辞让、是非即是气，程子谓'论性不论气，不备；论气不论性，不明'。亦是为学者各人一边，只得如此说。若见得自性明白时，气即是性，性即是气，原无性气之可分也。"⑧ 阳明把性和气等同起来，主张性和气不可分，认为"气即是性，性即是气"，这种做法显然否定了朱熹的"性即理说"，是以气论性的典型做法。换言之，程朱理学中高高在上的"理"，在阳明学说中地位被弱化。问题在于，既然认为气质之

① （明）王守仁撰：《王阳明全集》，吴光、钱明、董平、姚延福编校，第65页。
② （明）王守仁撰：《王阳明全集》，吴光、钱明、董平、姚延福编校，第38页。
③ （明）王守仁撰：《王阳明全集》，吴光、钱明、董平、姚延福编校，第50页。
④ （明）王守仁撰：《王阳明全集》，吴光、钱明、董平、姚延福编校，第133页。
⑤ （明）王守仁撰：《王阳明全集》，吴光、钱明、董平、姚延福编校，第33页。
⑥ 参见沈顺福、曾燊《论王阳明的良知观》，《社会科学研究》2021年第5期。
⑦ （明）王守仁撰：《王阳明全集》，吴光、钱明、董平、姚延福编校，第7页。
⑧ （明）王守仁撰：《王阳明全集》，吴光、钱明、董平、姚延福编校，第69页。

性是相同的，那么现实中人的差异该如何解释？毫无疑问，答案自然是"气质"或"气禀"。他说："恶念者，习气也；善念者，本性也；本性为习所胜、气所汩者，志不立也。痛惩其志，使习气消而本性复，学问之功也。"① 蒙培元认为，"有'人生而静以上不容说'的本原之性，但不是如朱熹所说，是未生以前之理，而是心中潜在的本体存在。但性之本体也要在气上见，仁义礼智之性必须在四端上见，这并不是以气为性，而是在气上见本然之性，气之发现处即是本然之性"②。或者说，"'性即是气'，不是把性当成气的述词。他是强调性也有活动义，而且从'动而无动'的性之作用以至经验世界的气化流行，这些都可以视为性的全幅展现"③。由此可见，阳明以气论性并不像朱熹那样，先将"性"（本然之性）排斥在气之外，同时在论及现实中的人性时，又把"性"拉回到气之中，认为性与气质相杂不离，从而进一步发明出气质之性。而阳明认为，性是理气相合，性有活动义，并以气说性。事实上，这是一种体用不二的思维方式。正如陈来说："阳明则是从气的体用不二来说明气的积极意义。在阳明看来，性是自身不显现的，性只有通过气才能得到表现，离开了气，性就无从表现，性的'善'只有借助气才能为人所确证。……'体'的善如果不能通过'用'表现出来，这个善就是空的，体必须通过用来实现自己，在这个结构中，用成为善的实现的重要一环。"④ 总之，阳明是性气不分的。

2. 明代其他儒者的气性论

明代部分儒者在批判程朱理气人性二元论的同时，呈现出向气质人性论发展的趋向，而天命之性和气质之性的人性二分说，逐渐演化为性气合一人性论。

罗钦顺的性说以质疑天命之性和气质之性为起点，他指出：

---

① （明）王守仁撰：《王阳明全集》，吴光、钱明、董平、姚延福编校，第1084页。
② 蒙培元：《理学范畴系统》，第240页。
③ 杨儒宾：《儒家身体观》，第372页。
④ 陈来：《有无之境——王阳明哲学的精神》，人民出版社1991年版，第88页。

"程、张本思、孟以言性，既专主乎理，复推气质之说，则分之殊者诚亦尽之。但曰'天命之性'，固已就气质而言之矣；曰'气质之性'，性非天命之谓乎？一性而两名，且以气质与天命对言，语终未莹。朱子尤恐人之视为二物也，乃曰：'气质之性，即太极全体堕在气质之中。'夫既以堕言，理气不容无罅缝矣。"① 在罗钦顺看来，张载、二程等学者论"性"的关键即以"理"论性，为了解释现实中的人性之恶，又发明了气质之性说，但是他们把"天命之性"独立于"气质之性"之外，也就是说，他们认为"天命之性"只是"理"，与气质无关；朱子用"堕"形容气质之性和天命之性的关系，显然是把"理"和"气"看作截然分开的两个实体，即"理"和"气"之间存在"罅缝"，这是他们的不足。

紧接着，罗钦顺使用"理一分殊"的说法解释人性。他说："窃以性命之妙，无出理一分殊四字……盖人物之生，受气之初，其理惟一，成形之后，其分则殊。其分之殊，莫非自然之理，其理之一，常在分殊之中。此所以为性命之妙也。语其一，故人皆可以为尧舜；语其殊，故上智下愚不移。……'性善'理之一也，而其言未及乎分殊；'有性善，有性不善'，分之殊也，而其言未及乎理一。"② 与朱熹的"理一分殊"重点强调万物和人所禀赋共有之理不同，罗钦顺的"理一分殊"重点强调人性的普遍和特殊，正如陈来指出："万物受气初生之际，它们的理都是相同的，这表现了'理一'；而万物各自具有了自己特定形体之后，它们的性就有了差别，这表现了'分殊'。"③ 而"恶"的来源，罗钦顺说："欲未可谓之恶，其为善为恶，系于有节与无节尔。"④ 欲望本身没有善恶可言，没有妥善得到约束和节制便是恶。也就是说，在现实人性的善恶方面，由先天气禀转到后天欲望的倾向，这是罗钦顺人性论的特色。

① （明）罗钦顺：《困知记》，阎韬点校，中华书局2013年版，第10页。
② （明）罗钦顺：《困知记》，阎韬点校，第9—10页。
③ 陈来：《宋明理学》，华东师范大学出版社2004年版，第234页。
④ （明）罗钦顺：《困知记》，阎韬点校，第11页。

　　事实上，罗钦顺之所以站在以气论性的立场上，这与其理气观念紧密相关。在罗钦顺看来，"盖通天地，亘古今，无非一气而已。……千条万绪，纷纭胶葛，而卒不可乱，有莫知其所以然而然，是即所谓理也。初非别有一物。依于气而立，附于气以行也"①。气是万物之本，理是气之理，这与朱熹将"理"视为事物存在的终极性依据有所不同。罗钦顺又指出："气之聚便是聚之理，气之散便是散之理，惟其有聚有散，是乃所谓理也。"② "理只是气之理，当于气之转折处观之。往而来，来而往，便是转折处也。夫往而不能不来，来而不能不往，有莫知其所以然而然，若有一物主宰乎其间而使之然者，此理之所以名也。……愚故尝曰：'理须就气上认取，然认气为理便不是。'"③ 不能离开气谈论理，也不能离开理谈论气，然而，需要注意的是，不能将气看作理。基于这种理气观念，罗钦顺明确反对把性分为天命之性与气质之性两种。他说："天命之性，固已就气质而言之矣。"④ 天命之性表现为气质，离了气质就没有存在的可能。最终，他得出结论："一性而两名，且以气质与天命对言，语终未莹。"⑤ 也就是说，天命之性就是气质之性。可见，以气质论性是罗钦顺气质人性论的主要特色。

　　嗣后，王廷相推动了儒家气性论的进步。王廷相明确反对宋儒将人性划分为气质之性与本然之性的做法。他指出："人有二性，此宋儒之大惑也"⑥，并说："既形之后，方有所谓性矣。"⑦ 人有了形体之后才有性，这就意味着，性与生命有关。他说："人有生，斯有性可言；无生则性灭矣，恶乎取而言之？"⑧ 有生命者才有性，无生

---

①　（明）罗钦顺：《困知记》，阎韬点校，第5—6页。

②　（明）罗钦顺：《困知记》，阎韬点校，第49页。

③　（明）罗钦顺：《困知记》，阎韬点校，第89页。

④　（明）罗钦顺：《困知记》，阎韬点校，第10页。

⑤　（明）罗钦顺：《困知记》，阎韬点校，第10页。

⑥　（明）王廷相：《王廷相集》，王孝鱼点校，中华书局1989年版，第518页。

⑦　（明）王廷相：《王廷相集》，王孝鱼点校，第765页。

⑧　（明）王廷相：《王廷相集》，王孝鱼点校，第609页。

命者没有性，这显然是继承了传统儒家"生之谓性"的观点。而能生者，便是气。王廷相说："元气化为万物，万物各受元气而生"①，"元气之上无物，故元气为道之本"②，"气，物之原也；理，气之具也"③。气是万物的终极性本原，但是"气虽无形可见，却是实有之物"。比如："口可以吸而入，手可以摇而得。"④ 气是实有之物。紧接着，王廷相指出："神与性皆气所固有"⑤，"人物之性无非气质所为者，离气言性，则性无所处，与虚同归；离性言气，则气非生动，与死同途；是性与气相资，而有不得相离者也"⑥。这就意味着，既不能"离气言性"，也不能"离性论气"，这便是"性与气相资"。⑦

　　在王廷相那里，性之所以是由气所决定的，主要是基于他对理气关系的理解。王廷相说："气有变，道一而不变，是道自道，气自气，歧然二物，非一贯之妙也。"⑧ "人具形气而后性出焉，今曰'性与气合'，是性别是一物，不从气出，人有生之后各相来附合耳，此理然乎？人有生气则性存，无生气则性灭矣，一贯之道，不可离而论者也。"⑨ 即便是圣人之性，也"不离乎气"。⑩ 他说："性之善者，莫有过于圣人，而其性亦惟具于气质之中，但其气之所禀清明淳粹，与众人异，故其性之所成，纯善而无恶耳，又何有所超出也哉？"⑪ 又说："圣人之形气纯粹，故其性无不善耳，众人形气驳杂，故其性多不善耳，此性之大体如此。"⑫ 在王廷相看来，气有清浊粹

---

① （明）王廷相：《王廷相集》，王孝鱼点校，第 849 页。
② （明）王廷相：《王廷相集》，王孝鱼点校，第 835 页。
③ （明）王廷相：《王廷相集》，王孝鱼点校，第 751 页。
④ （明）王廷相：《王廷相集》，王孝鱼点校，第 973 页。
⑤ （明）王廷相：《王廷相集》，王孝鱼点校，第 603 页。
⑥ （明）王廷相：《王廷相集》，王孝鱼点校，第 518 页。
⑦ （明）王廷相：《王廷相集》，王孝鱼点校，第 518 页。
⑧ （明）王廷相：《王廷相集》，王孝鱼点校，第 848 页。
⑨ （明）王廷相：《王廷相集》，王孝鱼点校，第 851 页。
⑩ （明）王廷相：《王廷相集》，王孝鱼点校，第 518 页。
⑪ （明）王廷相：《王廷相集》，王孝鱼点校，第 518 页。
⑫ （明）王廷相：《王廷相集》，王孝鱼点校，第 851 页。

驳，性也有善有恶，其中，圣人禀赋的气"清明淳粹"，所以圣人"纯善而无恶"，成为性善的典范，常人因为禀赋的"形气驳杂"，所以性有"善恶之杂"。很显然，这一观点与"性出乎气"有密切的理论关联。也就是说，造成人性善恶的原因是气。

而气的来源，王廷相认为是"天"。他说："天之气有善有恶，观四时风雨、霾雾、霜雹之会，与夫寒暑、毒厉、瘴疫之偏，可睹矣。况人之生，本于父母精血之椟，与天地之气又隔一层。世儒曰：'人禀天气，故有善而无恶'，近于不知本始。"① "性之善与不善，人皆具之矣。"② 天之气有善有恶，人所禀天气就是善恶相混的。王廷相质疑"天命之性，则有善而无恶"的观点，他说："性果出于气质，其得浊驳而生者，自禀夫为恶之具，非天与之而何哉？……今曰'天命之性有善而无恶'，不知命在何所？若不离乎气质之中，安得言有善而无恶？"③ 最终，他指出："尝试拟议言性不得离气，言善恶不得离道，故曰'性与道合则为善，性与道乖则为恶，性出乎气而主乎气，道出于性而约乎性'，此余自以为的然之理也。"④ 由此，王廷相特别重视教化（"习"）的作用，他说："凡人之性成于习"⑤，"性者缘乎生者也，道者缘乎性者也，教者缘乎道者也"⑥。成就人性的关键在于后天之习。

四　明清之际儒家的气性论

明末清初，部分学者不同意理学的理气关系说，并在此基础上以气论为基础，推动了儒家气性论的发展，以王夫之、颜元较为典型。王夫之反对理学的理气关系说。他说："理与气元不可分作

---

① （明）王廷相：《王廷相集》，王孝鱼点校，第840页。
② （明）王廷相：《王廷相集》，王孝鱼点校，第850页。
③ （明）王廷相：《王廷相集》，王孝鱼点校，第519页。
④ （明）王廷相：《王廷相集》，王孝鱼点校，第518页。
⑤ （明）王廷相：《王廷相集》，王孝鱼点校，第519页。
⑥ （明）王廷相：《王廷相集》，王孝鱼点校，第765页。

两截。"① 理和气是不可相互分离的实体。又说："理与气互相为体，而气外无理，理外亦不能成气，善言理气者必不判然离析之。"② 也就是说，理在气中，气中含理。他说："天人之蕴，一气而已。从乎气之善而谓之理，气外更无虚托孤立之理也。"③ 理是气之理，气是理之气。在此基础上，王夫之提出，性乃气质中之性。他说："所谓'气质之性'者，犹言气质中之性也。质是人之形质，范围著者生理在内；形质之内，则气充之。而盈天地间，人身以内人身以外，无非气者，故亦无非理者。理，行乎气之中，而与气为主持分剂也。故质以函气，而气以函理。质以函气，故一人有一人之生；气以函理，故一人有一人之性也。若当其未函时，则且是天地之理气，盖未有人者是也。乃其既有质以居气，而气必有理，自人言之，则一人之生，一人之性；而其为天之流行者，初不以人故阻隔，而非复天之有。是气质中之性，依然一本然之性也。"④ 由此可见，"性就是气质之性，气质之性就是气质固有的义理，所以，气质之性就是人的本然之性……性即气性，而不是超越于气的独立实体"⑤。然而，按照王夫之气化论的观点，"盖质，一成者也；气，日生者也"⑥。"天之与人者，气无间断，则理亦无间断，故命不息而性日生。"⑦ 质是由气而成的，一旦形成便不变。而气是流动变化的，性也是不断发展的。他说："天以其阴阳五行之气生人，理即寓焉而凝之为性。"⑧ 天以气而生人，理寓于气而成性。人性既含有道德因素，也包含生理属性。他说："仁义礼智之理，下愚所不能灭，而声

---

① （清）王夫之：《读四书大全说》，王孝鱼点校，中华书局1975年版，第600页。
② （清）王夫之：《读四书大全说》，王孝鱼点校，第724页。
③ （清）王夫之：《读四书大全说》，王孝鱼点校，第660页。
④ （清）王夫之：《读四书大全说》，王孝鱼点校，第465—466页。
⑤ 张立文主编：《性》，第310页。
⑥ （清）王夫之：《读四书大全说》，王孝鱼点校，第467页。
⑦ （清）王夫之：《读四书大全说》，王孝鱼点校，第685页。
⑧ （清）王夫之：《张子正蒙注》，王孝鱼点校，中华书局1975年版，第102页。

色臭味之欲，上智所不能废，俱可谓之为性。"① 所以，人性变化的关键在于习。王夫之说："气随习易，而习且与性成也。"② "二气之运，五行之实，始以为胎孕，后以为长养，取精用物，一受于天产地产之精英，无以异也。形日以养，气日以滋，理日以成；方生而受之，一日生而一日受之。受之者有所自授，岂非天哉？故天日命于人，而人日受命于天。故曰性者生也，日生而日成之也。"③ 同时，王夫之认为，人有选择的能力，即"权"。他说："生之初，人未有权也，不能自取而自用也。惟天所授，则皆其纯粹以精者矣。天用其化以与人，则固谓之命矣。已生以后，人即有权也，能自取而自用也。自取自用，则因乎习之所贯，为其情之所歆，于是而纯疵莫择矣。"④ 习于善则性善，习于恶则性恶，这凸显了人的主动性，闪现着理性的光辉。因此，王夫之认为，做人要"择之、守之，以养性也"⑤，这就是"性日生日成说"。总的来说，"王夫之所谓人性有三个方面。其一，人的生理。生理即生生不息之理，即人的生命本身。……其二，本然之性。人有形质，现实的人性都是气质中之性，而气质中之性是本然之性的表现。……其三，气质中的本然之性，即气质之性。本然之性为一，但它必须表现为气质各个不同的人的现实的、分殊的性"⑥。这是他对儒家气性论的贡献。

嗣后，颜元提出了"气质皆善"的命题，反对传统理学"理善气恶"之说。一方面，他认为，既然理是善的，也可以证明气是善的。他说："若谓气恶，则理亦恶，若谓理善，则气亦善。盖气即理之气，理即气之理，乌得谓理纯一善而气质偏有恶哉！"⑦ 意思是

---

① （清）王夫之：《张子正蒙注》，王孝鱼点校，第108页。
② （清）王夫之：《读四书大全说》，王孝鱼点校，第469页。
③ （清）王夫之：《尚书引义》，王孝鱼点校，中华书局1962年版，第55页。
④ （清）王夫之：《尚书引义》，王孝鱼点校，第56页。
⑤ （清）王夫之：《尚书引义》，王孝鱼点校，第56页。
⑥ 张学智：《明代哲学史》，中国人民大学出版社2012年版，第578页。
⑦ （清）颜元：《颜元集》，王星贤、张芥尘、郭征点校，中华书局1987年版，第1页。

说，"理善"既可以证明"性善"，也能说明"气善"，这是颜元与同时代儒者所不同的地方。另一方面，颜元也不赞成宋儒"人生而静以上"为性的看法，他说："夫'性'字从'生心'，正指人生以后而言。若'人生而静以上'，则天道矣，何以谓之性哉？"① 他认为，"形，性之形也；性，性之形也，舍形则无性矣，舍性则无形矣。失性者据形求之，尽性者于形尽之，贼其形则贼性矣"②。与同时代学者不同的是，他将气质明确定义为"形"，这也就意味着，气质被形态化和具体化。进一步说，人的形体也可以被视作"性"。颜元说："形非他，气质之谓也"③，"身之所行皆性"④。形体即性。因此，从某种程度上说，修身便是治性，这便是"据性之形以治性"⑤。

而至于"恶"的产生，颜元认为，这是"引蔽习染"的结果。他说："祸始于引蔽，成于习染，以耳目、口鼻、四肢、百骸可为圣人之身，竟呼之曰禽兽，犹币帛素色，而既污之后，遂呼之曰赤帛黑帛也，而岂其材之本然哉！……吾故曰，不惟有生之初不可谓气质有恶，即习染凶极之余亦不可谓气质有恶也。"⑥ 人之所以为恶，是因为后天被蒙蔽，与人身上所有的气质并无关系。为此，颜元批评了宋儒以气质之性为恶的做法，他说："非气质无以为性，非气质无以见性也。"⑦ "譬如水出泉，若皆行石路，虽至西海达于东海，毫不加浊，其有浊者，乃亏土染之，不可谓水本清耳流浊也。知浊者为土所染，非水之气质，则知恶者是外物染乎性，非人之气质矣。"⑧ 气质本身无善恶，善恶源自后天习染。因此，颜元称赞孔子

① （清）颜元：《颜元集》，王星贤、张芥尘、郭征点校，第6页。
② （清）颜元：《颜元集》，王星贤、张芥尘、郭征点校，第128页。
③ （清）颜元：《颜元集》，王星贤、张芥尘、郭征点校，第3页。
④ （清）颜元：《颜元集》，王星贤、张芥尘、郭征点校，第128页。
⑤ （清）颜元：《颜元集》，王星贤、张芥尘、郭征点校，第128页。
⑥ （清）颜元：《颜元集》，王星贤、张芥尘、郭征点校，第29页。
⑦ （清）颜元：《颜元集》，王星贤、张芥尘、郭征点校，第15页。
⑧ （清）颜元：《颜元集》，王星贤、张芥尘、郭征点校，第8页。

"性相近，习相远"乃"千古言性之准"。①

五　清代儒家的气性论

儒学发展到了清代，对人性中的生理欲望，或者说气质变得更加关注，其中，以戴震最为典型。戴震对于人天生的本能欲望持肯定态度。他说："'欲'根于血气，故曰性也。"② 欲是人性的主要内容，与血气有关，这种观点很类似孔子的血气与人欲说（《论语·季氏》），紧接着他提出"遂欲达情"之说，他认为"圣人治天下，体民之情，遂民之欲，而王道备"③。也就是说，戴震不认同理学家以"理"压制人的自然生理欲望。他说："人死于法，犹有怜之者；死于理，其谁怜之！……六经、孔、孟之书，岂尝以理为如有物焉，外乎人之性之发为情欲者，而强制之也哉！"④ 可以说，戴震站在人性与欲望的角度反对宋儒之"理"，这是其理论特色。同时，戴震站在"气化流行"的立场上说明人性，他说："气化流行，生生不息"⑤，"人物以类滋生，皆气化之自然"⑥。"人之为人，舍气禀气质，将以何者谓之人哉？"⑦ "性者，分于阴阳五行以为血气、心知，品物，区以别焉。……天道，阴阳五行而已矣；人物之性，咸分于道，成其各殊者而已矣。"⑧ "血气心知，性之实体也。"⑨ 在他看来，人和万物都是气化流行的产物。也就是说，人和物都含气。其中，人性源于阴阳五行之气，天生即有"血气心知"，此为性之实体，这是人与动物的根本区别。至于何谓"血气心知"？戴震又作了进一步

---

① （清）颜元：《颜元集》，王星贤、张芥尘、郭征点校，第7页。
② （清）戴震：《孟子字义疏证》，何文光整理，第37页。
③ （清）戴震：《孟子字义疏证》，何文光整理，第9—10页。
④ （清）戴震：《孟子字义疏证》，何文光整理，第10页。
⑤ （清）戴震：《孟子字义疏证》，何文光整理，第21页。
⑥ （清）戴震：《孟子字义疏证》，何文光整理，第25页。
⑦ （清）戴震：《孟子字义疏证》，何文光整理，第34页。
⑧ （清）戴震：《孟子字义疏证》，何文光整理，第25页。
⑨ （清）戴震：《孟子字义疏证》，何文光整理，第21页。

解释，他说："人生而后有欲，有情，有知，三者，血气心知之自然也。"① 可见，"知""情""欲"都属于人天生的自然本性。

根据"血气心知"的人性论，戴震提出了"理存乎欲"的说法。他说："凡有血气心知，于是乎有欲"②，"今以情之不爽失为理，是理者存乎欲者也"③，"古圣贤之所谓仁义礼智，不求于所谓欲之外，不离乎血气心知，而后儒以为别'如有物凑泊附著以为性'"④，"耳目百体之欲，求其故，本天道以成性者也"⑤。这些表明，人的物质欲求满足既是人道，也是天道，这就否定了程朱"天理人欲不能并立"的观点。紧接着，戴震提出了"自然"和"必然"两个概念。他说："善，其必然也；性，其自然也。"⑥ "欲者，血气之自然，其好是懿德也，心知之自然，此孟子所以言性善。心知之自然，未有不悦理义者，未能尽得理合义耳。由血气之自然，而审察之以知其必然，是之谓理义；自然之必然，非二事也。"⑦ "人之异于物者，人能明于必然，百物之生各遂其自然也。"⑧ 可见，"自然"指的是人天生的欲望，"必然"指的是道德义理。能明白"必然"，是人与物的本质区别。进一步说，人生存的意义就是由"自然"走向"必然"。

总之，戴震把人看成气化流行的产物，并提出了血气心知的人性论，这一做法继承了传统儒家"生之谓性""用气为性"的古老传统。正如有学者指出，在戴震那里，"人性的实质即是'本受之气'。本受之气是在个体形成之际，人秉之于天道运行的个体性质料。……这是先秦'生之谓性'以下的老传统。这个老传统传到汉

---

① （清）戴震：《孟子字义疏证》，何文光整理，第40页。
② （清）戴震：《孟子字义疏证》，何文光整理，第64页。
③ （清）戴震：《孟子字义疏证》，何文光整理，第8页。
④ （清）戴震：《孟子字义疏证》，何文光整理，第29页。
⑤ （清）戴震：《孟子字义疏证》，何文光整理，第65页。
⑥ （清）戴震：《孟子字义疏证》，何文光整理，第44页。
⑦ （清）戴震：《孟子字义疏证》，何文光整理，第18页。
⑧ （清）戴震：《孟子字义疏证》，何文光整理，第16页。

儒手中，遂一变为‘元气论’的讲法”①。也就是说，戴震“血气心知”的气性论与秦汉哲学特别是汉代儒家的气化宇宙论关系十分密切，甚至可以说是汉儒世界观的另一种演绎。

综上，明清气性论者从批判理学人性二元论入手，主要目的是弥合理学天命之性与气质之性的分疏，逐步建构起以气为核心的哲学体系，试图将人性二元论转为人性一元论。也就是说，关注的焦点由天命之性转化为气质之性，并把性恶归于后天之"习"，这正是明清气性论者与宋儒所不同的地方。从某种程度上可以说，明清气性论是对传统儒家自然主义人性论的回归。

第三节　本章小结

从魏晋到宋明，再到明清，儒学气性论的发展经历了从本末论到本体论的提升，再到本体论的解构，乃至回归传统儒家自然主义人性论的发展趋势。

从儒学发展史看，就秦汉儒家气性论而言，最大的不足在于缺乏思辨性的形而上本体论建构，这个问题在汉代以前并不怎么突出，所以没有引起儒家学者的重视。到了魏晋时期，儒家学者依然沿袭"用气为性"的儒家传统，但是自魏晋以降，当儒学遭到佛、道二家学说特别是佛教具有本体论色彩的性命说挑战后，这个问题逐步引起儒家学者的重视，以仁义之道为标识的儒学不得不回应其挑战，并对性命道德问题加以形而上的探讨，可以说，宋明理学对于儒家气性论的建构是在佛教性命说挑战下被迫完成的任务。② 换句话说，"宋明理学的性质之一，就是把伦理原则提升到宇宙本体的高度"③。

---

① 杨儒宾：《儒家身体观》，第 401 页。
② 相关研究参见乔卫平《二程对佛性说的吸收与批判》，《中州学刊》1987 年第 4 期；卢连章《二程理学与佛学思想》，《中州学刊》2014 年第 1 期。
③ 张学智：《明代哲学史》，第 346 页。

这场儒学改造的思想运动，最重要的贡献在于，赋予"理"以全新的哲学内涵，并作为"气"内在的精神支撑。这是孔子及其以后，直到宋代以前的儒者所未曾有过的成就。正如有学者说："传统儒家开始用某种抽象而思辨的实体来界定人的类本质。"①

性之二分是理学论性的基本立场。在宋儒看来，"性"至少具备两层内涵，即天命之性和气质之性。其中，天命之性承接孟子的性善说，气质之性糅合了荀子的性恶说，就此而言，整个理学表现出折衷孟荀的倾向。具体来说，张载建立了以"太虚"为核心范畴的理论体系，提出天命之性和气质之性，但是以太虚作为万物的终极性本原，始终具有落于物质色彩的嫌疑，二程敏锐地洞察到了这一点，他们发明了"天理"的概念，提出了"性即理"的命题，进一步完善了天命之性和气质之性说，但遗憾的是，并没有对理气先后问题作详细讨论，也就无法解决天命和气质相合的问题。朱熹意识到了这一点，并对理气关系作了进一步完善，他认为，理气是不离不杂的，在此观点上，进一步完善了天命之性和气质之性说，认为气质之性和理与气质相合。进一步说，在张载、二程（特别是伊川）那里，气质之性和天命之性既是异质的，也是异层的，分别属于形而上和形而下截然不同的两个领域。其中，天命之性是性之本，是本然之性，纯善无恶。气质之性是现实中的性，是性之末，有善有恶。也就是说，他们在气质之性之外设置天命之性，气质之性都是气质的性亦即气性。正如有学者指出："'天地之性'与'气质之性'这两个概念是本体论的断层。前者与超越、普遍的'天''道'同一；后者却是气落实到人身上形成的个体性。"② 而对朱熹来说，他虽然有性之二分的两种提法，但是他"却不认为这两种性是本体论上的断层，而是后者包含前者，'气质之性'实即'天命之性'加上气。很显然地，他的人性论是他形上学的理气论之翻版。……

---

① 沈顺福：《天理与儒家人类本质论》，《江淮论坛》2021 年第 6 期。
② 杨儒宾：《儒家身体观》，第 345 页。

就人性而言，理气的结合就一变而为性气的结合"①。也就是说，"任何人的气质之性都是普遍而同一的义理在特殊的气质里表现出来的不同型态"②。这可以说是朱熹对于儒家气性论的历史性贡献。

与此同时，学界也有另外两种声音。心学家们将理学家的"理"唤作"心"。陆九渊将心视为理，并认为气质会对人造成遮蔽，因此发明了剥落的工夫。王阳明将理气融摄于心，提出良知说，并认为良知以气化流行生物，这就意味着，朱熹之理的超越性被削弱，这种思维路向使宋明理学视野下的气质之性发生了根本转向，带来的结果便是天命之性与气质之性合二为一。所以，王阳明提出"性即是气，气即是性说"，甚至认为孟子性善之端可以在气上验证，于气上见性，性即气，阳明的做法实际上是一种体用不二的思维模式。与宋代儒学不同，明清时代的儒家人性论是气质人性论。这时期的儒者开始从理学理气二元论的思维模式中摆脱出来，并逐渐从气的角度重新思考人性问题。基本的做法是，通过对理学"理先气后""气质之性"与"天命之性"等观念进行批判，提倡"理气为一物""理为气之条理"等观点，紧接着，在人性论上主张气质之性即天命之性，或者说是，性无本然和气质之分，并认为后天习染对人性的形成有重要作用，进而提倡回到孔子"性相近，习相远"的立场。换句话说，明清儒家对宋儒以来天命与气质二元对立的思想开始了初步的解构工作。③ 但是，"气学所面临的最大难题就在于其通过对超越性的消解同时也剪除了超越的价值理想"④。特别是到了清代，儒家人性论呈现出再次重视人的自然生理属性的倾向。以戴震为代表，他肯定人天生的生理欲望，并以"血气心知"论性，这意味着，天命之性的地位和作用被弱化，从某种程度上显示出返归传统儒家

---

① 杨儒宾：《儒家身体观》，第 360 页。

② 杨儒宾：《儒家身体观》，第 363 页。

③ 参见吴震《明清之际人性论述的思想转变及其反思》，《道德与文明》2022 年第 2 期。

④ 丁为祥：《气学——明清学术转换的真正开启者》，《孔子研究》2007 年第 3 期。

自然主义人性论的发展趋势，甚至可以说，到了戴震这里，"天地之性、气质之性的争论，基本结束了"①。

　　总的来说，从宋代开始，儒家气性论的内涵发生了根本性的变化。这时期儒家的基本做法是，赋予"理"以全新的内涵，并结合传统"气"范畴，在以往简单"认气为性"的基础上，开始将人性划分为天命之性和气质之性，或者说是本然之性和现实之性两种，并且对这两种人性的讨论，也随着历史的发展，呈现出不同的特点。从张载、二程到朱熹，从陆九渊到王阳明，从罗钦顺、王廷相到戴震，在理气关系的变化中，天命之性和气质之性的地位和内涵也发生着变化，可以说，气质之性乃气性论的另一种表现形式，即以气论性。事实上，无论是理学、心学，还是气学，都涉及对心、理、气、性、情、才等问题的讨论，限于文章篇幅和主题论证的需要，我们没有展开详细讨论。但从哲学史发展的轨迹看，气化宇宙论的思想一直存在于儒学发展中，无论是先秦儒学、两汉儒学、魏晋儒学、宋明儒学、明清儒学，只不过气化宇宙论的地位和分量随时在变化，事实上，如果非要说有什么变化的话，我们认为，魏晋及其之前，儒家学者讨论人性问题，气化宇宙论的痕迹比较明显，甚至可以说是儒家市场的主力，儒家气性论是以气论性，气乃性之气，而经受佛家和道家的洗礼，儒学经过创造性转化、创新性发展之后，魏晋之后的儒学，特别是宋代以来，儒家论"性"便与"理"纠缠在一起，基于理气体用二元的立场，开始呈现出"援气论性"的做法，而此时的"性"，虽然没有完全摆脱"生之谓性"（气质之性）的色彩，但是"性"（本然之性）已经成为超越的、思辨的、普遍的规定性，基本上可以说与气质关系不大。至于气质之性则更多地表现为气性，或者说，性乃气之性，甚至不被看好。而在以气论性的论述中，"理"终究成了无法摆脱的因素，甚至是主角，这时期的儒家人性论，与其说是气性论，毋宁说是性气论。而由气性论到性

────────────

　　① 蒙培元：《理学范畴系统》，第 249 页。

气论的转变，反映了儒家人性论的根本性历史变革。从儒学史的发展视角看，明清儒学气性论的发展似乎又回到了汉代及以前，特别到了戴震时期，以"血气心知"讨论人性，人性的自然生理属性意义再次得到了重视，形而上的思辨性内涵相对被削弱。这大致便是魏晋宋明清儒家气性论的发展脉络，由此也反映了儒学发展的内部张力。

结　语

　　人性论是儒家哲学的核心议题，"气"是研究人性论的重要工具。本书以气论为切入点，将性与气两者结合起来，研究先秦两汉儒家人性论，旨在揭示先秦两汉儒家"以气论性"（性中含气）的致思路线。

　　孔子是儒家学派的创始人，也是儒家学派以气论性的开创者。他以为，人初生所有者便是性，而能够生物者便是天。人性与天相结合是孔子对儒家学派气性说的历史性贡献。孔子以为，性出自天，展现为欲，欲既蕴藏仁义，又包含利欲。这表明：孔子人性可善，亦可恶。而可善可恶者，实乃含气（比如"血气"）。孔子以为，气是欲求的物质承担者，为此提出"戒"的工夫，而"戒"凸显的是心与气的关系，即通过心之作用将血气转变为具有道德义的志气，并且孔子以为，气能外化于人之形体，表现于口便是"言"，形于容貌便是"色"。因此，察言观色便可知人。孔子还提出礼乐习性。他以为，善美之乐饱含善良之气，能够激发人身上的积极之气，饮食之礼能规范人身上的消极之气，两者配合能够将人性引向正轨。于儒家学派而言，孔子以气论性无疑具有开创性的意义，特别是他将物质之气赋予伦理意义，并以心统摄气之走向以及性之善恶发展之趋势，这种以气论性的思考方式深刻影响了儒家人性说的走向。

　　作为孔子之后的儒家文献，郭店儒简直接承袭孔子人性的精义，并且对孔子"性与天道"的致思路线有所发展，儒简立足天人关系视角，丰富了儒家以气论性的人性说。儒简以为，"命"是连接

"性"和"天"的枢纽。人性源自人命，人命出自天。所以，"性"的最终依据是"天"。而"天"，儒简以为，它能够生，天是以气生人的。气之在人便是性，这便是喜怒哀悲等气，即"情气"。儒简又指出，情气源自血气，血气生情气。因此，性气具有物质义、材质义。气内在于人便是性，表现出来便是情，情气兼具善和不善。所以，性可善亦可恶。外物（势）刺激人心，人心有所波动，性之气便能显现于外。可见，心是性（气）与物（势）之间的枢纽。然而，统率气的心并没有固定的志向。为此，儒简提出礼乐教化。在它看来，通过高雅之乐陶冶人心，以仁义之心诱导性之善气的宣泄，另一方面，礼教通过外部规范抑制情欲之气的释放。气（性）之或善或恶与教化有关。从气性论的发展历史来看，儒简以为，气之或善或恶取决于外物诱导以及人心的刺激，它的很多思想被后来的孟子、荀子、《礼记》等吸收，而且开出了儒家学派以气论性的两条重要路线，这便是孟子的善气说与荀子恶气说。

以气论性是孟子人性说的立场。与之前儒家学者不同的是，孟子将能致善的气视为人性。从人性论视角来说，孟子以为，性不但是初生者，而且具有规定性。性乃生物的属性，是某种材质，即"四端"。或者说，性是好的材质，是致善的基础。性需要养育能长成仁义。换言之，性即仁义之本。而仁义的本原，又与气有关，它便是"浩然之气"。由此推知，"浩然之气"即性。除此之外，与"浩然之气"类似的"气"还有夜气、平旦之气等，孟子以为，它们皆是仁义或至善的源头。或者说，孟子论气与道德有关，孟子人性论是"德气论"。性含气。气是构成人性的材质。与之前的学者相比较，孟子又详细阐明了"心""志""气""言"四者之间的关系。孟子以为，心可决定气，气从属于心。与此同时，气亦能动心。而心的活动对象便是志。志有仁义和非仁义两类。志亦能统率气，气也能够影响志。性能够表达出来，这便是"言"。"言"是人性的外化，亦是气充盈的。言含气。而气能够通。"通"即感通，它表现为，恶言感恶言与善言感善言。所以，听从善言便会感通人身上的善气或仁气。孟子又认为，人身上的善气或仁气外化于形体，便是践形。为了养育人身上的善气，孟子特别推出养气的工夫，倡导以直养气，任由天性自然发展。换言之，率性自然成为孟子工夫论的精义。"致善之气"即性。孟子以为，气之充沛便能够达到天人同流的境界，这种境界就是知天。而从气性论的发展历史看，孟子以为，性含气并将善良之气视为人性，这表明他开始对人性善恶进行属性的识别，或者说，性从孟子开始便具有了质的属性，这是孟子对儒家人性说的历史性贡献。

于荀子而言，他不认同孟子将具有致善属性的气视为性。荀子认为，性亦是某种气，是致恶之气。从人性论视角看，荀子以为，性是生而固有者。天生的东西便是性。而"天"，是物理性实体，天含有阴阳二气，并以气化生万物，所以，人也是气的产物。故荀子将人性称为材。材质即气。而材与情欲亦有关，荀子以为，情欲是人性的核心内容，它具有消极意味。情欲实则是不良之气的产物。情欲便是气。情欲之气的宣泄受制于心的役使，心有合乎道义与不合乎道义两种可能。但多数情况下，心天生容易被欲望驱使，容易引发混战和争夺，久之使人走向禽兽之道，这是人性之"病"。为此荀子提倡教化和学习，他期望改造性之恶气，其主要办法即礼乐之教。就乐教来论，荀子将物类相感的原理引入乐教之中，他以为，奸邪之声能够感召人之逆气，混乱争夺的现象就会产生。道义之声能够感召人之顺气，善良之气就会迎合它，和顺稳定的秩序就会产生。换言之，乐气能够改变性气。另外，好利之心是消极的，需要整治，第一步便是虚心，即"虚壹而静"。人心虚空之后，要以仁义之道灌输人心，这个过程的实施者便是师、圣人等。荀子以为，常人与圣人身上皆含有恶气，但与常人所不同的是，圣人能够是通过后天的努力，抑制性之恶气的释放，集聚正义之气。所以，荀子倡导学习就是乖乖地听话，顺从圣人的权威，这样做便自然能够激发人身上的善气。常人通过学习、操练，行为能够与礼义符合，品德能够与神明通达，与天地之美相配，实现与天相参。简言之，礼乐乃荀子治气养心之术，礼乐影响人之善恶以及国之治乱。

从先秦儒家学派以气论性的历史发展路线看，孔子的思想已经初步蕴藏以气论性的思维萌芽，郭店儒简明确将"性"视为"情气"，情气即性。然而，孔子和郭店儒简二者并未对人性作出善恶属性的辨识。这就是说，两者持有性之善恶未分的观念。而到了孟子那里，性之气便开始具备质的属性，孟子将"致善的气"视为人性（比如浩然之气），而荀子将"致恶之气"（比如贪气、戾气）视为人性。由此开出了先秦儒家以气论性的两个不同的致思路向，即善气说和恶气说。尤其是，"荀子'同气相应'与'天人气化相通'的气论思想基础，乃成就其'化性起伪'的变化气质之说，而'化性起伪'的荀学主张，则影响《礼记》气论诸篇甚深"①。后来的儒者普遍以为，天是以气生物的，而性作为天的产物，它自然含气。

秦汉之际的儒家学者论"性"受气化宇宙论影响显著，并逐步走向以阴阳二气讨论性情问题的发展路向，开始呈现出综合孟、荀二子善气和恶气说的倾向，以《易传》《礼记》为典型代表。

《易传》将天道和人性的关系打通，以"太极"为基础建构了较为完善的儒家宇宙论体系，而"太极"与"道""天"等范畴的内涵具有一致性，它们都是万物的本原，都含有气。天以气化生万物，人性自然便是气的产物。换言之，气就是构成人性的材质。然而，气有阴阳之分，《易传》持"阳尊阴卑"的思维并认为，阳气引发刚健之德，阴气容易逸于情欲。所以，气是性之或善或恶的物质基础，《易传》中的气性论是一种善恶兼具说。既然性之气存在弊端，那么，就需要雕琢。《易传》为此创制了乐教和礼教。就乐教而言，《易传》以为，乐源自气之自然，包含阴气和阳气。同时，人性之气亦包含阴阳两部分。所以，通过同气相求的机制，乐气能够激发性之善气。而礼教则能克制人的欲望，即压制性之恶气。最终，礼乐之教能使性气达到和谐的状态，实现性与天地合德的境界。

---

① 赖昇宏：《〈礼记〉气论思想研究》，第40页。

　　《易传》以阴阳论性的做法为《礼记》所承袭和发扬。《礼记》以为，天是万物之本。而气是天生物的质料。气即阴阳二气。气之在人便是性。这便是"天人一气"。天授人以性，外物诱导人心，性表现于外便是情。所以，性实际上是情。或者说是，性情是未分的状态。然而，人之好恶集结于心，并且心能够决定性之展现，人情自然就兼具善恶之质。所以，《礼记》实则持善恶兼具说。性之气带有质料性的意味，而气之于人有四种（刚气、柔气、逆气、顺气）。《礼记》以为，气充实人之性情，并且气又贯通人之形体，所以，它自然能够外化出来。性情之气的外化有中和与否之分，中和状态的人性之气可以与天沟通。否则的话，便需要对它们施以教化，教化的方案便是礼乐。从宇宙生成论的视角来看，乐根源于天地之气，这便是乐气。同时性含气，乐气和性气可以感通，《礼记》倡导以道义之声感召人之善气。同时《礼记》又开创了祭礼的教化方式，它以为，祭礼与四时之气有关。人们通过参加祭祀活动，性之气不但会得到感化和宣泄，而且还能呈现出庄严和有序，从而实现人与天地万物的化育。换言之，气之自然与人文伦理的有机结合，就是《礼记》礼乐之道所追求的目标。

　　《易传》《礼记》"以气论性"的思维模式是立足在宇宙论体系之下的，它们将人、阴阳之气（逆乱之气）和礼乐放置在宇宙论图式下进行系统性考察，这反映了在战国末期到西汉初年，儒家人性论与宇宙论相结合的趋势逐步紧密，并且这种思潮直接推动了汉代儒学性情阴阳说的兴起。两汉时期的儒家学派以气论性说主要分为两个时期，即西汉和东汉。其中，西汉以董仲舒、扬雄的人性说最具代表性，东汉以《白虎通义》、王充最具典型，并且到了王充那里，汉代儒家以气论性说走向顶峰。

　　就西汉时期来说，董仲舒持有以阴阳论性情的立场。董仲舒建构了较为完善的儒家宇宙论体系，他以为，天是万物的本原，万物皆由天而生，并与气有关。万物的生成呈现"气—阴阳—四时—五行—万物"的演化逻辑。而天是有意志的，它按照自己的样子造就了人，所以，万物之中人最为贵。人就像天的模本。人之形体、血气、德行、好恶、喜怒、受命等都与天是相同的，这便是"天人相副"。天以气化生万物，天有阴阳二气，所以，人身上亦含阴阳二气。这便是"天人同质"。然而，董仲舒持有"阳尊阴卑"的立场，他以为，阴气含有消极意味，阳气含有积极意味。或者说，阳气属于善质，而阴气属于恶质。董氏之性由此兼具善恶之质。董氏以此批判孟子等学者性说之局限，认为前人只看到了人性或善，或恶，或可善可恶，这些都是不完整的，具有普遍意义的人性应该是善恶相混的。另外，董氏以为，性情之气皆聚集于心，心能决定气，气顺心而发。而心兼具善恶，且天然好利，所以，纵由心之好恶易引发情气释放无度，直接导致人性之恶的走向。天生人以阴阳之气，便自然兼具善恶之性。而圣人之性、斗筲之性和中民之性则是后天修为所致，而修为就是善性之气的释放，恶性之气的抑制。在此基础上，董氏提出，天有阴阳二气，教有德刑之异。阳气代表德教，阴气代表刑罚。礼乐属于阳气，刑罚属于阴气。并且董氏以"阳尊阴卑"为原则，倡导礼乐之道优先，并辅之以刑罚威慑。在乐教之中，他以同气相求为基本原理，主张以乐之气激发性之阳气，使得性中善气被释放出来，并以刑罚压制性之阴气，使得戾气被抑制住，两者相互配合实现性气的中和之态，这便是人性之美。从以气论性的历史影响看，董氏以气之阴阳论证性之善恶，提出性气混善恶说，多为汉代以后儒家学者所承袭，奠定了汉代儒家以气论性的基调。

作为西汉晚期的儒家学派学者，扬雄在汉代思想史上占据要席。扬雄汲取道家自然的精神，兼及《周易》思想，通过对气、玄、性、心、神等范畴的讨论，实现了以气论性的论证。他认为，玄化生万物，它生物是自然的。而"玄"，是与"天""气"等范畴同义的词。玄是万物之本，它含有气。玄释放晦明（阴阳）之气，晦明（阴阳）之气相互作用，形成宇宙万物，这便是"太玄—晦明—万物"的宇宙生成逻辑。扬雄以为，玄之在人便是性。性是玄的产物，玄含气，故性含气。或者说，气是构成人性的材料。就构成人性的内容来说，它便是晦明之气，晦明之气即阴阳二气。其中，晦气（阴气）能够致恶，明气（阳气）能够致善，故性之气兼具善恶之质，所以，扬雄提出"善恶混杂"的人性说。与此同时，扬雄汲取孟荀二人有关心、性、气的学说，他以为，心能够决定性之气的走向。心之发用便是"神"，便是理智力。心不纯则气容易为恶，心合道则气趋向善，这便出现了圣人、贤人和众人之异。所以，扬雄以为，人要修性。修性的方式有两种。第一是诵读儒家典籍。扬雄以为，儒家典籍出自圣人之手，它们蕴含了圣人之性，或者说是善气。通过阅读儒家经典，圣人之气能够激发人身上的善气，进而可以进入圣人之境。这便是同气相感在学习之中的运用。第二是"取重去轻"之术，即确保心之发用正确，发挥心的理智力。通过听从老师教导和遵循礼仪规章等，逐渐打磨掉人性之中的不善之气。最终，成为君子、成为圣人。这便是扬雄以气论性的基本思想脉络。特别是扬雄将无为、自然引入论性的领域，以为玄为性之根源，玄之气在人并非有意，这种对董氏权威学术的否定，反映了西汉晚期儒家以气论性发展的新动态。

然而到了东汉初期，由于白虎观会议的召开，天人神学又盛行起来，并成为当时儒学界的显学。儒家学派以气论性的致思路线也受到影响。《白虎通义》认为，天是万物之本，天能生物。而气，是天生物的材料。天以气有意生物。气即阴阳之气。气之在人便是性。其中，人之性是阳气化施，人之情是阴气化施。阳气是仁义的来源，阴气是贪戾的源头。仁义即性，贪戾即情。人性兼具阴阳之气，故它自然是善恶混的。与以往诸家不同的是，《白虎通义》以阴阳作为情性论的基础，又从动静角度以气说性情，并将性情与少阴、少阳、太阴、太阳等范畴相互匹配，明确将阴阳、四时、五行、五方、五音、五脏、六腑与性情等范畴相互关联，将五常视为内在的人性，将五行纳入阴阳逻辑架构，提出"二阳三阴说"，将性情归属于人之五脏，得出"性情即物"的结论。虽然人天生具备五常之性（气），但是很难将它们发挥出来。因此，《白虎通义》提出教化方案，它将气论思想贯注在礼乐之中，提出礼乐是效仿阴阳之气而作，礼乐即气之物，那么它们自然能够与气相通。它以为，人天生具备五常之气，同时五音内在于人身，以同气相求为基本原理，乐之正气便可感召性之善气。同时《白虎通义》认为，"三纲六纪"源自气之阴阳，并可以用来约束人之情。这些都是《白虎通义》与同时代学者以阴阳论性情的不同之处。

作为东汉官方支持的观点，《白虎通义》具有国家宪法的性质。自从它成书后便成为汉代儒学界的金科玉律，但其内容充斥着大量谶纬以及神学色彩，它的盛行很大程度上钳制了人们的思想。面对学术界谶纬思潮的迷乱，儒家道义精神的低迷，作为后汉儒家之殿军的王充便勇敢地扛起了反对权威的旗帜，他建构起比较完善的气论体系，尤其是对人性论的阐释，亦是统摄于气论体系之下。

王充论性是以天为起点的。而"天"与"气"具备相同的内涵，它们都指涉万物之本。天是万物的本原，气是构成万物的材质，两者论说的侧重点略有不同。更多的时候，他以为，天是含气的物质实体。天以气造物，万物皆由气而成。天生万物是自然的，这便是元气自然论。而性亦取决于气，气之在人便是性，这便是气性。性除了与善恶有关外，还代指人的形体、面色、容貌、才能等义。与"性"相关的是"命"。他认为，"命"兼具吉凶福祸、富贵贫贱、生死寿夭等义。性、命都是禀气偶然而成的，而非天有意为之。性形成之后命也就注定，这便是"用气为性、性成命定"。然而，性命关系却有"性与命同"与"性与命异"两种不同情况，这充分说明了性命的偶然和复杂。王充还以为，性命皆源于气。性命之气之在人身便凝结形成人的骨相。骨相含气。骨相显然具有物理义、材质义。这说明禀气而成的性命具有物理性，是可以知晓的。王充以为，根据骨相便能够断定性之善恶、命之吉凶、贫富之异、贵贱之异、寿命长短、婚姻状况等。王充又点评前贤以气论性思想之不足。他以为，孟子只以善气论性，忽略了性之恶气。告子没有说明上贤与下愚。荀子只以恶气论性，忽视了性之善气。陆贾以性气之善恶与察不察有关亦有不足。董仲舒的性阳情阴说，忽略了性情同禀阴阳的状况。刘向以形出与否而定阴阳、论性情，没有涉及性之善恶区分。最终他提出：人性禀于天之气。性含气。性之善恶实乃禀气之异所致。性之善恶源于禀气多少，禀赋的气厚则性善，禀赋的气薄则性恶，气既然有多寡、厚薄之不同，显然它是有数量之物，它可以进行量化。其中，有人禀赋善气多，有人禀赋恶气多，有人禀赋善恶之气差不多，这便导致人性呈现三种不同状态。同时，他并不否认善性之人具备些许情欲，也承认顽固不化之人皆具五常之性。或者说，性气是善恶混杂的。然而，王充以为，禀含恶气多的人历经矫治可以变为善，禀含善气多的人忽略训导也会走向恶。为此他提出两个教化方案。其一是胎教。王充以为，同气之间是可以互感的，并且气的感通是自然的。从物理来源说，人从母体中受气而成性。幼儿源自母体，他们的气是相同的，所以，通过气的感通，父母之性能够影响儿女之性。王充为此指出，孕妇要以仁义之道规范自己的言行。其二是自修和他教。王充以为，心兼具道德义与认知义，凭借道术可以占领人心，进而可以改造气性。改造的方式便是习读儒家诗书典籍。所以，当幼儿稍微长大的时候，父母要为其选择良师。性之气历经教化之后便能够达到和之状态。和即和气。禀和气而成的性便是圣人之性。这是王充教化所要追求的结果。

魏晋宋明清儒家气性论发展具有了新的特点。到了魏晋时期，王弼、阮籍、嵇康、郭象等儒家学者仍然受气化宇宙论的影响，沿袭"用气为性"的儒家传统，并开始以本末论思维论性，所论及之"性"依然与气有关。可以说，性含气，是魏晋儒家论性的基本立场。从宋代开始，儒家气性论的内涵发生了根本性变革，在以往简单"认气为性"的基础上，这时期儒者结合传统"气"范畴，并赋予"理"以全新的内涵，开始将人性划分为天命之性和气质之性两种。其中，天命之性是性之本，是本然之性，纯善无恶。气质之性是现实中的性，是性之末，有善有恶。此时的"性"，虽然没有完全摆脱"生之谓性"（气质之性）的色彩，但是"性"（本然之性）

已经成为超越的、思辨的、普遍的规定性，基本上可以说与气质关系不大。至于气质之性则更多地表现为气性，或者说，性乃气之性，甚至不被看好。可以说，天命之性（本然之性）承接了孟子性善说，气质之性（现实之性）糅合了荀子性恶说及其他儒者的性善恶混说，整个理学表现出折衷孟荀的倾向。在理气关系的变化中，天命之性（本然之性）和气质之性（现实之性）的地位和内涵也发生着变化，反映了儒家人性论的根本性历史变革。明清时期的儒者开始从理学理气二元论的思维模式中摆脱出来，逐渐从"气"的角度重新思考人性问题，主张性无本然和气质之分，认为性乃气性，并强调后天习染对人性形成的重要作用，提倡回到孔子"性相近，习相远"的立场。特别是到了戴震时期，以"血气心知"即人的自然生理属性讨论人性，人性的自然生理属性得到重视，形而上的思辨性相对被削弱。可以说，魏晋之后，儒家气性论经历了从本末论到本体论的提升，再到本体论的解构，乃至回归传统儒家自然主义人性论的发展过程。

以上便是先秦两汉儒家以气论性的历史发展演变逻辑及影响。通过讨论，我们得出三点结论。

首先，性论与气论是儒家哲学中的两个重要话题。两个话题之所以能够紧密连接起来，与儒家气化宇宙论思想分不开。在中国哲学史上，与其他诸家相比较，儒家宇宙论具有明显的伦理色彩。或者说，人性问题是统摄在宇宙论之下的。从孔子开始，儒家学派便以"天"为万物之本，并以为"天"与"气""人""物"存在某种关联，孔子"性与天道"成为儒家以气论性之根基。郭店儒简直接以"天"为性之根源，并以"情气"为性。孟子将性视为天的产物，并以气为构成人体的材质。到了荀子那里，儒家宇宙论的轮廓逐渐明朗起来，他将万物视为阴阳之化。而性自然是气的产物。秦汉之际的《易传》《礼记》都已经形成比较完备的宇宙论框架，它们将天、太极、道等范畴放在万物之本的层面上进行考察，并将气看作构成万物的素材，自然之气在人便是性。性是阴阳二气的产物，这是两者的共同立场。到了两汉儒家那里，气化宇宙论变得更加完备和健全，无论是前汉的董仲舒和扬雄，还是后汉的《白虎通义》和王充，他们都把人性放置于宇宙论视野中进行考察，站在"天人一气"的立场上，都持有"天生人性以气"的思维模式，或以气之阴阳论人之性情，或以气之厚薄多寡论人之善恶等，这些学者论性都没有逃离出天人之学的致思路线。换言之，在秦汉儒家看来，生生之物开始于气。气即物生存的开端。生存的开端，与性有关，甚至便指性，即"生之谓性"。因此可以说，气与性有关。性含气。性即气。可见，秦汉儒者论气，侧重气的德性意义。

其次，就性之善恶角度而言，先秦两汉儒家学者在持有以气论性原则的基础上普遍以为，性之善恶源于材质之气的禀赋不同。古代儒者强调禀气而成性，气是构成人性之材。材即材质、材料，具有物理性和物质性。即性中含气。也就是说，性是某种物理实体。在孔子和郭店儒简那里，性之气是善恶不固定的，它是一种善恶未分的状态，并没有质或属性的含义，后天的教化对性之善恶的形成尤其重要。而从孟子开始，性之气便有了质的属性，孟子将"性"看作类似浩然之气的善良之气，并且以为，这类气蕴藏仁义，性之气是仁义之本，具有善的属性。性即善气。这便是性善论。与孟子相反，荀子则将"性"视为类似情欲之气的不良之气，性即邪恶之气或致恶之气。性之气是致恶之端。性即恶气。这便是性恶论。秦汉之际的《易传》《礼记》两者则表现出将孟荀以气论性说相融合的倾向，它们都持有"阳尊阴卑"的原则，并开始以阴阳二气论性之善恶。从此之后，儒家人性论便步入了汉儒性善恶混的阶段。如董仲舒、扬雄、《白虎通义》、王充等全部坚持性善恶混论，这些学者都存有以阴阳之气论人之性情的思维模式。在他们看来，天生人性以气，性是天的产物，天有阴阳二气，那么，性自然含有阴阳之气。其中，他们普遍将性视作阳气，将情视为阴气，并以为阳气是积极的，而阴气是消极的。人禀阴阳二气成性，性自然是善恶混杂的。这便是汉代学者的性气善恶混说。或者说，性善恶混，实则是孟子善气说和荀子恶气说相结合的结果。事实上，从先秦到两汉儒家气性论的发展历史来看，性气善恶混说恰好符合了人性论的逻辑演变进程。①

最后，就成人之道的角度而言，因为将"性"视为不同的气，先秦两汉儒家形成了培养气质与人文教化两条路径，即"养气"和"治气"两种方式。其中，"养气说"以孟子为代表。在孟子那里，他将"性"视作善良之气，性乃善气。善良之气是致善的基础，所以孟子强调对气的养育。养的秘诀是顺着善气自然发展，这便是"率性"。换言之，善即率性之结果。率性意味着对个体的否定，任由天性自然呈现。孟子将"性"视为善气，以率性为养气要诀。人性之中的不善之气便被忽略，由此导致礼仪规章制度合理性的缺失，这显然是荀子及其以后学者所不能满意的。为此，荀子认为，"性"是致恶之气，它是致恶的开端。所以它需要整治和教化。而教化制度的设计实以人性论为基础。以天人之学为视角，以天人一气为原则，荀子及其后来提倡性善恶混说的学人相继论证了礼乐制度与自然之气的关系，这便是"治气说"。比如以气之阴阳论"三纲六纪"，以气之阴阳论祭祀之礼，以气之阴阳论刑罚制度等。其中，最为典型的便是以气论乐的合理及有效。古代思想家以为，从宇宙论的视角看，艺术之乐是气的产物。乐含气。而气，它能够流动和感通，并且同气之间能够相互感应，这便是"同气相求"。古人将"同气相求"的原理引入人文教化领域。他们以为，乐气能够感召人气，根据同声相感（同气相求）的原理，古人指出：道义之声能够感召人之善气，奸邪之声能够感召人之戾气。换言之，乐之气能够与人之气相沟通。美好的艺术之可以扬善抑恶，即压制人们身上的邪气，激发人们身上的正气，乐教兼具气之自然与人道。这便是古人倡导高雅之乐的秘密。

---

① 傅斯年将汉儒的人性论称为"阴阳善恶二元论"。参见傅斯年《性命古训辩证》，上海古籍出版社 2012 年版，第 213 页。

　　总而言之，秦汉儒家学派论"性"普遍站在"以生言性"的立场上，并将天视为性的最终根源，以为天的核心义是生，而能生者便是气。气是生存之始，且具有物质义。因此，作为天的产物，性自然含气。或者说，性属于气之物。这是秦汉儒家论"性"之通义。显然，这种解读不像理学家那样，将"性"视为纯粹的、超越的、思辨性的哲学概念。另言之，"以气论性"（性中含气）不失为一种合理的，且有意义的考察先秦两汉儒家人性论的操作方式。

附　论

关于先秦两汉儒家"性"
"气"范畴含义的总结

附论一 论"性"

第一节 "性"字的起源与字形

"性"是什么？考究字源，我们发现，"性"字与"心""生"密切相关。按照于省吾的说法，"心"字，早在甲骨文中就已经出现。他说："甲骨文心字作♡，正象人心脏的轮廓形。"① 从甲骨文来看，"心"指的是人的血肉之心。从生理角度而言，心能够维持和延续生命的存活。《黄帝内经·素问·六节藏象论》指出："心者，生之本。"朱熹论曰："发明'心'字，曰：一言以蔽之，曰'生'而已。"② 心乃生存之本。这是古人对"心"的基本认知。就"生"字而言，古人以为，"生"之本义乃指生命、生存等意。而"生"，《说文》曰："生，进也。象草木生出土。"③ 从许慎的解说看，"生"就像草木刚出土时候的样子。我们以为，这种解说至少包含两层引申含义：一是指生命、生存这一事实；二是指生命生长的趋势及其走向。另外，"性"字在早期儒家文献中有时被写作"眚"，诸如《性自命出》指出："凡人唯（虽）又（有）眚（性）。"④ 虽然"眚"字不从"心"，但与"生"紧密相连，这更加印证了"性"

---

① 于省吾：《甲骨文字释林》，中华书局1979年版，第361页。
② （宋）黎靖德编：《朱子语类》，王星贤点校，第8页。
③ （汉）许慎撰：《说文解字》，（宋）徐铉校订，第127页。
④ 刘钊：《郭店楚简校释》，第92页。

与人的生命有关。

　　既然"心"和"生"的基本含义变得明朗。那么，"性"是什么？这一问题的答案便昭然若揭。"生"字的基本义项是指生命和生存，而"心"又是生命之源。因此，"性"的基本含义便是"生"。或者说，"性"指的便是人初生所具有的状态。根据普遍的观点，"性"字起源于"生"字。在早些时候"生"与"性"两个字是可以互用替换的，徐灏说："生，古性字，书传往往互用。《周礼·大司徒》'辨五土之物生'杜子春读为性。《左传·昭公八年》，'民力雕尽，怨讟并作，莫保其性'。言莫保其生也。"[①] 杜子春将"生"读为"性"，这表明，在古代"性"与"生"的关系十分密切，阮元以为，"声亦意也"[②]。言下之意是，"性"指的就是生命。或者说，"性"是生之常态。傅斯年从考据学角度说："独立之性字为先秦遗文所无，先秦遗文皆用生字为之。至于生字之含义，在金文及《诗》《书》中，并无后人所谓'性'之一义。而皆属于生之本义。"[③] 可见，先秦时期的"性"字皆作"生"（生命）讲，也就是说，"生"即"性"的本义。这种人性观点就是儒家哲学史上的"生之谓性"。

　　在古代文献中，"性"除了写作"生""眚"之外，还与"姓"相关。"姓"字，根据《白虎通义·情性》说："姓，生也。""姓"与"生"有关。根据林永胜的说法，"'姓'则是对禀性相同者所区分出的类。如西汉大儒董仲舒云：'夏上忠，商上敬，周上文。'其中夏、商与周，是指不同氏族，各以不同的姓区别其所生（夏人姒姓、商人子姓、周人姬姓）；而上（尚）忠、上敬与上文，则是指这三个部族行为方式的差异（行），由这些行为方式遂可推导出其'所受'的内容差异，也就是性。因此在早期文献中，通常不会直接

---

　　① 徐复观：《中国人性论史（先秦篇）》，第6—7页。
　　② （清）阮元：《揅经室集》，邓经元点校，中华书局1993年版，第230页。
　　③ 傅斯年：《性命古训辩证》，第9页。

看到'人'这种称法，而多使用'×人'，如周人、齐人、夷人等，这其实都是在对人之'类'进行区分，而区分的方式则是由其行为（行）推导出的禀受（性）之异"①。可见，"姓"指的是区分氏族部落的方式，它是生命的存在状态。所以与"性"有关。

综上，从构字学角度来看，无论"性"字作何种书写，至少有一点是可以确认的，"性"字的本义即生，它指代的是人初生的自然状态。或者说，性即初生者、生而固有者。从反面来说，人为、加工、炼造的东西都不属于性。性为天然或者自然之义。② 这便是人性的基本义项。

第二节　"性"范畴的特质及属性

"性"在先秦两汉儒家学者视域中至少具备五种特质及属性。

一　"性"与"天"

性与生有关。那么，什么东西能够生？古人给出的答案是"天"。

早在孔子时期，孔子便以为，"天"具备生生的意味，天没有任何言语和动作，四时的形成、万物的繁育都是天的功劳。（《论语·阳货》）天是万物的本原。人的德性亦源自天。孔子说："天生德于予。"（《论语·述而》）孔子甚至以为，"天"和"性"也有密切关系。《论语·公冶长》载："夫子之言性与天道，不可得而闻也。"郭店儒简以为，天是性的根源。这便是"性自命出，命自天降"

---

①　林永胜：《气质之性说的成立及其意义——以汉语思维的展开为线索》，《台大中文学报》2015 年第 48 期。

②　如，李友广认为，"性"的初始义便是"生"，它凸显的是生命的自然而然性。参见李友广《先秦儒家人性论的演变——以郭店儒简为考察重点》，陕西人民出版社 2014 年版，第 83—97 页。

（《性自命出》）。孟子继承了这种立场，他以为，性乃初生者，它的具体内容是"四端"，即恻隐之心、仁义之心、恭敬之心、是非之心，它们是人天生所"固有"者。（《孟子·告子上》）为了论证"四端"天生自然性，孟子还列举了"孺子将入于井"等许多例子。荀子也持有这种立场。《荀子·性恶》载："凡性者，天之就也。"天生的东西就是性，与孟子所不同的是，荀子以为，比如眼睛可以观物，耳朵可以听音等，这才是性。

性源自天。秦汉之际的学者也是这样认为的。在《易传》看来，能够生的东西就是天。《易传》明言："天地养万物"（《颐·彖》），"天地之大德曰生"（《系辞下》）。"天"最大的品德就是生养万物。《易传》说："乾道变化，各正性命。"（《乾·彖》）万物在天化生之中获得本性。或者说，性根源于天。《礼记》也有类似观点，它说："天之生物"（《礼记·中庸》），"天命之谓性"（《礼记·中庸》）。天能生物并给人以性。或者说，天道在人便是性。

两汉儒家普遍站在宇宙论视角下讨论人性问题。在董仲舒看来，"天"是万物的根源，《春秋繁露·顺命》载："万物非天不生。"天能生化万物，同时给人以性，这便是"天性"（《汉书·董仲舒传》）。天生之性蕴藏贪、仁两义。所以，人性是兼具善恶的。《白虎通义》以为，"人皆天地所生也"（《白虎通义·诛伐》）。性是天生的。然而，人性是万物之中最为尊贵的。"人无不含天地之气，有五常之性者。"（《白虎通义·性情》）人之所以是万物之中最高贵者，因为人天生含有五常之性。也就是说，人天生具有道德的属性。扬雄则将人性视为玄的产物。而"玄"与"天"的内涵具有一致性，玄生人性是自然的，而非有心和刻意。后汉王充继承了这种立场，在王充看来，天是有形体的，它具有物质属性。"夫天，体也。"（《论衡·变虚》）万物皆出自天，人性也是天的产物。这便是："性命在本。"（《论衡·命义》）

综上，先秦两汉儒者以为，初生所具有的东西便是性。而能够生的东西便是天。所以，性即天性。那么，天为何能够生？

二 "性"与"气"

天之所以能够生，在古人看来，是因为气。"气"是生命体能够存在的最终依据，这是早期儒道两家的基本立场。庄子以为，气之聚散与生死存亡密切相关，他说："人之生，气之聚也；聚则为生，散则为死。"（《庄子·知北游》）气能化生万物。儒家也持这种立场。孟子以为，物质之气充满人的身体。他说："气，体之充也。"（《孟子·公孙丑上》）荀子甚至将"气"视为万物的本原，他以为，万物都是由气所充实的，其中，水火有气而不能生育，草木能生育但没有知觉，禽兽有知觉但没有道义，人不但具有气，而且有生命、有知觉、有道义。所以，人是万物之中最为尊贵者。（《荀子·王制》）可见，气是构成生命的质料，万物皆是气的产物。

气不但是构成生命的基本物质，也与人性密切相关。这种萌芽源自孔子，孔子将血气与人的道德相挂钩，并且发明出"戒"的工夫，从而克制血气中所含的弊端（《论语·季氏》）。郭店儒简说："喜怒哀悲之气，性也。"（《性自命出》）在儒简看来，人性含有某些气。孟子将性视为"致善之气"，如"浩然之气"，浩然之气是仁义的本原，扩充壮大便是仁义。与之相反，荀子以为，情欲是构成人性的材料，它是某种不良之气。人天生喜欢追逐利欲，这很容易致使情欲之气宣泄，进而引发混战和争夺，久之使人走向禽兽之道。换言之，荀子将性看作致恶之气。可见，孟荀两人各执一端，或以为性是善气，或以为性是恶气。

秦汉之际，《易传》和《礼记》表现出将孟、荀二子综合的倾向。《易传》以为，气就是构成人性的材质。然而，气有阴阳之分，它们两者并非对等的，《易传》充满着"阳尊阴卑"的思维，它将阳气视为尊贵的、善的东西，将阴气视为卑贱的、恶的东西，并认为，阳气引发刚健之德，阴气容易逸于情欲。这也就是说，《易传》是以阴阳论性之善恶。在《礼记》看来，天与人皆是由气所构成的，而人之气又源于天。而气则有积极的方面，亦有消极的方面，所以人亦是如此。这便是"人利"和"人患"。(《礼记·礼运》) 其中，"人利"属于阳气作用的结果，而"人患"是由阴气所造成的。所以，人情自然就兼具善恶之质。既然人情是人性的表现，推而论之，《礼记》的人性是善恶兼具说。总的来说，与先秦学者相比较，秦汉之际的儒者们普遍将阴阳二气视为构成人性的材质，并且开始呈现出以阴阳二气讨论人性或善或恶的局面，这便为两汉儒家阴阳性情说的提出作了理论上的铺垫。

两汉之际以阴阳之气论人性似乎成了学界的主流。比如前汉董仲舒以阴阳二气来定义人性。《春秋繁露》载："天两有阴阳之施，身亦两有贪仁之性。"(《春秋繁露·深察名号》) 董氏以为，天有阴阳二气，人身上也有这两种气。其中，针对阴阳二气的特点，《春秋繁露》载："阳气仁而阴气戾"(《春秋繁露·阳尊阴卑》)，阳气使人仁爱，阴气使人贪戾，它们共同存在于人性之中。《白虎通义》延续了董仲舒的思想路线。《白虎通义·情性》篇载："人禀阴阳气而生，故内怀五性六情"，并引《钩命诀》说："阳气者仁，阴气者贪。"《白虎通义》以为，人禀阴阳之气而生，气有阴阳之别，所以，性情有善有恶。在扬雄哲学之中，"玄"被视为与"元气"等同的范畴，扬雄以为，"玄"以阴阳之气自然生物。因此，人禀赋阴阳二气也是自然的。其中，阳气是积极的东西，阴气是消极的东西，人性自然是善恶兼具，这便是他的"性善恶混说"(《法言·修身》)。在元气自然论的基础上。王充以为，万物皆是禀赋元气自然而然生出的。《论衡》载："人禀气而生"(《论衡·命义》)，"气有少多，故性有贤愚"(《论衡·率性》)。禀赋元气多的人就善，禀赋元气少的人就恶。换言之，性之善恶取决于禀气数量的多寡。

综上，性乃天性并含气。"天生万物，人在其中。天地之精气化生成人，所以天地之'气'决定人之'性'。"[1]

---

[1] 李清华：《儒道气性论探究及其教育意义》，《教育评论》2020 年第 10 期。

三　"性"与"材"

性与气相关，气具备物理性特点。这就说明性是某种物质。性即材。这是先秦两汉儒者共同的立场。孔子以为，性乃材质。包括矜持、直率、放荡、愚笨、迟钝、鲁莽、狡诈等。[①] 郭店儒简以为，性是具有材质意义的气，然而，其是由不同种类的气所构成的，它们能够趋向善，亦能够趋向不善，而导致材质呈现不同的原因在于外物的刺激。[②] 在孟子那里，人性之材兼具两方面含义。从静态的角度来说，人性是一块好的材料，人天生具有善的资质、质地，这种材料便是人天生的四种心（"四端"）。从动态的角度来看，这种好的材料能够展现为某种能力，呈现为某种善的行为、积极的举止（"良知""良能"）。所以，孟子提倡要对材质进行养育、扩充。[③] 后来，荀子也将人性视为一种材质。与孟子不同的是，他将构成人性的材质视为坏的东西（比如感官情欲）。或者说，性是原始的材料，它存在缺陷，并不完美，所以，荀子提倡要对其进行加工和雕琢。[④] 这个过程便是教化。

秦汉之际的儒家表现出将孟荀二子人性说相糅合的趋势。在《易传》看来，"天为阳，地为阴"（《系辞下》），"天地感而万物化生"（《咸·象》）。意思是说，阴阳二气交合生出人性。或者说，阴阳二气是构成人性的材质。然而，《易传》持有"崇阳抑阴"的立场，这种思维反映在人性问题上便是性善恶混论。换言之，《易传》以为，性是兼具善恶的材质。另外，《礼记》以为，气是构成万物的材料，亦是组成人性的材质，必待外部的刺激后才能够显现出来，而接受刺激的东西便是"心"。[⑤] 由此可见，《礼记》探讨人性问题

---

① 参见《论语·先进》《论语·泰伯》等篇章。
② 参见《郭店儒简·性自命出》篇章。
③ 参见《孟子·告子上》篇章。
④ 参见《荀子·性恶》篇章。
⑤ 参见《礼记·乐记》篇章。

的致思路径与郭店儒简非常类似，这也从侧面反映出秦汉之际儒者思想的复杂性。

两汉时期以材论性的做法更加明显。前汉董仲舒提出："性者，天质之朴也。"（《春秋繁露·实性》）性是质朴之材，并且这种材料是生来固有的。立足于天人之学的视域，董氏以为，人性天生含有阴阳二气。《白虎通义》以为，人性是由阴阳二气所构成的质料，其中，性是积极的材料，而情则是消极的材料。所以人性是善恶相混的。扬雄不满足这种论调，在他看来，"天"并非有意志地创生万物。他以"玄"代替"天"指出，人性是自然而然形成的材质。王充继承了扬雄的这种立场，他以为，万物皆禀元气而生，而元气是类似云烟一样的材料。《论衡》载："气若云烟"（《论衡·自然》），"气若云雾"（《论衡·卜筮》），"气降而生物"（《论衡·订鬼》）等，而云烟、云雾显然皆具有物理特点，推而论之，元气亦是某种有形状的材料。他提出："气有少多，故性有贤愚。"（《论衡·率性》）显而易见，性成为具有数量的某种物质。综上，性是具有物理性的材质。这便是"性"与"材"的关系。

四 "性"与"质"

性是某种材质。然而，古人以为，材质具备"质"（属性）的特点。性即性质。这是从孟子开始才有的局面。孟子以为，人天生引导具有两方面的内容，即欲望和"四端"。其中，欲望是人和禽兽所共有的，而"四端"则是人类所独具的。在他看来，"四端"具有普遍性，圣贤和小人皆具此物，"四端"是仁义之本，扩而充之便为仁义。同时仁义的本原与气有关，孟子以为，它是善良之气（比如浩然之气）。这也就是说，孟子首次对构成人性的材料（"气"）作了区分。荀子则以为，人性是一块坏材料，它是由情欲所构成的。在他看来，人的情欲是没有止境的，也是难以满足的。无论是圣人，还是小人，他们皆存有情欲。《荀子》说："有欲无欲，异类也，生死也。"（《荀子·正名》）在荀子那里，情欲甚至成为生死之异的标识,只要是生物便会存有欲,反之,无欲者则不是生物。换言之,情欲具有规定性的意味。荀子倾向以为,人天生本有的致恶之气乃情欲之本质。所以,他强调"治气"(《荀子·修身》)。言下之意是,致恶之气是性恶的发端,需要约束和寡淡,才能避免走向邪恶。

在《易传》看来,万物皆是阴阳交合而成,而人性亦是如此。《系辞传》明确说:"成之者性也。"性是成之者。所以必然含阴阳二气。《礼记》以为,万物皆是阴阳交合的产物,同时与其他物类相比,人身上又含有"五行之秀气"(《礼记·礼运》)。到了两汉时期,学者普遍将人性视为具有规定性的物质。前汉董仲舒提出:"性者,质也。……性之名不得离质。"(《春秋繁露·洞察名号》)性具有质的特点,脱离了质的属性不足以谈性。他以为,"身之有性情也,若天之有阴阳也"(《春秋繁露·深察名号》)。意思是说,具有质的属性的材质是阴阳二气。《白虎通义》指出:"人含五常而生"(《白虎通义·姓名》),"人无不含天地之气,有五常之性者"。(《白虎通义·性情》)人天生含有五常之气,这是人之异于禽兽的根本标志。后汉王充以为,万物皆由气(元气)所化生,而气(元气)中又有特殊类别,比较恶毒的事物是禀毒气、太阳之气而生的,《论衡》载:"含太阳气而生者,皆有毒螫"(《论衡·言毒》),人则是五常之气凝聚而成的,《论衡》载:"(人)含五常之气也"(《论衡·论死》),特别是圣人、祥瑞、嘉禾又是和气的产物。《论衡》载:"夫天地气和,即生圣人。"(《论衡·齐世》)可见,气成为决定人与物属性的物质。

综上,人性决定人之生存,是人之为人的决定者。这种意识自从孟子开启后,逐步成为儒家论性的基本立场。

五 "性""心""情""欲"与"命"

先秦两汉学者谈"性"时,还常谈及"心""情""欲"与"命"等范畴。

首先,就"性""情"和"欲"的关系看,在孔孟那里,"情"

更多的是"质实""真实"义，它指的是事物的实情、本来的面貌，"欲"则是指人的天生感官本能。郭店儒简首次对"情"进行了比较详细的界定，并以为，人情有欲、爱、子、喜等多种，这些都是源自人性的东西。"性"和"情"的关系得到明确界定，即情生于性。荀子将这种关系变得更加明确，他以为性是天生的东西，情是初生者的本质，而欲是人情的反映，这种关系模式深深影响了《礼记》。在《礼记》看来，人性生来的状态是"静"（"未发"）的，这是人的天性。人出生之后便会受到外物的诱导，进而人性会呈现不同的形式，它们是"性之欲"（"已发"），而"性之欲"有七种，比如好恶喜怒等，它们都是天生的。这些"性之欲"要受到一定程度的节制，否则就容易导致天性的毁伤。所以《礼记·礼运》提倡"治人情"。到了两汉时期，"情""性"开始出现一种对立的模式，多数学者以为，"性"是属于正面的、积极的东西，而"情"则是负面的、消极的东西。这其中以董仲舒比较典型。他说："性仁情贪。"（《春秋繁露·深察名号》）董氏以阴阳论述性情，性情源自天。然而，天有阴阳之别，天"贵阳而贱阴"（《春秋繁露·阳尊阴卑》）。所以，就会造成性阳而情阴。也就是说，阴气需要约束和节制，否则的话，就会引起祸乱。这便是："节之而顺，止之而乱。"（《春秋繁露·王道通三》）另一方面，从阴阳之气的来源上看，董仲舒说："天地之气，合而为一。"（《春秋繁露·五行相生》）阴阳二气皆源自天，反映在人身上便是性情。也就是说，性情二者都是天的产物，没有实质差别。

其次，就"性"和"心"的关系来看，孔子戒治血气的工夫便已经暗含了心性关系的萌芽。郭店儒简将"心"视为人接受外物刺激的触发点，心受到外界刺激能够诱发性的展开，性的呈现便是情。然而，到了孟子那里，却是另外一副势态，孟子将人天生固有的四种心（"四端"）视为人性，开启了儒家以心言性的局面。荀子则认为，心能够指导人的行为活动，但同时存在缺陷和弊病，即人心天生喜欢利欲，放纵人心便容易引发情欲，从而导致一系列恶果。《礼记》以为，天授人以性，外物诱导人心，性便表现于外，这就是情。然而，心有积极和消极两类。换言之，人之好恶集结于心。所以，由心而发的人情有两方面内容，即"人利"和"人患"。(《礼记·礼运》) 这等同于说，人性、人情兼具善恶之质。两汉的学者也大多数持这种立场。比如董仲舒以为，"身有情欲栣"(《春秋繁露·深察名号》)，而"栣"是"心"的功能。董仲舒说："心，气之君也。"(《春秋繁露·循天之道》) 心能够决定气的走向，而情欲本身含气。所以，在董仲舒那里，心的功能表现为对性(气)的统率。

最后，就"性"与"命"的关系来看，孔子以为，"性"有时可以视为"命"。郭店儒简有时将"命"视为原始生命，它以为，生命是生存的发端，同时是人性的起点。自从孟子开始，"性"和"命"两者才开始得以系统性探讨，孟子创造性地提出，人能够自身所把握的东西是"性"，而不能把握的东西是"命"。而荀子说"制天命"(《荀子·天论》)。天命表现为天所给予人的东西，即人的感官、心知、形体、情感等，这些东西属于人本有的，荀子将其称为"性"。但荀子以为，人天生具有恶端，而"制天命"更多体现的是对原始人性进行锻造。到了两汉时期，"命"更加倾向原始生命、寿命、命运等义，并与"气"的关系更加紧密。比如前汉董仲舒以为，"人受命于天"(《春秋繁露·深察名号》)，"命若从天气者"(《春秋繁露·五行对》)。"命"就是天之气在人身上的呈现。或者说，命含气。所以，董仲舒倡导"气多而治"(《春秋繁露·循天之道》)。爱护身体就是养气，也就是养命。后汉王充认为，"受命于天，禀气于元"(《论衡·辨祟》)。"命"是禀元气获得的。命含气。并且他以为，"性命俱禀，同时并得"(《论衡·初禀》)。"命"和"性"同时禀气成，并不存在时间上的先后问题，这便是"用气为性、性成命定"。与先前的思想家相比，王充以为，人的吉凶、福祸、富贵、贫贱都是"命"①，并且都是偶然而成，而非天有意为

---

① 参见《论衡·偶会》《论衡·命禄》等篇章。

之。同时王充强调，性善的人或禀有凶命，性恶的人或禀有吉命，这便是"性与命异"（《论衡·命义》）。可见，儒家性命关系在王充这里变得错综复杂。

综上，就先秦两汉儒学发展史看，"性"始终与"心""情""欲""命"等范畴纠缠，并且儒家人性论逐步呈现复杂性、多元性。以上便是先秦两汉儒家性论的几个基本要点。

附论二 论"气"

第一节 "气"字的起源与字形

"气"字，按照于省吾说法，在早期先人那里，它被写作三横，很像今天现代汉语中的"三"字。[①] "气"最早被写作三横（类似"三"）并呈现弯曲的状态，这种写法很像自然界中云气的自然样态，所以，《说文》说："'气'，云气也，象形。"[②] 根据生活常识，云气在自然界是一种物理现象，云气的样貌是十分轻微的，它能够流动、聚散和变通，并呈现出不同的样态和形状。创字的古人已经意识到"云气"的这个点，所以，古人用三横（类似"三"字）表示"气"有多样的物理形态。换言之，"三横"并非一种实指，而是一种虚指，它意味着云气的多变。

从中国古代社会的发展看，中国自古以来就是一个农业大国，特别是在科技欠发达的古代社会，田地耕种不仅为人提供维持生存的基本物质，而且是国家经济社会发展的重要支柱。而水源则是农作物成长所必不可少的东西，足够的雨水成为农作物生长的关键。早期的先人们根据生活经验断定，云是一种能够带来雨水的东西，所以，云气和雨水密切相关。特别是对于早期的殷人来说，"云不是

---

① 于省吾：《甲骨文字释林》，中华书局 1979 年版，第 80 页。
② （汉）许慎撰：《说文解字》，（宋）徐铉校订，第 14 页。

自然的一种景物，而是与信仰相联系，属于上帝之物"①。正是这个缘由，在甲骨文的卜辞中，我们可以看到多处求雨的记录。例如："贞，今日其雨。王固曰，疑，兹乞雨"②，"辛未卜，㞢贞，黍年有足雨"，"今自庚子至甲辰，帝令雨"③，等等。这些卜辞记录足以说明：先人们已经意识到云和雨之间存在某种关系，只不过殷人将雨水视为上帝的赏赐之物，他们通过具有宗教特色的祭祀活动来乞求降雨。所以，"气"在古文献中有时又或写作"乞"。

另外，在诸多古籍中，"气"又写作"氣"。《说文》曰："氣，馈客当米也。"④"氣"的本义是指"赠送给客人谷物"，它是一种礼仪制度。《左传》载："馈之刍米，礼也。"（《左传·僖公十年》）根据李存山的说法，"古文的气写为'气'而不作'氣'。因为人们生活中最常见的气是蒸饭的气，所以'气'逐渐俗写成'氣'，而'氣'的原来意义则由'餼来表示'。"⑤《左传·桓公六年》曰："齐人馈之餼。"杨伯峻注曰："餼本作氣……凡馈人以食物……其生者曰餼。餼有牛、羊、豕、黍、粱、稷、禾等。"⑥可见，无论是"氣"，还是"气"，抑或"餼"，都与物质有关，都含有材质义。

综上，就"气"字的起源与字形来看，"气"原本是一个象形字，它的原始意义是云气。云气是一种自然现象，这就表明"气"含有物理属性。另外，在诸多古籍中，"气"还与"氣""餼"相关，它们或指代谷物，或指代食物，或指代牛羊等。这也从侧面说明，"气"始终没有脱离材质的含义。

---

① ［日］小野泽精一、福永光司、山井涌编：《气的思想——中国自然观与人的观念的发展》，李庆译，世纪出版集团、上海人民出版社2007年版，第18页。
② 于省吾：《甲骨文字释林》，第81页。
③ 注："㞢贞。"参见［日］小野泽精一、福永光司、山井涌编《气的思想——中国自然观与人的观念的发展》，李庆译，第16—17页。
④ （汉）许慎撰：《说文解字》，（宋）徐铉校订，第74页。
⑤ 李存山：《中国气论探源与发微》，第23页。
⑥ 杨伯峻编著：《春秋左传注》，第113页。

第二节　"气"范畴的特质及属性

"气"在先秦两汉儒家学者视域中至少具备五种特质及属性。

一　"气"与生命

我们常说，人活一口气、出一口气、气若游丝等。从这些说法中，我们能够认识到，"气"具有生命的含义。

"气"被古人视为生命的动力。气即生命力。这一点在先秦两汉文献中随处可见，孔子说："屏气似不息者。"（《论语·乡党》）气与息有关，"息"由自、心两者构成。《说文》曰："自，鼻也。"①"自"的本义是鼻子。鼻子属于人的感官，主要功能就是呼吸。从生理性视角来看，它是外部之气贯通人身的渠道。"心"的本义是心脏，心脏能够维持生命存活。既然"息"字与人的心脏、鼻子相关，这就说明，它是关乎人的生命的范畴。孔子以为，"屏气似不息"（《论语·乡党》）。人用鼻子将气抑制住就不能呼吸。《孟子》说："气，体之充也。"（《孟子·公孙丑上》）"气"是充盈形体的物质。荀子以为，水火、草木、禽兽以及人皆含有气（《荀子·王制》），气是生存的物质基础。反之，万物"失气而死"（《荀子·解蔽》）。荀子还以为，气是有形状的，它可以被察知。比如荀子说："絑纩听息。"（《荀子·礼论》）棉絮能够辨别气的流动，进而判断人之存活与否。换言之，人是由气构成的。气能够主导人的寿命。所以，荀子倡导"治气养生"（《荀子·修身》）。

气是生存之本，荀子之后的儒者皆持有这种观点。《易传》和《礼记》亦以为，气含有生命义。《易传》说："精气为物"（《系辞上》），"万物化生"（《系辞下》）。《易传》以为，气能够使万物生

---

① （汉）许慎撰：《说文解字》，（宋）徐铉校订，第74页。

存。《礼记》说："属纩以俟绝气"（《礼记·丧大记》），"生气方盛"（《礼记·月令》）。意思是说，气是辨别人是否存活的标准。董仲舒说："气以生物"（《春秋繁露·王道通三》），"天统气始施化物"（《春秋繁露·三代改制质文》），"命若从天气者"（《春秋繁露·五行对》）。董仲舒以为，天以气生物，人的生命也是天给予的。生命含气。所以他强调"爱气"（《春秋繁露·循天之道》）。王充也有类似观点，他说："人之所以生者，精气也，死而精气灭。"（《论衡·论死》）万物的存亡取决于气之凝聚。或者说，生存是气的活动。他又说："人以气为寿，形随气而动。"（《论衡·无形》）气是构成人寿命的材质。比如："夫禀气渥则其体强，体强则其命长；气薄则其体弱，体弱则命短，命短则多病寿短。"（《论衡·气寿》）人是气化的产物。命含气。气的多寡决定人寿命长短。具体来说，禀气多的人寿命比较长，体质就相对健壮。反之，禀气少的人寿命比较短促，体质也相对柔弱。可见，在王充的视域里，气能够主导人的寿命。或者说，气是生命的本原。

综上，气是生存之本。或者说，"生机或生命的本质，在古人看来，便是气"①。

二 "气"与材质

关于"气"，《说文》曰："气，云气也。"② 而"云气"，根据常识可以知，是一种自然物理现象，弥漫于山川、草木乃至天地之间，能够被我们的感官察觉。所以说，气具有物理性。

气是某种材质。荀子曾作《赋》一篇，在文中他对"云气"有较为详细的描述，他说："有物于此，居则周静致下，动则綦高以钜。圆者中规，方者中矩，大参天地，德厚尧禹，精微乎毫毛，而盈大乎寓宙。"（《荀子·赋》）荀子所见，"云气"有安静和运动两

---

① 沈顺福：《从观念史的演变看中国古代哲学的诞生》，《管子学刊》2020 年第 1 期。
② （汉）许慎撰：《说文解字》，（宋）徐铉校订，第 14 页。

种状态，安静的时候散布在地面上，运动的时候布满天空广大无边。就表现的形状和形式来说，它没有固定的物理形态。气有时候呈现圆形，圆形合乎圆规的规范，有时候呈现方形，方形合乎曲直的要求。有时候气比微小的毫毛还精细，有时候气可以充满整个宇宙。

气是有形状的，并且可以被人识别。古人将气的这种特点引入人文领域便提出了“望气说”。《墨子》载：“凡望气，有大将气，有小将气，有往气，有来气，有败气，能得明此者可知成败吉凶。”（《墨子·迎敌祠》）墨子以为，气是有形状的，它有大、有小、有来、有往，甚至能够判断成败和吉凶。在古代“气”还表现为“氛”。根据《左传》载，梓慎是一位擅长识别“氛”的学者，其文曰：“吾（梓慎）见赤黑之祲，非祭祥也，丧氛也。”（《左传·昭公十五年》）根据“氛”的颜色和形状可以辨别吉凶。甚至到了荀子时期，这种现象依然存在，《荀子》载：“相阴阳，占祲兆，钻龟陈卦，主攘择五卜，知其吉凶妖祥。”（《荀子·王制》）① 在荀子那个时候，人们利用阴阳二气进行占卜和预测。这足以说明气具有物理形状。

气具有物理形态，人的形体也是气的产物。孟子说：“气，体之充也。”（《孟子·公孙丑上》）气能够充实人的形体。体具有物理特性，能够被人的经验认识察觉，显而易见，气具有物质属性。与此同时，古代学人以为，人的感官活动也是气的外显。《左传》明言：“气在口为言，在目为明。”（《左传·周语下》）气呈现在嘴巴上是语言，表现在眼睛上是视力。《论语·泰伯》还提出“辞气”，并以为人的容貌和脸面也是气的表现方式，这便是“气色”。在此基础上，古人还创造了相术理论，这在汉代尤为显著。比如王充撰有《论衡·骨相》篇，文中详细介绍了通过人的体形、面容、音色等可以判断性之善恶、命之吉凶、寿命长短等。这便是“骨法善恶”

---

① 张觉对“祲”解释为：“祲（jìn）：阴阳二气相侵所形成的象征不吉祥的气。”张觉撰：《荀子译注》，第109页。

"寿夭之相""贫富贵贱"等皆可以"俱见于体"。(《论衡·命义》)由此可见，物质之气是能够被认知的，这足以说明气具有物理属性。综上，气有形状，能被人识别和判断，因此，它具有物理属性。

三　"气"与本根

所谓"本根"是指宇宙万物产生的最终依据，这种说法是由张岱年提出的。张岱年认为，中国古代只有"本根论"。"本根"① 是不同于西方哲学本体论（ontology）的一种富有中国特色的哲学理论模式。在宇宙论问题上，"在中国哲学中，注重物质，以物的范畴解说一切之本根论，乃是气论"②。气是万物存在的本原和根本，这便是气本根说。

气具有本根的意义，这种思潮发端于西周时期。根据《国语》记载，伯阳父以为，天地含阴阳二气，阴阳二气内含某种秩序。如果这种内在的秩序失去平衡，阳气被压制而不能释放，阴气宣泄而不能抑制，那么就会出现地震等现象。(《国语·周语上》)《左传》亦载，宋国境内有陨石坠落，宋襄公向周内史叔兴请教陨石出现有何预兆，而周内史叔兴则认为，陨石坠落完全是因为："阴阳之事"，而"非吉凶所生"。(《左传·僖公十六年》)可见，在周人眼中，气是万物发展变化的动力。这种思想深深影响了荀子，荀子说："天地合而万物生，阴阳接而变化起。"(《荀子·天论》)万物产生于阴阳二气的交合，而且陨星从天坠落、木头发出声响，这些异常怪异的事情，也都是"阴阳之化"(《荀子·天论》)的缘故。

秦汉之际的儒家学者以为，气是构成万物的材料，也是宇宙万物的本原。《易传》以为，两仪、四象、八卦等皆源自太极。(《系

---

① "本根"一词见于张岱年《中国哲学大纲》第一部分第一篇中，系指"宇宙中之最究竟者"。参见张岱年《中国哲学大纲》，第64页。

② 张岱年：《中国哲学大纲》，第108页。

辞上》）太极即生存的开端，它表现为两仪。而“两仪”即为阴阳二气。如，冯达文以为，《易传》中的两仪是指阴阳二气。① 所以，太极含气。《易传》进一步指出：“乾，阳物也；坤，阴物也。”（《系辞下》）“精气为物。”（《系辞上》）物是由气构成的。其中，乾是阳气，坤是阴气。《易传》以为，阴阳之气交感生出万物。“天地感而万物化生。”（《咸·象》）气化构成了人和物。《礼记》继承了《易传》的这种自然宇宙观，《礼记》将天地与阴阳相提并论，它以为，天地之气就是阴阳二气，天气下降，地气上升，阴阳之气开始相互磨合，紧接着便出现了雷霆、风雨、四时、日月以及万物。（《礼记·乐记》）这便是“阴阳和而万物得”（《礼记·郊特牲》）。简言之，气的变化是万物产生的原因。

天地人物皆气化而生。到了汉代学者那里，这种思想逐步成为学界的主流。前汉董仲舒以为，天以气化生万物，天有阴阳二气，他说：“天有阴阳”（《春秋繁露·同类相动》），“阳，天气也；阴，地气也”（《春秋繁露·人副天数》）。阴阳二气能够生物，这种能够生物的气，董氏有时将其称为“元气”。他说：“元者为万物之本。”（《春秋繁露·重政》）天地有阳气和阴气，它们合在一起可以统称为“元气”（“一”）。阴阳之气的运转、交合形成春夏秋冬四个节气，四个节气（“四时”）的交替变化又衍生出五种物质（“五行”）。气、天地、阴阳、四时、五行等就这样相互关联起来，这便是董仲舒的气论视域下宇宙演化的图景。（《春秋繁露·五行相生》）扬雄则提出：“自今推古，至于元气始化。”（《核灵赋·预览一》）元气是长久不变的，它是事物发展的动力。后汉王充以为，元气可以化生万物，《论衡》载：“万物之生，皆禀元气。”（《论衡·言毒》）万物出自元气。然而，元气化生万物是自然而然的，并非刻意和有心为之。王充说：“人禀气而生”（《论衡·命义》），“因气而生”（《论衡·物势》），“天地合气，物偶自生矣”（《论衡·物

---

① 参见冯达文《早期中国哲学略论》，第 181 页。

势》）。人也是气自然生成的产物。或者说，人物含气。

综上，气本根说思想萌芽于西周，发展于先秦，成熟于两汉。具体表现在宇宙生成论方面。在古人的眼里，万物皆由气构成，天以气造就人，我们生活的世界就是一幅气化流行的场景。

四 "气"与道德

我们常说，某某人是大气之人，某某人养得一身正气，某某人是小气之人等。又如，在日常生活中，当我们遇到不公正的现象，就会义愤填膺，胸中充满一股刚正之气；再如，当我们看到有需要帮助的人，就会义无反顾，这股气促使我们做出见义勇为之举。可见，"气"含有道德的色彩。

而在儒家哲学史中，"气"最初与道德挂钩的形式是血气。《左传》《国语》等文献中皆对血气有所阐发。《左传》以为，"凡有血气，皆有争心"（《左传·昭公十年》）。有血气的生物就有争斗之心。《国语》又进一步指出："其血气不治，若禽兽焉。"（《国语·周语中》）血气能够引发争夺，它得不到有效治理，人便如禽兽一般。或者说，血气是人和禽兽共有的物质，人能够治理血气而禽兽则不能。这种思维类似后来孟子的人禽之辨的意味。针对血气中的消极内容，孔子还提出"戒"的工夫。（《论语·季氏》）

除了将血气视为与道德有关外，《左传》以为，人的情感源自气。它说："天有六气"（《左传·昭公元年》），"民有好恶喜怒哀乐，生于六气"（《左传·昭公二十五年》）。六气能够生出人情，而六气源自天，这便是天人同气。在此基础上，郭店儒简中提出："喜怒哀悲之气，性也。"（《性自命出》）儒简以为，人性就是某些气，这类气即情气。孟子受到先人的启发，将性视为致善之气，这种气是浩然之气，浩然之气是仁义的本原，是天生本有的。荀子以为，情欲是构成人性的材料，是具有消极意味的东西，是某种不良之气。不善之气的宣泄容易引发混战和争夺，这便是人性之"病"。（《荀子·正名》）由此可见，气与道德有关，孟子和荀子可谓各执一端。

而到了秦汉之际，《易传》《礼记》两者站在宇宙生成论的视角，开始表现出综合孟荀二子思想的倾向。《易传》以为，气就是构成人性的材质。阴阳二气交合生出人性。然而，阴阳之气的地位并非对等的，《易传》将阳气视为尊贵的东西，将阴气视为卑贱的东西，并认为，阳气引发刚健之德，阴气容易逸于情欲。换言之，《易传》是以气（阴阳）论性之善恶的物质基础。《礼记》以为，天与人皆是由气所构成的，而人之气又源于天，这便是"天人一气"。而人情也有不同内容，它有积极的方面，亦有消极的方面，这便是"人利"和"人患"。（《礼记·礼运》）其中的"人利"属于阳气作用的结果，而"人患"则是由阴气造成的，所以，人情自然就兼具善恶之质。既然人情是人性的表现，推而论之，《礼记》的人性自然是持善恶兼具说。总的来说，《易传》《礼记》呈现出以阴阳二气探讨性之善恶的情况，这为两汉性情阴阳说的提出作了理论上的铺垫。

两汉之际以阴阳之气探讨人性的情况更为普遍。前汉董仲舒以阴阳二气划分天、人的感情，董仲舒说："天亦有喜怒之气……天人一也"（《春秋繁露·阴阳义》），"人有喜怒哀乐……皆天气之然也"（《春秋繁露·如天之为》）。人的喜怒哀乐源自天之气。另外，董仲舒以为，天气有阴阳之分，所以，人的性情也有善恶之别。他说："仁贪之气，两在于身"（《春秋繁露·深察名号》），"阳气仁而阴气戾"（《春秋繁露·阳尊阴卑》）。人禀阴阳之气而生，阴阳二气使人有了贪戾。换言之，阴阳二气成为决定人性的重要因素。《白虎通义》延续了董仲舒的思想路线。《白虎通义·情性》篇指出："人禀阴阳气而生，故内怀五性六情。"并引《钩命诀》说："情生于阴……性生于阳……阳气者仁，阴气者贪。"董仲舒、《白虎通义》皆以阴阳论性情，但两者以为，性情是天有意施加给人的结果。后起的扬雄、王充则与之不同，扬雄以为，玄含气，并有自然属性。或者说，玄以晦明之气自然化生万物。因此，人禀赋阴阳二气也是自然的。其中，明气是积极的东西，晦气是消极的东西，因此人性自然是善恶兼具，这便是他的"善恶混说"。（《法言·修身》）东汉王充建立了自然主义的天道观，他以为，万物皆禀元气而生，这个过程是自然的。王充又以为，人的坚强与软弱、长寿与短命、善恶与贵贱都是禀气所致。如，他说："气有少多，故性有贤愚"，"禀气有厚泊，故性有善恶"（《论衡·率性》）。人之善恶取决于元气数量的多寡。换言之，人性成了具有数量性的材质。

综上，气自从诞生之日起，便与人的道德密切有关，并且逐步成为人性的物质基础。性含气。这是先秦两汉儒家学人的共识。

五　"气"与感通

"气"具有"通"的特点。"通"即"感通"。在古代儒者看来，"感通"的表现方式有两种，一种是异类交感，另一种是同类相感。这种思维在《荀子》《易传》《礼记》《春秋繁露》等文献中表现得比较显著。

就异类交感来说，古代学人以为，万物是由不同种类的气相互交感而生成的，这种气是天地之气，或者说是阴阳二气。比如荀子说："天地之变，阴阳之化"（《荀子·天论》），"阴阳接而变化起"（《荀子·礼论》）。荀子以为，阴阳交接而有变化，变化则能生出万物。到了《易传》时期，阴阳二气交合生物的思维更加明显，它说："天地感而万物化生"（《咸·彖》），"天地絪缊，万物化醇"（《系辞下》），"刚柔相推而生变化"（《系辞上》），"感而遂通天下之故"（《系辞上》）等。在《易传》看来，气能够流通、变化。或者说，阴阳二气交感产生万物，并且同种类别的气是无法交感生物的。

就同类相感来说，古代学人以为，同种类型的气之间能够相互感应。比如，《易传》揭示了同类相感的本质，它指出："同声相应，同气相求。"（《文言》）到了汉代气化宇宙论普遍盛行，"同气相求"成为学者的普遍观点。比如《春秋繁露》载："天地之阴气起，而人之阴气应之而起；人之阴气起，而天之阴气亦宜应之而起。"（《春秋繁露·同类相动》）董仲舒以为，人是由天生出的，天有阴阳之气，人作为天的产物，人身上也含有阴阳二气。如果天的阴气盛行，人身上的阴气会与之相应，同理，人身上的阴气释放，天的阴气也会与之相应。也就是说，天人之间因气能够相互感应。

古人又将同类相感（同气相求）的原理引入了人文教化领域。古代学人以为，感是教化的手段，感的方式有乐感、胎教、诵读经典等多种方式。其中，最为典型的方式是乐感。比如《荀子》载："凡奸声感人而逆气应之，逆气成象而乱生焉；正声感人而顺气应之，顺气成象而治生焉。唱和有应，善恶相象，故君子慎其所去就也。"（《荀子·乐论》）奸佞之声含有邪恶之气，正义之声饱含道义之气，同时人性之中具备顺气和逆气，其中，逆气是消极的部分，顺气是积极的部分。根据同声相感的原理，荀子指出：奸邪之声能够感召人之逆气，不良之气与奸邪之声应和，混乱争夺的现象就会顺之产生；道义之声能够感召人之顺气，善良之气迎合道义之声，和顺稳定的秩序随之而来。可见，乐气与性气能够相通，乐感即气的活动。所以，荀子倡导："先王恶其乱也，故制雅颂之声以道之，使其声足以乐而不流，使其文足以辨而不諰，使其曲直繁省廉肉节奏，足以感动人之善心，使夫邪污之气无由得接焉。是先王立乐之方也。"（《荀子·乐论》）乐教是为了激发人身上善的品质，其以感应的形式作用于人性，在这种感应活动中，主体便是气，感即气质感应。这再次证明人性含气。

总的来说，先秦两汉儒者以为，气贯通天、地、人。万物都源于气，而"同气相感"是儒家乐教的基本原理。换言之，艺术之乐兼具气之自然与人道。以上便是先秦两汉儒家气论的几个基本要点。

参考文献

一 典籍

（战国）荀况：《荀子校释》，王天海校释，上海古籍出版社 2016 年版。

（汉）司马迁：《史记》，中华书局 2013 年版。

（汉）班固撰：《汉书》，中华书局 2007 年版。

（汉）许慎撰：《说文解字》，（宋）徐铉校订，中华书局 1963 年版。

（汉）扬雄：《太玄校释》，郑万耕注，中华书局 2014 年版。

（汉）扬雄撰，（宋）司马光集注：《太玄集注》，刘韶军点校，中华书局 2013 年版。

（汉）王充：《论衡校释》，黄晖撰，中华书局 1990 年版。

（汉）王充：《论衡校注》，张宗祥校注，郑绍昌标点，上海古籍出版社 2010 年版。

（魏）王弼：《王弼集校释》，楼宇烈校释，中华书局 1980 年版。

（梁）皇侃撰：《论语义疏》，高尚榘校点，中华书局 2013 年版。

（梁）顾野王撰：《大广益会玉篇》，吕浩校点，中华书局 2019 年版。

（南朝宋）范晔撰：《后汉书》，中华书局 2014 年版。

（三国魏）阮籍：《阮籍集校注》，陈伯君校注，中华书局 2012 年版。

（宋）程颢、程颐：《二程集》，王孝鱼点校，中华书局 1981 年版。

（宋）黎靖德编：《朱子语类》，王星贤点校，中华书局 1986 年版。

（宋）陆九渊：《陆九渊集》，钟哲点校，中华书局 1980 年版。

（宋）张载：《张载集》，章锡琛点校，中华书局 1978 年版。

（宋）朱熹集撰：《诗集传》，赵长征点校，中华书局 2017 年版。

（宋）朱熹撰：《晦庵先生朱文公文集》（四），徐德明、王铁点校，
　　上海古籍出版社、安徽教育出版社 2002 年版。

（宋）朱熹撰：《四书章句集注》，浙江古籍出版社 2012 年版。

（明）罗钦顺：《困知记》，阎韬点校，中华书局 2013 年版。

（明）王守仁撰：《阳明传习录》，杨国荣导读，上海古籍出版社
　　2000 年版。

（明）王守仁撰：《王阳明全集》，吴光、钱明、董平、姚延福编校，
　　上海世纪出版股份有限公司、上海古籍出版社 2011 年版。

（明）王廷相：《王廷相集》，王孝鱼点校，中华书局 1989 年版。

（清）陈立撰：《白虎通疏证》，吴则虞点校，中华书局 1994 年版。

（清）戴震：《孟子字义疏证》，何文光整理，中华书局 1961 年版。

（清）董天工笺注：《春秋繁露笺注》，黄江军整理，华东师范大学
　　出版社 2017 年版。

（清）郭庆藩撰：《庄子集释》，王孝鱼点校，中华书局 2012 年版。

（清）黄宗羲原著，全祖望补修：《宋元学案》，陈金生，梁运华点
　　校，中华书局 1986 年版。

（清）焦循撰：《孟子正义》，沈文倬点校，中华书局 1987 年版。

（清）李道平撰：《周易集解纂疏》，潘雨廷点校，中华书局 1994
　　年版。

（清）刘宝楠：《论语正义》，高流水点校，中华书局 2016 年版。

（清）阮元：《揅经室集》，邓经元点校，中华书局 1993 年版。

（清）苏舆撰：《春秋繁露义证》，钟哲点校，中华书局 1992 年版。

（清）孙希旦撰：《礼记集解》，沈啸寰、王星贤点校，中华书局
　　1989 年版。

（清）孙诒让撰：《周礼正义》，王文锦、陈玉霞点校，中华书局
　　2013 年版。

（清）王夫之：《尚书引义》，王孝鱼点校，中华书局 1962 年版。

（清）王夫之：《读四书大全说》，王孝鱼点校，中华书局 1975 年版。

（清）王夫之：《张子正蒙注》，王孝鱼点校，中华书局 1975 年版。

（清）王念孙：《广雅疏证》，张其昀点校，中华书局 2019 年版。

（清）王聘珍：《大戴礼记解诂》，王文锦点校，中华书局 1983 年版。

（清）王先谦撰：《荀子集解》，沈啸寰、王星贤点校，中华书局 1988 年版。

（清）颜元：《颜元集》，王星贤、张芥尘、郭征点校，中华书局 1987 年版。

（清）赵在翰辑：《七纬》，钟肇鹏、萧文郁点校，中华书局 2012 年版。

陈国庆编：《汉书艺文志注释汇编》，中华书局 1993 年版。

程俊英撰：《诗经译注》，上海古籍出版社 2004 年版。

程树德撰：《论语集释》，程俊英、蒋见元点校，中华书局 1990 年版。

方勇、李波译注：《荀子》，中华书局 2011 年版。

河北省文物研究所、定州汉墓竹简整理小组：《定州汉墓竹简〈论语〉》，文物出版社 1997 年版。

黄晖撰：《论衡校释》，中华书局 1990 年版。

李零：《郭店楚简校读记》，中国人民大学出版社 2007 年版。

李民、王建撰：《尚书译注》，上海古籍出版社 2004 年版。

李学勤主编：《十三经注疏》，北京大学出版社 1999 年版。

李志庸主编：《张景岳医学全书》，中国中医药出版社 2002 年版。

梁启雄：《荀子简释》，中华书局 1983 年版。

刘鄂培：《孟子选讲》，清华大学出版社 1998 年版。

刘钊：《郭店楚简校释》，福建人民出版社 2005 年版。

马承源：《上海博物馆藏战国楚竹书（一）》，上海古籍出版社 2001

年版。

南京中医药大学编著：《黄帝内经素问译释》，上海科学技术出版社
　　2009 年版。

南京中医药大学编著：《黄帝内经灵枢译释》，上海科学技术出版社
　　2011 年版。

庞朴：《帛书五行篇研究》，齐鲁书社 1980 年版。

史次耘译注：《孟子今译今注》，台北：台湾商务印书馆 1978 年版。

汪荣宝撰：《法言义疏》，陈仲夫点校，中华书局 1987 年版。

王利器撰：《文子义疏》，中华书局 2000 年版。

王利器撰：《新语校注》，中华书局 2012 年版。

熊公哲译注：《荀子今注今译》，台北：台湾商务印书馆 1977 年版。

徐元诰撰：《国语集解》，王树民、沈长云点校，中华书局 2002
　　年版。

许维遹撰，梁运华整理：《吕氏春秋集释》，中华书局 2009 年版。

杨伯峻编著：《春秋左传注》，中华书局 1990 年版。

杨伯峻译注：《论语译注》，中华书局 2009 年版。

杨伯峻译注：《孟子译注》，中华书局 2010 年版。

杨朝明、宋立林主编：《孔子家语》，齐鲁书社 2009 年版。

杨天宇撰：《礼记译注》，上海古籍出版社 2004 年版。

张觉撰：《荀子译注》，上海古籍出版社 2012 年版。

朱谦之撰：《老子校释》，中华书局 1963 年版。

二　著作

白奚：《稷下学研究——中国古代的思想自由与百家争鸣》，生活·
　　读书·新知三联书店 1998 年版。

蔡元培：《中国伦理学史》，崇文书局 2015 年版。

陈大齐撰：《孟子待解录》，赵林校注，华东师范大学出版社 2012
　　年版。

陈来：《有无之境——王阳明哲学的精神》，人民出版社 1991 年版。

陈来：《朱子哲学研究》，华东师范大学出版社 2000 年版。

陈来：《宋明理学》，华东师范大学出版社 2004 年版。

陈来：《竹帛〈五行〉与简帛研究》，生活·读书·新知三联书店 2009 年版。

陈来：《孔子·孟子·荀子：先秦儒学讲稿》，生活·读书·新知三联书店 2017 年版。

陈青之：《中国教育史》，上海书店出版社 2013 年版。

陈昇：《〈孟子〉讲义》，人民出版社 2012 年版。

陈望衡：《中国古典美学史》，武汉大学出版社 2007 年版。

陈卫平、郁振华：《孔子与中国文化》，贵州人民出版社 2000 年版。

陈修武编：《人性的批判：荀子》中国友谊出版公司 2013 年版。

陈迎年：《能定能应，夫是之谓成人——荀子的美学精神》，生活·读书·新知三联书店 2013 年版。

陈战国：《先秦儒学史》，人民出版社 2012 年版。

程宜山：《中国古代元气学说》，湖北人民出版社 1986 年版。

邓红：《王充新八论》，中国社会科学出版社 2003 年版。

邓小虎：《荀子的为己之学：从性恶到养心以诚》，北京大学出版社 2015 年版。

丁四新：《郭店楚墓竹简思想研究》，东方出版社 2000 年版。

东方朔：《合理性之寻求》，上海人民出版社 2017 年版。

方立天：《中国古代哲学问题发展史》，中华书局 1990 年版。

冯达文：《早期中国哲学略论》，巴蜀书社 2016 年版。

冯契：《中国古代哲学的逻辑发展》，东方出版中心 2009 年版。

冯友兰：《中国哲学史新编》，人民出版社 1998 年版。

冯友兰：《中国哲学史》，重庆出版集团、重庆出版社 2009 年版。

傅斯年：《性命古训辩证》，上海古籍出版社 2012 年版。

高亨：《周易大传今注》，齐鲁书社 1998 年版。

葛荣晋：《先秦两汉哲学论稿》，中国人民大学出版社 2014 年版。

龚建平：《意义的生成与实现——〈礼记〉哲学思想》，商务印书馆

2005 年版。

龚鹏程：《汉代思潮》，商务印书馆 2008 年版。

郭君铭：《扬雄〈法言〉思想研究》，巴蜀书社 2006 年版。

郭沫若：《青铜时代》，科学出版社 1957 年版。

郭沫若：《十批判书》，东方出版社 1996 年版。

郭沂：《郭店竹简与先秦学术思想》，上海教育出版社 2001 年版。

郭振香：《先秦儒家情论研究》，安徽大学出版社 2011 年版。

郭志坤：《荀学论稿》，生活·读书·新知三联书店 1991 年版。

韩强：《王弼与中国传统文化》，贵州人民出版社 2001 年版。

韩星：《孔学述论》，陕西师范大学出版社 2008 年版。

胡适：《中国哲学史大纲》，商务印书馆 2011 年版。

黄俊杰主编：《中国人的理想国》，黄山书社 2012 年版。

黄俊杰：《孟子》，生活·读书·新知三联书店 2013 年版。

黄开国：《扬雄思想初探》，巴蜀书社 1989 年版。

黄朴民：《天人合一：董仲舒与两汉儒学思潮研究》，岳麓书社 2013
年版。

黄宛峰：《礼乐渊薮：〈礼记〉与中国文化》，河南大学出版社 1997
年版。

黄意明：《道始于情：先秦儒家情感论》，上海交通大学出版社 2009
年版。

惠吉星：《荀子与中国文化》，贵州人民出版社 1996 年版。

姜广辉主编：《中国哲学（第 20 辑）》，辽宁教育出版社 1999 年版。

姜国柱、朱葵菊：《中国历史上的人性论》，中国社会科学出版社
1989 年版。

金春峰：《汉代思想史》，中国社会科学出版社 2006 年版。

孔繁：《荀子评传》，南京大学出版社 1997 年版。

劳思光：《新编中国哲学史》，生活·读书·新知三联书店 2014
年版。

李存山：《中国气论探源与发微》，中国社会科学出版社 1990 年版。

李德永：《荀子》，上海人民出版社 1959 年版。

李景林：《教养的本原：哲学突破期的儒家心性论》，辽宁人民出版社 1998 年版。

李景林：《教化视域中的儒学》，中国社会科学出版社 2013 年版。

李镜池：《周易探源》，中华书局 1978 年版。

李申：《万法归宗：气范畴通论》，华艺出版社 1993 年版。

李申：《道与气的哲学：中国哲学的内容提纯和逻辑进程》，中华书局 2012 年版。

李申：《中国儒教史》，江苏人民出版社 2018 年版。

李沈阳：《汉代人性论史》，齐鲁书社 2010 年版。

李天虹：《郭店竹简〈性自命出〉研究》，湖北教育出版社 2003 年版。

李维武：《王充与中国文化》，贵州人民出版社 2000 年版。

李晓春：《宋代人性二元论》，中国社会科学出版社 2006 年版。

李友广：《先秦儒家人性论的演变——以郭店儒简为考察重点》，陕西人民出版社 2014 年版。

李泽厚、刘纲纪：《中国美学史》，中国社会科学出版社 1984 年版。

李之鉴：《陆九渊哲学思想研究》，河南人民出版社 1985 年。

李志林：《气论与传统思维方式》，学林出版社 1990 年版。

梁启超：《读书指南》，中国言实出版社 2014 年版。

梁涛：《郭店儒简与思孟学派》，中国人民大学出版社 2008 年版。

廖名春：《周易经传十五讲》，北京大学出版社 2004 年版。

廖名春：《〈荀子〉新探》，中国人民大学出版社 2014 年版。

廖其发：《先秦两汉人性论与教育思想研究》，重庆出版社 1999 年版。

林存光、郭沂：《旷世大儒：孔子》，河北人民出版社 2000 年版。

林桂榛：《天道天行与人性人情——先秦儒家"性与天道"论考原》，中国社会科学出版社 2015 年版。

刘成纪：《形而下的不朽：汉代身体美学考论》，人民出版社 2007

年版。

刘大均、林忠军:《周易经传白话解》上海古籍出版社 2006 年版。

刘鄂培:《孟子大传》,清华大学出版社 1998 年版。

刘纲纪:《〈周易〉美学》,武汉大学出版社 2006 年版。

刘纲纪:《先秦两汉艺术观念史》,人民出版社 2017 年版。

刘国民:《董仲舒的经学诠释及天的哲学》,中国社会科学出版社 2007 年版。

刘锦贤主讲:《修身:孟子的生命哲学》,海南出版社 2008 年版。

马积高:《荀学源流》,上海古籍出版社 2000 年版。

马育良:《中国性情论史》,人民出版社 2010 年版。

蒙培元:《理学范畴系统》,人民出版社 1987 年版。

蒙培元:《蒙培元讲孔子》,北京大学出版社 2005 年版。

蒙培元:《蒙培元讲孟子》,北京大学出版社 2006 年版。

牟宗三:《才性与玄理》,吉林出版集团 2010 年版。

牟宗三:《名家与荀子》,吉林出版集团 2010 年版。

牟宗三:《圆善论》,吉林出版集团 2010 年版。

牟宗三:《心体与性体》,吉林出版集团 2013 年版。

钱穆:《先秦诸子系年》,商务印书馆 2001 年版。

钱穆:《中国学术思想史论丛》,生活·读书·新知三联书店 2009 年版。

沈顺福:《儒家道德哲学研究》,山东大学出版社 2005 年版。

沈顺福:《形而上学导论:一种关于道的哲学理论》,高等教育出版社 2011 年版。

石竣:《石峻文存》,华夏出版社 2006 年版。

王博:《中国儒学史(先秦卷)》,载汤一介、李中华主编《中国儒学史》,北京大学出版社 2011 年版。

唐君毅:《中国哲学原论·原性篇》,中国社会科学出版社 2005 年版。

唐君毅:《中国古代哲学精神》,九州出版社 2016 年版。

唐君毅：《中国哲学与理想主义》，九州出版社 2016 年版。

唐文：《郑玄词典》，语文出版社 2004 年版。

涂光社：《原创在气》，百花洲文艺出版社 2017 年版。

汪石满主编：《中国伦理道德》，安徽教育出版社 2003 年版。

王博：《易传通论》，中国书店 2003 年版。

王锷：《〈礼记〉成书考》，中华书局 2007 年版。

王楷：《天然与修为——荀子道德哲学的精神》，北京大学出版社 2011 年版。

王青：《扬雄评传》，南京大学出版社 2000 年版。

王永祥：《董仲舒评传》，南京大学出版社 2011 年版。

韦政通：《中国思想传统的创造转化》，云南人民出版社 2002 年版。

韦政通：《中国思想史》，吉林出版集团 2009 年版。

吾淳：《中国哲学的起源》，上海人民出版社 2010 年版。

夏甄陶：《论荀子的哲学思想》，上海人民出版社 1979 年版。

向世陵、冯禹：《儒家的天论》，齐鲁书社 1991 年版。

谢无量：《中国哲学史校注》，王宝峰等校注，华东师范大学出版社 2018 年版。

熊铁基：《汉代学术史论》，高等教育出版社 2013 年版。

徐复观：《两汉思想史》，九州出版社 2014 年版。

徐复观：《中国人性论史（先秦篇）》，九州出版社 2014 年版。

徐复观：《中国思想史论集》，九州出版社 2014 年版。

徐洪兴：《〈孟子〉精读》，复旦大学出版社 2010 年版。

徐洪兴：《思想的转型——理学发生过程研究》，上海人民出版社 2016 年版。

徐敏：《王充哲学思想探索》，生活·读书·新知三联书店 1979 年版。

薛永武：《〈礼记·乐记〉研究》，光明日报出版社 2010 年版。

杨伯峻、何乐士：《古代汉语语法及其发展》，语文出版社 2001 年版。

杨国荣：《孟子的哲学思想》，华东师范大学出版社 2009 年版。

杨庆中：《周易经传研究》，商务印书馆 2005 年版。

杨儒宾、祝平次：《儒学的气论与功夫论》，华东师范大学出版社
　2008 年版。

杨泽波：《孟子性善论研究》，中国人民大学出版社 2010 年版。

杨泽波：《孟子评传》，南京大学出版社 2011 年版。

杨泽波：《孟子与中国文化》，上海人民出版社 2017 年版。

姚舜钦：《秦汉哲学史》，河南人民出版社 2016 年版。

叶朗主编，朱良志副主编：《中国美学通史》，江苏人民出版社 2014
　年版。

于省吾：《甲骨文字释林》，中华书局出版 1979 年版。

余敦康：《易学今昔》，中华书局 2016 年版。

余志平：《唯天为大：建基于信念本体的董仲舒哲学研究》，商务印
　书馆 2003 年版。

郁沅：《心物感应与情景交融》，百花洲文艺出版社 2017 年版。

袁济喜：《和：审美理想之维》，百花洲文艺出版社 2017 年版。

曾春海：《中国哲学史纲》，华东师范大学出版社 2013 年版。

曾振宇、范学辉：《天人衡中：〈春秋繁露〉与中国文化》，河南大
　学出版社 1998 年版。

曾振宇：《中国气论哲学研究》，山东大学出版社 2001 年版。

张岱年：《中国哲学大纲》，商务印书馆 2015 年版。

张岱年：《中国古典哲学概念范畴要论》，中华书局 2017 年版。

张立文主编：《气》，中国人民大学出版社 1990 年版。

张立文主编：《理》，中国人民大学出版社 1991 年版。

张立文主编：《心》，中国人民大学出版社 1993 年版。

张立文：《中国哲学范畴发展史（人道篇）》，中国人民大学出版社
　1995 年版。

张立文主编：《性》，中国人民大学出版社 1996 年版。

张立文主编：《中国学术通史》，人民出版社 2004 年版。

张立文：《心学之路——陆九渊思想研究》，人民出版社 2008 年版。

张锡坤、姜勇、窦可阳：《周易经传美学通论》，生活·读书·新知
　　三联书店 2011 年版。

张学智：《明代哲学史》，中国人民大学出版社 2012 年版。

张再林：《作为身体哲学的中国古代哲学》，中国书籍出版社 2018
　　年版。

郑万耕：《扬雄及其太玄》，北京师范大学出版社 2009 年版。

中国哲学编辑部：《中国哲学》（第 1 辑），生活·读书·新知三联
　　书店 1979 年版。

周桂钿：《王充哲学思想新探》，河北人民出版社 1984 年版。

周桂钿：《董学探微》，北京师范大学出版社 1989 年版。

周桂钿：《虚实之辨：王充哲学的宗旨》，人民出版社 1994 年版。

周桂钿：《秦汉哲学》，武汉出版社 2006 年版。

周桂钿：《董仲舒研究》，人民出版社 2012 年版。

周与沉：《身体：思想与修行——以中国经典为中心的跨文化观照》，
　　中国社会科学出版社 2005 年版。

三　译著和译文

［德］汉斯－格奥尔格·加达默尔：《真理与方法》，洪汉鼎译，上
　　海译文出版社 1999 年版。

［韩］金钟美：《天、人和王充文学思想——以王充文学思想同天人
　　关系思想的联系为中心》，社会科学文献出版社 1994 年版。

［美］Erie Hanson：《"生"之返"性"——"性"的过程性解读》，
　　何金俐译，《中文自学指导》2005 年第 5 期。

［美］顾史考：《郭店楚简先秦儒书宏微观》，上海古籍出版社 2012
　　年版。

［美］唐纳德·J·蒙罗：《早期中国"人"的观念》，庄国雄、陶黎
　　铭译，上海古籍出版社 1994 年版。

［日］池田知久：《池田知久简帛研究论集》，曹峰译，中华书局

2006 年版。

［日］渡边秀方：《中国哲学史概论》，刘侃元译，河南人民出版社
　　2016 年版。

［日］谷中恒一：《先秦秦汉思想史研究》，孙佩霞译，上海古籍出
　　版社 2015 年版。

［日］小野泽精一、福永光司、山井涌编：《气的思想——中国自然
　　观与人的观念的发展》，李庆译，世纪出版集团、上海人民出版社
　　2014 年版。

［英］葛瑞汉：《论道者：中国古代哲学论辩》，张海晏译，中国社
　　会科学出版社 2003 年版。

［英］李约瑟：《中国科学技术史（第三卷数学）》，翻译小组译，科
　　学出版社 1978 年版。

四　论文

蔡仲德：《董仲舒的音乐美学思想》，《中央音乐学院学报》1992 年
　　第 3 期。

曹大中：《孔子性恶辨》，《湖南师范大学社会科学学报》1986 年第
　　6 期。

晁福林：《孟子"浩然之气"说探论》，《文史哲》2004 年第 2 期。

陈代波：《郭店楚简〈性自命出〉篇的人性论简析》，《东疆学刊》
　　2000 年第 5 期。

陈恩林：《论〈易传〉的人性善恶统一说》，《周易研究》2014 年第
　　5 期。

陈徽：《"以才论性"与"因情定性"——孟子性善论之致思理路》，
　　《安徽大学学报》（哲学社会科学版）2004 年第 6 期。

陈坚：《〈论语〉中的"气"》，《孔子研究》1999 年第 1 期。

陈静：《王充的天论与人论》，《甘肃社会科学》1993 年第 3 期。

陈静：《如何理解董仲舒的人性思想》，《中国哲学史》1997 年第
　　3 期。

陈立胜：《良知之为"造化的精灵"：王阳明思想中的气的面向》，《社会科学》2018 年第 8 期。

陈升：《〈荀子〉与"教化"》，《中国青年政治学院学报》2008 年第 2 期。

陈升：《董仲舒人性论发微》，《中国青年政治学院学报》2011 年第 5 期。

陈思迪：《论孔子的"人性说"——兼评"孔子主张人性恶"说》，《郑州大学学报》（哲学社会科学版）1989 年第 3 期。

丁四新：《世硕与王充的人性论思想研究》，《文史哲》2006 年第 5 期。

丁为祥：《气学——明清学术转换的真正开启者》，《孔子研究》2007 年第 3 期。

丁为祥：《告子的"生之谓性"及其意义》，《文史哲》2007 年第 6 期。

丁为祥：《董仲舒天人关系的思想史意义》，《北京大学学报》（哲学社会科学版）2010 年第 6 期。

范赟：《〈性自命出〉的思想及其对先秦儒家心性学说的推进》，《社会科学论坛》2010 年 17 期。

方朝晖：《从生长特性看孟子性善论》，《北京师范大学学报》（社会科学版）2016 年第 4 期。

冯兵：《论孔子善恶混存的人性观》，《哲学研究》2008 年第 1 期。

傅永聚：《孟子"养气说"浅析》，《齐鲁学刊》1992 年第 2 期。

顾炯：《荀子的气论思想及其逻辑展开》，《船山学刊》2011 年第 2 期。

郭齐勇：《郭店儒家简与孟子心性论》，《武汉大学学报》（人文科学版）1999 年第 5 期。

郭齐勇：《郭店楚简〈性自命出〉的心术观》，《安徽大学学报》（哲学社会科学版）2000 年第 5 期。

郭齐勇：《〈礼记〉哲学诠释的四个向度——以〈礼运〉〈王制〉为

中心的讨论》，《复旦学报》（社会科学版）2016 年第 1 期。

郭晓东：《从"性""气"关系看张载、二程工夫论之异同》，《中国儒学》2015 年第 1 期。

郭沂：《从"欲"到"德"——中国人性论的起源与早期发展》，《齐鲁学刊》2005 年第 2 期。

韩星：《董仲舒天人关系的三维向度及其思想定位》，《哲学研究》2015 年 9 期。

何善蒙：《情性与教化：以董仲舒为中心的考察》，《衡水学院学报》2017 年第 3 期。

贺更粹：《和：〈礼记〉礼乐教化的旨归》，《西北师大学报》（社会科学版）2011 年第 4 期。

黄开国：《王充元气自然论简析》，《浙江学刊》1985 年第 1 期。

黄开国：《析〈太玄〉构架形式》，《孔子研究》1989 年第 6 期。

黄开国：《论扬雄哲学的玄范畴》，《社会科学研究》1990 年第 1 期。

黄开国：《论王充的天人观》，《山西师大学报》（社会科学版）1993 年第 4 期。

黄朴民：《〈白虎通义〉对董仲舒新儒学的部分发展》，《社会科学辑刊》1989 年第 6 期。

黄晓萍：《〈乐记〉袭〈易〉考》，《现代哲学》2013 年第 6 期。

黄意明：《"情气为性"与"郭店儒家简"之情感论》，《中州学刊》2010 年第 1 期。

金银润：《对孟子"浩然之气"的一种解读》，《船山学刊》2009 年第 2 期。

康中乾：《董仲舒"天人感应"论的哲学意义》，《吉林大学社会科学学报》2014 年第 5 期。

乐爱国：《孟子论"气"与儒家养生学》，《锦州医学院学报》（社会科学版）2005 年第 1 期。

李存山：《董仲舒对先秦儒学的继承和损益》，《衡水学院学报》2015 年第 3 期。

李会富:《生性、气性与情性——孟子性善论之论证前提分析》,《理论界》2017 年第 5 期。

李景林:《"浩然之气"的创生性与先天性》,《社会科学战线》2007 年第 5 期。

李景林:《从论才三章看孟子的性善论》,《北京师范大学学报》(社会科学版)2008 年第 6 期。

李佩桦、徐孙铭:《〈易传〉道德哲学新探》,《伦理学研究》2017 年第 5 期。

李锐:《郭店简〈成之闻之〉与孔子"性相近"说新研》,《思想与文化》2017 年第 2 期。

李尚信:《生生:〈周易〉的第一要义》,《光明日报》2004 年 4 月 13 日理论版。

李沈阳:《扬雄人性论辨析》,《兰州学刊》2006 年第 8 期。

李世平:《心性之"才"的双重内涵与孟子性善》,《孔学堂》2017 年第 4 期。

李耀南:《王充的性、命论》,《青海社会科学》2003 年第 3 期。

李勇强:《孔子人性论思想的新探讨》,《求索》2013 年第 1 期。

李振纲、芦莎莎:《孔子诗教与礼乐观发凡》,《现代哲学》2016 年第 5 期。

梁涛:《竹简〈性自命出〉的人性论问题》,《管子学刊》2002 年第 1 期。

梁涛:《"浩然之气"与"德气"——思孟一系之气论》,《中国哲学史》2008 年第 1 期。

梁韦弦:《〈易传〉人性论探微》,《周易研究》2001 年第 1 期。

梁宗华:《论扬雄对儒学的改造和发展》,《东岳论丛》2016 年第 12 期。

梁宗华:《论孟子"浩然之气"与"大丈夫"人格养成》,《东岳论丛》2018 年第 4 期。

林合华:《〈礼记·乐记〉的人性论之再反思》,《船山学刊》2018

年第 1 期。

刘长林：《论〈易传〉之德》，《中国哲学史》1999 年第 1 期。

刘笑敢：《孔子之仁与老子之自然》，《中国哲学史》2000 年第 1 期。

刘玉建：《〈易传〉性命合一论》，《管子学刊》2011 年第 4 期。

刘耘华：《〈易传〉的意义生成研究》，《文贝：比较文学与比较文
化》2016 年第 1 期。

刘耘华：《〈易传〉的"天人感应"论及逻辑依据》，《浙江学刊》
2016 年第 3 期。

刘子立：《孟子的观人术与气论》，《儒家典籍与思想研究》2011 年
第 1 期。

卢连章：《二程理学与佛学思想》，《中州学刊》2004 年第 1 期。

陆建华：《"中民之性"：论董仲舒的人性学说》，《哲学研究》2010
年第 10 期。

陆建华：《孟子之气论——兼及心、性、气三者的关系》，《中原文
化研究》2015 年第 5 期。

吕庙军：《关于荀子人性论的七种解读》，《中国社会科学报》2017
年 2 月 6 日第 4 版。

罗安宪：《孔子"直"论之内涵及其人格意义》，《孔子研究》2005
年第 6 期。

蒙培元：《〈性自命出〉的思想特征及其与思孟学派的关系》，《甘肃
社会科学》2008 年第 2 期。

苗润田：《孔子人性论思想浅论》，《齐鲁学刊》1984 年第 2 期。

冥子：《释"伪"》，《群言》1990 年第 3 期。

欧阳祯人：《〈太一生水〉与先秦儒家性情论》，《孔子研究》2002
年第 1 期。

庞朴：《话说"五至三无"》，《文史哲》2004 年第 1 期。

彭国翔：《"尽心"与"养气"：孟子身心修炼的功夫论》，《学术月
刊》2018 年第 4 期。

彭战果：《孟子心气关系论》，《甘肃社会科学》2017 年第 2 期。

乔卫平：《二程对佛性说的吸收与批判》，《中州学刊》1987 年第 4 期。

曲广博：《孟子浩然之"气"辨》，《河北师范大学学报》（哲学社会科学版）1996 年第 4 期。

任蜜林：《董仲舒王道视野下的人性善恶论》，《哲学动态》2016 年第 6 期。

任蜜林：《从本体论到工夫论：董仲舒的气论思想》，《中国社会科学院研究生院学报》2017 年第 4 期。

任鹏程：《〈易传〉以气论性的人性论探析》，《周易研究》2018 年第 6 期。

任鹏程、沈顺福：《浩然之气即性》，《东岳论丛》2017 年第 12 期。

商聚德：《试论董仲舒人性论的逻辑层次》，《中国哲学史》1998 年第 2 期。

沈顺福：《"性"与中国哲学基本问题》，《哲学研究》2013 年第 7 期。

沈顺福：《自然与中国古代道德哲学纲领》，《伦理学研究》2014 年第 1 期。

沈顺福：《荀子之"心"与自由意志——荀子心灵哲学研究》，《社会科学》2014 年第 3 期。

沈顺福：《人心与本心——孟子心灵哲学研究》，《现代哲学》2014 年第 5 期。

沈顺福：《儒家情感论批判》，《江西社会科学》2014 年第 5 期。

沈顺福：《试论陆九渊之心的内涵》，《朱子学刊》2015 年第 1 辑。

沈顺福：《善与性：儒家对善的定义》，《西南民族大学学报》（人文社会科学版）2015 年第 2 期。

沈顺福：《试论中国早期儒家的人性内涵——兼评"性朴论"》，《社会科学》2015 年第 8 期。

沈顺福：《美与性：试论中国传统审美精神》，《安徽大学学报》（哲学社会科学版）2016 年第 1 期。

沈顺福：《体用论与传统儒家形而上学》，《哲学研究》2016 年第 7 期。

沈顺福：《性即气：略论汉代儒家人性之内涵》，《中山大学学报》（社会科学版）2017 年第 1 期。

沈顺福：《原始儒家为什么不论天道?》，《云南大学学报》（社会科学版）2017 年第 2 期。

沈顺福：《本末论与王弼的哲学贡献》，《孔学堂》2017 年第 3 期。

沈顺福：《诠“天”》，《管子学刊》2018 年第 3 期。

沈顺福：《三本论与董仲舒思想的历史地位》，《衡水学院学报》2018 年第 4 期。

沈顺福：《感应与传统儒家的乐教原理》，《湖南大学学报》（社会科学版）2019 年第 3 期。

沈顺福：《从观念史的演变看中国古代哲学的诞生》，《管子学刊》2020 年第 1 期。

沈顺福：《理解即感应——论传统儒家诠释原理》，《北京大学学报》（哲学社会科学版）2020 年第 4 期。

沈顺福、任鹏程：《玄学是儒学——从心学的角度来看魏晋玄学的派性》，《人文杂志》2021 年第 3 期。

沈顺福、曾燚：《论王阳明的良知观》，《社会科学研究》2021 年第 5 期。

沈顺福：《天理与儒家人类本质论》，《江淮论坛》2021 年第 6 期。

宋志明：《论宋代理学二重人性论的演化》，《东岳论丛》2011 年第 1 期。

宋志明：《批判思潮中的天人学——王充哲学话题刍议》，《徐州师范大学学报》（哲学社会科学版）2011 年第 6 期。

苏志宏：《〈白虎通〉的礼乐教化观》，《四川师范大学学报》（社会科学版）1990 年第 5 期。

王博：《〈诗〉学与心性学的开展》，《中国社会科学》2013 年第 2 期。

王楷：《治气·养心·修德》，《哲学门》2015 年总第 32 辑。

王明居：《易传美学刚柔阴阳论》，《文艺理论研究》1996 年第 2 期。

王琦、朱汉民：《论董仲舒的人性论建构》，《北京大学学报》（哲学社会科学版）2014 年第 5 期。

王四达：《试论〈白虎通义〉的总体特征》，《中山大学学报》（社会科学版）2001 年第 4 期。

王文娟：《朱熹论感应》，《北京社会科学》2014 年第 4 期。

王晓毅：《王充的命理学体系》，《孔子研究》2001 年第 6 期。

王心竹：《董仲舒王道论浅析》，《河南社会科学》2012 年第 7 期。

王雪：《王充道家思想探析》，《安徽大学学报》（哲学社会科学版）2003 年第 4 期。

王正：《心、性、气、形：十字打开的孟子工夫论》，《中州学刊》2016 年第 6 期。

王志强、王功龙：《孔子人性论新探》，《江西社会科学》2010 年第 3 期。

王中江：《汉代"人性不平等论"的成立》，《孔子研究》2010 年第 3 期。

魏义霞：《"万物之生，皆禀元气"——王充元气自然论探析》，《孝感学院学报》2015 年第 3 期。

问永宁：《从〈太玄〉看扬雄的人性论思想》，《周易研究》2002 年第 4 期。

吴瑾菁：《何以"夫子之言性与天道不可得而闻也"》，《齐鲁学刊》2014 年第 4 期。

吴则虞：《扬雄思想评议》，《哲学研究》1957 年第 6 期。

吴震：《明清之际人性论述的思想转变及其反思》，《道德与文明》2022 年第 2 期。

向世陵：《郭店竹简"性""情"说》，《孔子研究》1999 年第 1 期。

向世陵：《张载"合两"成性义释》，《哲学研究》2005 年第 2 期。

肖永明、王志华：《朱子对孟子"夜气"思想的阐发》，《北京大学学报》（哲学社会科学版）2018 年第 3 期。

闫利春：《从玄、气、心看扬雄的性善恶混论》，《周易研究》2012 年第 4 期。

颜炳罡：《郭店楚简〈性自命出〉与荀子的情性哲学》，《中国哲学史》2009 年第 1 期。

杨少涵：《论孔子的"心学"》，《江淮论坛》2010 年第 4 期。

杨少涵：《孔子哲学的义理架构》，《学术研究》2016 年第 2 期。

杨泽波：《孔子的心性学说结构》，《哲学研究》1992 年第 5 期。

杨泽波：《孟子气论难点辨疑》，《中国哲学史》2001 年第 1 期。

杨中新：《王充的胎教思想》，《人口学刊》1982 年第 2 期。

叶平：《禀气人性论的建立中儒道话语范式的演变》，《中州学刊》2015 年第 2 期。

游唤民：《论孔子的"性善论"及在其学说中的地位》，《湖南师范大学社会科学学报》2004 年第 3 期。

余治平：《以阴阳释性情——董仲舒对儒学性情形而上学的独特建构》，《上海交通大学学报》（哲学社会科学版）2003 年第 4 期。

曾振宇：《董仲舒气哲学论纲》，《孔子研究》1992 第 2 期。

曾振宇：《王充气论的思想史意义》，《文史哲》2000 年第 5 期。

曾振宇：《董仲舒人性论再认识》，《史学月刊》2002 年第 3 期。

曾振宇：《论"气"》，《哲学研究》2004 年第 7 期。

曾振宇：《"遇人便道性善"：孟子"性善说"献疑》，《文史哲》2014 年第 3 期。

曾振宇：《"性质美"：荀子人性论辩诬》，《中国文化研究》2015 年第 1 期。

曾振宇：《"阳气仁"：董仲舒思想中的"善"与"仁"》，《衡水学院学报》2015 年第 6 期。

张兵：《儒主道辅，本道兼儒——论扬雄〈法言〉的思想特征》，《管子学刊》2005 年第 1 期。

张波：《皇侃性情论内涵辨析》，《道德与文明》2014 年第 4 期。

张刚：《"德"与"言"——儒家言语观研究》，《人文杂志》2009
　　年第 4 期。

张锦波：《气质以言性：朱熹"气质之性"概念的哲学分析》，《安
　　徽大学学报》（哲学社会科学版）2015 年第 4 期。

张立文：《王充的天人之间》，《杭州师范大学学报》（社会科学版）
　　2010 年第 6 期。

张立文：《扬雄的太玄哲学》，《孔子研究》2013 年第 6 期。

张茂泽：《〈性自命出〉篇心性论大不同于〈中庸〉说》，《人文杂
　　志》2000 年第 3 期。

张茂泽：《〈礼记〉的儒教思想》，《广西大学学报》（哲学社会科学
　　版）2017 年第 1 期。

张奇伟：《孟子"浩然之气"辨正》，《中国哲学史》2001 年第 2 期。

张汝伦：《论"乐"》，《复旦学报》（社会科学版）2018 年第 1 期。

张思齐：《孔子言"气"与古希腊思想的契合》，《烟台大学学报》
　　（哲学社会科学版）2016 年第 1 期。

张晓剑：《华严宗体用论及其对理学体用论的开启》，《学术月刊》
　　2008 年第 10 期。

赵法生：《孔子人性论的三个向度》，《哲学研究》2010 年第 8 期。

赵法生：《荀子天论与先秦儒家天人观的转折》，《清华大学学报》
　　（哲学社会科学版）2015 年第 2 期。

赵法生：《〈易传〉情论》，《杭州师范大学学报》（社会科学版）2017
　　年第 2 期。

郑吉雄、傅凯瑄：《〈易传〉作者问题检讨（上）》，《船山学刊》
　　2015 年第 3 期。

郑吉雄、傅凯瑄：《〈易传〉作者问题检讨（下）》，《船山学刊》
　　2015 年第 5 期。

郑万耕：《扬雄〈太玄〉中的宇宙形成论》，《社会科学研究》1983
　　年第 4 期。

郑万耕：《扬雄伦理思想发微》，《北京师范大学学报》（社会科学版）

1990 年第 6 期。

郑万耕：《"神道设教"说考释》，《周易研究》2006 年第 2 期。

郑文：《扬雄的性"善恶混"论实际是荀况的性恶论》，《西北师大学报》（社会科学版）1997 年第 4 期。

周德清：《"欲"在心物之间——先秦儒家人性论及其修己思想之检讨》，《江淮论坛》2004 年第 1 期。

周桂钿：《王充性命论探讨》，《北京师范大学学报》（社会科学版）1984 年第 3 期。

朱汉民：《〈白虎通义〉：帝国政典和儒家经典的结合》，《北京大学学报》（哲学社会科学版）2017 年第 4 期。

朱良志：《刚为〈易〉之魂——论〈周易〉崇阳抑阴的哲学倾向》，《周易研究》1992 年第 1 期。

五　相关港台学术资料

（一）论文

陈福滨：《〈白虎通义〉的伦理价值观及其现代意义》，《辅仁大学哲学论集》1995 年第 28 期。

陈福滨：《王充"命"论思想之研究》，《哲学与文化》2011 年第 11 期。

陈礼彰：《〈白虎通义〉的人性观》，《澎技学报》2002 年第 5 期。

陈明恩：《原始生命的理性化——试论孟子对于气的理解》，《鹅湖学志》1999 年总第 23 期。

杜保瑞：《荀子的性论与天论》，《哲学与文化》2007 年第 10 期。

傅玲玲：《由〈礼记〉之"天"观念论其中人文精神》，《哲学与文化》2007 年第 10 期。

傅佩荣：《解析孔子的人性观点》，《哲学与文化》1992 年第 2 期。

黄金榔：《试论从两汉到魏晋时期人性论的发展》，《嘉南学报》（人文类）2005 年总第 31 期。

李志勇：《孟子"气"字的研究》，《鹅湖月刊》1990 年总第 176 期。

林永胜：《气质之性说的成立及其意义——以汉语思维的展开为线索》，《台大中文学报》2015 年总第 48 期。

刘振维：《王充"有善有恶"的人性论》，《朝阳人文社会学刊》2008 年第 2 期。

潘小慧：《荀子的"解蔽心"》，《哲学与文化》1998 年第 6 期。

王邦雄：《由老庄道家析论荀子的思想性格》，《鹅湖学志》2001 年第 27 期。

伍振勋：《荀子的"身、礼一体"观——从"自然的身体"到"礼义的身体"》，《中国文哲研究集刊》2001 年第 19 期。

肖航：《〈白虎通义〉宇宙论及其意义》，《哲学与文化》2017 年第 6 期。

谢君直：《郭店儒简〈性自命出〉的人道思想》，《东吴哲学学报》2012 年第 21 期。

许从圣：《治气·节欲·养情——荀子的"礼身"修养论重探》，《汉学研究》2018 年第 1 期。

曾汉塘：《试论王充"气"的观念》，《国立台湾大学文史哲学报》1996 年总第 45 期。

张静环：《扬雄、王充自然说之人性论》，《嘉南学报》（人文类）2003 年总第 29 期。

张静环：《扬雄心性论之探析》，《嘉南学报》（人文类）2008 年总第 34 期。

张丽珠：《戴震人性论与孟、荀之异同》，《国文学报》2010 年总第 47 期。

朱心怡：《孔子"人道"思想的建立》，《汉学研究集刊》2007 年第 5 期。

（二）著作

鲍国顺：《荀子学说论析》，台北：华正书局 1982 年版。

蔡仁厚：《孔孟荀哲学》，台北：台湾学生书局 1984 年版。

陈福滨：《扬雄》，台北：东大图书股份有限公司 1993 年版。

程元敏：《先秦经学史》，台北：台湾商务印书馆 2013 年版。

戴琏璋：《易传之形成及其思想》，台北：文津出版社 1988 年版。

段宜廷：《荀子、董仲舒、戴震气论研究》，新北：花木兰文化出版社 2014 年版。

方俊吉：《礼记之天地鬼神观探究》，台北：文史哲出版社 1985 年版。

黄嘉琳：《扬雄〈太玄〉〈法言〉之气论思想研究》，新北：花木兰文化出版社 2011 年版。

赖昇宏：《〈礼记〉气论思想研究》，新北：花木兰文化出版社 2011 年版。

李明辉：《孟子重探》，台北：联经出版事业股份有限公司 2001 年版。

林丽雪：《王充》，台北：东大图书股份有限公司 1991 年版。

龙宇纯：《荀子论集》，台北：台湾学生书局 1987 年版。

罗光：《中国哲学思想史（两汉、南北朝篇）》，台北：台湾学生书局 1978 年版。

罗光：《中国哲学思想史（先秦篇）》，台北：台湾学生书局 1996 年版。

蒙培元：《中国心性论》，台北：台湾学生书局 1990 年版。

谭宇权：《孟子哲学新论》，台北：文津出版社 2011 年版。

田富美：《〈法言〉思想研究》，新北：花木兰文化出版社 2011 年版。

韦政通：《荀子与古代哲学》，台北：台湾商务印书馆 1966 年版。

韦政通：《董仲舒》，台北：东大图书股份有限公司 1986 年版。

翁惠美：《荀子论人研究》，台北：正中书局 1988 年版。

吴康等：《孟子思想研究论集》，台北：黎明文化事业股份有限公司 1982 年版。

萧又宁：《〈春秋繁露〉气论思想研究》，新北：花木兰文化出版社 2013 年版。

谢君直：《郭店楚简儒家哲学研究》，台北：万卷楼图书股份有限公司 2008 年版。

谢淑熙：《道贯古今：孔子礼乐观所蕴含之教育思想》，台北：秀威
　　资讯科技股份有限公司 2005 年版。

杨儒宾：《儒家身体观》，台北："中央研究院"中国文哲研究所筹
　　备处 1999 年版。

杨儒宾主编：《中国古代思想中的气论及身体观》，台北：巨流图书
　　公司 1993 年版。

叶淑茵：《王充命运论研究》，新北：花木兰文化出版社 2012 年版。

余英时：《论天人之际：中国古代思想起源试探》，台北：联经出版
　　事业股份有限公司 2014 年版。

朱心怡：《天之道与人之道——郭店楚简儒道思想研究》，台北：文
　　津出版社 2004 年版。

六　学位论文类

陈维浩：《董仲舒天论研究》，博士学位论文，台湾大学，2013 年。

程强：《太极概念内涵的流衍变化》，博士学位论文，上海师范大学，
　　2012 年。

郭剑：《扬雄人性论思想研究》，硕士学位论文，湖南师范大学，
　　2018 年。

黄文彩：《〈礼记〉伦理美学思想研究》，博士学位论文，陕西师范
　　大学，2015 年。

李锐：《孔孟之间"性"论研究——以郭店、上博简为基础》，博士
　　学位论文，清华大学，2005 年。

李咏达：《王充人性论研究》，硕士学位论文，香港大学，2009 年。

梁振杰：《走近原始儒家——战国楚简儒家思想研究》，博士学位论
　　文，河南大学，2007 年。

林晓呈：《〈白虎通德论〉的气论思想研究》，硕士学位论文，中国
　　文化大学，2012 年。

刘伟：《郭店儒简所见生死观研究》，博士学位论文，吉林大学，

2011 年。

王影：《以阴阳论人性——董仲舒人性论研究》，硕士学位论文，华东师范大学，2010 年。

肖航：《〈白虎通义〉政治思想研究》，博士学位论文，武汉大学，2010 年。

张二远：《气禀人性论的开端——董仲舒人性论思想研究》，硕士学位论文，上海师范大学，2008 年。

张立新：《明清气质人性论研究》，硕士学位论文，广西师范大学，2007 年。

周瑾：《多元文化视野中的身体》，博士学位论文，浙江大学，2003 年。

索　引

B

《白虎通义》　9,10,13,43,44,51,190,
191,282—307,411,413,414,417

本末论　51,358,360,362,366,367,
402,415,416

本体论　4—6,33,37—39,48,208,
264,366,367,371,377,381,402,
403,416,440

C

材质　5,6,8—10,19,25,27,31,46,
47,54,72,81,88,97,107—110,
113,119—121,130,134—136,141,
143—145,148,149,151,153,159,
177,192,205,233,235,238,242,
243,249,257,268,272,294,306,
310,311,324,325,335,336,408—
410,414,416,417

D

戴震　11,24,29,40,186,187,400—

402,404—406,416

董仲舒　9,10,35—40,42—44,51,170,
193, 199, 229—258, 262, 266, 267,
284, 286—289, 291, 293, 301, 302,
307,340,341,344,345,350,356,411,
412,415,417

E

二程　2—6,48,49,186,189,371—373,
375—378,385,386,393,403,405

G

感应　35—40,44,48,55,128,150,169—
171,174,185,196,199,200,217,219,
221,251,253,255,256,275,276,301,
303,305,312,322,349—351,355,357,
365,376,378,384,385,389,390,418

郭店儒简　8,13,18,21—24,51,54,
82,86,91,92,97,98,101,115,124,
145,162,201,208,211,407,410,
416,417

郭象　358,365,366,415

J

嵇康　48,358,363—366,415

教化　15,23,24,29—31,34—37,39,
40,43,44,48,50,52,55,75—77,
80,92,93,96—98,156,167,170,
173,174,176—180,193—200,207,
210,216,219—224,240,243,244,
248—251,253,255—258,272,277,
278,280,281,298,299,303—306,
339,346,348,349,352—355,357,
358,363,365,384,385,396,408,
409,411,413,415,417,418

K

孔子　1,14,18—21,26,37,38,41,
51,54,59—82,85—87,97,98,100,
102,114,115,121,127,129,133,
139,140,145,162,200,201,211,
271,336,337,343,344,346,360,
367,375,376,399,400,403,404,
407,410,416,417

L

《礼记》　1,9,10,13,19,21,31,33—
35,51,66,73,75,91,98,169,180,
201—225,298,361,408,410,411,
416,417

礼乐　21,23,24,31,34—36,43,44,
55,75,76,80,92,96,98,145,158,
159,174,176,179,180,201,216,

217,221—225,250,252,258,294,
295,297—301,304—306,364,
407—412,414,418

陆九渊　49,386—389,404,405

罗钦顺　392—394,405

M

孟子　2,8,13,18—20,22—28,30,
38,51,52,54,60,72,73,82,98—
100,102—146,156,157,162,179,
193,199,201,209—211,239—244,
248,257,264,265,268—270,275,
280,281,332—335,337,340,341,
343,346,356,373—376,383,391,
401,403,404,408—410,412,414,
416—418

Q

气禀　6,17,24,35,40,43,47,48,262,
296,314—317,319,320,322,328,
338,341,373—375,381—383,386—
388,392,393,400

气化宇宙论　9,10,35,39,41,42,44,
48,51,55,187,194,196,201,217,
220,223,224,230,234,241,242,
247,251,253,257,265,275,283,
284,302,303,314,326,350,355,
357,358,362,389,402,405,410,
415—417

气性论　1,7,12—14,22,25,33,48,
50—54,59,82,97,98,145,177,

183,193,200—202,229,259,280—
283,288,308,332,357,358,362,
366,367,371,378,381,385,386,
389,392,394,396,398,400,402,
404—406,408—410,415,416,418

气质之性　5,6,8,12,17,18,21,24,
41,46,48,49,60,61,367,369—
371,373,375,378—381,383—386,
392—394,397—399,402—405,
415,416

情欲　21,29—31,62,73,94,98,105,
149,152—159,162—165,177—179,
192,196,197,200,207,210,215,219,
224,238,241,242,269—272,303,
304,306,313,321,339,347,354,357,
400,408—410,415,417

R

人性论　1,6,9—15,17—20,22,24,
28—32,34—42,44,45,47—55,61,
81,85,88,97,98,102,104,106,
108,113,126,127,130,138,141—
143,146,156,157,179,180,189,
193,197,203,208,225,245,256,
258,259,263,280,281,285,338—
340,343,344,348,359,367,369,
370,374,376,378,380,381,392—
394,401—409,411,414,416—419

阮籍　358,362,363,366,415

S

生之谓性　62,80,85,97,104,106,

156,242,335,373,375,391,395,
401,405,415,417

T

天命之性　12,49,61,367,369,375,
378—381,384—386,392—394,
396,402—405,415,416

W

王弼　48,358—362,366,415

王充　9,10,14,44—48,51,74,100,
102,193,307—330,332—348,
350—357,411,414,415,417

王夫之　396—398

王廷相　394—396,405

王阳明　11,26,49,386,389—391,
404,405

X

性恶　20,27,29—31,38,42,99—
101,145,146,148,149,151,153—
159,162,163,165,166,173,176—
180,193,201,210,243,244,264,
265,269,318,319,325,326,334,
337—341,344,346,350,352,375,
398,402,403,415—417

性情　15,17,18,22,23,27,33,35,36,
38,39,42—44,51,65,75,81,84,91,
94,113,115,152,153,156,157,160,
166,173,174,190—192,196—198,
201,208,209,211—213,215,216,

222，224，225，233—235，237，238，
241，243，246，253，254，256—258，
269，276，282，283，285—298，301，
303—307，339，341—343，345—347，
349，350，352—357，360，362，363，
366，383，384，410—415，417

性三品　36—38，239，244—246，249，
257，270，343，346—348，357

性善　17，20，24—28，32，34，36，37，
38，60，98—103，106，143，146，179，
189，193，201，207，211，237，239—
241，244，248，257，264，265，318，
325，326，333—335，337，339—341，
354，356，373—375，383，391，393，
396，398，399，401，403，404，415—
417

性善恶混　20，41，51，52，101，102，192，
193，239，246，257，259，265，270，333，
344，346，348，356，416—418

性中含气　10，12，14，19，23，50—54，
103，129，171，224，407，417，419

荀子　8，10，13，18，23，28—31，38，40，
42，51，52，54，66，98，145—159，161—
180，193，195，201，209—211，224，
243，244，252，264，265，268—270，
280，289，290，337—341，346，355，
356，403，408—410，414，416—418

Y

颜元　396，398，399

扬雄　9，10，40—43，51，193，259—281，
346，411—413，417

《易传》　8—10，13，22，31—33，51，76，
128，183—201，217，224，229，251，
312，410，411，416，417

阴阳　8—10，13，16—18，29，31—33，
35—40，42—44，51，66，70，71，76，
83，84，100，147，148，150，152，
159—161，169，170，177，183—201，
203—205，212，213，217，219，221，
223—225，229—239，241—243，
246，247，249—253，255—258，
260—263，265—268，275，276，279，
280，282，284—307，310—312，314，
330，331，338，340—344，351，356，
362，363，366，368，372，380，382，
383，397，400，409—418

元气　13，16，18，37，45，46，48，188，
230—232，238，257，261，264，275，
284，311，313—315，320，323，327，
328，345，346，351，357，363，395，
402，414

Z

张载　48，49，163，367—371，385，386，
393，403，405

朱熹　5，6，8，21，24，29，48，49，60，
61，73，80，130，137，207，212，371，
378—386，391—394，403—405

后　记

　　本书正式出版，内心十分激动，这种心情难以言表，但是我还是想说点什么。

　　能有今天的成绩，首先感谢恩师沈顺福教授。我和沈老师的缘分很深。那种深，甚至可以从中国哲学中找到根基。我的名字叫鹏程，何为鹏？《庄子·逍遥游》曰："有鸟焉，其名为鹏，背若泰山，翼若垂天之云，抟扶摇羊角而上者九万里，绝云气，负青天，然后图南，且适南冥也。"沈老师名为顺福，何为福？北宋理学家张载说："百顺之谓福。"（《正蒙·乾称》）庄子哲学的要义即追求自然。张载以为，福的核心精神是顺，顺便是自然。可以说，在我的人生当中，师从沈老师研读中国哲学，乃冥冥之中的天意。

　　在学术研究方面，沈老师很乐意且无私地跟学生分享自己的观点和心得。沈老师的《"性"与中国哲学基本问题》《自然与中国古代道德纲领》《性即气：略论汉代儒家人性之内涵》等一系列高质量论文，对我影响很大，深受启发。攻读博士学位期间，深受沈老师的影响，我对儒家人性论，特别是秦汉儒家人性哲学，产生了浓厚兴趣。那么，秦汉儒家人性究竟有什么内涵？或者说，如何从新的角度解读传统儒家人性论？我给出的答案是"气性论"。气性论，简单来说，便是以气论性，或者说是性中含气。自从有了这个想法，我便频繁地请教沈老师，沈老师总是耐心细致地为我答疑解惑。此书出版之际，沈老师又欣然为之作序。可以说，选题、开题、写作、完成、修改、定稿、再修改、再定稿等环节都凝聚了导师的心血。

　　攻读博士学位期间，面对一本本苦涩的哲学书，特别是西方哲学家黑格尔、康德等人的原著或译本，每个字都认识，但是有时候就是不知道作者想说什么。这种感觉也时常困扰着我，让我怀疑哲学的意义所在。但是每当看到中国哲学的原典，特别是《论语》《孟子》《荀子》等，那种活泼泼的话语，瞬间就能穿透心灵，引起精神上的共鸣。在困顿和纠结中，我有时候想：彻底抛弃西方哲学，专门研究传统典籍。沈老师则耐心告诉我：西方哲学好比磨刀石，它能磨炼我们的思维，淬炼我们的省思能力，使我们摆脱经验领域的视野局限，提升哲学修养和水平，这是进入中国传统哲学研究领域的第一道门槛。况且在当前学术交流的环境下，抛弃某一方面去研究另一方面，也是不科学、不合理的。难以理解哲学原典，终究是缺乏哲学思维。阅读西方哲学原著也成为沈老师教导学生的一门重要课程。从中我受益很多，自身的哲学修养得以锻炼，对于什么是哲学，为什么学哲学及怎么样学哲学，产生了进一步清晰的认知。

　　论文定稿后，送外审专家，外专家给予了较高评价。其中有一位专家这样说："这是一篇厚重的学术力作。""几乎每章都可以做一篇博士论文！"看到专家的评语后很受鼓舞，深感过去付出的价值。答辩主席和专家也对论文质量给予肯定。之后，论文获得2020年度山东大学优秀博士学位论文、2020年度山东省优秀博士学位论文，2021年获得国家社会科学基金后期资助。立项后，根据专家的意见，我便着手进行修改。用心修改的过程中，在与沈老师交流时，我发现论文仍然有一些不足，比如部分地方的章节结构、语言凝练、论证视野等。这时候，我深深感受到，关于儒家气性论，这一观点想要系统完善，需要解决的问题还很多，还有很多东西需要仔细琢磨，甚至我脑海中萌发了写一部儒家气性论史的念头。但是深知，这项工程是短时间难以完成的。所以，论文形成了现在的样子。

　　本书是对我博士生活的一个交代，虽然还显得有些稚嫩。由于学力有限，粗鄙浅陋之处难免。不当之处，敬请读者指正。

　　论文的写作和出版，一路走来，感谢的人有很多。感谢山东大学儒学高等研究院的颜炳罡教授、曾振宇教授、黄玉顺教授、马来平教授、徐庆文教授、翟奎凤教授等，各位先生都是当今儒家哲学研究领域的权威，在百忙中抽出时间审阅论文，并对论文写作和改进给出建议。论文能够取得今天的成绩，与诸位先生的悉心指导紧密相关。感谢博士论文匿名评审专家审阅博士论文，给予肯定并给出修改建议。感谢山东师范大学的程奇立教授、王钧林教授审阅论文并出席博士论文答辩会。感谢国家社会科学基金后期资助项目评审专家对论文的肯定和修改建议。本书的部分内容和观点陆续发表在《东岳论丛》《周易研究》《齐鲁学刊》《管子学刊》《华夏文化》等刊物和杂志上，对各位编辑老师深表谢忱。

感谢全国哲学社会科学工作办公室和山东省哲学社会科学工作办公室各位领导在项目研究过程中提供的帮助。感谢中国社会科学出版社，特别是郝玉明老师为本书出版付出的辛勤劳动。

感谢山东省中国特色社会主义理论体系研究中心的领导和同事。2021 年我们一起见证了山东省习近平新时代中国特色社会主义思想研究中心的成立，既是历史的见证者，又是历史的参与者，更是未来的开创者，何其有幸。

感谢我的同学、朋友、师弟师妹们在读书期间给予的关心和帮助。感谢山东大学儒学高等研究院行政老师们在学习期间和毕业之后提供的各种帮助。

感谢我的父母任德柱先生和孙芳女士。父母给我以生命、养育我成人，这是一辈子的恩情。前段时间回家，看到父亲鬓角的白发比以前多了起来，我问父亲："鬓角怎么多出了那么多白头发？"父亲说："多吗？我倒是没有注意嘞，白头发哪能悄无声息地出来，可能你好久没见我了吧。"父亲的话让我内心突然一惊，自从今年年后回到济南，不知不觉中，我们已经有半年没有相见。想到这里，心里有种说不出的酸楚，突然感到原本熟悉的父母，竟然一下子多出了几分生疏。几十年来，父母对我的包容、理解、鼓励和支持，是我攻坚克难的动力，没有他们的支持，书稿的完成是难以想象的。

书稿完成后，我便请父母作序。父母在表达欣慰的同时，也提出了几点期许，由于出版体例所限，我想把它放在此处，勉励自己。

凡是过往，皆为序章。儿子，此书的出版为你的博士生活交上了一份合格的答卷。人生路漫漫。千言万语汇成以下四句话，愿你朝着理想彼岸奋力前行！

永怀感恩之心。过去几十年，无论是你的工作，还是你的学习，或是你的生活，不论遇到什么困难，你自己都坚持克服，同时又总是有人帮助你，你的领导、你的导师、你的同学、你的朋友、你的父辈等，他们都是你人生中的贵人，对你的成长给予帮助和照顾，这才有了今天的你。希望你永远怀揣感恩之心，牢记别人对你的每一次帮助，并力所能及地去帮助更多的人，努力做更多的事。

永葆奋斗之志。想当初，你以优异的成绩考入山东大学儒学高等研究院中国哲学专业学习，身为父母，我们感到非常骄傲和自豪。未来的路还很长，会遇到这样或那样的困难。常言说："困难就像弹簧，看你强不强，你强它就弱，你弱它就强。"以后的日子里，不管遇到什么样的问题，无论是风吹雨打，还是烈日骄阳，甚至是惊涛骇浪，希望你永葆奋斗之志，锤炼毅力，保持锐气，肩头有责任，敢于攻坚克难。

永传优良家风。先祖任不齐，字子选，是孔子七十二贤之一，通六艺。家谱中有《任子遗书》，教导子孙修身养性、如何做人。在咱们老家的墙壁上也挂着一副对联"忠厚传家久，诗书继世长"。读圣贤书、做忠厚人是先人对我们的期盼。而你又是中国哲学专业出身的，希望你永远保持对中华传统文化的敬畏，勤于道德涵养，砥砺品性人格，发扬忠诚、厚道、朴实的传统美德，修己安人、厚德载物，始终保持做人的气节和骨气。

永远脚踏实地。当今的社会节奏太快，各种信息充斥我们的生活，良莠不齐，如果没有定力，不免让人有些时候心生浮躁，难以成事。古人说："中心不定，则外物不清"（《荀子·解蔽》），还说："不积跬步，无以至千里；不积小流，无以成江海。"（《荀子·劝学》）希望你既要仰望星空，有理想；也要脚踏实地，下苦功。保持坚如磐石的定力，保持吃苦耐劳的品格，始终一步一个脚印，朝着目标奋进努力，就像那首歌唱的那样："敢问路在何方？路在脚下。"

谨以此书回馈父母的爱。我会永远将他们的嘱托牢记心里，奋力前行。

末了，再次向关心、帮助和支持我的领导、师友和家人道一声感谢！愿他们安好如意！

任鹏程

2022 年 8 月 27 日夜晚于济南